Geschichte und Gesellschaft
Sonderheft 4:
Die moderne deutsche Geschichte
in der internationalen Forschung 1945−1975

D1250050

Geschichte und Gesellschaft

Zeitschrift für Historische Sozialwissenschaft

Herausgegeben von

Helmut Berding / Klaus von Beyme / Dietrich Geyer / Albert Jeck / Jürgen
Kocka / Reinhart Koselleck / Wolf Lepenies / Wolfgang J. Mommsen /
Hans-Jürgen Puhle / Reinhard Rürup / Fritz Sack / Wolfgang Schieder /
Hans-Christoph Schröder / Richard H. Tilly / Hans-Ulrich Wehler /
Heinrich August Winkler

Geschäftsführend:

Reinhard Rürup, Hans-Ulrich Wehler, Heinrich August Winkler

Sonderheft 4:
Die moderne deutsche Geschichte in der internationalen Forschung 1945–1975

Vandenhoeck & Ruprecht in Göttingen

90-005-078

Die moderne deutsche Geschichte in der internationalen Forschung 1945–1975

Herausgegeben von

Hans-Ulrich Wehler

Vandenhoeck & Ruprecht in Göttingen

CIP-Kurztitelaufnahme der Deutschen Bibliothek

Die moderne deutsche Geschichte in der inter-
nationalen Forschung : 1945 – 1975 / hrsg. von
Hans-Ulrich Wehler. – Göttingen : Vandenhoeck und
Ruprecht, 1978.
(Geschichte und Gesellschaft : Sonderh. ; 4)

ISBN 3-525-36403-2

NE: Wehler, Hans-Ulrich [Hrsg.]

© Vandenhoeck & Ruprecht, Göttingen 1978. – Printed in Germany.
Ohne ausdrückliche Genehmigung des Verlages ist es nicht gestattet,
das Buch oder Teile daraus auf foto- oder akustomechanischem Wege
zu vervielfältigen. – Gesamtherstellung: E. Rieder, Schrobenhausen.

Zur Erinnerung an Klaus Epstein
(1927–1967)
den unermüdlichen Vermittler zwischen
amerikanischer und deutscher Geschichtswissenschaft

Inhalt

Vorbemerkung

Daß sich in der westdeutschen Geschichtswissenschaft nach 1945/49 tiefgreifende Veränderungen vollzogen haben, gehört inzwischen zu den Gemeinplätzen der Diskussion über die neuere Historiographie. Vom alten nationalpolitischen Paradigma mußte nach dem Zweiten Weltkrieg endgültig Abschied genommen werden. Der Untergang der Weimarer Republik und die nationalsozialistische Diktatur absorbierten jahrelang ein breitgefächertes Interesse, dadurch wurde die neue »Zeitgeschichte« gefördert. Die Fischer-Kontroverse über Deutschlands Rolle vor 1914 und im Ersten Weltkrieg lenkte die Aufmerksamkeit intensiver auf das Kaiserreich zurück als das die Militarismus-Debatte der 1950er Jahre und die Frage nach den historischen Wurzeln des NS-Regimes vorher vermocht hatten. Der Anspruch der »Strukturgeschichte« brachte Leben in die methodologischen Auseinandersetzungen, zumal damit das Verhältnis der Geschichtsschreibung zu den Sozialwissenschaften erneut zu erörtern war. Die Wirtschaftsgeschichte erhielt ein verändertes Gewicht, auch die Rolle der Sozialgeschichte wurde neu definiert. Der Disput über Geschichte als »Historische Sozialwissenschaft«, über die Funktionen einer Gesellschaftsgeschichte, neuerdings über die Anregung der Kulturanthropologie hält unvermindert an. Eine ausgedehnte Theoriediskussion hat seit den 1960er Jahren die Praxis der Historiker begleitet. Nicht zuletzt hier, in der Forschung und in den Darstellungen, vollzogen sich bemerkenswerte Entwicklungen. Sachkundige ausländische Beobachter, die aus der Distanz in vergleichender Perspektive urteilen, haben von unerwarteten Fortschritten gesprochen und die intellektuelle Spannung konstatiert, die ungeachtet aller modischen Kassandrarufe über den Rückgang des historischen Interesses die westdeutsche Geschichtswissenschaft von selbstzufriedener Routine bisher ferngehalten hat.[1]

Im Zeichen dieser lebhaften Debatten in den vergangenen Jahrzehnten und angesichts der Zäsur von 1945/49 erschien es den Herausgebern von »Geschichte und Gesellschaft« als reizvolle Aufgabe, den Lesern der Zeitschrift einen großen Rundblick darüber zu ermöglichen, wie sich die moderne

1 Vgl. hierzu vor allem: G. G. Iggers, New Directions in European Historiography, Middletown/Conn. 1975, S. 80–122 (die Bundesrepublik seit 1961), S. 123–74 (Sozialgeschichte), dt. Ausgabe 1979 bei dtv; ders., Deutsche Geschichtswissenschaft, München 1971 u. ö.; K. Epstein, Geschichte u. Geschichtswissenschaft im 20. Jahrhundert, Berlin 1972 (Rezensionen zur deutschen Geschichte von 1871 bis 1949); B. Faulenbach (Hg.), Geschichtswissenschaft in Deutschland, München 1974, S. 9–16, 112–20, 138–68; T. Schieder u. K. Gräubig (Hg.), Theorieprobleme der Geschichtswissenschaft, Darmstadt 1977. Ostdeutsche Kritik: H. Schleier, Theorie der Geschichte – Theorie der Geschichtswissenschaft, Berlin 1975. Vgl. neuerdings J. Kocka, Sozialgeschichte, Göttingen 1977, S. 48–111; R. Rürup (Hg.), Historische Sozialwissenschaft, ebd. 1977.

deutsche Geschichte seit dem 18. Jahrhundert in der internationalen und deutschen Forschung von 1945 bis 1975 ausnimmt. Wir haben daher eine Reihe von kompetenten Kollegen gebeten, entweder über die wissenschaftlichen Veröffentlichungen, die während dieser Spanne von drei Jahrzehnten in ihren Ländern erschienen sind, zu berichten oder einige Problemfelder der neueren deutschen Forschung möglichst umfassend vorzustellen. In den regulären Heften von »Geschichte und Gesellschaft« kann diese Information, die wir auch zu den wichtigen Funktionen der Zeitschrift rechnen, aus Platzgründen nur begrenzt vermittelt werden. Deshalb haben wir dieses Sonderheft zusammengestellt, das es ermöglicht, breiter über die Forschungen zur modernen deutschen Geschichte zu berichten. Klaus Tenfelde und Michael Geyer behandeln wichtige Komplexe der Sozial- und Politikgeschichte. Weitere Berichte dieser Art folgen.

Hinsichtlich der internationalen Forschungssituation schwebte uns ein möglichst vollständiger Überblick vor. Ihn haben wir auch nach Kräften zu erreichen angestrebt.

Trotz aller Anstrengungen ist es aber nicht gelungen, diese Vollständigkeit rechtzeitig zu erzielen. Die ausstehenden, zur Zeit noch nicht ganz abgeschlossenen Beiträge über die französische, polnische, russische und israelische Literatur zur neueren deutschen Geschichte werden wir jedoch sobald wie möglich in den üblichen Heften von »Geschichte und Gesellschaft« abdrucken.

Der vorliegende Überblick soll unsere Kenntnis davon verbessern, wie Schwerpunkte und Lücken der ausländischen und deutschen Forschung aussehen, wie sich die Perspektiven der Interpretation verschoben haben, wie die historiographische Entwicklung in der Bundesrepublik sich vollzogen hat und beurteilt wird. Vielleicht kann er aber auch dazu beitragen, einem bei uns unverändert vorhandenen Provinzialismus, jener vertrauten Neigung zur Nabelschau entgegenzuwirken, damit sich die Vorzüge sowohl einer selbstkritischen als auch einer vergleichend argumentierenden Geschichtswissenschaft häufiger verbinden können.

Hans-Ulrich Wehler

Amerikanische Forschungen (1945–1975) zur modernen deutschen Sozial- und Wirtschaftsgeschichte

von Kenneth D. Barkin*

Die Geschichtswissenschaft in den Vereinigten Staaten durchläuft zur Zeit einen grundlegenden Wandel, der sich sowohl in der Auswahl der Forschungsobjekte als auch in methodischer Hinsicht bemerkbar macht, und der vielleicht dazu führen wird, daß die Historiker mit anderen Konzepten an die Vergangenheit herangehen werden. Ein Zeichen dieses Wandels und der außergewöhnlichen Vitalität und Energie der amerikanischen Geschichtsforschung ist die große Anzahl neuer Fachzeitschriften, die während des letzten Jahrzehnts begründet worden sind. Fast ausnahmslos zeugen sie von dem Bruch mit den in der Geschichtsschreibung der vorherigen Generation herrschenden Tendenzen. Eine Auswahlliste dieser Zeitschriften enthielte *The Journal of Social History, Societas: A Review of Social History, Journal of the History of Childhood, Journal of Family History, Historical Methods Newsletter* und das *Journal of Interdisciplinary History*. Monographien, welche Urbanisierung, Demographie, die Familie und Lokalgeschichte zum Gegenstand haben, entspringen mit immer größerer Häufigkeit der Feder amerikanischer Historiker; selbst die überkommene Aufteilung der Forschungsgebiete wird immer mehr infrage gestellt. Eric Hobsbawm hat warnend festgestellt, daß der Historiker seine im wesentlichen handwerksartige Einstellung zur Forschung überwinden muß, derzufolge die Wissenschaftler unabhängig voneinander an Problemen arbeiten, welche gerade ihrem Geschmack entsprechen.[1] Erst kürzlich hat auf einer Konferenz über Quantifizierung in der Erforschung der deutschen Geschichte ein Referent die jetzige Organisation der historischen Zunft mit der »cottage industry« des 18. Jahrhunderts verglichen.[2] Lucien Febvres Mahnung an die Historiker, ihren Fetischismus mit den Fakten zu beenden und kollektive Geschichtsforschung in Laboratorien zu beginnen, liegt zwar schon eine Generation zurück,[3] findet aber erst heute ein aufnahmebereites Publikum. Im Hinblick auf die evidente Verlagerung hin zur Sozial- und Wirtschaftsgeschichte erscheint es durchaus angebracht zu untersuchen,

---

* Aus dem Amerikanischen von Hans J. Ginsburg.
1 E. Hobsbawm, Social History and the History of Society, in: F. Gilbert u. S. Graubard (Hg.), Historical Studies Today, N. Y. 1972, S. 16; dt. in: H.-U. Wehler (Hg.), Geschichte u. Soziologie, Köln 1976².
2 Workshop on the Application of Quantification to German History and Political Science, University of Maryland, 27.–28. April 1973.
3 L. Febvre, A new Kind of History, in: P. Burke (Hg.), A New Kind of History, N. Y. 1973, S. 32.

inwieweit dieser Trend amerikanische Historiker des modernen Deutschland beeinflußt hat, und neuere Forschungsbeiträge, die in diese Richtung
gehen, zu bewerten. Eine solche Untersuchung kann darüber hinaus helfen,
die wahrscheinliche Richtung der weiteren wissenschaftlichen Entwicklung
vorherzusagen.

1. Vor der Ära des Nationalsozialismus war das Studium der deutschen Geschichte in den Vereinigten Staaten nicht sehr verbreitet. Von den drei
wichtigen Werken, die von Amerikanern verfaßt worden waren, befaßten
sich zwei mit dem diplomatischen Vorspiel des Ersten Weltkriegs. Sie betrachteten Deutschland daher hauptsächlich vom Blickwinkel der Depe-
schen in die und aus der Wilhelmstraße. Das dritte Werk, Thorstein Veblens „Imperial Germany and the Industrial Revolution", hatte trotz seiner
analytischen Brillanz keinen unmittelbaren Einfluß auf die amerikanische
Wissenschaft.[4] Es waren der Aufstieg Hitlers und der sich anschließende
Ausbruch des Zweiten Weltkriegs, die zum ersten Mal den amerikanischen
Appetit auf mehr Wissen über Deutschland anregten, und es war die Emigration mitteleuropäischer Gelehrter in den 30er Jahren, welche die Mittel
für die Amerikaner bereitstellte, mehr über den Gegner zu lernen.[5] In den
Nachkriegsjahren, als die amerikanische Graduiertenausbildung sich allmählich ausdehnte, und die Emigrantenhistoriker ihre Regierungsposten
mit wichtigen Universitätslehrstühlen vertauschten, erlebte die Erforschung der deutschen Geschichte in Amerika einen neuerlichen Aufschwung. In der Tat könnte man behaupten, daß Amerika zeitweilig zum
Hauptzentrum der Deutschlandforschung wurde, denn das geistige Leben
in Deutschland hatte sich von der Zerstörung in der Nazizeit noch nicht er-
holt. Gelehrte wie Hans Rosenberg, Franz Neumann, Hajo Holborn und
Dietrich Gerhard entschlossen sich, in Amerika zu bleiben, brachten neues
Leben in das Studium der Geschichte und bildeten eine neue Generation
von Historikern aus, die dann ihr Erbe antreten konnten.
Aus naheliegenden Gründen bewegte die amerikanische Forschung vor allem die Frage nach den Gründen für den Erfolg des Nationalsozialismus
und analog dazu die Frage, warum die Weimarer Republik nicht imstande
war zu überleben. Aus der Rückschau ist offensichtlich, daß als Hauptfor-
schungsstrategie den Historikern die Untersuchung von Institutionen und
Intellektuellen diente, um die obigen Fragen zu beantworten. Veblens
grundlegende Arbeit und Hans Rosenbergs Aufsätze zur Sozial- und Wirt-

4 Th. Veblen, Imperial Germany and The Industrial Revolution, N. Y. 1915; S. B. Fay, The
   Origins of the World War, N. Y. 1928 (dt. Berlin 1930); B. E. Schmitt, The Coming of The
   War, N. Y. 1930.
5 H. S. Hughes, The Sea Change. The Migration of Social Thought 1930–1965, N. Y. 1975;
   Perspectives in American History 2. 1968 (The Intellectual Migration: Europe and America, 1930–1960); R. Boyers (Hg.), The Legacy of the German Refugee Intellectuals, N. Y.
   1972.

schaftsgeschichte wurden zwar in den 50er und frühen 60er Jahren gelesen, fanden aber wenig Nachahmer; Eckart Kehrs Arbeiten waren noch nicht neu herausgegeben. Ein institutionenbezogener Ansatz, besonders wenn auf Politik und Militär konzentriert, erforderte keine Begründung; denn für die meisten Historiker war das der eigentliche Themenkreis der Geschichte und war es schon immer gewesen. Außerdem bestanden noch große Lücken im Wissen der Historiker über deutsche Institutionen und Politiker. Gordon Craig und Harold Gordon füllten diese Lücken mit ihren wichtigen Arbeiten über das deutsche Offizierskorps.[6] Die Biographie war ein gern gewähltes Mittel, politische Geschichte darzustellen: Unter den Biographien, die in jenen Jahren erschienen, befinden sich Klaus Epsteins Buch über Erzberger, Otto Pflanzes erster Band über Bismarck, Henry A. Turners Untersuchung über Stresemann und die DVP, Norman Richs Arbeit über Holstein und Andreas Dorpalens Studie über Hindenburg.[7] Die Sozialdemokratie, die oft für ihr Versagen, die autoritäre Flut einzudämmen, verantwortlich gemacht wurde, kam unter den prüfenden Blick von Peter Gay, A. J. Berlau, Carl Schorske und Richard Hunt.[8] Zentral für die Perspektive der institutionenbezogenen Geschichtsschreibung war eine politikbezogene Periodisierung der deutschen Geschichte mit 1848, 1870, 1918, 1933 und 1945 als kritischen Wendepunkten.

Primär war der Blickwinkel jener Jahre auf den geistigen Stammbaum des Nationalsozialismus gerichtet. Die Emigranten hatten die traditionelle deutsche Konzentration auf die Geistesgeschichte mitgebracht, die sich nun mit einer einheimischen amerikanischen Bewegung hin zur „Ideengeschichte" verband, die immer mehr an Stärke zugenommen hatte, seit Arthur O. Lovejoy im Jahre 1933 eine Reihe von Vorlesungen an der Harvard-Universität über „The Great Chain of Being" gehalten hatte. Die scharfen Angriffe auf den Liberalismus aus dem kommunistischen Rußland wie aus dem faschistischen Deutschland veranlaßte viele Gelehrte, die Wurzeln der liberalen Weltanschauung in der Aufklärung zu überprüfen und ihre Gültigkeit zu bestätigen. Mit der Geburt des „Journal of the History of Ideas" im Jahre 1940 etablierte sich die Untersuchung von Ideen

---

6 G. Craig, The Politics of the Prussian Army 1640–1945, Oxford 1955 (dt. Düsseldorf 1960); H. Gordon, The Reichswehr and The German Republic, Princeton 1957 (dt. Frankfurt 1959).

7 K. Epstein, Matthias Erzberger and the Dilemma of German Democracy, Princeton 1959 (dt. Berlin 1976²); O. Pflanze, Otto Bismarck and the Development of Germany, Bd. 1, Princeton 1961; H. A. Turner, Stresemann and the Politics of the Weimar Republic, Princeton 1963 (dt. Berlin 1968); N. Rich, Friedrich v. Holstein. Politics and Diplomacy in the Era of Bismarck and William II, Cambridge/Mass. 1965; A Dorpalen, Hindenburg and The Weimar Republic, Princeton 1964 (dt. Berlin 1966); ders., Heinrich v. Treitschke, New Haven 1957.

8 P. Gay, The Dilemma of Democratic Socialism, N. Y. 1952; A. J. Berlau, The German Social Democratic Party 1914–1921, N. Y. 1949; C. Schorske, German Social Democracy 1905–1917, Cambridge/Mass. 1955; R. Hunt, German Social Democracy, 1918–1933, New Haven 1964; G. Roth, Social Democrats in Imperial Germany, Totawa/N. J. 1964.

und ihren Trägern fest in der amerikanischen Wissenschaft. Von der Mitte der 40er bis weit in die 60er Jahre hinein war es vor allem im Bereich der Geistesgeschichte, daß Amerikaner wichtige Beiträge zur Erforschung der deutschen Vergangenheit leisteten; in den meisten Fällen geschah dies durch das Mittel der geistesgeschichtlichen Biographie. Ironischerweise hatte damit die deutsche historische Tradition eine gemütliche Heimat im Lande des Pragmatismus gefunden.

Vor allem die Modernisierung wurde betont von Autoren wie Klemens v. Klemperer, Fritz Stern, George Mosse, Klaus Epstein, sowie von einer ganzen Schar anderer, inklusive meiner selbst.[9] Das Versagen der Linksintellektuellen wurde von Harold Poor, István Deák und neuerlich von Eugene Lunn beschrieben.[10] Mehr als ein Jahrzehnt währte die Jagd nach allen geistigen Vorläufern des Nazismus – ganz gleich wie zweitklassig ein Denker und wie ungelesen seine Schriften auch gewesen sein mochten, wenn er nur irgendetwas verfaßt hatte, das der späteren nazistischen Ideologie ähnelte. Obwohl dadurch eine Richtung des deutschen Geistes ins Blickfeld rückte, die bis dahin weitgehend übersehen worden war, verschwand diese Fixierung auf die geistigen Wurzeln des Nationalsozialismus sehr schnell, als die Denker, die man untersuchte, zu obskur wurden, und als die Modernisierungstheorie selbst unter Beschuß kam. Kritische Stimmen wurden laut und warfen die Frage auf, ob nicht die Suche nach den »Ursprüngen« unser Gesamtbild der deutschen Geschichte in ein allzu schiefes Licht rücke.

Symptomatisch für die Unzufriedenheit mit traditioneller Geistesgeschichte war das Erscheinen von Fritz Ringers Buch ,,The Decline of the Mandarins" im Jahre 1969.[11] Obschon Ringer dieselben Fragen wie seine Vorgänger aufwarf, bediente er sich einer soziologischen Vorgehensweise und behandelte den gesamten deutschen Professorenstand als *eine* korporative Einheit mit einem Geist und vielen Stimmen und alle zusammen als den artikulierten Vertreter der ,,Mandarine", d. h. der Akademiker. Diesen Ansatz sah Ringer als berechtigt an, da die Mandarine von ähnlicher sozialer Herkunft waren, gemeinsame emotionelle Präferenzen hatten und

9 K. v. Klemperer, Germany's New Conservatism, Princeton 1957 (dt. München 1957); F. Stern, The Politics of Cultural Despair, Berkeley 1961 (dt. Stuttgart 1962); G. Mosse, The Crisis of the German Ideology, N. Y. 1964; K. Epstein, The Genesis of German Conservatism, Princeton 1966 (dt. Berlin 1973); J. Staude, Max Scheler, 1874–1928, Glencoe 1967; H. Lebovics, Social Conservatism and the Middle Classes in Germany, 1914–1933, Princeton 1969; J. J. Sheehan, The Career of Lujo Brentano, Chicago 1966; R. Lougee, Paul de Lagarde (1827–1891), Cambridge/Mass. 1962; K. Barkin, The Controversy over German Industrialization, 1890–1902, Chicago 1970; W. Struve, Elites against Democracy, Princeton 1973.
10 H. Poor, Kurt Tucholsky and The Ordeal of Germany, 1914–1935, N. Y. 1968; I. Deák, Weimar Germany's Leftwing Intellectuals, Berkeley 1968; E. Lunn, Prophet of Community. The Romantic Socialism of Gustav Landauer, Berkeley 1973.
11 F. Ringer, The Decline of the Mandarins. The German Academic Community 1890–1933, Cambridge/Mass. 1969. Vgl. zu diesem Buch: K. Barkin, F. K. Ringer's The Decline of the Mandarins, in: Journal of Modern History (= JMH) 43. 1971, S. 276–86.

ihre sozialen Ideen über die Gesellschaft auf identische Voraussetzungen gründeten. In der Tradition Karl Mannheims und der Anhänger der Wissenssoziologie verbindet Ringer die akademische Gedankenwelt direkt mit dem sozialen Status und der angeblich einheitlichen Körperschaft der Denker. Auf diese Weise werden „Freiheit der Lehre", „Bildung" und die Auffassung vom Staat als außerhalb und über der Gesellschaft stehend ihrem Ursprung nach dem Kampf der Mandarine um Macht und Privilegien zugerechnet. Die Breite der antimodernen Bewegung wird als Beweis für eine unbewußte defensive Kampfstrategie der Mandarine angesehen, durch die sie ihre Position in einer Welt behaupten wollten, in der Reichtum und bloße Anzahl mehr zu bedeuten begannen als Bildung. Ringer betrachtet den gleichzeitigen Aufstieg der Arbeiterklasse und des Handels- und Industriebürgertums als schwerere Bedrohung für die Professoren als für die Junker oder den „Mittelstand".

Ringers Versuch, den vorherrschenden Ansatz in der Geistesgeschichte zu überwinden, verdient hohes Lob, selbst wenn er sein Ziel nicht ganz erreicht hat. Seine Abneigung gegenüber den Mandarinen läßt ihn übersehen, daß die deutsche Universität im späten 19. Jahrhundert weltweit ein Vorbild für Organisation, Forschung und Lehre im Universitätsbereich war. Seine ungeprüfte Annahme, daß deutsche Universitäten in bezug auf soziale Mobilität die schlechtesten Europas waren, muß infrage gestellt werden, besonders im Hinblick auf England. Ein weiteres Problem ergibt sich, weil Ringer seine Untersuchung auf die philosophischen Fakultäten konzentriert und dabei die theologischen, medizinischen und juristischen Fakultäten ignoriert. Auch erfährt man nie genau, wann eigentlich das goldene Zeitalter der Mandarine gewesen sein soll. Letztlich könnte man argumentieren, daß Ringers Versuch, korporative Gruppen als Individuen zu behandeln, nicht über die von ihm kritisierte historische Tradition hinausgeht, sondern sie lediglich umfassend anwendet.

Dem heutigen Betrachter – im Gegensatz zu den Zeitgenossen – scheint es klar, daß amerikanische Historiker durch die Konzentration ihrer gesamten Energie auf das Bildungsbürgertum sowie auf politische und militärische Eliten mehr als neunzig Prozent der Bevölkerung zugunsten der herrschenden Klasse ignorierten. Die dem zugrunde liegende implizite Annahme war natürlich, daß das diejenigen waren, die zählten, da sie die Geschichte „machen". Zugegeben, es gab noch große Lücken in unserem Wissen über die Geschichte der Institutionen und der Ideen. Trotzdem muß man im Hinblick auf die Hauptfrage nach den »Ursachen« mit einigem Erstaunen feststellen, daß der Erfolg einer demagogischen Massenbewegung, die Unterstützung aus allen Teilen der deutschen Gesellschaft bezog und dabei alle Ideen vulgarisierte, die sie nicht verdammte, der Erfolg einer Bewegung, die eine relativ ungebildete Führungsschicht an die Macht brachte, immer wieder mit Hilfe von Untersuchungen über eine kleine intellektuelle Elite erklärt wurde. Die Rolle, die der Mittelstand auf Hitlers Weg zur Macht spielte, war zwar seit langem allgemein bekannt; aber erst neuerdings erschien eine Arbeit über die Millionenschar, die in diese amorphe Rubrik einzuordnen ist.[12] In ähnlicher Weise wurden die wirtschaftlichen Hintergründe der politischen Unruhen unbeachtet gelassen. So sind z. B. erst neuerdings die Inflation von 1923 und die Weltwirtschaftskrise von 1929 bis 1933 intensiv untersucht worden.[13] Es ist schon bald eine Ironie, daß die Geistesgeschichte ihre Spitzenleistungen bei der Untersuchung eines Zeitalters erreichte, in dem die Intellektuellen darüber jammerten, daß Demokratie und Industrialisierung der großen Zahl und dem materiellen Vermögen ein so viel stärkeres Gewicht als dem geistigen Leben verliehen hatten. Mitte der 60er Jahre wurde immer klarer, daß ein Umschwung heraufzog. 1965 erschien William S. Allens innovative Studie über den Übergang einer deutschen Stadt von der Republik zur Naziherrschaft.[14] Im folgenden Jahr erschienen David Schoenbaums Buch über den sozialen Wandel zwischen 1933 und 1939 und Gerald Feldmans detaillierte Arbeit über die Beziehungen des Militärs zu Arbeiterschaft und Industrie während des Ersten Weltkriegs.[15] Wenn auch Febvres Laboratorien nicht eingerichtet worden sind (in der Tat ist die Teamarbeit von zwei Gelehrten immer noch eine Seltenheit), so ist doch die Tendenz zum sozialökonomischen Ansatz in der Erforschung der deutschen Geschichte zu einer Art Flut geworden. Wir befinden uns zur Zeit in einer Welle von Experimenten mit neuen Methoden, der Adaption sozialwissenschaftlicher Modelle für die Geschichte und der Absteckung von Forschungsgebieten, welche bisher ignoriert worden sind, wie etwa der Geschichte der Frauen. Dieser Wandel ist nicht etwa wegen des durchgehend hohen wissenschaftlichen Niveaus der neuen Literatur zu begrüßen (denn das ist nicht der Fall!), sondern vor allem deshalb, weil unsere Kenntnis der deutschen Geschichte vergrößert werden muß, und zwar dadurch, daß man die Regierten ebenso wie die Regierenden erforscht. Der Hauptteil dieses Aufsatzes wird sich daher mit der Bewertung dieser neuerdings rapide anwachsenden Literatur befassen.

2. Besonders die Geschichte der Arbeiterbewegung hat im letzten Jahrzehnt deutliche Veränderungen erfahren. Dem Vorbild E. P. Thompsons in England folgend, haben jüngere Deutschlandspezialisten statt der üblichen Biographien von Partei- und Gewerkschaftsführern die breite Masse der Arbeiterschaft zu erforschen begonnen. Diesen Wandel kann man am besten an Richard Comforts Studie über Arbeiterpolitik in Hamburg während der Revolutionsjahre beobachten.[16] In den ersten sechs Kapiteln be-

12 H. A. Winkler, Mittelstand, Demokratie u. Nationalsozialismus, Köln 1972.
13 C. S. Maier, Recasting Bourgeois Europe, Princeton 1975.
14 W. S. Allen, The Nazi Seizure of Power, Chicago 1965 (dt. Gütersloh 1966).
15 D. Schoenbaum, Hitler's Social Revolution, Garden City 1966 (dt. Köln 1968); G. D. Feldman, Army, Industry and Labor in Germany, 1914–1918, Princeton 1966.
16 R. Comfort, Revolutionary Hamburg. Labor Politics in the Early Weimar Republic, Stanford 1966.

schreibt er in intelligenter, aber konventioneller Weise die Ereignisse in Hamburg zwischen 1918 und 1923, darunter auch den Bruderkampf, in dem die Loyalität der Arbeiter zwischen SPD, USPD und KPD zersplittert wurde. In den letzten beiden Kapiteln aber bietet Comfort eine soziologische Analyse der Hamburger Arbeiter und eine gut fundierte statistische Darstellung ihres Wahlverhaltens. Er stellt fest, daß die Führung der SPD im Vergleich zu den anderen Linksparteien älter war, nicht im Krieg gekämpft hatte und sich aus den bestausgebildeten Teilen der Arbeiterschaft oder sogar aus der Mittelschicht rekrutierte. Die große Zahl der Hilfsarbeiter in den Industriebetrieben, die nach 1890 wie Pilze aus dem Boden schossen, waren nicht in die SPD integriert; sie trieben anderen Parteien zu oder wählten überhaupt nicht. Mehr als ein Viertel der SPD-Wähler kam aus dem Mittelstand, der Rest aus der „Arbeiteraristokratie", d. h. der Facharbeiterschaft. Diese Ergebnisse sind zwar nicht besonders überraschend, aber Comforts Studie hat den großen Vorteil, mehr als eine ideologische Erklärung für die Aufsplitterung der Linken zu bieten, eine Analyse der zugrundeliegenden sozialen Unterschiede innerhalb der Wählerschaft der Linksparteien.

Lawrence Schofer hatte gar nicht erst die Wahl, sich in seiner Monographie über die Entwicklung der Industriearbeiterschaft in Schlesien mit Gewerkschaften zu befassen, denn diese gab es dort kaum.[17] Auf der Grundlage polnischer und deutscher Quellen analysiert Schofer sorgfältig das Anwachsen des Arbeitsmarktes und die Reaktion der Arbeitgeber dieses Bergbaugebietes auf den Arbeitskräftemangel, welcher durch die Abschließung der russischen Grenze im Jahre 1885 hervorgerufen worden war. Er beschreibt den allmählichen Übergang: von einer Industrie, angewiesen auf Bauern, die zwischen den Anbau- und Erntezeiten hier arbeiteten, zu einem ganzzeitigen Arbeitskräfteeinsatz in den Minen und Fabriken von 1914 – ohne Verbindung der Arbeiter zur Landwirtschaft. Ein Paternalismus, der in den 1880er Jahren auch noch Kredite für den Bau von Häusern und Gärten bereitstellte, wurde sehr schnell von einer am Markt orientierten Auffassung abgelöst, was zum Bau von Arbeiterwohnheimen führte. Schofers Hauptschlußfolgerung ist, daß die Unternehmer sich standhaft weigerten, die Löhne zu erhöhen, um ihre Arbeiter anzuwerben und zu halten. Statt dessen nahmen sie Zuflucht zum verstärkten Einsatz von Frauen und Minderjährigen, zum Import ruthenischer Vertragsarbeiter und zu längerer Arbeitszeit als z. B. im Ruhrgebiet üblich. Auch die Altersversorgung wurde ganz bewußt dazu ausgenutzt, die geographische Mobilität zu reduzieren. Gegen die steigenden Lebenshaltungskosten versuchten die Industriellen, die inflationären Getreidezölle zu bekämpfen, um keine Lohnerhöhungen vornehmen zu müssen. Die Arbeiter, die sich

17 L. Schofer, The Formation of a Modern Labor Force. Upper Silesia, 1865–1914, Berkeley 1975; ders., Patterns of Worker Protest. Upper Silesia, 1865–1914, in: Journal of Social History (= JSH) 5. 1972, S. 447–63.

nicht gewerkschaftlich organisieren konnten, konnten nur mit wilden Streiks, Nichterscheinen am Arbeitsplatz oder Abwanderung in andere Industriegebiete antworten. Schofer verwirft Theorien, die die frühen Arbeitskämpfe mit dem vorindustriellen Charakter der Arbeiterschaft erklären wollen und weist auf die Weigerung der Unternehmer in Schlesien hin, sichere Arbeitsplätze zu schaffen und die Löhne attraktiv zu machen. Die Arbeitgeber, mehr als die Arbeiterschaft, mußten modernisiert und auf ihre ineffizienten Praktiken hingewiesen werden. Natürlich muß man bedenken, daß ein übergroßer Teil der schlesischen Bergwerksbesitzer zum Adel gehörte, und daß daher Schofers Schlußfolgerungen möglicherweise nicht für das Ruhrgebiet und für Sachsen zutreffen. Dennoch haben wir es hier mit einer sehr sorgfältigen Arbeit zu tun, die, obschon sich manchmal etwas wiederholend, ein wichtiger Beitrag zur Geschichte der regionalen wirtschaftlichen und sozialen Entwicklung in Deutschland ist.

Im gesamtstaatlichen Bereich hat Peter Stearns die Reaktion der deutschen Arbeiterschaft auf die „zweite industrielle Revolution" zwischen 1890 und 1914 analysiert.[18] Er hat dazu zeitgenössische Schriften von Gelehrten mit Interesse an der „Sozialen Frage", z. B. Heinrich Herkner und Adolf Levenstein, sowie zahlreiche andere Quellen, wie etwa Autobiographien von Arbeitern, ausgewertet. Stearns vermeidet es ebenfalls, Arbeitergeschichte als Organisationsgeschichte darzustellen; er will herausfinden, wie der einfache Arbeiter mit Großbetrieb, forciertem Arbeitstempo und der Einführung von neuer Technologie zurechtkam. Der Schwerpunkt in „Lives of Labor" liegt auf der Verschiedenartigkeit der Reaktion des einzelnen Arbeiters, die davon abhängig sein soll, ob der Arbeiter Neuankömmling in der Fabrik ist, oder ob er schon der zweiten mit Maschinen arbeitenden Generation angehört. Viele der angeblich nationaltypischen Eigenschaften, wie etwa die Willigkeit, viele Stunden zu arbeiten, werden von Stearns als ein Produkt der Neuartigkeit im Erfahrungsbereich des Arbeiters mit Industriearbeit gedeutet. Die folgenden Eigenschaften stellt er besonders heraus: deutsche Arbeiter kamen im Vergleich zu ihren französischen und britischen Kollegen eher aus dem Handwerk als aus der Landwirtschaft; in Deutschland befand sich eine größere Anzahl von Ehefrauen im Arbeitsprozeß als sonstwo; überschüssiges Geld wurde für bessere Nahrung und Kleidung, und nicht für bessere Wohnverhältnisse oder Bildungszwecke verwendet; der Arbeitskonflikt verschärfte sich nicht, je größer die Fabrik war. Stearns' Wille, die Reaktion der Arbeiterschaft nicht zu simplifizieren, führt ihn häufig zu einer solchen Komplexität, daß man sich fragt, ob er die Funktion des Historikers – Ordnung in die Masse der Fakten zu bringen – noch erfüllt, oder ob er lediglich das Chaos der gesammelten Information an den Leser weitergibt. Ein typisches Beispiel dafür ist das Kapitel über die Akkordarbeit, wo er kritische Stimmen zu dieser Neuerung einer gleichen

18 P. N. Stearns, Lives of Labor, N. Y. 1975; ders., Adaptation to Industrialization. German Workers as a Test Case, in: Central European History (= CEH) 3. 1970, S. 303–31.

Anzahl von Zitaten zu ihren Gunsten gegenüberstellt. Er folgert daraus, daß einige Zeitgenossen Vorteile in der Akkordarbeit sahen, andere sie unerträglich fanden, andere wieder indifferent blieben. Im allgemeinen nimmt Stearns eine konservative Haltung ein und weist mit Nachdruck darauf hin, daß die meisten Arbeiter sich auf die Veränderungen einstellten, trotz des Preises, den sie dafür zahlen mußten, und daß mit der Erfahrung auch das Vergnügen zunahm. Eines seiner liebsten Argumente ist, daß „zufriedene Arbeiter keine Aufzeichnungen hinterlassen." Andererseits ist er der erste mir bekannte Historiker, der die traurige Lage der alten Fabrikarbeiter untersucht hat. Abgesehen davon, daß Stearns jede Verallgemeinerung mit unzähligen Einschränkungen absichert, sind zwei weitere kritische Bemerkungen zu machen. Erstens behandelt er im Gegensatz zu Schofer die Arbeiterschaft isoliert von den Arbeitgebern, was zu zweifelhaften Schlußfolgerungen führen könnte. Mit anderen Worten, sowohl die Reaktion der Arbeitgeber auf Forderungen und Proteste der Arbeiterschaft als auch der Charakter des politischen Systems könnten von größerer Bedeutung für das Verhalten der Arbeiter sein, als Stearns zugesteht. Zweitens: Wenn Stearns sich in das Reich der Statistik wagt, finde ich seine Zahlen nicht in Übereinstimmung mit den viel verläßlicheren Arbeiten von Tilly und Shorter. Z. B. braucht man nicht das Fehlen von Streiks und die kleine Zahl der durchschnittlich Beteiligten (119) zu erklären, wenn tatsächlich Häufigkeit und Beteiligung in Deutschland und in Frankreich gleich waren (300), wie Tilly und Shorter zeigen.[19] Ich werde nochmals auf Stearns im Abschnitt über die vergleichende Geschichtsschreibung zu sprechen kommen, doch wäre es nicht fair, seine Arbeit zu verlassen, ohne nachdrücklich zu betonen, daß die enorme Menge zeitgenössischen Materials über Wohnverhältnisse, Nahrung, Freizeitverhalten der Arbeiterklasse usw., das er vorlegt, wertvoll für alle Historiker des Kaiserreichs sein dürfte.

Zwei Artikel über die Arbeiterbewegung bedürfen unserer Aufmerksamkeit. Sie sind verfaßt von Robert P. Neumann[20] und Alaine Glovka Spencer.[21] Neumann hat Autobiographien von Arbeitern nach Information über das Sexualverhalten durchsucht und fand mehr heraus, als man hätte erwarten können. Neumann stellt die konventionellen Klischees über die angebliche Unmoralität des Stadtlebens infrage und stellt fest, daß die Häufigkeit unehelicher Geburten nicht allzu stark zwischen Stadt und Land variierte. Auf dem Land konnte jedoch größerer sozialer Druck als in der Stadt auf den Mann ausgeübt werden zu heiraten. Neuman erkennt als einen Haupt-

19 C. Tilly u. E. Shorter, Strikes in France 1830–1968, Cambridge 1974.
20 R. P. Neuman, Industrialization and Sexual Behavior. Some Aspects of Working-class Life in Imperial Germany, in: R. Bezucha (Hg.), Modern European Social History, Lexington/Mass. 1972; ders., The Sexual Question and Social Democracy in Imperial Germany, in: JSH 7. 1974, S. 271–86.
21 E. G. Spencer, Between Capital and Labor. Supervisory Personnel in Ruhr Heavy Industry before 1914, in: JSH 9. 1975, S. 178–91.

trend die Bemühungen der Arbeiter, ihr Leben selbst zu gestalten und ihr Vergnügen zu vermehren – Teil des Säkularisierungsprozesses, der alle Klassen erfaßte. Spencers Aufsatz befaßt sich mit den Beziehungen zwischen den Steigern, ihren Arbeitgebern und ihren Arbeitsgruppen in den Betrieben des Ruhrgebietes zwischen 1890 und 1914. Sie stellt fest, daß ein kleiner Prozentsatz der Arbeiter, die weder Gewerkschaftsmitglieder, Sozialisten noch Katholiken waren, gegen Ende ihres Berufslebens in diese sehr gesuchte Stellung aufsteigen konnten. Die Furcht der Arbeitgeber, daß der Radikalismus sich bis hinauf zu den Steigern ausdehnen könnte, war grundlos, da die Art der Rekrutierung und das Prestige, das sich mit ihrer Stellung verband, zu beinahe ausnahmslos gleich starker Loyalität gegenüber den Arbeitgebern führte. Trotzdem verringerte sich ihr Aufgabenbereich rapide, als der Krieg nahte, da die zunehmende Rationalisierung zur Anstellung von technischen und Verwaltungsspezialisten führte, die dann viele Funktionen der Steiger übernahmen.

Betrachtet man die deutsche Industriegeschichte, so wird klar, daß beinahe alle wichtigen Arbeiten in den letzten zehn Jahren erschienen sind. In früherer Zeit waren hier Verallgemeinerungen an der Tagesordnung, die sehr oft auf lückenhafter Archivforschung beruhten und sich ziemlich eng an die Memoiren Fritz Thyssens anschlossen, welche nach dessen Tod ediert und publiziert worden waren. Die Karrieren von Albert Ballin und Karl Helfferich sind von Lamar Cecil[22] bzw. John Williamson[23] erforscht worden. Besonders die Studie über Ballin ist intelligent konzipiert und umfassend; sie wirft viel Licht auf die Schwierigkeiten, denen sich ein jüdischer Schiffsmagnat mit gemäßigten politischen Ansichten gegenübersah. Williamsons Arbeit ist trotz ihrer Gründlichkeit etwas enttäuschend, denn die meteorenhafte Karriere Helfferichs ist in einem langweiligen Erzählstil aufgezeichnet. Obwohl nützlich wegen ihres Informationsgehaltes, wirft diese Arbeit zu wenig Fragen über den Weg des Titelhelden zum chauvinistischen Nationalisten während und nach dem Ersten Weltkrieg auf und verhilft darum nur zu wenig neuen Einsichten.

Es war vor allem Gerald Feldman – dessen Arbeit in Deutschland keiner Einführung bedarf –, der Pionierarbeit zur deutschen Industriegeschichte geleistet hat. Indem er vor allem Industriearchive auswertete, hat er ein hervorragendes Buch verfaßt, das detailliert die Kooperation zwischen Militär, Industrie- und Gewerkschaftsführern während des Ersten Weltkrieges beschreibt.[24] Er hat mehr als jeder andere Historiker den Groener-Ebert-Pakt verständlich gemacht, und er hat ganz richtig versucht, die Aufmerksamkeit auf das Stinnes-Legien-Abkommen zu lenken, dem wirt-

22 L. Cecil, Albert Ballin. Business and Politics in Imperial Germany, 1888–1918, Princeton 1967 (dt. Hamburg 1969).
23 J. G. Williamson, Karl Helfferich, 1872–1924. Economist, Financier, Politician, Princeton 1971.
24 Feldman.

schaftlichen Gegenpart. Seine zahlreichen Artikel in den letzten Jahren haben dieselbe sorgfältige empirische Forschungsarbeit demonstriert, dieselbe intensive Beschäftigung mit der Komplexität der Ereignisse, die schon sein Buch ausgezeichnet hatten.[25] Seine Aufsätze wollen vor allem den rücksichtslosen Pragmatismus der führenden deutschen Industriellen aufzeigen. Bereits im Oktober 1918 waren sie bereit, Junker und Mittelstand im Stich zu lassen, um eine Allianz mit der organisierten Arbeiterschaft einzugehen. Nicht aus Loyalität der Republik gegenüber versagten sie dem Kapp-Putsch die Unterstützung, sondern wegen seines inopportunen Zeitpunktes und der Wahrscheinlichkeit, daß er die Wirtschaft zerrütten würde. Ihre Inflationspolitik, die schließlich katastrophale Folgen zeitigte, schreibt Feldman dem Wunsche Stinnes' und anderer zu, Exportvorteile für die deutsche Industrie zu erlangen und gleichzeitig die Möglichkeit zu eröffnen, höhere Löhne zu zahlen ohne damit verbundenes steigendes Realeinkommen der Arbeiter. Auf diese Weise vermied Deutschland Rezession und Arbeitslosigkeit in den Nachkriegsjahren, aber letzten Endes mußte ein enormer Preis dafür gezahlt werden. Die außerordentliche Macht der Großindustrie in den ersten Jahren der Weimarer Republik sieht Feldman nicht nur als das Produkt ihrer eigenen Hybris, sondern auch als Ergebnis des Unvermögens einer schwachen Regierung, die inneren Konflikte in der Industrie auszunutzen, sowie als Folge der Dürftigkeit alternativer wirtschaftlicher Konzeptionen aus dem sozialistischen Lager. Seine Abneigung gegen Vereinfachungen hindert Feldman daran, daraus die Schlüsse zu ziehen, die andere gezogen haben: daß Deutschland eine eindimensionale Gesellschaft war, in der die SPD die Prämissen der Industrie teilte und daher keine lebensfähige Opposition bilden konnte.[26]

Henry Ashby Turner hat in seinen zahlreichen Aufsätzen, die sich mit der Rolle der Industriellen in den letzten Jahren der Republik befassen, eine etwas engagiertere Fragestellung als Feldman aufgegriffen.[27] In mehreren seiner Artikel versucht er, die These von der Bereitschaft und Fähigkeit der

25 Ders., German Business between War and Revolution. The Origins of the Stinnes-Legien Agreement, in: G. A. Ritter (Hg.), Entstehung u. Wandel der modernen Gesellschaft. Fs. f. H. Rosenberg, Berlin 1970; ders., Economic and Social Problems of the German Demobilization, 1918–19, in: JMH 47. 1975, S. 1–23; ders., Big Business and the Kapp Putsch, in: CEH 4. 1971, S. 99–130; ders., The Social and Economic Policies of German Big Business, 1918–1929, in: American Historical Review (= AHR) 75. 1969, S. 47–55; ders., Der deutsche Organisierte Kapitalismus während der Kriegs- u. Inflationsjahre 1914–1923, in: H. A. Winkler (Hg.), Organisierter Kapitalismus, Göttingen 1974.
26 G. Hallgarten u. J. Radkau, Deutsche Industrie u. Politik von Bismarck bis heute, Köln 1974.
27 H. A. Turner, Big Business and the Rise of Hitler, in: AHR 75. 1969, S. 56–70; ders., The Ruhrlade, Secret Cabinet of Heavy Industry in the Weimar Republic, in: CEH 3. 1970, S. 195–228; ders., Emil Kirdorf and the Nazi Party, in: CEH 1. 1968, S. 324–44; ders., Hitler's Secret Pamphlet for Industrialists, 1927, in: JMH 40. 1968, S. 348–74; ders., Fascism and Modernization, in: World Politics 24. 1972, S. 547–64. – Alles dt. in: ders., Faschismus u. Kapitalismus in Deutschland, Göttingen 1972.

Industriellen, ökonomische Macht in politische Macht zu verwandeln, infrage zu stellen. Es scheint außerdem, als habe er seine gesamte wissenschaftliche Energie der Widerlegung der marxistischen Behauptung gewidmet, nach der die Industrie einen wesentlichen Anteil an Hitlers Machtergreifung hatte. In Artikeln über die Ruhrlade und Emil Kirdorf hat Turner versucht, die politische Ungeschicklichkeit der Wirtschaftsführer und ihre dauernde aktive Sympathie für Papen eher als für Hitler nachzuweisen. Selbst Kirdorf trat aus der Partei kurz nach seinem Beitritt wieder aus und beantragte erst Jahre später seine Wiederaufnahme, als die Nationalsozialisten schon an der Macht waren. Das weist Turner unwiderleglich nach; nach seiner Meinung hat die radikale soziale und ökonomische Rhetorik der NS-Linken die meisten Industriellen von der NSDAP ferngehalten. Turner leugnet nicht, daß die Ruhrlade sich nach 1930 von der Demokratie abwandte, daß sie applaudierte, als 1932 die preußische Regierung aus dem Amt gejagt wurde, oder daß sie versuchte, Papens Nachfolger Schleicher zu stürzen, dessen „militärischen Sozialismus" sie ebenso unverzeihlich fand wie die Ablösung Papens. Zwar ist es zu begrüßen, daß Turner vulgärmarxistische Interpretationen angreift, aber manchmal scheint er Haarspalterei zu treiben, so wenn er schreibt, daß die Industriellen Hitler nicht direkt, sondern indirekt in seinem Streben nach der Kanzlerschaft unterstützten, oder, daß sie ihm eher halfen, die Macht zu konsolidieren, und weniger, sie zu ergreifen. Es gibt zwei Wege, geistige Abhängigkeit von einer Idee oder einer Interpretation zu demonstrieren: dauernde Imitation oder obsessiver Widerspruch. Turner scheint ein Beispiel für das letztere zu sein.[28] Ich vermute, selbst er würde zugeben, daß die Industriellen mit ihrem Verlangen nach Papens autoritärem Regime im Januar 1933 kein Hindernis für die Nazis darstellten. Mit Recht, glaube ich, verwirft Turner die These von der notwendigen Verbindung zwischen Kapitalismus und Nationalsozialismus, indem er auf die liberal-demokratischen Regierungssysteme in Großbritannien und den Vereinigten Staaten zur gleichen Zeit hinweist. Seine sorgfältige Forschungsarbeit hat diese Diskussion sicherlich auf eine höhere Ebene gebracht.

Zwei Gebiete, auf denen amerikanische Historiker noch ihren Beitrag leisten müssen, liegen in der Synthese oder Theorie und der Quantifizierung. Es gibt keinen Nachfolger Veblens in Amerika, d. h. jemanden, der die gesamte moderne deutsche Wirtschaftsgeschichte zusammenfassend zu interpretieren suchte. David Landes' Versuch, dies in bezug auf das gesamte Europa zu tun, behandelt Deutschland nur am Rande, und selbst dann nur bezogen auf England, das im Mittelpunkt seines Buches steht.[29] Alexander Gerschenkron hat gut fundierte und anregende Arbeiten über die europäische Wirtschaftsentwicklung verfaßt, aber Deutschland hat ihn in den letz-

28 Vgl. dazu D. H. Fischer, Historians' Fallacies, N. Y. 1970, S. 28 f.
29 D. Landes, The Unbound Prometheus, Cambridge 1969 (dt. Köln 1973).

ten Jahrzehnten nicht so sehr beschäftigt wie die Sowjetunion oder Schweden.[30] Und auch Quantifizierung ist bisher noch nicht in größerem Maße angewendet worden, was man bedauern oder begrüßen mag. Dies kann sich jedoch rapide ändern, und es ist gut möglich, daß wir vor einer ganzen Flut von statistischen Arbeiten stehen. Es gibt eine kleine, schon erwähnte Gruppe von Historikern, die sich als Conference Group on Quantification in German History organisiert hat, und in einem vor kurzem erschienenen Artikel hat Frank Tipton den Mangel an Präzision in der Wirtschaftsgeschichtsschreibung über Deutschland kritisiert.[31] Er bemängelt das Fehlen von Modellen und die Vorliebe zur wirtschaftsgeschichtlichen Periodisierung mit Hilfe politischer Daten. Er fordert mehr ökonometrische Studien und endet damit, daß er mit Nachdruck auf die in der deutschen Wirtschaftsentwicklung fehlenden Wendepunkte hinweist.

3. Es ist beinahe ein halbes Jahrhundert her, seit Marc Bloch die vergleichende Geschichte „einen mächtigen Zauberstab" nannte und eine widerspenstige historische Zunft drängte, diese Methode zu benutzen.[32] Da sie ihrer Natur nach skeptisch gegenüber Neuerungen sind, haben die Historiker erst während des letzten Jahrzehnts auf Blochs Ruf geantwortet. Am Anfang und am Ende der letzten zehn Jahre stehen zwei grundlegende vergleichende Studien, Barrington Moores Untersuchung der »Social Origins of Dictatorship and Democracy" (1966) und Charles Maiers „Recasting Bourgeois Europe" (1975). Eine Unzahl von Aufsätzen ist in den dazwischenliegenden Jahren erschienen, von denen viele ebenfalls Beachtung verdienen.

Moores Buch ist ein Werk der großen Spannweite und der Synthese, das die Annahme Max Webers, die Zukunft gehöre den hoch spezialisierten wissenschaftlichen Arbeiten, infrage stellt.[33] Es ist im Gegensatz zu den meisten Produkten der amerikanischen Wissenschaft theoretisch konzipiert

30 A. Gerschenkron, Europe in The Russian Mirror, Cambridge 1970; ders., Economic Backwardness in Historical Perspective, Cambridge/Mass. 1968; ders., Continuity in History and other Essays, Cambridge/Mass. 1968.

31 F. Tipton, The National Consensus in German Economic History, in: CEH 7. 1974, S. 195–224; vgl. auch H. Neuberger u. H. Stokes, German Banks and German Growth, 1883–1914. An Empirical View, in: The Journal of Economic History (= JEH) 34. 1974, S. 710–31 (auch dies., German Banking and Japanese Banking. A Comparative Analysis, in: JEH 35. 1975, S. 238–52), dagegen aber R. Fremdling u. R. Tilly, German Banks, German Growth and Econometric History, in: JEH 36. 1976, S. 416–24; H. Neuberger u. H. Stokes, German Banks and German Growth. A Reply, in: JEH 36. 1976; J. C. Hunt, Peasants, Grain Tariffs and Meat Quotas. Imperial German Protection Reexamined, in: CEH 7. 1974.

32 M. Bloch, Towards a Comparative History of European Societies, in: F. Lane (Hg.), Enterprise and Secular Change, Homewood/Ill. 1953; vgl. auch Th. v. Laue, The Comparative Approach, in: The Global City, Philadelphia 1969.

33 B. Moore, Social Origins of Dictatorship and Democracy, Boston 1966 (dt. Frankfurt 1974[2]); M. Weber, Wissenschaft als Beruf, in: Gesammelte Aufsätze zur Wissenschaftslehre, Tübingen 1922.

und basiert gleichzeitig auf einer sicheren historischen Grundlage. Vor allem ist es herausfordernd: Historiker mit ihrer Liebe zur Kontinuität müssen mit einem vergnügten Lächeln einen Soziologen zur Kenntnis nehmen, der die Bedeutung vorindustrieller sozialer Systeme für die Art der jeweils im 19. und 20. Jahrhundert entstehenden Struktur betont. Gleich einem Jünger der Annales-Schule zeigt Moore Verachtung für die „événements" (Diplomatie, Ideen, Persönlichkeiten) und bewegt sich in der „longue durée".

Obwohl kein Kapitel des Buches sich besonders mit Deutschland befaßt, zieht sich die deutsche Geschichte wie ein roter Faden durch das gesamte Buch bis zum zusammenfassenden Teil über den Faschismus, in dem der Verfasser den deutschen Fall ausführlich behandelt.

Moore betrachtet die jeweilige Art der Kommerzialisierung der Landwirtschaft als den Schlüssel zu dem spezifischen Prozeß, den jede Nation auf ihrem Weg zur modernen Industriegesellschaft durchlief. Die sich fortwährend verändernden Beziehungen zwischen Großgrundbesitzern und Bauernschaft oder Landarbeitern ist für ihn die entscheidende Variable. Da es also nur einen Schlüssel für Moore gibt, kann man in seinem Werk keine grundsätzliche Diskussion der Industrialisierung, der Notlage des Mittelstandes oder des Aufstiegs der Arbeiterklasse erwarten. Ein zugrundeliegendes Argument ist, daß jeder mögliche Weg in die moderne Welt seinen Preis an Gewalt und Unterdrückung kostet; ein organischer und friedlicher Übergang ist unmöglich. Die faschistische Variante ist gekennzeichnet durch Modernisierung von oben ohne Revolution – im Gegensatz zur demokratischen, die auf einer bürgerlichen Revolution und einer daraus resultierenden kommerziellen Landwirtschaft basiert, und zur kommunistischen, in der die Bauern auf einen zu schwachen kommerziellen Impuls reagieren. In Deutschland und Japan verbanden sich demnach kommerzielle und industrielle Unternehmer – zu schwach, um selbst die Macht zu ergreifen – mit den aufgeschlosseneren Teilen des Landadels, um die Wirtschaft zu modernisieren, ohne dabei die vorhandene Machtstruktur zu verändern. Während Veblen diese Allianz metaphorisch als eine „instabile chemische Verbindung" bezeichnete, wählte Moore den Vergleich mit einem alten viktorianischen Haus, das mit den modernsten elektrischen Geräten vollgestopft ist. Das eine mag zur Explosion führen, wogegen das andere einen überladenen Stromkreis und damit Kurzschluß und Großbrand hervorrufen wird. Moore läßt keinen Zweifel daran, daß Faschismus und Zweiter Weltkrieg der Preis waren, den Deutschland für den Versuch der Quadratur des Kreises zahlen mußte. Modernisierung von oben mußte zwangsläufig zur Unterdrückung der Arbeiterschaft in der Stadt und auf dem Lande führen, zu ungerechter Vermögensverteilung und imperialistischer Expansion. Indem er den Nationalsozialismus als „attempt to make conservatism popular" interpretiert, folgt Moore jener radikalen Tradition, die die Nazis als Agenten des Monopolkapitals und der Junker betrachtet.

Im Hinblick auf den begrenzten Umfang dieses Berichtes erscheint es mir fruchtbarer, einige Fragen zu Moores Interpretation aufzuwerfen, als nur etwas zu dem Lob hinzuzufügen, das er bereits erhalten hat. Aus einer Perspektive, die die Modernisierung dreier Kontinente umfaßt, erscheint Deutschland ganz natürlich in derselben Kategorie wie Japan. Veblen, Landes und Reinhard Bendix haben in ähnlicher Weise Parallelen in der Entwicklung beider Länder aufgezeigt; doch sind die Unterschiede beträchtlich und sollten nicht im Verborgenen bleiben.[34] Im Gegensatz zu Deutschland fehlte in Japan (1) die Massenpolitik – alle führenden Köpfe entstammten Elitegruppen. Es gab (2) keine totalitäre Partei, keine Parallele zur Gleichschaltung, keinen charismatischen Führer und (3) kein Äquivalent zu den Junkern, denn die Grundbesitzer hatten sich erst in neuerer Zeit aus der Bauernschaft und dem mittelständischen Offizierskorps herausgeschält. Es fehlten (4) ein Zusammenbruch der Rechtsordnung und die Geistesströmung des Nihilismus; es gab (5) wenig Radikalismus und Dynamik von unten und (6) lokale konservative Organisationen stützten sich auf die akademischen Berufe und auf modern denkende Männer.[35] In einem 1940 erschienenen Buch über den Faschismus hat Emil Lederer Japan nicht mit einbezogen, da es nach seiner Meinung nicht mit Deutschland „die Herrschaft der Massen über die Massen" gemein hatte.[36] Und doch gleicht das autoritäre Japan Deutschland – aber weniger Hitler-Deutschland als dem Deutschland Wilhelms II. Ich würde meinen, daß Moores Interpretation, sein Rückgriff auf die Unterschiede zwischen Grundherrschaft und Gutsherrschaft, sich mehr auf das Kaiserreich als auf das Dritte Reich anwenden läßt. Seine Definition des Faschismus paßt gut auf die Miquelsche Sammlungspolitik und das Kartell der schaffenden Stände. Auch ungleiche Vermögensverteilung und aggressiver Militarismus mangelten dem Zeitalter Wilhelms II. nicht, und viele finden es imperialistischer als das Dritte Reich. Will man den Erfolg des Nationalsozialismus erklären, kann man näherliegende Ereignisse wie den Ersten Weltkrieg, die Weimarer Republik, die Weltwirtschaftskrise von 1929, die Dynamik der Jugend in den 20er Jahren usw. nicht außer Acht lassen, wie Moore das in der Tat tut. Bestenfalls kann man sagen, daß Moore die strukturellen Voraussetzungen, von denen eine faschistische Bewegung ausgehen konnte, aufgezeigt hat. Zum Schluß noch eine Bemerkung zur Symmetrie der Gewalt, unter der jede Nation im Zuge der Modernisierung notwendigerweise

34 Veblen, S. 86; R. Bendix, Preconditions of Development. A Comparison of Germany and Japan, in: R. Dore (Hg.), Conference on Modern Japan, Bermuda 1963; D. Landes, Japan and Europe. Contrasts in Industrialization, in: W. W. Lockwood (Hg.), The State and Economic Enterprise in Japan, Princeton 1965, S. 93–182.
35 K. Hayashi, Japan and Germany in the Interwar period; R. P. Dore u. T. Ouchi, Rural Origins of Japanese Fascism, in: J. W. Morley (Hg.), Dilemmas of Growth in Pre-war Japan, Princeton 1971, S. 181–209; vgl. auch J. Wiener, Social Origins of Dictatorship and Democracy by Barrington Moore, Jr., in: History and Theory 15. 1976, S. 146–75.
36 E. Lederer, State of the Masses. The Threat of the Classless Society, N. Y. 1940.

leiden muß. Die Geschichte verläuft nicht ganz so gerecht, wie Moore uns glauben machen möchte. Die Deutschen und Japaner waren nicht die einzigen, die unter dem Zweiten Weltkrieg zu leiden hatten (der „Preis" der Modernisierung von oben); die Russen, Franzosen, Engländer und sicherlich die Juden mußten ebenfalls einen hohen Preis zahlen, obwohl sie, wie Moore uns versichert, ihre „Schulden" schon früher abgetragen hatten.

Bloch hatte den vergleichenden Historiker ermahnt, daß seine Aufgabe nicht nur das Auflisten von Ähnlichkeiten, sondern vor allem das Erklären von Unterschieden sei. Dieses von Bloch gesteckte Ziel erreicht John Garratys Aufsatz „The New Deal, National Socialism, and the Great Depression" nicht.[37] Der Verfasser, ein Historiker der amerikanischen Geschichte, verwendet den größten Teil seiner Bemühungen darauf, Parallele nach Parallele aufzuzeigen über die Art und Weise, wie Deutschland und die Vereinigten Staaten mit einer schrumpfenden Wirtschaft und Massenarbeitslosigkeit fertig zu werden suchten. Über die Unterschiede, die er recht oberflächlich behandelt, sagt er lediglich, sie seien psychologischer Natur gewesen und basierten auf den besonderen persönlichen Charakterzügen von Hitler und Roosevelt. Für den eindeutigen Unterschied des Erfolgs bei der Arbeitslosigkeitsbekämpfung und die Bereitschaft zum „deficit spending" bietet Garraty wenige Erklärungen an. Ein erfolgreicherer Versuch, vergleichende Geschichte zu schreiben, ist Lenore O'Boyles Aufsatz „The Problem of an Excess of Educated Men in Western Europe, 1800–1850".[38] Sie weist auf die wachsende Bedeutung der akademischen Ausbildung für die Zeitgenossen hin – als Mittel zur Sicherung einer bürgerlichen Lebenshaltung. Das Ergebnis war ein enormer Überschuß an Hochschulabsolventen, die miteinander um die begrenzte Zahl von Stellen im Staatsdienst wetteiferten. Die langsame Entwicklung der französischen und deutschen Wirtschaft vor 1848 hielt junge Männer vom Eintritt in die Wirtschaft und den Handel ab. In England standen diese Wege offen; auch war dort die Möglichkeit gegeben, in den Kolonialdienst einzutreten, der immer mehr Anziehungskraft auf junge Akademiker ausübte. O'Boyle schließt daraus, daß der Überschuß an Gebildeten eine Bedrohung der sozialen Stabilität Frankreichs und Deutschlands war, solange die wirtschaftliche Entwicklung und eine sich ausdehnende staatliche Bürokratie keine sichereren Anstellungsmöglichkeiten eröffneten.

In einem interessanten Aufsatz kritisiert Peter Stearns die Historiker der Geschichte der Arbeiterbewegungen dafür, daß sie mit einem nationenbezogenen Ansatz an ihr Thema herangehen. Er schreibt: „Vor allem anderen gab es gewöhnlich, wenn natürlich auch nicht ausnahmslos, mit bestimmten

37 J. Garraty, The New Deal, National Socialism, and the Great Depression, in: AHR 78. 1973, S. 907–44.
38 L. O'Boyle, The Problem of an Excess of Educated Men in Western Europe, 1800–1850, in: JMH 42. 1970, S. 471–95.

Industriezweigen verbundene Wesenszüge. Einen Hafenarbeiter können wir besser als Hafenarbeiter denn als Franzosen oder Deutschen verstehen".[39] Stearns schlägt vor, daß die Neigung zum Streik eher auf das jeweilige Gewerbe zu beziehen sei als auf die nationale Herkunft des Streikenden, und er meint, daß die verschiedenen Industriezweige nicht nur einen jeweils spezifischen Arbeitertypus hervorbrachten, sondern Arbeiter anzog, die jeweils gewisse und gemeinsame Persönlichkeitsmerkmale hatten. So wurde z. B. die Eisenbahn von denen bevorzugt, die auf Sicherheit bedacht waren, während das Druckereigewerbe Arbeiter mit hohen Erwartungen anzog. Um diese Hypothese zu untermauern, weist Stearns auf die ähnlichen familiären Muster bei Bergleuten in Frankreich, Deutschland und England hin, sowie darauf, daß Hilfsarbeiter überall zu großen Familien neigten. Zwar ist Stearns Theorie nicht ganz überzeugend, doch verdient sie Beachtung und sollte durch andere vergleichende Arbeiten über ausgewählte Gewerbezweige getestet werden.

Mein eigener Beitrag zur vergleichenden Geschichtsforschung versucht, die Reaktionen von deutschen und amerikanischen agrarischen Protestbewegungen auf die schwere ökonomische Krise der frühen 90er Jahre des vorigen Jahrhunderts zu analysieren.[40] Ich zeige, daß Ähnlichkeiten in den Programmen des hierarchisch aufgebauten Bundes der Landwirte und der demokratischeren American Populist Party bestanden. Die Ähnlichkeit erstreckt sich auch auf den Typ des Bauern, der sich dem Radikalismus zuwandte: Er war schwer verschuldet und ernährte sich auf der Grundlage einer Monokultur; sein Hof war weit von den großen städtischen Zentren entfernt. Deshalb schlossen sich weder die Farmer des alten Mittleren Westens in Indiana und Ohio noch die oldenburgischen und westfälischen Bauern der Protestbewegung an. Anpassung an nahegelegene städtische Märkte schützte sie vor der Agrardepression. Ähnlich wie durch die Krise die jahrhundertealte Feindschaft zwischen Junkern und Bauern zeitweilig begraben wurde, überwanden in den USA die schwarzen und weißen Farmer der Südstaaten eine Zeitlang ihre Rassenantipathien und kämpften gemeinsam für höhere Agrarpreise. Daß der Bund der Landwirte größere Erfolge verbuchen konnte, lag zum einen an der größeren politischen Macht der junkerlichen Agrarier, zum anderen aber vielleicht daran, daß der romantische Mythos von der Bedeutung der Scholle in Deutschland tiefer verankert war.

In der letzten Zeit sind auch einige vergleichende Aufsätze erschienen, die auf statistischen Methoden basieren. Charles Tilly und Edward Shorter zeigen im letzten Kapitel ihres Buches „Strikes in France 1830–1960", daß das Streikprofil Deutschlands bis 1929 dem in Frankreich und Italien glich,

39 P. N. Stearns, National Character and European Labor History, in: JSH 4. 1970/71, S. 95–124.
40 K. Barkin, A Case Study in Comparative History. Populism in Germany and America, in: H. Bass (Hg.), The State of American History, Chicago 1970.

daß sich aber seit 1945 Deutschland dem skandinavischen Modell mit sehr wenig Arbeitsniederlegungen angenähert hat.[41] Als Erklärung geben sie die zunehmende Beteiligung der SPD an der Regierung an, was richtig sein mag; vielleicht sind auch die von 1930 bis 1945 erzwungenen Verhaltensweisen der Arbeiterschaft noch nicht überwunden. Die drei Tillys, Charles, Louise und Richard, betonen in „The Rebellious Century", daß in bezug auf sozialen Protest Deutschland zwischen 1830 und 1930 in das europäische Muster paßt.[42] Da jedoch in Deutschland die Repression des Aufruhrs besonders erfolgreich gewesen ist, ist dieses Thema hier nicht so interessant wie etwa in Frankreich und Italien. Die drei Höhepunkte waren die frühen 30er Jahre des 19. Jahrhunderts, 1848 und die Zeit von 1919 bis 1933, mit großen Lücken dazwischen. Für die an der Geschichte der Kriminalität Interessierten ist vor kurzem ein Versuch unternommen worden, Eigentumsdelikte und Gewaltverbrechen mit der Urbanisierung Frankreichs und Deutschlands im 19. Jahrhundert in Verbindung zu setzen.[43] Die Ergebnisse dieser Arbeit sind nicht ganz schlüssig, auch wenn der Verfasser in etwa feststellt, daß Gewaltverbrechen auf dem Lande genauso häufig waren, während Diebstahl im Vergleich zur Stadt dort seltener vorkam.

Charles Maiers umfassende Studie über Frankreich, Deutschland und Italien in den 20er Jahren ist das Ergebnis vieler Jahre mühevoller Forschungsarbeit in den Archiven dieser drei Länder.[44] Er sieht es als eine Hauptaufgabe an, jene Frage zu beantworten, die schon Lenin, Trotzki und viele andere Radikale in den 20er Jahren beschäftigt hat: Warum folgte dem Ersten Weltkrieg keine erfolgreiche Revolution? Im Gegensatz zu früheren Historikern, die sich auf die Linke konzentriert hatten, untersucht Maier die bürgerlichen Kräfte bei ihrem Versuch der Wiederherstellung einer Ordnung, die auf Privateigentum und kapitalistischer Macht basierte. Ebenso wie Moore glaubt er, daß Stabilität ebensosehr der Erklärung bedarf wie revolutionärer Wandel, besonders dann, wenn sie auf der ungleichen Verteilung von Gütern beruht. Außerdem sieht Maier offensichtlich die Wurzeln der Stabilität Westeuropas seit 1945 ansatzweise schon in dem Gleichgewicht der Kräfte hervortreten, das für kurze Zeit in den späten 20er Jahren triumphierte. Folgende Themen ziehen sich durch das Buch: (1) Die allmähliche Verdrängung der parlamentarischen Regierungsform durch ein korporatistisches Gleichgewicht, angeführt von der Großindustrie und der organisierten Arbeiterschaft; (2) die Inflation, die den Interessen der organisierten Gruppen zum Nachteil der Nichtorganisierten dient; (3) das Abrücken der SPD vom Sozialismus zugunsten eines konservativen,

---

41 Tilly u. Shorter, S. 303–31.
42 C. Tilly u. a., The Rebellious Century 1830–1930, Cambridge/Mass. 1975, S. 191–238.
43 H. Zehr, The Modernization of Crime in Germany and France 1833–1913, in: JSH 8.
    1975; H. L. Liang, The Berlin Police Force in the Weimar Republic, 1918–1933, Berkeley 1970 (dt. Berlin 1977).
44 S. Anm. 13.

technokratischen, amerikanisch inspirierten Systems der Beziehungen zwischen Arbeiterschaft und Unternehmen. In der Nachfolge Feldmans betrachtet Maier Stinnes' Befürwortung einer inflationären Währungspolitik als entscheidend für die Erholung der deutschen Industrie und gleichzeitig als einen relativ schmerzlosen Weg, die Lohnforderungen der Arbeiterschaft zu erfüllen. Die SPD und die Gewerkschaften, beide in Angst vor der Rätebewegung zu ihrer Linken, schlossen sich dieser Politik an und waren nicht in der Lage, zwischen dem Wiederaufschwung der Industrie und dem Allgemeinwohl zu unterscheiden. Maier sympathisiert klar mit denen, die eine echte sozialistische Revolution anstrebten. Die bürgerliche Gesellschaft, so erfahren wir, beruhte auf wirtschaftlicher Ausbeutung, Elitismus und selbstmörderischen internationalen Konflikten. Er schließt sich der langen und renommierten Liste von Wissenschaftlern an, welche die SPD kritisieren. Seine Hauptvorwürfe sind: Die SPD akzeptierte pluralistischen Wettbewerb, anstatt eine radikale Neustrukturierung der Gesellschaft anzustreben, Effizienz statt Umverteilung wurde ihr Hauptziel, und sie favorisierte die Produzenten gegenüber den Konsumenten. Maier argumentierte überzeugend, daß die Zugeständnisse, die von der Arbeiterschaft zwischen 1918 und 1920 gewonnen worden waren, von ihrer Macht auf der Straße und an den Wahlurnen abhing. Als beides zu verschwinden begann, wurden ihr die Zugeständnisse nach und nach wieder entrissen.

Maier stellt die Inflation sorgfältig und originell dar. Er betrachtet sie als eine ergänzende Besteuerung zur Senkung des Realeinkommens. Erst als die Industrie selbst bedroht war, wurde die Inflation endlich bekämpft. Maier revidiert die allgemeinen Anschauungen über die Auswirkungen der galoppierenden Inflation von 1923 und bezweifelt die angebliche Zerstörung des deutschen Bürgertums – die Hyperinflation habe eher zu einer regressiven Neuverteilung des Vermögens innerhalb des Bürgertums geführt. Dennoch ist zu zeigen, wie schädlich die Inflation für die parlamentarische Demokratie war, da sie jene Gruppen von ihr entfremdete, deren Unterstützung für die Stabilität der Republik notwendig war. Sie konnten sich zwar nicht wirtschaftlich organisieren, aber sie koalierten auf politischer Ebene, um das von amerikanischer Hilfe getragene konservative Gleichgewicht zu bedrohen. Die SPD, mit nur noch wenigen Trümpfen in der Hand, fand sich in der Lage, konservative Wirtschaftspolitik unterstützen zu müssen, um die Unterstützung der Demokratie durch das Bürgertum zu sichern. Mit dem Einbruch der Wirtschaftskrise trennten sich die Wege der korporativen Partner (Arbeiterschaft und Industrie). Im Grunde interpretiert Maier den Nationalsozialismus als eine Revolte der im Stich Gelassenen, der Unorganisierten, gegen das korporatistische Gleichgewicht; das im Gegensatz zu Italien, dessen Faschismus als Versuch interpretiert wird, eine korporatistische Ordnung von oben zu etablieren.
Maier hat ein anregendes und geistreiches Buch verfaßt, in dem eher logisch

als polemisch argumentiert wird. Obwohl es mit zu vielen Details überladen ist, bietet es einen attraktiven theoretischen Rahmen für die Beschäftigung mit den 20er Jahren. Die Forschungsleistung ist ganz außergewöhnlich und jenseits der Kritik. Aus meiner Veranlagung zur Kritik heraus möchte ich aber einige kleinere Vorbehalte zu diesem fraglos wichtigen Beitrag zur neueren europäischen Geschichte äußern. Meine Bedenken zielen vor allem auf Maiers ausschließliche Beschäftigung mit den 20er Jahren. Viele seiner Themen werden als Produkt der Nachkriegssituation aufgefaßt, während sie m. E. tief in der Entwicklung Deutschlands im 19. Jahrhundert verwurzelt sind. Z. B. trat die Aufopferung der Konsumenten zugunsten der Produzenten schon mit Bismarcks Zollpolitik auf den Plan und setzte sich bis in die 20er Jahre fort, mit der Ära Caprivi als einziger Unterbrechung der Kontinuität. In ähnlicher Weise können die korporativen Strömungen in der deutschen Gesellschaft schon in den letzten Jahrzehnten des 19. Jahrhunderts beobachtet werden, und man könnte argumentieren, daß die Herausbildung der organisierten Arbeiterschaft zum korporativen Juniorpartner notwendigerweise schon 1914 begann. Sicherlich überzeugt das Werk Feldmans uns davon, daß der kleine Selbständige schon während des Krieges das Spiel gegen die Arbeiterschaft und die Industrie verlor. Daher könnte die Entfremdung der Nichtorganisierten in den 20er Jahren wohl zugenommen haben; sie kann aber schon viel früher nachgewiesen werden.

In bezug auf den Niedergang des repräsentativen Regierungssystems und das „Recasting of Bourgeois Europe" hege ich, soweit es Deutschland betrifft, Zweifel. Wohl entspricht es den Tatsachen, daß in den 20er Jahren wichtige Entscheidungen im privaten Bereich gefällt wurden, aber es ist ebenso wahr, daß auch unter Bismarck und Wilhelm II. solche Entscheidungen kaum im Reichstag gefällt wurden. Man kann in Deutschlands Vergangenheit kein Zeitalter der Parlamentsmacht entdecken, von dem aus man einen Niedergang beschreiben kann. Während es für die 20er Jahre akzeptabel erscheint, Junker, Universitätsstudenten und Mittelstand als Kräfte der Ordnung dem Lager der Industriellen zuzuschlagen, ist es fragwürdig, dies nach rückwärts auf das Kaiserreich anzuwenden. Die komplexe Sozialstruktur des kaiserlichen Deutschland wird zu stark vereinfacht, wenn man seine Konflikte als Kampf der Sozialisten gegen den ganzen Rest ansieht. Sowohl das Erreichen der formellen parlamentarischen Demokratie als auch die außerordentliche Macht der Großindustrie erscheinen mir als ein Novum der Nachkriegsjahre, und im ersteren Falle war es eine Leistung, die allzuoft übersehen wird.

Letztlich muß man sich fragen, ob die Frage, die Maier zu Beginn seiner Arbeit aufwirft – reale Revolutionsgefahr und Notwendigkeit, den Sieg der Bourgeoisie zu erklären – wirklich so wichtig ist, wie der Verfasser glaubt. Die meisten, wenn nicht alle Gesellschaftssysteme sind auf ungleiche Güterverteilung gegründet. Warum die 20er Jahre zur Erklärung herausgegriffen werden, bleibt unklar. Es ist außerdem seit langem bekannt, daß die SPD keine Partei von hitzigen Revolutionären war, die auf den Tag des „epater la bourgeoisie" wartete. Maier weiß das, und er weist darauf hin, daß die SPD bereit war, auf politische anstatt auf wirtschaftliche Demokratie zu setzen. Darüber hinaus schreibt er selbst: „auf den Straßen und dem Marktplatz hatte sich gezeigt, daß die Rechte stärker war als eine gespaltene Arbeiterklasse, während das Resultat der Stimmzettel zu ambivalent war, um ein klares Mandat für die einen oder anderen zu erteilen." Fügt man noch den amerikanischen Widerstand gegen eine sozialistische Wirtschaftsordnung in Deutschland hinzu, wird klar, daß weit mehr als das Geschick der Industriellen gegen die Revolution aufmarschiert war. Maiers Hauptbeitrag ist seine Darstellung der Art und Weise, wie die konservativen Kräfte siegten; daß sie siegen würden, war schon nach dem Stinnes-Legien-Abkommen und dem Ebert-Groener-Pakt nicht mehr zu bezweifeln.

4. Zu einer Zeit, als nur wenige amerikanische Historiker den sozialen Dimensionen der deutschen Geschichte ihre Aufmerksamkeit schenkten, hat Theodore Hamerow auf die Bedeutung der Handwerker und Bauern im Vormärz und ihre ausschlaggebende Rolle für das Schicksal der Revolution von 1848 in Mitteleuropa hingewiesen.[45] In zwei jüngst erschienenen Bänden betont Hamerow weiter die sozialen und ökonomischen Grundlagen politischer Ereignisse und beginnt dort, wo seine frühere Arbeit geendet hatte (1858). Die neuere Studie führt weiter bis zur Gründung des Kaiserreiches. Zwar bringt Hamerow auch einiges an sozialer Analyse, doch ist die Darstellung ökonomischer und politischer Ansichten wichtiger sozialer Gruppen, wie sie sich in zeitgenössischen Periodika, Tagungsberichten, Memoiren und Flugschriften ausdrücken, seine größte Stärke. Er bringt viel nützliche Information über Lesefähigkeit, über die Verbreitung von Periodika und die Mitgliedschaft in berufsständischen und politischen Vereinigungen. Aus verschiedenen Gründen ist das Ergebnis seiner Arbeit diesmal recht enttäuschend. Nach Hamerows Hauptthese war der Liberalismus die Ideologie des Bürgertums, das den grundbesitzenden Adel zu stürzen suchte; der zentrale Konflikt in den 50er und 60er Jahren wurde zwischen den Verfechtern und Gegnern der Expansion des Industriekapitalismus ausgetragen. Für Hamerow ist ein Parteigänger des wirtschaftlichen Wachstums beinahe stets Nationalist und Liberaler. Wie James J. Sheehan in zwei ausgezeichneten Aufsätzen über den Liberalismus gezeigt hat, ist dies ein viel zu simpler Ansatz.[46] Der Liberalismus war wesentlich komplexer und die

---

45 Th. Hamerow, Restoration, Revolution, Reaction. Economics and Politics in Germany, 1815–1871, Princeton 1958; ders., The Social Foundations of German Unification 1858–1871, 2 Bde., Princeton 1969/72; vgl. auch D. Rohr, The Origins of Social Liberalism in Germany, Chicago 1963; F. D. Marquardt, Pauperismus in Germany during the Vormärz, in: CEH 2. 1969, S. 77–88.

46 J. J. Sheehan, Liberalism and Society in Germany 1815–48, in: JMH 45. 1973, S.

Liberalen waren ebenso verschiedener Meinung über die wirtschaftliche
Entwicklung wie über ihre politischen Ziele. Hamerows Vorgehen läßt
auch konfessionelle und regionale Unterschiede im Dunklen.
Der Wert von Hamerows Arbeit hängt vom Wert der sozialen Kategorien
ab, mit denen er das Deutschland der Jahrhundertmitte analysiert. Er übernimmt die traditionelle Dreiteilung in Landadel, städtisches Bürgertum und
entstehende industrielle Arbeiterschaft und beachtet in signifikanter Weise
einen von der Proletarisierung bedrohten Mittelstand. Seine Kategorien
sind ökonomischer Natur und der Nachdruck fällt dabei auf die Konzentration zuungunsten des selbständigen Unternehmers. Was die Bourgeoisie
betrifft, macht er weder zwischen Bildungsbürgertum und Besitzbürger-
tum, noch zwischen Handel und Industrie, noch zwischen Staatsbeamten
und Privatangestellten einen Unterschied. Als merkwürdiges Resultat werden Max Duncker, ein Historiker, und der Richter Karl Twesten zu führenden Sprechern der Bourgeoisie erklärt. Die Junker werden als monolithi-
sche und konservative, anti-moderne Kraft behandelt, deren maßgebliche
Sprecher Hermann Wagener und die Brüder Gerlach waren. Auf diese
Weise hat Hamerow versucht, eine ziemlich komplizierte gesellschaftliche
Struktur mittels eines veralteten Begriffsapparates zu erklären, der den Autor notwendigerweise dazu führt, das Militär, das Beamtentum und die
freien Berufe außer Acht zu lassen. Hamerow ist darum nicht in der Lage,
die Rolle der preußischen Staatsführung in der Förderung der Industrialisierung zu untersuchen. Hamerows einheitlicher Adel ist keine Erklärung
für die beträchtliche Rolle, die Adlige als liberale Politiker und sogar in der
nationalistischen Bewegung spielten. Indem Hamerow das Bildungswesen
in einer Gesellschaft, die außerordentlichen Wert auf Bildung legte, nicht
beachtet, läßt er eine Dimension aus, die für jede Untersuchung der deutschen Sozialstruktur bedeutsam ist.
Der Gebrauch dermaßen traditioneller Kategorien führt notwendigerweise
zu allzu wohlbekannten Schlüssen. Es ist keine Überraschung, wenn man
am Ende erfährt, daß Bismarcks „Strategie eine Kombination von Unnach-
giebigkeit im Innenpolitischen und Kühnheit im Außenpolitischen war."
Nicht unerwartet kommt auch das Ergebnis, der Sieg des Kanzlers habe
1866 die Moral der Liberalen unterminiert oder die Opposition habe es als
leichter empfunden, ihr Dogma aufzugeben, statt sich dem Erfolg zu wider-
setzen. In den letzten Kapiteln will Hamerow beweisen, daß Deutschland
zu einem autoritären Staat mit parlamentarischer Fassade wurde und die
politische Integration wirtschaftliche Entwicklung ohne unmittelbaren gesellschaftlichen Umsturz erlaubte. Hamerows Beitrag wäre ohne Zweifel
gewichtiger gewesen, wenn er die umfangreiche theoretische Literatur über
Modernisierung und „nation building" eingearbeitet hätte.[47]

583–604; ders., Liberalism and the City in 19th Century Germany, in: Past and Present (=
PP) 51. 1971, S. 116–37.
47 R. Bendix, Nation Building and Citizenship, Garden City 1969; K. Deutsch, Nationalism

Im Gegensatz dazu originell konzipiert und voller scharfsinniger Einblicke ist Mack Walkers Buch „German Home Towns".[48] Wie viele jüngere Historiker verwirft Walker die Verengung auf Preußen und untersucht statt dessen die Geschichte von Kleinstädten in Süd- und Westdeutschland zwischen 1648 und 1871. Ungefähr ein Viertel der Gesamtbevölkerung lebte in diesen relativ autonomen Kleinstädten mit 1000 bis 12000 Einwohnern, die ein dichtes Punkteraster auf den Landkarten Württembergs, Hessens, Nassaus und Badens bildeten. Sie heben sich von den größeren Städten ab, in denen das Patriziat regierte, und von den Dörfern, die einem Fürsten zu huldigen hatten. Die Bürger der Kleinstädte bildeten dagegen eine Gemeinschaft von Gleichen, die ihren regierenden Rat selbst wählten. Die lokale Wirtschaft beruhte auf dem Zunfthandwerk und war relativ autark; es wurde nur wenig für den Export produziert. Geschickt zeigt Walker, wie soziale, politische und ökonomische Beziehungen miteinander verknüpft waren, und wie politische Meinungsverschiedenheiten im sozialen Bereich ihren Ausdruck im Boykott des Geschäfts des Gegners fanden oder darin, daß man nicht mit ihm sprach. Walkers Buch ist eine detaillierte Beschreibung des langen und erbitterten Kampfes dieser Städte und ihrer Zünfte, die ihre Autonomie gegenüber den vielen Kräften behaupten wollten, die ihre Mauern niederzureißen suchten. Als die drei Hauptprobleme stellt er heraus: 1. die staatliche Gewerbeaufsicht; 2. das Eindringen auswärtiger Manufakturen; 3. den Bevölkerungsdruck. Er zeigt die exklusive und fremdenfeindliche Seite der Gemeinschaft der Kleinstädter auf und beschreibt die Gesetze, die Hausierern, Juden, Landstreichern und ländlichen Handwerkern das Betreten der Kleinstädte verboten. Alle Fremden, „Böhnhasen" genannt, wurden mit Mißtrauen betrachtet. Auch wurde den Beamten wegen ihrer Neigung zur Reform und Rationalisierung bei jeder Gelegenheit Widerstand geleistet. Durch strikte Heiratsbestimmungen wurde die Bevölkerungszunahme unter Kontrolle gehalten und die damit verbundene Bedrohung der lokalen Wirtschaft abgewehrt. Händler und Arme hielt man beide jenseits der Stadtmauern. Walker erinnert uns daran, daß lokale Selbstverwaltung in Deutschland nicht mit Liberalismus gleichgesetzt werden sollte.

In der napoleonischen Zeit und nochmals in den 20er und 30er Jahren versuchten Baden, Bayern und Württemberg, durch eine Reihe von Maßnahmen die lokale Autonomie der Kleinstädte in ihren Staaten zu zerstören, u. a. durch die zentrale Ernennung von städtischen Beamten, durch Aberkennung des Rechts der Städte, über Bürger- und Heiratsrecht selber zu bestimmen, und durch die Schwächung der Zünfte. In allen Fällen setzte rasch

and Social Communication, Cambridge/Mass. 1953; S. N. Eisenstadt, Modernization. Protest and Change, N. Y. 1966; R. Berdahl, New Thoughts on German Nationalism, in: AHR 77. 1972, S. 65–80.
48 M. Walker, German Home Towns. Community, State and General Estate 1648–1871, Ithaca 1971.

die Reaktion ein: Die Städte wehrten sich gegen die Einführung einer zentralistischen Regierung, worauf die Regierungen, aus Furcht vor der Revolution, größere Vorteile darin sahen, ihre natürlichen Bundesgenossen gegen die Rebellion wieder zu beruhigen. In der Biedermeierzeit gehörten die Kleinstädte der volkstümlichen Vorstellung nach jenem natürlichen Milieu an, von dem alles Deutsche seinen Ursprung nahm; sie wurden verehrungswürdig wie Rhein und Schwarzwald. Die Revolution von 1848 wurde von Weltbürgern, d. h. Professoren, Kaufleuten und hohen Beamten dominiert und führte daher zu einer Koalition zwischen den Kleinstädten und den Fürsten. Das sprunghafte wirtschaftliche Wachstum der 50er Jahre leitete schließlich den endgültigen Niedergang der so erstaunlich widerstandsfähigen Kleinstädte ein. Die Zunftwirtschaft konnte mit der blühenden Fabrikwirtschaft außerhalb der Stadtmauern nicht mehr konkurrieren. Das Vermächtnis der Kleinstädte erhielt sich aber im Mißtrauen gegenüber Fremden, einem starken Zusammengehörigkeitsgefühl in den Gemeinden und im Verlangen nach organischer Ganzheit, die als zerstört empfunden wurde. Walkers Leistung besteht darin, daß er eine ausgezeichnete, ideenreiche Untersuchung der dunklen Ursprünge des Mittelstandes verfaßt hat, der die Historiker der neuen deutschen Geschichte so fasziniert. Überzeugend ist Walkers Sicht einer deutschen Gesellschaft, die in eine universale Gesellschaft mit dem Drang nach Rationalität, Uniformität und wirtschaftlichem Wachstum und eine lokale Zunftwirtschaft mit dem Wunsche nach Erhaltung von Diversität und Partikularismus geteilt ist.

Eine sinnvolle Behandlung des deutschen Liberalismus stellen die Aufsätze von James Sheehan dar.[49] Sheehan geht über die Klischees der Vergangenheit hinaus und zeigt die Unterschiedlichkeit in der Herkunft derer, die sich Liberale nannten. Nicht alle waren „Gebildete", vielmehr handelte es sich bei den meisten um selbständige Unternehmer. Er zeigt, daß die Liberalen über den Wert des wirtschaftlichen Wachstums keine einheitliche Meinung hatten, in ihrer Haltung zum Staat als Quelle der Stabilität gegenüber der bürgerlichen Gesellschaft aber übereinstimmten. Dieses bemerkenswerte Forschungsergebnis deckt sich recht gut mit Walkers Resultaten. Die Liberalen sahen in der „Sozialen Frage" eher die Not des kleinen Handwerkers als die Armut der städtischen Arbeiterklasse. Sheehan sieht die Wurzeln ihrer späteren Zersplitterung und ihrer Staatsverehrung in Embryoform schon vor 1848. Er verfolgt den Niedergang des liberalen Optimismus von den 70er Jahren bis zum Aufstieg der SPD und des politischen Katholizismus in den Großstädten. Trotz des wachsenden Pessimismus wurden die Städte aufgrund ihres erfolgreich verteidigten restriktiven Wahlrechtes so etwas wie die letzte Bastion der Liberalen. Statt sich auf lokaler Ebene mit ihren Gegnern auszugleichen, isolierten sich die Liberalen in selbsterbauten Festungen.

49 Sheehan (Anm. 46); Rohr.

Zwei weitere Beiträge zur deutschen Sozialgeschichte des 19. Jahrhunderts sollten erwähnt werden. Sie sind verfaßt von John Gillis[50] und David Crew.[51] Gillis untermauert O'Boyles Ergebnisse und macht auf die hohe Zahl von Söhnen verarmter Landadliger aufmerksam, die seit den 20er Jahren Karrieren im Beamtenstand suchten. Gillis behandelt den Beamtenstand als eine korporative Gruppe mit eigener Identität, getrennt von Adel und Bürgertum des späten 18. und frühen 19. Jahrhunderts. Er verwendet statistisches Material, um die Transformation dieser Gruppe in ein Spiegelbild der neuen Oberschicht von reichen Grundbesitzern und bürgerlichen Unternehmern zu zeigen. Der Mittelstand, einst die Rekrutierungsquelle für Beamte, wurde nach 1850 ausgeschaltet, und „damit blieb eine Kluft zwischen ihnen [dem Beamtenstand] und den unteren Klassen offen, die ebensoweit, wenn nicht noch weiter, als die zwischen den Privilegierten und den Nichtprivilegierten im alten Ständesystem war." Der Ursprung der Sammlungspolitik im Kaiserreich wird so in einem klassenorientierten Beamtenstand gesehen, der mit seiner Tradition als universeller Stand gebrochen hatte.

Crews Aufsatz über soziale Mobilität in Bochum 1880–1901 ähnelt jenen „urban studies", die zur Zeit über amerikanische Städte verfaßt werden.[52] Anhand von Hausbesitz- und Sparkontenstatistiken stellt er fest, daß die soziale Mobilität in Bochum sich in Grenzen hielt und im wesentlichen auf Facharbeiter beschränkt war. Fast 90 Prozent der Arbeitersöhne folgten dem Beruf ihrer Väter. Bildung scheint kein signifikantes Mittel zum sozialen Aufstieg gewesen zu sein. Im Vergleich zu den Arbeitern der Vereinigten Staaten erschien Crew der Ehrgeiz der Bochumer Arbeiter ziemlich gering. Er schließt daraus, daß ein Gefühl der Gruppensolidarität deutsche Arbeiter motivierte, Verbesserungen für die gesamte soziale Gruppe anstatt individuelle soziale Mobilität zu erstreben. Crews Aufsatz ist anregend und beruht auf lokalen Quellen, wie sie bisher von wenigen amerikanischen Historikern ausgewertet worden sind. Ein Problem ist offenbar der kurze Betrachtungszeitraum des Artikels, der zum größten Teil in die „Große Depression" fällt. Es ist zu erwarten, daß weitere Forschungsarbeiten dieser Art erscheinen werden.

Betrachten wir nun die spätwilhelminische Epoche. Holger Herwig hat eine auf soziologischer Grundlage basierende Analyse der deutschen Marine verfaßt, in der er hervorhebt, daß dort die schlimmsten Traditionen des

50 J. Gillis, Aristocracy and Bureaucracy in Nineteenth Century Prussia, in: PP 41. 1970; vgl. auch ders., Prussian Bureaucracy in Crisis, 1840–1860, Stanford 1971.
51 D. Crew, Definitions of Modernity. Social Mobility in a German Town 1880–1901, in: JSH 7. 1973, S. 51–74.
52 P. Knights, The Plain People of Boston 1830–1860, N. Y. 1971; S. Thernstrom, The Other Bostonians. Poverty and Progress in the American Metropolis, 1880–1970, Cambridge/Mass. 1973; S. B. Warner, Private City. Philadelphia in Three Periods of its Growth, Philadelphia 1968.

Heeres nachgeahmt wurden.[53] Er verneint kategorisch, daß aufgrund seiner bürgerlichen Herkunft das Marineoffizierskorps liberal und kosmopolitisch gewesen sei. Mit dem Heer teilten die Marineoffiziere die große Sorge
um die soziale Herkunft ihrer Offiziersanwärter, einen feudalistischen Eh-
renkodex und eine aggressiv-konservative Einstellung gegenüber Veränderungen. Robert Gellately, ein junger kanadischer Historiker, legt eine sehr
nützliche Studie zur Bedeutung des Einzelhandels zwischen 1890 und 1914
vor.[54] Er stützt sich auf die Statistiken von Sombart und Schmoller und
zeigt, daß die Zunahme der Läden und Einzelverkaufsgeschäfte parallel zur
Industrialisierung und Urbanisierung verlief; im Jahre 1861 gab es einen
Laden für jeweils 83 Einwohner, 1907 schon einen für jeweils 30. Deshalb,
so wird uns gesagt, müsse man die Einzelhändler von den Handwerksmei-
stern unterscheiden, die von der wirtschaftlichen Entwicklung nachteilig
betroffen wurden. Es steckt einiges an Wahrheit in diesen Überlegungen,
doch sind sie etwas überzeichnet. Schließlich war die Zentralisierung ein
Teil des Modernisierungsprozesses, der Feind von beiden, und beide fanden später im Kartell der schaffenden Stände zusammen. Das Handwerk
fürchtete die Konzentration der Produktion in Fabriken, der Einzelhandel
die Konzentration des Verkaufs in Warenhäusern; beide klagten sie über
unlauteren Wettbewerb. Gellately beschreibt gut die Organisation der Einzelhändler in örtlichen Schutzverbänden, durch die sie ihre Interessen gegenüber den Konsumvereinen schützten, und weist auf ihr Unvermögen
hin, sich wirkungsvoll auf Reichsebene zu organisieren. Ebenso wie die
Handwerker versuchten auch die Einzelhändler, ihren Platz in der Wirtschaft dadurch zu sichern, daß sie den Staat zur Begrenzung der freien
Marktwirtschaft bewegten. Rabattsparvereine waren ihr Hauptmittel zur
Selbsthilfe im Kampf gegen die großen Kaufhäuser. In der Nachfolge David
Schoenbaums folgert Gellately, daß die Nazis ihre Anhänger aus dem Einzelhandel verrieten.

Was die Hitlerzeit betrifft, so ist Schoenbaums Sozialgeschichte dermaßen
gut bekannt, daß ich mich auf die kürzlich erschienene Arbeit von Peter
Merkl über Nazi-Selbstbiographien beschränken will. Mit Hilfe eines
Computers hat Merkl mehr als 90 Fragen an jene 581 Autobiographien von
Parteimitgliedern gestellt, die Theodore Abel, Soziologe an der Colum-
bia-Universität, 1934 in Deutschland mit Hilfe eines Preisausschreibens
gewonnen hatte.[55] Natürlich sind diese Quellen voreingenommen und geben ein verzerrtes Bild. Merkl diskutiert dieses Problem im ersten Kapitel

53 H. Herwig, The German Naval Officer Corps. A Social and Political History, 1890–1918,
   N. Y. 1974; vgl. auch L. Cecil, The Creation of Nobles in Prussia 1871–1918, in: AHR 75.
   1970, S. 757–95.
54 R. Gellately, The Politics of Economic Despair. Shopkeepers and German Politics
   1890–1914, London 1974.
55 P. Merkl, Political Violence under the Swastika. 581 Early Nazis, Princeton 1975; vgl.
   auch W. Jannen Jr., National Socialists and Social Mobility, in: JSH 9. 1976.

seines Buches. Die Analyse selbst bringt die ergiebigsten Ergebnisse über den Fanatiker, der der Partei schon vor 1930 angehörte – mehr als über den Nachkömmling, der erst nach den großen Wahlerfolgen zur NSDAP gestoßen war. Solange man gewillt ist, sich durch einen Sumpf von Fachjargon zu mühen (was um so betrüblicher ist, als Merkl sonst außergewöhnlich gut schreiben kann), lernt man manches Interessante aus dieser Arbeit. Merkls Hauptthema ist die verwirrende Anzahl von Motiven, die zur Mitgliedschaft in der NSDAP geführt haben. Er akzeptiert keine simple Theorie wie „Revolte der Mitte", Statusverlust oder „Verlierer der Industrialisierung". Die Auswertung seines Materials führt ihn dazu, geistige Strömungen und den Antimodernismus für die Erklärung ganz zurückzuweisen. Als Politikwissenschaftler mit Interesse an Sozialisation legt er den Akzent auf die „événementielle" an Stelle der „longue" oder selbst der „moyenne durée". Im Grunde findet er heraus, daß der Krieg und die französisch-belgische Rheinlandbesetzung die Hauptgeneratoren von Sympathien für die Nazis waren. Überraschenderweise hält er die Besetzung aufgrund seines Materials für einen wichtigeren Faktor als die Inflation beim Anschwellen der Parteimitgliedschaft. Ein gestörtes Verhältnis zum Vater und Armut in der Kindheit gehören ganz sicher zum Typus des frühen Parteimitglieds. Der Prozentsatz an Waisen ist enorm hoch, und viele schrieben über harte und autoritäre Väter. Über 45 Prozent entstammten nationalistischen Elternhäusern, und viele wählten DNVP, bevor sie der NSDAP zutrieben. Diejenigen, die besonders zur Gewalt neigten, kamen oft aus Walkers „Home Towns" und waren geographisch nicht mobil. Der Antisemitismus war ein Hauptmotiv für die älteren Parteimitglieder, die im Kaiserreich aufgewachsen waren, und für diejenigen, die von den Linksparteien dazustießen. Hitlerverehrung und völkische Verbundenheit wurde von den in der Republik aufgewachsenen Jugendlichen betont. Die Parteifunktionäre rekrutierten sich aus Beamtenfamilien, die unter der Kriegsniederlage besonders gelitten hatten. Merkls Material zeigt außerdem, daß der Antimarxismus ein viel stärkeres Moment war als der Revanchismus. Wer an einer ausführlichen Diskussion interessiert ist, kann sich ebenfalls an Merkls Buch wenden. Sein Interesse am Unmittelbaren und Kurzfristigen macht Merkls Arbeit zu einem guten Korrektiv oder einer Ergänzung von Moores säkularem Ansatz. Ich habe jedoch meine Bedenken gegenüber einer Erklärung der NSDAP-Mitgliedschaft, die sich hauptsächlich auf inadäquate Sozialisationsprozesse stützt. Das Vertrauen auf die Aussagekraft von 581 Autobiographien und die Funktionsfähigkeit hochentwickelter Technologie mußte notwendigerweise zur Abwertung von Kontinuitätstheorien führen. Jedoch kann der Historiker der Weimarer Republik in diesem Buch eine Menge nützliches Material finden.

5. Abgesehen von Wolfgang Köllmann haben nur wenige Experten der deutschen Geschichte sich ausgiebig mit den demographischen Auswirkun-

gen der ökonomischen Modernisierung befaßt. Die Arbeiten von Louis Henry in Frankreich sowie Peter Laslett und E. A. Wrigley in Großbritannien haben kein Pendant in der deutschen Geschichtsforschung. Erst neuerdings haben John Knodel und im geringeren Umfang Edward Shorter begonnen, diese Lücke zu schließen. Knodels Arbeit untersucht den Geburtenrückgang in Deutschland zwischen 1870 und dem Zweiten Weltkrieg.[56] Er postuliert ein konstantes Niveau der Geburtsziffern von 1770 bis 1870, worauf sich die Geburtsrate zu verringern begann, bis sie 1930 auf 30 bis 50 Prozent ihrer ursprünglichen Größe gefallen war. Das Absinken begann in den Großstädten und sprang auf die Kleinstädte und schließlich auf die ländlichen Gebiete über. Ein früher Geburtenrückgang korrelierte klar mit Protestantismus, materiellem Reichtum und Berufen in Handel und Verwaltung. Katholiken, Arbeiter und die arme Landbevölkerung erfuhren ein demgegenüber relativ spätes Absinken ihrer Geburtenziffern. Man kann Gefahr laufen, diese Unterschiede überzubetonen. Knodel macht darauf aufmerksam, daß vor allem die Geschwindigkeit überraschend ist, mit der alle ökonomischen Gruppen in jedem geographischen Gebiet ihre Geburtenrate in einer so kurzen Zeitspanne verringerten. Seine statistischen Berechnungen überzeugen Knodel davon, daß der Geburtenrückgang mit dem gleichzeitigen Absinken der Kindersterblichkeit parallel verlief und weniger mit einer bestimmten sozialen oder ökonomischen Entwicklungsstufe zu tun hat. Ob zwischen den beiden Phänomenen eine Kausalbeziehung oder nur eine statistische Korrelation besteht, kann er nicht feststellen. In Gebieten mit starker Abwanderung ins Ruhrgebiet und in die USA trat der Geburtenrückgang erst später auf; somit war der Bevölkerungsdruck ein signifikanter Faktor bei beiden Wanderungsbewegungen.

Für den Historiker des wilhelminischen Deutschland bietet Knodels Buch viele nützliche Daten und Tabellen. Aber man sollte nicht glauben, es handele sich hier um eine historische Arbeit. Knodel ist Demograph und die wenigen Theorien, die er überprüft, stammen aus seinem eigenen Fach. Er beschäftigt sich mehr mit Methoden und der Genauigkeit seiner Aussagen als mit der Einfügung der Ergebnisse in unser Wissen über die Modernisierung Deutschlands. Knodel bringt keine Diskussion der Geburtenkontrolle und keine Erklärung für die niedrigen Geburtenziffern bei den Juden oder regionale Unterschiede im Geburtenrückgang. Jedoch erfährt man: „Die Unterschiede des Zeitpunkts des Abstiegs der Fertilität sind innerhalb Deutschlands beinahe so groß wie die nationalen Unterschiede im übrigen Europa", was die Frage aufwirft, ob es überhaupt sinnvoll ist, demographische Forschungen auf nationaler Ebene zu treiben. Knodels Buch erinnert mich zu einem gewissen Grade an Karl Mannheims Kritik der amerikanischen Soziologie: „Thema und Titel der meisten Arbeiten wecken die höchsten Erwartungen; doch wenn man bis zu ihren Schlüssen vorgedrungen ist,

56 J. Knodel, The Decline of Fertility in Germany 1871–1939, Princeton 1974.

fühlt man sich versucht zu fragen: ‚Ist das alles?'… Empirische Daten sind nur von Nutzen, wenn sie von einer konstruktiven Hypothese ausgeleuchtet werden, von einer Theorie des sozialen Prozesses als Ganzem… Man erkühnt sich fast zu sagen, daß solche Arbeiten in erster Linie exakt sein wollen und erst an zweiter Stelle zu unserer Kenntnis der Gegenstände beizutragen suchen".[57] Zusammenarbeit mit einem Historiker hätte dieses äußerst nützliche Buch sicherlich noch nützlicher gemacht.

Im Gegensatz zu Knodel geht Shorter, der sich auf Forschungsmaterial über Bayern stützt, ins andere Extrem: großartige Theorien und fragmentarisches Beweismaterial.[58] Er erklärt mit ungewöhnlicher Anmaßung, Bayern weise so große Diversität innerhalb seiner Grenzen auf, daß es nicht nur für das restliche Deutschland, sondern für ganz Europa stellvertretend stehe. Die Tatsache, daß registrierte uneheliche Geburten zwischen 1750 und 1850 sprunghaft anstiegen, ist zwar einleuchtend, aber Shorters Erklärung dafür bleibt unklar. Er lehnt die folgenden möglichen Ursachen als unzureichend ab: 1. verbesserte Registrierungsmethoden; 2. weniger Totgeburten; 3. weniger Abtreibungen; 4. größere Fruchtbarkeit der Frauen; 5. größere Bereitschaft, ein uneheliches Kind zu haben; 6. striktere Heiratsbestimmungen. Statt dessen, so wird uns erzählt, resultierten uneheliche Geburten aus der größeren Häufigkeit des Geschlechtsverkehrs, die wiederum das Ergebnis der größeren Zahl von Liebesehen war. Da Illegitimität auf die Armen beschränkt war, argumentiert Shorter, daß diese als erste die Fesseln der „manipulativen" Heirat des frühmodernen Europa sprengten. Schließlich waren Frauen aus der Arbeiterklasse die ersten, die ihren Haushalt verlassen mußten, und sie müssen daher einen Sinn für ihre Unabhängigkeit entwickelt haben, der sie veranlaßte, ihren sexuellen Partner frei zu wählen, anstatt ihre Eltern oder materielle Erwägungen entscheiden zu lassen. Zu seinen Gunsten sei gesagt, daß Shorter häufig seine phantasievollen Hypothesen mit Einschüben unterbricht wie „we do not know, but it seems likely." Die demographische Forschung über Deutschland steckt noch in den Kinderschuhen. Wir haben noch nichts geschaffen, was Peter Lasletts meisterhaftem „The World we have lost" gleichkäme. Vielleicht kann eine Zusammenarbeit zwischen Knodel und Shorter in der Zukunft zu schnellen Fortschritten führen.

57 K. Mannheim, American Sociology, in: P. Kecskemeti (Hg.), Essays in Sociology and Social Psychology, London 1953, S. 189.
58 E. Shorter, Female Emancipation, Birth Control and Fertility in European History, in: AHR 78. 1973, S. 605–40; ders., Illegitimacy, Sexual Revolution, and Social Change in Modern Europe, in: Journal of Interdisciplinary History (= JIH) 2. 1971; ders., Sexual Change and Illegitimacy. The European Experience, in: Bezucha (Anm. 20); ders., The Making of the Modern Family, N. Y. 1975; ders., Middle-Class Anxiety in the German Revolution of 1848, in: JSH 2. 1969, S. 189–216; vgl. auch J. M. Phayer, Lower-Class Morality. The Case of Bavaria, in: JSH 7. 1974.

40 Kenneth D. Barkin

6. Obwohl in den Vereinigten Staaten bisher die Geschichte der Frau (women's history) und die Psychohistorie nur wenige Bücher produziert haben, lassen doch einige Aufsätze wenig Zweifel daran, daß die beiden Gebiete mit exponentieller Beschleunigung an Popularität gewinnen. Es vergeht kaum eine historische Tagung, auf der sich nicht eine Sitzung mit dem einen oder dem anderen Thema befaßt. Das Interesse an der Geschichte der Frau ist offensichtlich Resultat des Aufschwungs des Feminismus in letzter Zeit, der viele junge Wissenschaftlerinnen davon überzeugt hat, daß die Frauen von der früheren Generation der Deutschlandhistoriker vernachlässigt, wenn nicht ignoriert worden sind.[59] Das Interesse an der Psychohistorie ist etwas rätselhafter, da die Arbeiten von Freud und Erikson seit langem bekannt sind und die gegenwärtige „Mode" zur selben Zeit herrscht, in der die Legitimität der Psychoanalyse ernsthaft in Frage gestellt wird. Außerdem hat die Psychohistorie individuelle Biographien zum Thema, was der steigenden Flut der Sozialgeschichte zuwiderläuft. Unter den Praktikern der Geschichte der Frau verdienen Renate Bridenthal und Claudia Koonz eindeutig die größte Aufmerksamkeit. Beide konzentrieren sich auf die Weimarer Republik, und beide werfen die Frage auf: Warum stimmten Frauen über dem Durchschnitt für konservative Parteien und schließlich für Hitler? Bridenthal glaubt, daß die Modernisierung sich nachteilig für die Frauen auswirkte. Sie versucht nachzuweisen, daß soziale und ökonomische Kräfte die Stellung der Frau in den 20er Jahren unterminierten, gerade als sie das Wahlrecht erhalten hatte.[60] Die Einführung neuer technischer Mittel in der Landwirtschaft machte die Frau im Agrarsektor entbehrlich, und die Rationalisierung in der Industrie, so wird argumentiert, führte dazu, daß Frauen vor allem für Hilfsarbeiten eingestellt wurden. Die bescheidenen Fortschritte, welche Frauen in akademischen Berufen machten, werden von Bridenthal als unbedeutend angesehen, ebenso wie die häufige Klage der Männer in den 20er Jahren über unfairen Wettbewerb seitens der Frauen. Die Frauen seien lediglich aufgrund der Urbanisierung mehr ins Blickfeld geraten, hätten aber kaum einen größeren Prozentsatz der Berufstätigen ausgemacht als vor 1914. Die Möglichkeit für Frauen, in leitende Posi-

59 G. Bernstein, The Curriculum for German Girls before World War I; I. Lafleur, Bringing up the Pre-War Generations; The Molding of German Women, 1870–1914; L. Rupp, Mother of the Volk. The Image of Women in Nazi Ideology; J. Pauwels, Demographic Trends and The Women Policy in the Third Reich; vgl. auch R. Wheeler, German Women and the Communist International. The Case of the Independent Social Democrats, in: CEH 8. 1975; A. Heckett, The German Women's Movement and Suffrage, 1890–1914. A study of National Feminism, in: Bezucha; dies., Feminism and Liberalism in Wilhelmine Germany, 1890–1918, in: B. H. Carroll (Hg.), Liberating Women's History, Champaigne 1976.
60 R. Bridenthal, Beyond Kinder, Küche, Kirche. Weimar Women at Work, in: CEH 6. 1973; dies., Something Old, Something New. Women Between the Two World Wars, in: Becoming Visible, Boston 1976; dies. u. C. Koonz, Beyond Kinder, Küche, Kirche. Weimar Women in Politics and Work, in: Carroll.

tionen der Wirtschaft aufzusteigen oder sich wirtschaftlich selbständig zu machen, hatte sich nach Bridenthals Meinung eher verringert. Somit wiesen die Frauen nicht ihre Befreiung zurück, da sie gar nicht erst stattgefunden hatte.

Koonz ist an der politischen Partizipation der Frau interessiert und hat uns ein Portrait der weiblichen Reichstagsabgeordneten gezeichnet.[61] Sie zeigt schlüssig auf, wie sich die Gegensätze zwischen den Frauen im Kaiserreich bis in die 20er Jahre fortsetzten. Die Frauen unterwarfen sich gewöhnlich der Fraktionsdisziplin, und daher standen in den meisten Fragen die weiblichen Abgeordneten der sozialistischen und der bürgerlichen Parteien gegeneinander. Wann immer Frauenrechte die patriarchalische Autorität herausforderten, wurden sie zweiter Sieger. Nur wenige Fortschritte in der Gleichberechtigung der verheirateten Frauen oder der unverheirateten Mütter wurden erzielt. Statt die Präsenz von 112 Frauen im Reichstag als wichtigen Durchbruch anzusehen, erblickt Koonz hierin nur eine Scheinreform, da Frauen kaum eine politische Rolle auf lokaler oder regionaler Ebene spielten und selten Parteiämter von irgendwelcher Bedeutung innehatten. Auch weist sie darauf hin, daß Emanzipation für die Frau in der unteren Mittelschicht wenig erbrachte, aber ihre psychische Stabilität bedrohte; aus dieser Schicht bezog die NSDAP 20 Prozent ihrer weiblichen Mitglieder. Ebenso wie Bridenthal ist auch Koonz skeptisch gegenüber dem Fortschritt in den 20er Jahren und resümiert, daß Stimmabgabe für die Nazis eine Art Überlebensstrategie gewesen sein mag, und daß Identifikation mit dem Unterdrücker in ausgebeuteten Gruppen nicht selten ist. Beide Historikerinnen beschäftigen sich mit wichtigen Fragen und bieten radikalere Antworten als Sozialwissenschaftler, die die Passivität und politische Unmündigkeit der Frauen betonten. Ob diese Argumentationen weiterer Prüfung standhalten werden, beruht vor allem auf Forschungen, die erst jetzt in Angriff genommen werden.

Die Psychohistorie hat nicht nur talentierte jüngere Wissenschaftler wie Arthur Mitzman und Peter Loewenberg angezogen, sondern auch einige Historiker für sich gewonnen, die vorher der politischen Geschichte zuzurechnen waren, darunter Rudolf Finion, Robert Waite und Otto Pflanze. Pflanze hat kürzlich Wilhelm Reichs Kategorien folgend Bismarck als einen phallisch-narzißtischen Typus charakterisiert und die psychischen Kosten hervorgehoben, die Bismarck für seinen Bruch mit den Junkern zahlen mußte.[62] Freßsucht, Hypochondrie und steigender Konsum von Alkohol haben mit seiner Verzweiflung über die Erkenntnis zu tun, daß die Konser-

---

61 C. Koonz, Conflicting Allegiances. Political Ideology and Women Legislators in Weimar Germany, in: Signs. Journal of Women in Culture and Society 1. 1976; dies., Nazi Women before 1933. Rebels against Emancipation, in: Social Science Quarterly 1976; dies., Mothers in the Fatherland. Women in the Third Reich, in: Becoming Visible.

62 O. Pflanze, Toward a Psychoanalytic Interpretation of Bismarck, in: AHR 77. 1972, S. 419–44; vgl. auch F. Weinstein u. G. Platt, Psychoanalytic Sociology, Baltimore 1973.

vativen ihn als eine Art Verräter betrachteten. Binion und Waite haben psychologische Methoden angewendet, um die Ursprünge von Hitlers pathologischem Antisemitismus ans Licht zu bringen. Binion hat bei seiner Suche viel Neues über Hitlers Leben aufgedeckt, was ihn dazu geführt hat, eine Verbindung zwischen Hitlers später Entwöhnung, dem Brustkrebs seiner Mutter, deren Behandlung mit gasförmigen Betäubungsmitteln und der späteren „Endlösung" zu betonen.[63] In dieser verwickelten Kette wird großer Nachdruck gelegt auf Hitlers unbewußtes Rachegelüst gegen den jüdischen Arzt Dr. Bloch, der seine Mutter behandelt hatte, und auf die Visionen, die Hitler hatte, als er erblindet in einem Heereslazarett lag und erfuhr, daß der Krieg verloren war. Binion stellt auch die Hypothese auf, daß wegen seines Traumas Hitler mit dem deutschen Volk, das 1918 sein eigenes Trauma erlebt hatte, im Unterbewußtsein kommunizieren konnte, und daß so die Möglichkeit gegeben war, das Trauma (Krieg), das nicht voll assimiliert worden war, zu wiederholen. Waite bezieht Hitlers Antisemitismus auf eine Kombination aus Schuldgefühlen wegen seiner angeblichen perversen sexuellen Gewohnheiten und Ängsten über das jüdische Blut, das durch seine Adern rinnen würde, sollte der ihm unbekannte Großvater Jude gewesen sein.[64] Eine Menge von Indizienbeweisen trägt Waite zusammen, um zu beweisen, daß Hitler sein vermeintliches jüdisches Erbgut zu seiner Perversität in Beziehung brachte und daher die Juden allgemein mit Unmoral assoziierte. Obschon die Psychologie Waites stichhaltig wirkt, ist sein empirisches Material so lückenhaft, daß man nicht um das Gefühl herumkommt, daß hier ein reduktionistischer Fehlschluß vorliegt. Trotzdem bieten beide Historiker faszinierende Lösungsvorschläge zu einem Problem, das man vielleicht nur auf psychologischer Ebene behandeln kann.

Arthur Mitzman hat ein einfühlendes und kenntnisreiches psychologisches Portrait Max Webers gezeichnet, in dem er die Konflikte zwischen Weber und seinem Vater betont.[65] Durch Analyse mehrerer Versionen von Webers Aufsatz über die ostelbische Landwirtschaft versucht Mitzman zu beweisen, daß Weber mit der alten Generation von Junkern und Nationalliberalen erst brechen konnte, als er mit 31 Jahren sein Vaterhaus verlassen hatte. Natürlich handelt es sich hier um eine Studie der Person Webers –

63 R. Binion, Hitler's Concept of Lebensraum. The Psychological Basis, in: History of Childhood Quarterly 1. 1973; ders., Frau Lou. Nietzsche's Wayward Disciple, Princeton 1968; ders., From Mayerling to Sarajevo, in: JMH 47. 1975, S. 280–316; ders., Foam on the Hitler Wave, in: JMH 46. 1974, S. 522–28.
64 R. Waite, A. Hitler's Guilt Feelings. A Problem in History and Psychology, in: JIH 1. 1971, S. 229–49; ders., A. Hitler's Anti-Semitism. A Study in History and Psychoanalysis, in: B. Wolman (Hg.), The Psychoanalytic Interpretation of History, N. Y. 1971, S. 192–230; vgl. auch J. McRandle, The Track of the Wolf. Essays on National Socialism and its Leader, A. Hitler, Evanston 1965; D. Orlow, The Significance of Time and Place in Psychohistory, in: JIH 5. 1974, S. 131–38.
65 A. Mitzman, The Iron Cage. An Historical Interpretation of Max Weber, N. Y. 1969.

doch trotzdem finde ich es recht fraglich, daß Mitzman die äußere Realität ignoriert, die Weber beeinflußt haben könnte, etwa die Gründung des Bundes der Landwirte, die demagogischen Attacken der Junker gegen Caprivi oder der Antrag Kanitz.

Die faszinierendste und ehrgeizigste Arbeit eines Psychohistorikers ist Peter Loewenbergs Aufsatz „The Psychohistorical Origins of the Nazi Youth Cohort". Loewenberg verbindet hier Psychologie mit Soziologie und Geschichte in einer originellen Synthese, um über eine biographische Arbeit hinaus einen generationsbezogenen Ansatz für Deutschlands jüngste Vergangenheit zu erarbeiten.[66] Sein Hauptargument ist, daß die unmittelbar vor oder in dem Ersten Weltkrieg geborene Generation konditioniert war durch „die lange Abwesenheit der Eltern, die Rückkehr des geschlagenen Vaters, extremen Hunger und Mangel und eine Niederlage der Nation im Krieg, die den Verlust der herrschenden politischen Autorität mit sich brachte, ohne einen lebensfähigen Ersatz als Identifikationsobjekt zu belassen". Die während des Krieges, als das Töten gepriesen wurde, sozialisierten Kinder identifizierten sich schließlich lieber mit ihrem vier Jahre lang abwesenden Ideal-Vater an der Front als mit dem fremden Mann, der geschlagen nach Hause gekommen war. Die frühen Entbehrungen, sowohl materiell als auch in den Beziehungen zu den Eltern, führten nach dieser Interpretation in Verbindung mit der Wirtschaftskrise seit 1929 zu Gewaltsamkeit wie zu Phantasien von Wärme, Sicherheit, Kraft und Liebe, Dinge, die diese Generation mit dem Nationalsozialismus identifizierte, obwohl das Endergebnis die Wiederholung des Kriegstraumas wurde – mit dieser Generation in der Hauptrolle. Es handelt sich hier um einen äußerst gescheiten, vielleicht sogar bahnbrechenden Aufsatz, und meine kurze Zusammenfassung wird seiner komplexen Argumentation nicht gerecht. Trotzdem tauchen einige Fragen auf: Kann man die Ursprünge des Nationalsozialismus durch Betrachtung *einer* Generation finden, zumal es doch den Anschein hat, als ob er das Produkt der Beziehung zweier Generationen war – derer, die an der Front gekämpft hatten, sich den Freikorps anschlossen und Naziführer wurden, und ihrer unmittelbaren Nachfolgegeneration, die Loewenberg beschreibt. Der Aufsatz fundiert auf der ödipalen Beziehung zwischen Vater und Sohn, doch war Hitlers großer Erfolg zwischen 1930 und 1932 die Mobilisierung der weiblichen Wähler, die schließlich mehr als die Männer zur Stärke der NSDAP beitrugen. Warum diskutiert Loewenberg daher nicht den Elektrakomplex? Drittens war die Lebensmittelknappheit am schlimmsten in den Großstädten, während die Verbindung zum Lande nicht gänzlich unterbrochen war. Die Stärke der

66 P. Loewenberg, The Psychohistorical Origins of the Nazi Youth Cohort, in: AHR 76. 1971, S. 1457–1502; ders., The Unsuccessful Adolesence of Heinrich Himmler, in: AHR 76. 1971, S. 612–41; ders., Die Psychodynamik des Antijudentums, in: Jahrbuch des Instituts für Deutsche Geschichte 1. 1972, S. 145–58; ders., Psychohistorical Perspectives on Modern German History, in: JMH 47. 1975, S. 229–79.

Nazis verringerte sich im allgemeinen proportional zur Größe der Gemeinden. Und schließlich gibt Loewenbergs Analyse keine Erklärung für die signifikante Anzahl von Jugendlichen, die der KPD zuliefen oder ihre Loyalität zur SPD oder den konfessionellen Parteien aufrechterhielten.

7. Die amerikanische Forschungsarbeit der letzten Dekade zur deutschen Geschichte läuft also in die generelle Richtung und experimentiert mit den Methoden, die uns in neueren Publikationen zur amerikanischen Geschichte begegnen. Es besteht kein Zweifel, daß mehr und mehr sozial- und wirtschaftsgeschichtliche Ansätze von jungen Historikern diplomatischen, politischen oder geistesgeschichtlichen vorgezogen werden. Wenn bis jetzt noch keine größere Anzahl von demographischen Arbeiten und solchen zur Familien- und Lokalgeschichte und zur Urbanisierung erschienen sind, so deutet doch alles darauf hin, daß auch das bald kommen wird. Unterschiede zwischen der Geschichtswissenschaft in Deutschland und in den USA haben sich herausgeschält: Die ideologischen Kontroversen über die These Fritz Fischers und über Eckart Kehrs Primat der Innenpolitik, in Deutschland mit erheblicher Bitterkeit ausgefochten, haben in den Vereinigten Staaten wenig Resonanz gefunden. Amerikaner lesen und diskutieren die gegensätzlichen Ansichten, aber nur selten engagieren sie sich selbst oder beginnen Forschungsarbeiten, die mit diesen Disputen zu tun haben. Konrad Jarauschs Biographie Bethmann Hollwegs exemplifiziert die amerikanische Tradition, selbst bei einem Thema, das deutsche Historiker dermaßen gegeneinander aufgebracht hat, den Nachdruck auf empirische Forschungsarbeit zu legen.[67] Aus deutscher Perspektive muß vieles in der amerikanischen Forschung im besten Falle unengagiert und neutral, im schlimmsten Falle sehr konservativ erscheinen. Man könnte sogar weitergehen und sagen, daß die Amerikaner, abgesehen von Moore und Maier, eine Abneigung gegen Theorie überhaupt an den Tag gelegt und statt dessen lieber recht begrenzte allgemeine Aussagen gemacht haben. Es überrascht daher nicht, daß weder Hilferdings ursprüngliche Theorie des „organisierten Kapitalismus" noch ihre jüngste Wiederbelebung viel Unterstützung unter amerikanischen Deutschlandhistorikern gefunden hat. Wenige Amerikaner haben in ihrer Behandlung des 19. Jahrhunderts in Deutschland mit Nutzen guten Gebrauch von den Kondratieff-Zyklen gemacht. Die Sozialwissenschaften der USA befinden sich zur Zeit in einer gewissen Malaise, da die Theorie von der empirischen Forschung überschattet wird und der Fachjargon neuere Publikationen für die Mehrheit der Wissenschaftler fast unverständlich macht. Mannheims Diagnose scheint sich bewahrheitet zu haben: Ein chaotischer Ausstoß von oft trivialen und ganz sicher unverdaulichen Arbeiten ist das Ergebnis. Man kann nur hoffen, daß amerikani-

67 K. Jarausch, The Enigmatic Chancellor. Bethmann Hollweg and the Hybris of Imperial Germany, New Haven 1973.

sche Deutschlandhistoriker bei der Rezeption sozialwissenschaftlicher Methoden nicht auf die Theorie verzichten und in die Gefangenschaft der Methodologie geraten – die Berufskrankheit der Sozialwissenschaftler.

Britische Forschungen (1945–1975) zur modernen deutschen Sozial- und Wirtschaftsgeschichte

von Joseph J. Lee*

Bis in die jüngste Zeit hinein zeigten die Arbeiten britischer Historiker seit 1945 zur modernen deutschen Geschichte im allgemeinen und zur deutschen Sozial- und Wirtschaftsgeschichte im besonderen eine etwas enttäuschende Qualität, vor allem dann, wenn man sie an den Beiträgen der britischen Geschichtswissenschaft nicht nur zur englischen, sondern zur europäischen Geschichte überhaupt mißt. Und auch im Vergleich mit dem Standard amerikanischer Forschungen auf diesem Gebiet schnitten sie außergewöhnlich ungünstig ab – wie oberflächlich ein solches Urteil auch immer sein mag.

Im Rahmen der bedeutenden Reihe der Oxford History gibt es kein Werk über Deutschland, das Raymond Carrs *Spain, 1808–1939* (Oxford 1966), Hugh Seton-Watsons *The Russian Empire, 1801–1917* (Oxford 1967) oder Theodore Zeldins *France, 1848–1945* (2 Bände, Oxford 1973/77) ergänzen könnte. Die Arbeiten über Spanien und Rußland erschienen, noch bevor der beabsichtigte Band über die Geschichte des modernen Deutschland vor 1867 überhaupt in Auftrag gegeben worden war, während der geplante Teil über Deutschland von 1867 bis 1945 einem amerikanischen, nicht aber einem britischen Forscher anvertraut wurde. Auch eine Oxforder Geschichte des modernen Italien ist noch nicht erschienen. Aber man kann hier bereits auf Christopher Seton-Watsons *Italy from Liberalism to Fascism, 1870–1925* (London 1967) zurückgreifen, zu dem keine qualitativ vergleichbare britische Arbeit über Deutschland existiert.

Zwar gibt es drei relativ hilfreiche englische Monographien zur modernen deutschen Geschichte – Agatha Ramms *Germany, 1789–1919* (London 1967), William Carrs *A History of Germany, 1815–1945* (London 1969) und A. J. Ryders *Twentieth Century Germany: From Bismarck to Brandt* (London 1974) –, die der Wirtschafts- und Sozialgeschichte eine gewisse Beachtung schenken. Sie versuchen jedoch nicht, soziale und ökonomische Aspekte durchgängig in das allgemeine historische Entwicklungsmuster einzuarbeiten, wie es z. B. für die Arbeiten von Denis MackSmith (*Italy: A Modern History*, London 1959; *History of Modern Sicily*, London 1968) charakteristisch ist.

Nun wäre es allerdings unangemessen, den Mangel an solchen Arbeiten zu beklagen, die Gerald Brenans *The Spanish Labyrinth* (London 1950[2]) vergleichbar wären – aus dem einfachen Grund, weil keine vergleichbare eng-

* Übersetzt von Ute Frevert.

lischsprachige Arbeit über irgendein anderes europäisches Land existiert. Ebensowenig läßt sich über das Fehlen eines Richard Cobb lamentieren, gibt es doch keinen gleichrangigen Forscher der europäischen Geschichte, und das vermutlich nicht nur im englischsprachigen Raum. Über die ungleichmäßige Streuung von Begabungen ist keine Beschwerde möglich. Cobbs Beherrschung, ja geradezu Schöpfung einer besonderen Art von Sozialgeschichte erweiterte die bisherigen Sichtweisen der Französischen Revolution um eine neue Dimension,[1] wenngleich sein lockerer Umgang mit wirtschaftlichen Daten die Ablehnung mancher Historiker provozierte. Und auch darüber, daß es keine Arbeit von der Qualität E. H. Carrs mehrbändiger *History of Soviet Russia* gibt, erscheint eine Klage selbst dann ungerechtfertigt, wenn das Phänomen „Nationalsozialismus" das einzig andere in der europäischen Geschichte des 20. Jahrhunderts wäre, das eine so anspruchsvolle Studie lohnte.

Trotzdem muß es verwundern, daß es bisher keinem englischen Historiker gelang, die deutsche Geschichtsschreibung so entscheidend zu prägen, wie es Brenan, Cobb, Carr, Macksmith oder Zeldin auf ihrem Gebiet vermochten. Nicht, daß es jenen Historikern, die in den ersten zwei Jahrzehnten nach 1945 die Beschäftigung mit Deutschland am meisten beeinflußten, an Talent gemangelt hätte. Im Gegenteil, nur wenige Historiker konnten sich mit Recht jemals einer glänzenderen Reputation erfreuen als Sir Lewis Namier, A. J. P. Taylor und Hugh Trevor-Roper, wahrscheinlich die drei bedeutendsten englischen Autoritäten bis zur Mitte der 60er Jahre.[2] Aber trotz ihrer hervorragenden intellektuellen Fähigkeiten erwies sich ihr Einfluß für die Entwicklung einer Erforschung deutscher Sozial- und Wirtschaftsgeschichte und selbst für die Bewertung der Rolle sozialer und ökonomischer Faktoren in der deutschen Politikgeschichte als verheerend. In der Tat kontrastiert ihre Gleichgültigkeit gegenüber der Sozial- und Wirtschaftsgeschichte auffällig mit einem Ansatz, wie er von den meisten wichtigen Veröffentlichungen britischer Historiker zur europäischen Geschichte vertreten wird, die im allgemeinen einige Kenntnisse in diesem Bereich oder zumindest ein wenig Engagement bewiesen. Die Behauptung, daß keiner der drei ein beständiges Interesse an deutscher Geschichte außerhalb der deutsch-britischen Beziehungen hatte, mag daher nur geringfügig übertrieben sein. Diese Fragestellung verzerrt unvermeidlich ihre Sicht der deutschen Geschichte und steht wiederum im Gegensatz zu jener Haltung, die die meisten britischen Forscher erfolgreich gegenüber der europäischen Geschichte einnehmen.

---

1 R. C. Cobb, A Second Identity. Essays on France and French History, Oxford 1969; ders., The Police and the People. French Popular Protest, 1789–1820, Oxford 1970; ders., Reactions to the French Revolution, London 1972; ders., Paris and its Provinces, 1792–1802, Oxford 1975.

2 Ihre wichtigsten Arbeiten sind: *L. B. Namier*, 1848: The Revolution of the Intellectuals, London 1946; ders., Diplomatic Prelude, 1938–39, London 1948; ders., Europe in Decay.

Zwar gelang es mehreren, nunmehr wohletablierten Historikern wie Geoffrey Barraclough, Alan Bullock, F. H. Hinsley, Michael Howard und James
Joll, dieser speziellen Falle auszuweichen. Dennoch scheint ihnen größerer
Einfluß bis in die 1960er Jahre versagt geblieben zu sein, obgleich ihre Arbeiten großen Respekt verdienten.[3]
Tatsächlich macht es „Hitler" besonders schwer, jede deutsche Generation
als unmittelbar zu Gott zu betrachten, so daß die Kontinuitätsfrage mit
Recht ein zentrales Problem neuerer Historiographie blieb. Die von Namier, Taylor und Trevor-Roper vertretene Lösung jedoch vertraute der
letzten Zuflucht des Journalisten, dem Nationalcharakter. Als jemand, dem
manchmal nachgesagt wurde, er eskamotiere den Geist aus der Geschichte,
zeigte Namier eine auffällige Neigung, deutsche Geschichte als Geschichte
des krankhaften deutschen Geistes zu interpretieren. *The Revolution of the
Intellectuals,* dessen frühere Version als Vortrag in der British Academy im
Juli 1944 „ein toller Erfolg"[4] gewesen war, bewies zu Namiers Befriedi-
gung, daß es keine ‚guten' Deutschen gab, insofern als er schon die Mitglie-

A Study of Disintegration, 1936–1940, London 1950; ders., In the Nazi Era, London
1952; eine Zusammenfassung vieler Argumente Namiers findet sich in der Aufsatzsamm-
lung: L. B. Namier, Vanished Supremacies. Essays on European History, 1812–1918,
London 1958. *A. J. P. Taylor,* The Course of German History, London 1945; ders., The
Struggle for Mastery in Europe, Oxford 1954; ders., Bismarck, London 1955; ders., The
Origins of the Second World War, London 1961 (die fünfte Auflage von 1963 enthält auch
„Second Thoughts"). *H. R. Trevor-Roper,* The Last Days of Hitler, London 1947
(deutsch: Hitlers letzte Tage, Frankfurt 1973²); ders., The Germans reappraise the War,
in: Foreign Affairs, 31; sein einleitender Aufsatz zu: Hitler's Table Talk, 1941–1944,
London 1953 und seine Ausgabe von Hitler's War Directives, 1939–1945, London 1964.
Es ist schwierig, „Einfluß" präzis zu messen. Die Auflagenhöhe liefert dafür ein grobes
Kriterium. Auch muß man daran erinnern, daß Taylor und Trevor-Roper viele Jahre lang
regelmäßig Besprechungen deutscher Geschichte in der *Sunday Times* und im *Observer*
veröffentlicht und ihre Ansichten mit geringen Variationen unzählige Male wiederholt haben. Trevor-Roper war seit 1957 Regius-Professor der Geschichte in Oxford. Taylor war
der bekannteste Regius-Professor, den Oxford je gehabt hat. Vielleicht können sich nicht
alle deutschen Leser die enorme Reputation vorstellen, derer sich Namier in britischen Hi-
storikerkreisen erfreute. J. R. Hale (Hg.), konnte seine wichtige Einleitung zu *The Evolution of British Historiography: From Bacon to Namier* (London 1967, Taschenbuchausga-
be) mit der Beobachtung einleiten: „Nicht nur die Generation, die mit seinem Tod 1960
zum Abschluß kam, sondern auch die, die jetzt anfängt, kann von Geschichtsschreibern
der 90er Jahre durchaus das „Zeitalter Namiers" genannt werden." Diese Auszeichnung
wird Wirtschafts- und Sozialhistorikern übertrieben vorkommen, aber bemerkenswerterweise hält selbst Asa Briggs, Doyen der englischen Sozialhistoriker, Namiers Arbeiten zu
Europa für wirksamer als seine fruchtbaren Studien zum England des 18. Jahrhunderts.
Vgl. N. F. Cantor (Hg.), Perspectives on the European Past, N. Y. 1971, S. 168.
3 G. Barraclough, The Origins of Modern Germany, London 1946 (dt.: Die mittelalterlichen Grundlagen des modernen Deutschland, Weimar 1953); A. Bullock, Hitler: A Study
in Tyranny, London 1952 (dt.: Hitler. Eine Studie über Tyrannei, Düsseldorf 1953); F. H.
Hinsley, Hitler's Strategy, London 1951; M. Howard, The Franco-Prussian War, London
1967; J. Joll, The Third International, London 1955; ders., Intellectuals in Politics, London 1960.
4 J. Namier, Lewis Namier: A Biography, London 1971, S. 255.

der des Frankfurter Parlaments zu „Vorläufern Hitlers"[5] stempelte. Namiers brillanter Angriff – der nach Meinung eines Rezensenten im *Times Literary Supplement* zusammen mit seinem späteren Werk *Vanished Supremacies* „den ernstzunehmendsten Beitrag der gegenwärtigen Generation dieses Landes zur mitteleuropäischen Geschichte des 19. Jahrhunderts" darstellte – verzichtete bemerkenswerterweise darauf, das Frankfurter Parlament zu „namierisieren" und vermied so die Konfrontation mit jener Art von Belegen, zu deren Berücksichtigung er sich in seinen Forschungen zu Westminster verpflichtet sah.

Namier, der die Inkongruenz seiner Arbeiten zu England und Deutschland vielleicht selbst empfand, verwies auf „weitere Aufsätze", die bereits in einer früheren *TLS*-Rezension „mit Ungeduld erwartet" wurden[6] – doch es sollte nichts Bedeutendes mehr folgen. So offenkundig dieser doppelte Maßstab auch war, dauerte es doch noch zwanzig Jahre, bis Frank Eyck (*Frankfurt Parliament, 1848–9*, London 1968) die erste detaillierte englischsprachige Studie vorlegte, die die *Paulskirche* in einen ernsthaften historischen Zusammenhang stellte und zugleich den englischen Lesern die Willkür in Namiers Beweisführung vor Augen führte.[7]

Die Bereitwilligkeit, mit der sich sowohl Taylor als auch Trevor-Roper häufig auf Namiers überaus parteiliche Arbeit bezogen, verdeutlichte ihre eigene unausgesprochene Befangenheit. Der dogmatische Zugriff dieser drei begabten Forscher auf die deutsche Geschichte bewirkte, daß ihre Arbeiten sozusagen entproblematisiert wurden. Für sie gab es nicht bloß eine Kontinuität, sondern geradezu eine Unvermeidbarkeit der Kontinuität, und das nicht allein von Friedrich dem Großen, sondern gleichfalls von Frankfurt zu Hitler. Die in dieser Denkrichtung befangenen Forscher tendierten natürlich dazu, Sozial- und Wirtschaftsgeschichte und sogar die Rolle gesellschaftlicher und ökonomischer Faktoren in der allgemeinhistorischen Analyse geringzuschätzen. Mit wenig Sympathie für ihren Forschungsgegenstand und in der Überzeugung, daß das politische Deutschland unter einer doppelten Dosis an Erbsünde zu leiden hatte, bestand für sie kein Anlaß, ihr Bild von kristallener Klarheit zu verwischen, indem sie die möglicherweise trüben gesellschaftlichen und wirtschaftlichen Tiefenstrukturen ausloteten.

So trafen Bequemlichkeit und Überzeugung zusammen, denn keiner der drei konnte sich fachlicher Kompetenz auf dem Gebiet der Wirtschaftsgeschichte rühmen, wie brillant auch immer vor allem Trevor-Roper die gesellschaftliche Szenerie beleuchten konnte, wenn es ihn packte. Sein Meisterwerk *The Last Days of Hitler* lieferte den idealen Gegenstand für sein

5 Namier, 1948: The Revolution of the Intellectuals, S. 33.
6 Vgl. ebd.; T. L. S. vom 20. 7. 1946, S. 339.
7 Einige Vorbehalte waren bereits zuvor schon geäußert worden, vor allem von G. Barraclough, German Unification. An Essay in Revision, in: G. A. Hayes-McCoy (Hg.), Historical Studies, IV, London 1963, S. 71.

Talent und Temperament. Die Welt außerhalb des Bunkers blieb weithin abgetrennt. Das Milieu im Bunker selbst, das er so denkwürdig portraitierte, stellte wenige ärgerliche Probleme wie sie die Rolle langfristiger ökonomischer Trends, der Einfluß unpersönlicher Faktoren oder andere ähnlich unangenehme Einmischungen darstellen können. Es ist vielleicht symptomatisch, daß ein Forscher wie Trevor-Roper, der so bedeutende Beiträge zur frühen Sozialgeschichte des modernen Europa geleistet hat, wenig geneigt schien, sich mit der Sozialgeschichte des modernen Deutschland zu beschäftigen – offensichtlich in der Überzeugung, daß sich „die Politik… in Deutschland seit langem in einem solchen Vakuum abgespielt"[8] hat. Wenn sich anscheinend Taylor und Trevor-Roper in ihrer Interpretation der Ursachen des Zweiten Weltkriegs auch stark unterscheiden,[9] so verbindet sie doch ein auf weiten Strecken ähnliches Herangehen an die deutsche Geschichte. Auch Taylor glaubt, daß die deutsche Politik in einem innenpolitischen Vakuum stattfand, denn „der Schlüssel zu Deutschlands Vergangenheit ist in seinen Beziehungen zu seinen Nachbarn zu finden".[10] Er kann nicht umhin, diese Beobachtung mit ein wenig Amateurpsychologie zu würzen. Wie er in seiner üblichen Herablassung im Vorwort zur Ausgabe von *The Course of German History* aus dem Jahre 1961 schreibt: „Es gab, und ich glaube sagen zu können, es gibt viele Millionen wohlmeinender, freundlicher Deutscher; aber was machten sie politisch insgesamt aus?" Ein paar Seiten danach verfeinert Taylor diese Einsicht noch weiter, denn jetzt haben gute und schlechte Deutsche „nicht nur in der gleichen Epoche, sondern in der gleichen Person existiert".[11]

Da Taylor vom Primat der Außenpolitik fest überzeugt ist, mißt er innenpolitischen Faktoren relativ geringe Bedeutung zu. So kann er sogar behaupten, daß ökonomische Bedingungen keinerlei Einfluß auf die Wahlergebnisse vom September 1930 ausübten, weil „die ökonomische Krise kaum begonnen hatte"[12] – für einen *soi-disant* Sozialisten eine entwaffnend aristokratische Art, vier Millionen Arbeitslose, ganz zu schweigen von mehreren Millionen Bauern, unbeschwert der Vergessenheit zu überantworten. Sein Meisterwerk schrieb Taylor mit *The Origins of the Second World War,* einem zweifellos glänzenden, wenn auch in grundsätzlichen Punkten fehlerhaften Werk. Weit davon entfernt, Hitlers Außenpolitik distanziertsachlich herauszuarbeiten (wie ein paar leichtgläubige Kritiker immer noch

8 Trevor-Roper, Hitlers letzte Tage, S. 224.
9 H. R. Trevor-Roper, A. J. P. Taylor, Hitler and the War, in: Encounter 17. 1961; A. J. P. Taylor, How to Quote: Exercises for Beginners, in: Encounter 19. 1961; H. R. Trevor-Roper, A reply, in: ebd.; vgl. auch den Wiederabdruck all dieser Aufsätze in: E. M. Robertson (Hg.), The Origins of the Second World War, London 1971. Robertsons Einleitung zu dieser Aufsatzsammlung gilt als besonders hilfreicher Führer durch die jüngste Diskussion.
10 Taylor, The Course of German History, Vorwort zur Ausgabe von 1961, S. VII.
11 Ebd., S. IX, 1.
12 Ebd., S. 241.

zu glauben scheinen[13]), durchzieht die *Origins* vielmehr das Bemühen, deutsche Geschichte dadurch auf den Begriff zu bringen, daß ein Volk mittels einer Einzelperson unter Anklage gestellt wird.[14] Der berüchtigte Satz, „hinsichtlich der internationalen Politik gab es an Hitler nichts auszusetzen, wäre er eben kein Deutscher gewesen", ist angesichts Hitlers Popularität nicht als unvergängliches Lob an die Deutschen gemeint. Im Gegenteil verwandte Taylor – wie etwa im Vorwort von 1961 zu *The Course of German History* – viel Energie darauf, seinen Lesern zu versichern, daß „es für das deutsche Volk genausowenig ein Fehler war, am Ende mit einem Hitler dazustehen, wie es für einen Fluß als zufällig gelten mag, ins Meer zu münden". Die deutliche Warnung, daß sich selbst hinter den harmlosesten westdeutschen Forderungen ständig ein Hitler verborgen hielte, scheint eine zentrale Absicht der *Origins* gewesen zu sein.

Die drei bekanntesten frühen englischen Nachkriegshistoriker Deutschlands zeigten folglich charakteristische Eigentümlichkeiten der Sichtweise und der Technik. Anstatt sich den daraus resultierenden Schwierigkeiten zu stellen, zog es jedoch z. B. Taylor vor, seine Parteilichkeit als offenkundigen Vorteil auszugeben. Noch 1961 konnte er sich rühmen, daß „es ein seltener Vorteil für einen Forscher der deutschen Geschichte ist, Engländer und nicht in Deutschland ausgebildet zu sein".[15] Tatsächlich jedoch ist es für einen Engländer aus Taylors Generation wesentlich schwieriger, fair über Deutschland zu schreiben als über irgendein anderes Land.

In krassem Gegensatz zu Taylors Leichtfertigkeit stehen die gedankenreichen Betrachtungen des sachlicheren und gründlicheren James Joll über die Probleme, mit denen sich der ausländische, und hier besonders der britische Forscher deutscher Geschichte konfrontiert sieht.[16] In direkter Absetzung von der „Vakuum-These" Trevor-Ropers und Taylors unterstrich Joll, der stets für Vernunft, gesunden Menschenverstand und Ausgewogenheit – für eine historische Perspektive also – plädierte, in einer Reihe von Arbeiten die unerläßliche Notwendigkeit, Hitler wie die ganze übrige deutsche Politik fest in ihren gesellschaftlichen Kontext einzubetten. Vor allem bei der jüngeren Generation gewinnen seine Arbeiten zunehmend an Bedeutung.[17]

---

13 Vgl. erst kürzlich O. Hauser, A. J. P. Taylor, in: Journal of Modern History 40. 1977, S. 34–39.
14 Vgl. diese These in K. Epsteins äußerst scharfsinniger Rezension: Der Nationalsozialismus in amerikanischer u. englischer Sicht, wiederabgedruckt in: K. Epstein, Vom Kaiserreich zum Dritten Reich, Frankfurt 1972, S. 381.
15 Taylor, The Course of German History, S. VIII. Als Taylor sein Buch The Habsburg Monarchy (London 1948) schrieb, das passenderweise Namier gewidmet war, hielt er es offensichtlich nicht für nachteilig, daß er selbst zeitweise in Wien ausgebildet worden war.
16 Joll, The Course of German History, in: History Today 3. 1953, wiederabgedr. in: R. F. Hopwood (Hg.), Germany. People and Places, 1750–1945, London 1968.
17 Zwei der bedeutendsten Beiträge Jolls: The 1914 Debate Continues: Fritz Fischer and his Critics, in: Past and Present (= PP) 34. 1966, und: 1914: The Unspoken Assumptions,

Es war allerdings ein Historiker der jüngeren Generation, nämlich T. W. Mason, der am wirkungsvollsten die Grenzen des Taylorschen Geschichtsbildes aufzeigte. Obgleich Taylor seine Unkenntnis der Wirtschaftsgeschichte unumwunden zugab, hinderte ihn dies nicht daran, sich solcher Belege zu bedienen, die seine Argumentation zu stützen vermochten. Mason nun entlarvte Taylors Umgang mit ökonomischen Materialien in *The Origins of the Second World War,* vor allem sein unkritisches Vertrauen auf B. H. Kleins Daten. So hatte Taylor im wesentlichen behauptet, daß das – verglichen mit objektiv möglichen Ausgaben – geringe Niveau deutscher Rüstungsanstrengungen bewies, daß Hitler keinen größeren bewaffneten Konflikt einkalkulierte. Mason dagegen argumentierte, daß angesichts Hitlers Befürchtungen um die innenpolitische Stabilität und seiner Entschlossenheit, solche sozialen Spannungen zu verhindern, die einem scharfen Druck auf den Lebensstandard folgen würden, die Rüstungsausgaben so hoch wie politisch überhaupt noch tragbar waren. Mit dem Argument, diese These könnte nicht empirisch untermauert werden, wies Taylor sie in seiner Entgegnung zurück und schlußfolgerte, daß „Historiker natürlich die Triebkräfte erforschen müssen. Aber manchmal bin ich versucht zu denken, daß sie so viel über diese Triebkräfte reden, um sich vor der Detailarbeit zu drücken. Ich persönlich ziehe Details den Verallgemeinerungen vor … Wer den Pfennig nicht ehrt, ist des Talers nicht wert. Das ist eine altmodische Ansicht. Aber ich bin nun einmal ein altmodischer, banaler Historiker".[18] Schon diese letzte Verallgemeinerung klingt seltsam aus dem Munde eines Historikers, dessen eigene Arbeiten nicht nur voll von fruchtbaren Generalisierungen sind, sondern gleichzeitig von nutzlosen *obiter dicta* über den „Nationalcharakter" wimmeln – nutzlos insofern, als sie, selbst wenn sie wahr wären, nicht erklären könnten, wie ein Volk seine besondere Mentalität erwarb. Die Anspielung allerdings, Mason drücke sich vor der Detailarbeit, verblüfft nicht nur in Anbetracht der Einzelheiten, die Mason bereits in seinem Artikel angeführt hatte und die Taylor in seiner Antwort weitgehend ignorierte, sondern just auch angesichts Taylors eigener Abneigung, sich auf die Einzelheiten der deutschen Wirtschafts-, Sozial- oder sogar Wahlgeschichte einzulassen. Taylors großartige Beherrschung diplomatischer Konstellationen, die er, konsistent und fortlaufend interpretiert, ständig anführt, läßt zwar die Lektüre zum Vergnügen werden, er verbleibt aber letztlich innerhalb der Grenzen traditioneller Dokumentation von Diplomatiegeschichte. So dicht seine Belege auch gestreut

Inauguralvorlesung an der London School of Economics 1968, sind wiederabgedr. in: H. W. Koch (Hg.), The Origins of the First World War, London 1972. Als charakteristische Rezension Jolls vgl. auch: The Conquest of the Past. Some Recent German Books on the Third Reich, in: International Affairs 40. 1964, S. 481–91.

18 T. W. Mason, Some Origins of the Second World War, in: PP 29. 1964; A. J. P. Taylor, War Origins Again, in: ebd.; beide Aufsätze sind wiederabgedr. in: Robertson (Hg.), The Origins of the Second World War.

waren, konnte doch sein Versuch, Hitlers Außenpolitik völlig unabhängig von der deutschen Gesellschaft zu erklären, nicht ausreichen, Masons Argumente zu widerlegen. Sein Zugang zur Diplomatiegeschichte preßte die Forschung nach den Ursprüngen des Zweiten Weltkriegs in die gleiche methodologische Zwangsjacke, die für viele Arbeiten über die Ursachen des Ersten Weltkriegs typisch gewesen war, bevor Fritz Fischer jene Scheuklappen entfernte, die deutsche Diplomatiehistoriker sich selbst so bereitwillig angelegt hatten.[19]

Mason hat seitdem seine ursprünglichen Thesen in einer Reihe wichtiger, ausgezeichnet dokumentierter und subtil argumentierender Studien verstärkt und gefestigt, die in seinem hervorragenden Werk *Arbeiterklasse und Volksgemeinschaft. Dokumente und Materialien zur deutschen Arbeiterpolitik* (Opladen 1975) kulminierten, durch die viele „Details" und „Verallgemeinerungen" einer früheren Generation überflüssig und überholt wurden.[20] Es gelang Mason, eine Menge Beweise zu sammeln, die seine ursprünglichen Vermutungen über Hitlers Motive zweifelsfrei unterstützen. Wenn es letzthin auch unmöglich bleibt, die genaue Hierarchie von Hitlers Beweggründen zu rekonstruieren, so kann Mason doch zurecht beanspruchen, das Beweisnetz so straff gespannt zu haben wie es Historiker normalerweise als überzeugend anerkennen.

Obwohl A. S. Milward selbst bezweifelt, daß die politische Ökonomie des Faschismus die genaue zeitliche Abfolge des Hitlerschen Roulette 1939 hinreichend erklären kann, ergänzt sein Ansatz Mason in manchen Bereichen. „Könnte man nicht ebenso schlüssig behaupten, daß der Krieg nicht nur, wie Mason meint, ein kurzfristiger Ausweg aus einer schwierigen Situation war, sondern auch ein notwendiges Mittel, um die obersten Ziele des faschistischen Staates zu erreichen? Im Krieg traten die immanenten Widersprüche der faschistischen Wirtschaftspolitik weniger unversöhnlich auf, so daß die Kriegsvorbereitung statt eines zusätzlichen Widerspruchs der Wirtschaftspolitik ein Werkzeug gewesen sein könnte, um der vollende-

---

19 Ebd., S. 15.
20 Mason, Some Origins of the Second World War; ders., Labour in the Third Reich, 1933–39, in: PP 33. 1966; ders., Economics and Politics in the Third Reich, in: S. J. Woolf (Hg.), The Nature of Fascism, London 1968; ders., The legacy of 1918 for National Socialism, in: A. Nicholls u. E. Matthias (Hg.), German Democracy and the Triumph of Hitler, London 1971; ders., Zur Entstehung des Gesetzes zur Ordnung der Nationalen Arbeit vom 20. Januar 1934. Ein Versuch über das Verhältnis „archaischer" u. „moderner" Momente in der neuesten deutschen Geschichte, in: H. Mommsen u. a. (Hg.), Industrielles System u. politische Entwicklung in der Weimarer Republik, Düsseldorf 1974; ders., Zur Funktion des Angriffskrieges 1939, in: G. Ziebura (Hg.), Grundfragen der deutschen Außenpolitik seit 1871, Darmstadt 1975; ders., Arbeiterklasse u. Volksgemeinschaft, Opladen 1975; ders., Women in Germany, 1925–1940: Family, Welfare and Work, in: History Workshop 1 u. 2. 1976 (dt.: Zur Lage der Frauen in Deutschland 1930 bis 1940: Wohlfahrt, Arbeit u. Familie, in: Gesellschaft. Beiträge zur Marxschen Theorie 6, Frankfurt 1976).

ten faschistischen Gesellschaft näherzukommen".[21] Milwards eigene hervorragende Arbeiten zur nationalsozialistischen Wirtschaftspolitik nicht nur in Deutschland, sondern auch in Frankreich und Norwegen können die Tragfähigkeit dieses Arguments illustrieren. Wenn seine Beiträge zu *The Economic Development of Continental Europe, 1780–1870* (London 1973) und *The Development of the Economies of Continental Europe, 1850 bis 1914* (London 1976), der bei weitem besten Wirtschaftsgeschichte Europas im 19. Jahrhundert, die er zusammen mit S. B. Saul herausgegeben hat, sowie seine Monographien auch noch nicht ausreichende Anerkennung fanden, so haben sie ihn doch als die führende britische Autorität in deutscher, wenn nicht in europäischer Wirtschaftsgeschichte allgemein bestätigt.[22] Offensichtlich gibt es also einige gemeinsame Merkmale, die den grundsätzlichen Zugriff der jüngeren Generation von dem unterscheiden, wie er während der ersten Nachkriegsjahrzehnte vorherrschte. Jüngere Forscher neigen dazu, die deutsche Geschichte nicht als ein bloßes Anhängsel der Geschichte anglo-deutscher Beziehungen, sondern als einen lohnenswerten und fordernden Gegenstand eigener Berechtigung zu betrachten.[23] Bereits ihre Auswahl von Forschungsobjekten konzentriert sich auf spezifische Gebiete, die geographisch, thematisch oder chronologisch eng umgrenzt sind, und deutet auf die Ausbreitung einer weniger voreingenommenen Haltung sowie auf eine größere Geduld angesichts der möglichen Komplexität historischer Wahrheit.[24]

Wenn die jüngere Generation auch die Bedeutung komplizierter Einzelheiten zu würdigen weiß, erkennt sie doch glücklicherweise die Wichtigkeit an, darüber hinauszugelangen. Die jüngeren Historiker verwerfen die Taylorsche Antithese zwischen ,,Detail" und ,,Verallgemeinerung" und schrek-

21 A. S. Milward, The Economics of Fascism, in: W. Laqueur (Hg.), Interpretations of Fascism: A reader's guide, London 1976, S. 401.
22 A. S. Milward, The German Economy at War, London 1965 (dt.: Die deutsche Kriegswirtschaft 1939–1945, Stuttgart 1966); ders., The New Order and the French Economy, London 1970; ders., The Fascist Economy in Norway, London 1972; ders. u. S. B. Saul, The Economic Development of Continental Europe, 1780–1870, 2 Bde., London 1974; ders., The End of the Blitzkrieg, in: Economic History Review (= EHR) 16. 1964; ders., Could Sweden have stopped the Second World War?, in: Scandinavian Economic History Review 15. 1967; ders., French Labour and the German Economy, 1942–1945, in: EHR 18. 1970; ders., Der deutsche Handel u. der Welthandel, 1925–1939, in: Mommsen u. a.
23 Selbst dort, wo die anglo-deutschen Beziehungen weiterhin vorrangig behandelt werden, erfahren sie eine weit ausgewogenere Beurteilung, wie z. B. in den Arbeiten D. C. Watts im allgemeinen, seiner letzten Studie: Too Serious a Business: Armed Forces and the Approach of the Second World War, London 1975, und in Paul Kennedys neuestem Aufsatz: Fisher and Tirpitz: Political Admirals in the Age of Imperialism, in: G. Jordan (Hg.), Naval Warfare in the Twentieth Century, 1900–1945. Essays in honour of Arthur Mardar, London 1977.
24 T. C. W. Blanning, Reform and Revolution in Mainz, 1743–1803, Cambridge 1974; D. W. Blackbourn, The political alignment of the Centre Party in Wilhelmine Germany: a study of the party's emergence in 19th century Wurttemberg, 1870–1914, in: Historical Journal (= HJ) 18. 1975; ders., The role of the Centre Party in Wilhelmine Germany, in: Central

ken auch nicht davor zurück, ihr monographisches Material für gewagte Interpretationen nutzbar zu machen. So hat Blackbourn den Charakter des *Mittelstandes* angesichts seiner Forschungen über die Zentrumspartei in Württemberg einer neuen Beurteilung unterzogen; Caplan benutzte ihre wichtige Arbeit über die Bürokratie im nationalsozialistischen Deutschland als Sprungbrett für eine spannende Kritik an Poulantzas; Carr baute seine Studie über Schleswig-Holstein zu einer guten allgemeinen Geschichte und einer engmaschigen Monographie über die NS-Außenpolitik aus; Eley und Kennedy setzten sich im Anschluß an ihre Arbeiten über die Flottenvorlage bzw. die Samoa-Frage ergebnisreich mit dem Wesen des Sozialimperialismus auseinander; Evans und Stephenson vermittelten ihr monographisches Material über Frauen mit breiteren Problembereichen der deutschen Gesellschaft; Geary und Hall sind von ihren spezielleren Studien mit Leichtigkeit zu allgemeinen Fragen der Arbeiterbewegungsgeschichte übergegangen; Mason konnte aus seinen Forschungen zur Arbeiterfrage ein allgemeines Modell nationalsozialistischer Entscheidungsprozesse rekonstruieren, während Overy äußerst fesselnd über die Implikationen seiner wirtschaftlichen Sektorstudien für die Interpretation der Hitlerschen Außenpolitik spekulierte.[25]

European History, Sept. 1976; J. Caplan, The politics of administration: the Reich Imperial Ministry and the German Civil Service, 1933–1943, in: HJ 20. 1977; W. Carr, Schleswig-Holstein, 1815–1848: a study in national conflict, Manchester 1963; G. Eley, The Navy Law of 1898, in: Militärgeschichtliche Mitteilungen 1974; R. J. Evans, Prostitution, State and Society in Imperial Germany, in: PP 70. 1976; ders., The Feminist Movement in Germany, 1894–1933, London 1976; W. R. Fryer, The War of 1870 in the pattern of Franco-German relations, in: Renaissance and Modern Studies 18. 1974; A. Hall, By other means: the legal struggle against the SPD in Wilhelmine Germany, 1890–1900, in: HJ 17. 1974; ders., The war of words: anti-socialist offensive and counter-propaganda in Wilhelmine Germany, 1890–1914; in: Journal of Contemporary History (= JCH) 11. 1976; N. M. Hope, The alternative to German unification: the anti-Prussian party in Frankfurt, Nassau and the two Hessen, 1859–1871, Wiesbaden 1973; P. M. Kennedy, Bismarck's Imperialism: the case of Samoa, 1880–1890, in: HJ 15. 1972; ders., The Samoan Question, Dublin 1974; A. J. Nicholls, Weimar and the Rise of Hitler, London 1968; ders., Hitler and the Bavarian Background to National Socialism, in: Nicholls u. Matthias; J. Noakes, The Nazi Party in Lower Saxony, 1921–1933, London 1971; R. J. Overy, Transportation and Rearmament in the Third Reich, in: HJ 16. 1973; ders., Cars, Roads and Economic Recovery in Germany, 1932–1938, in: EHR 28. 1975; ders., The German pre-war aircraft production plans: November 1936 – April 1939, in: English Historical Review 90. 1975; G. Pridham, Hitler's Rise to Power, London 1975; J. Steinberg, The Kaiser's Navy and German Society, in: PP 28. 1964; ders., Yesterday's Deterrent. Tirpitz and the Birth of the German Battle Fleet, London 1965; ders., Germany and the Russo-Japanese War, in: American Historical Review 75. 1970; ders., The Tirpitz Plan, in: HJ 16. 1973; J. Stephenson, Women in Nazi Society, London 1976; dies. (als Jill MacIntyre), Women and the Professions in Germany, 1930–1940, in: Nicholls u. Matthias; J. R. Wright, Above Parties: the political attitudes of the German Protestant Church Leadership, 1918–1933, London 1974.

25 D. W. Blackbourn, The Mittelstand in German Society and Politics, 1871–1914, in: Social History 4. 1977; J. Caplan, Theories of Fascism: Nicos Poulantzas as historian, in: History Workshop 3. 1977; W. Carr, Arms, Autarchy and Aggression, London 1972; G. Eley, De-

Die jüngere Generation kann sich eines unschätzbaren Vorteils gegenüber der älteren erfreuen. Es war ihre Chance, gerade dann die Forschungskarriere zu beginnen oder zur wissenschaftlichen Reife zu gelangen, als die deutsche Sozialgeschichte in zunehmendem Maße zur spannendsten Europas wurde. Die Revolution in der deutschen Geschichtsschreibung der letzten zwanzig Jahre hat die moderne Sozialgeschichte vom Aschenbrödel in die Prinzessin der deutschen Historie verwandelt. Zwar akzeptiert nicht jeder gleich begeistert jede einzelne Note dieses neuen Ansatzes, und die interne Auseinandersetzung unter den Protagonisten der Sozialgeschichte bleibt zum Glück lebhaft; aber es kann keinen Zweifel darüber geben, daß die Qualität der deutschen Historiographie im allgemeinen durch die Beiträge einer Generation von Forschern enorm bereichert wurde, die von der frischen intellektuellen Brise erfaßt wurden, welche von den Arbeiten solcher Forscher wie Fritz Fischer und Hans Rosenberg ausging. Einer der Faktoren, der begabte englische Historiker der deutschen Sozialgeschichte näherbrachte, war zweifelsohne die belebende Wirkung der Debatten unter deutschen Historikern. Auch hatte die jüngere Generation das Glück, auf so hilfsbereite und wohlwollende Vermittler deutscher Geschichte wie Michael Balfour, Volker Berghahn, F. L. Carsten, F. H. Hinsley, James Joll, H. W. Koch, A. J. Nicholls, H. Pogge von Strandmann, John Röhl, Jonathan Steinberg, Norman Stone und D. C. Watt zurückgreifen zu können. Obgleich einige von ihnen offensichtlich selbst zu der jüngeren Generation zählen, haben sie doch frühzeitig in ihrer Entwicklung genügend Format erlangt, um ihren Altersgenossen wie auch Jüngeren als Wegweiser zu dienen. Und drittens konnte die jüngere Generation davon profitieren, daß die akademische Tradition Englands niemals so vollständig durch die Hegemonie mächtiger Wissenschaftscliquen geprägt war wie in Deutschland. Trotz gelegentlicher Angriffe von Heckenschützen aus dem Grenzlager fand in England kein richtiger *Methodenstreit* statt. Tatsächlich illustriert die Leichtigkeit, mit der ein Forscher wie John Röhl sich zwischen traditioneller Politikgeschichte – sein *Germany without Bismarck* (London 1967) erwies sich nach einem weiteren Jahrzehnt intensiver Forschungen in den von ihm formulierten Ansprüchen als bemerkenswert beständig und solide – und einem Typus von Sozialgeschichte bewegte, wie er ihn mit seinem Aufsatz *Higher Civil Servants in Germany, 1890–1900*[26] vorstellte, die intellektuelle Flexibilität und Aufnahmebereitschaft der besten englischen Betrachter deutscher Geschichte.

---

fining Social Imperialism: use and abuse of an idea, in: Social History 3. 1976; P. M. Kennedy, Has 'manipulated social imperialism' been predated?, in: PP 54. 1972; R. J. Geary, The German Labour Movement, 1848–1919, in: European Studies Review 6. 1976; A. Hall, Scandal, Sensation and Social Democracy: The SPD Press and Wilhelmine Germany, 1890–1914, London 1977.

26 In: JCH 2. 1967, überarbeitet und ausgedehnt als: Beamtenpolitik im Wilhelminischen Deutschland, in: M. Stürmer (Hg.), Das kaiserliche Deutschland, Düsseldorf 1970.

Die neue Richtung der deutschen Geschichtsschreibung hat den englischen Forschungen über die moderne deutsche Geschichte unleugbar wichtige Impulse vermittelt. Vor allem half sie, eine Sichtweise mittlerer Reichweite an die Stelle der sehr kurzen und der sehr langen Reichweite zu setzen, die von Namier, Taylor und Trevor-Roper so geschätzt wurden. Letztere verfügten über eine kurze Reichweite – eine beeindruckende Beherrschung der Einzelheiten – und eine lange, in der Tat zeitlose, wenn sie die Unfähigkeit der Deutschen zu zivilisierter Politik beschworen. Dazwischen gab es nur wenig, da sie wegen der Unfehlbarkeit ihrer Langzeitperspektive glaubten, auf vermittelnde Erklärungsvariablen verzichten zu können. Eine mittelfristig ansetzende Perspektive ist jedoch bei weitem der fruchtbarste Zielbereich für den Sozial- und Wirtschaftshistoriker, erlaubt sie doch eine überaus wirksame Untersuchung des Zusammenhangs von Struktur und Ereignis. Diese Sichtweise unterstellt keinen zeitlosen politischen Charakter des deutschen Volkes oder irgendeine konstante Dosis des Bösen in der politischen Elite. Obwohl sie sich um Kontinuitätsfragen bekümmern muß, ist sie doch bemüht, politischen Wandel in ein kohärentes und klares gesellschaftliches Bezugssystem einzubetten, anstatt sich *ad nauseam* auf die exogene Charakterkonstante zu beziehen. Darüber hinaus hat sie den Vorteil, sinnvolle akademische Auseinandersetzungen um Hypothesen mittlerer Reichweite wie „Sozialimperialismus", „Organisierter Kapitalismus", „Negative Integration", „Revolution von oben" zu fördern und auf diese Weise den Dogmatismus früherer Generationen durch einen – wenn auch manchmal scharfen[27] – Dialog zu ersetzen. Tatsächlich werden die jüngeren englischen Historiker zunehmend in Diskussionsprozesse nicht nur mit, sondern unter deutschen Forschern einbezogen, anstatt zu ihnen herab- oder an ihnen vorbeizusprechen, wie es noch dem bevorzugten Stil einiger ihrer Vorgänger entsprach.

Eine mittelfristige Perspektive verlagert die Aufmerksamkeit unvermeidbar vom Staat weg auf die Gesellschaft. Obgleich die englische Historiographie nie der deutschen Fixierung auf die Rolle des Staates erlegen ist, hatte das politische Vakuum-Modell die natürliche Konsequenz, daß sich auch die erste Nachkriegsgeneration englischer Historiker weitaus mehr auf den deutschen Staat als auf die deutsche Gesellschaft konzentrierte. Die neueren Arbeiten, die unser Verständnis für die Funktionsweise des deutschen politischen Systems wesentlich vertieft haben, kennzeichnet die Tendenz, das Verfassungssystem deutlich in einen gesellschaftlichen Kontext einzuordnen. Seit kurzem wirkt dieser Ansatz auch auf Forschungsarbeiten zur Geschichte der Kolonial- und Innenpolitik. So beleuchtet z. B. John Iliffes *Tanganyika under German Rule, 1905–1912* (Cambridge 1969) zentrale Muster deutscher Kolonialherrschaft, indem es Konflikte zwischen der Ko-

27 Vgl. den lebhaften Disput zwischen T. W. Mason und Wilhelm Treue über Methodologie und Ideologie in der Wirtschaftsgeschichtsschreibung der NS-Zeit, in: Aus Politik u. Zeitgeschichte, B 20/72, 13. 5. 1972, S. 33–46.

lonialverwaltung und deutschen Siedlern in den Mittelpunkt rückt anstatt Entscheidungsprozesse isoliert vom kolonialen Zusammenhang zu rekonstruieren.

Dennoch hielt die ausgesprochene Brillanz der jüngsten deutschen Forschungsrichtung auch Gefahren für die englischen Historiker bereit, die im allgemeinen innerhalb jenes Bezugsrahmens arbeiteten, den ihre deutschen Kollegen gesetzt hatten. Das brachte allerdings gewisse Beschränkungen für einen englischen Zugang mit sich. Viele der spannendsten deutschen Arbeiten befaßten sich mit der Funktion des Mittelstandes und der Bauern, die in der jüngsten deutschen Geschichte eine weit zentralere Rolle als in der englischen spielten. Da sich englische Historiker vorrangig mit der Arbeiterschaft beschäftigten, waren sie für das Studium jener beiden Gruppen ziemlich ungeeignet. Hinzu kommt, daß die jüngeren englischen Forscher im allgemeinen marxistischen Ideen nahestehen, selbst wenn die meisten eher einem theoretischen Eklektizismus frönen und sich nur wenige tatsächlich der marxistischen Doktrin verpflichteten. Eine derartige Grundeinstellung trug – zumindest bis zu Blackbourns wohlüberlegten und skeptischen Betrachtungen zum Mittelstandsproblem – dazu bei, jene Gruppen, die per definitionem auf den Abfallhaufen der Geschichte gehören, gar nicht ernsthaft zur Kenntnis zu nehmen.[28]

Nicht nur der thematische, sondern auch der chronologische Rahmen wird englischen Forschern von ihren deutschen Kollegen vorgegeben. Während ihr zeitlicher Schwerpunkt ebenfalls auf der Periode zwischen 1870 und 1939 liegt, haben sich nur wenige an die Zeit vor 1870 versucht – ganz zu schweigen von denjenigen, die sich an die Entwicklungen nach 1945 heranwagten. Abgesehen von A. J. Ryders *Twentieth Century Germany* blieb die Nachkriegsgeschichte zumeist Politikwissenschaftlern, Ökonomen und Soziologen überlassen. Zeithistoriker verzichteten zugunsten ihrer Kollegen in anderen Disziplinen, obgleich sich zum Glück manche, wie z. B. Roger Morgan, Autor von *The German Social Democrats and the First International, 1864–1872* (Cambridge 1965), zuvor ein festes historisches Grundlagenwissen aneigneten. Diese Abneigung, sich der Gegenwart zu stellen, erscheint gerade im deutschen Fall überaus seltsam, wo doch der Kontinuitätsfrage für die unmittelbar vorhergehende Periode so große Aufmerksamkeit gewidmet worden war. Daß die Problematisierung von Kontinuität mit 1945 offenbar beendet sein soll, muß erstaunen – wie einschneidend dieses Datum auch in mancher Hinsicht zu sein scheint. Eine Denkrichtung, deren artikulierteste Form wieder einmal – sozusagen unvermeidlich – von A. J. P. Taylor vertreten wird, läßt die deutsche Geschichte in der Tat 1945 „enden". Alles danach erstarrt, durch welch mysteriöse Hexerei auch immer, zur „posthistoire" – und dies, obwohl Taylor charakteristischerweise

28 J. E. Farqueharson, The Plough and the Swastika, London 1976, enthält viele nützliche Informationen über die deutschen Bauern, wenn er sich auch vorrangig mit Agrarpolitik beschäftigt.

die Quadratur des Kreises vollbrachte, indem er 1961 gleichzeitig behauptete, daß er fast noch einen dritten deutschen Krieg erwarte,[29] der der deutschen Geschichte wahrscheinlich ihre Kontinuität wiedergeschenkt hätte. Es war Geoffrey Barraclough, dessen *Origins of Modern Germany* größeren Einfluß hätte ausüben können, wäre der anregende Teil über die Periode zwischen 1806 und 1939 nicht auf bloße fünfzig Seiten begrenzt gewesen, der überzeugend auf die verzerrende Wirkung für eine historische Perspektive hinwies, die eine Fixierung auf 1945 als rigidem Endpunkt nach sich zog.[30]

Während sich die eigentliche englische Sozialgeschichte seit dem Zweiten Weltkrieg nur ziemlich langsam entwickelte, erlebte die Wirtschaftsgeschichte seit den ersten Nachkriegsjahren einen großen Aufschwung. Daher läge die Erwartung nahe, daß die deutsche Wirtschaftsgeschichte gegenüber der deutschen Sozialgeschichte größeres Interesse auf sich gezogen hätte. Das war jedoch nicht der Fall, was einmal mehr auf die in mancher Hinsicht größere Abhängigkeit der englischen Forschung von Entwicklungen in der deutschen Historie im Vergleich zur englischen hindeutet. Es gibt einige Faktoren, die den relativen Mangel an englischen Beiträgen in diesem Bereich verständlich machen können. Das Fehlen eines wirklich befriedigenden Standardwerks zur Wirtschaftsgeschichte des modernen Deutschland verzögerte nach dem Krieg solche Forschungen ganz erheblich. Auch war die ältere Generation englischer Politikhistoriker im allgemeinen technisch dankbar miserabel ausgestattet, um der Wirtschaftsgeschichte fruchtbare Impulse zu vermitteln, obwohl es vielleicht noch zu einer lockeren Spielart der Sozialgeschichte reichen mochte. Der Tod Sir John Claphams 1948 beraubte die englische Geschichtswissenschaft eines in dieser Richtung möglicherweise positiven Einflusses. Obgleich seit 1936 nicht mehr überarbeitet, bot Claphams eigene Arbeit *Economic Development of France and Germany, 1815–1914* eine ausgezeichnete Zusammenfassung aller zu diesem Zeitpunkt verfügbaren Materialien. Zwar lieferte die hervorragendste englische Autorität auf dem Gebiet der deutschen Wirtschaftsgeschichte nach dem Krieg, der Clapham-Schüler W. O. Henderson, mehrere nützliche Beiträge, die freilich kaum dazu geeignet waren, weitere Analysen zu diesem Komplex anzuregen. *Britain and Industrial Europe*, die bei weitem wichtigste von Hendersons zahlreichen Studien, behandelt ein Gebiet, das es ihm erlaubt, seine beeindruckenden Detailkenntnisse zu einem anregenden Gesamtbild zu verdichten. Dagegen überhäuften seine übrigen Arbeiten den Leser im allgemeinen mit Einzelheiten, die es schwermachten, eine klare Hierarchie von Ursachen zu erkennen. Henderson konzentrierte sich überwiegend auf die Industrie sowie die darauf bezogene Wirtschaftspolitik, vermied es aber, Zusammenhängen zwi-

29 Taylor, The Course of German History, S. VII, X, 263.
30 New York Review of Books, 19. 10., 2. 11., 16. 11. 1972.

schen Industrie und anderen Wirtschaftssektoren, so vor allem zwischen Landwirtschaft und Bevölkerungsentwicklung, nachzuspüren, die nur sehr selten in seinen Monographien auftauchen. Nun mag er als sorgfältiger Historiker das Gefühl gehabt haben, für ehrgeizige Synthesen sei die Zeit noch nicht gekommen. Andererseits erweisen sich gerade Synthesen für den sozialökonomisch interessierten Historiker als überaus stimulierend, und es sind vielleicht nur energische Synthesen und gewagte Verallgemeinerungen, die Politikhistoriker dazu zwingen, sich auf ihrem eigenen Gebiet mit den Implikationen sozialer und wirtschaftlicher Faktoren auseinanderzusetzen. Um so mehr ist es zu bedauern, daß Henderson in seinen späteren Arbeiten nicht die Gelegenheit ergriffen hat, die ausgereifte Quintessenz aus einer lebenslangen wertvollen Arbeit zu ziehen; statt dessen konzentrierte er sich abermals darauf, weitere Details anzuhäufen, die vielfach schon an anderer Stelle vorlagen.[31]

Allerdings ist es zweifelhaft, ob irgendein englischer Wirtschafts- oder Sozialhistoriker die ältere Generation von Politikhistorikern von der Relevanz überzeugt haben könnte, sozioökonomische Faktoren systematisch in ihre Analysen einzubeziehen, denn sie waren fachlich nicht dafür ausgerüstet. Nach Ansicht der Mehrzahl von Politikhistorikern war Wirtschaftsgeschichte ein ganz anderes, noch dazu unverständliches Fach. Wenn auch Hendersons Akribie sie, vielleicht verständlicherweise, nicht anzustecken vermochte, gab es schließlich doch einige wichtige Darstellungen, mitreißend geschrieben und in englischer Sprache verfügbar, wenn auch nicht von Engländern verfaßt. Alexander Gerschenkrons *Bread and Democracy in Germany,* eine konsequente Anklage der Junker, die die deutsche Politik ihren eigennützigen materiellen Interessen untergeordnet hätten, erschien 1943. Auch Hans Rosenberg veröffentlichte seine grundlegende Arbeit über die Rolle der Landwirtschaft 1943 im *Journal of Economic History* und umriß im gleichen Jahr die Hauptthesen seines Ansatzes zu den politischen Implikationen der Großen Depression zwischen 1873 und 1896 in der *Economic History Review*, dem Hausorgan der englischen Wirtschafts-

---

31 Vgl. als wichtigste Beiträge Hendersons: The Zollverein, Cambridge 1959[2]; The State and the Industrial Revolution in Prussia, 1740–1870, Liverpool 1967; The Genesis of the Common Market, London 1962; Studies in German Colonial History, London 1962; The Industrial Revolution on the Continent of Europe, London 1967[2] (dt.: Die industrielle Revolution 1780–1914, Wien 1971); The Rise of German Industrial Power, 1834–1914, London 1975; Britain and Industrial Power, 1750–1870, Leicester 1965[2]; The Pan-German Movement, in: History 26. 1941; British Economic Activity in the German Colonies, 1884–1914, in: EHR 15. 1945; German Economic Penetration in the Middle East, 1870–1914, in: EHR 18. 1948; Prince Smith and Free Trade in Germany, in: EHR 2. 1950; Walther Rathenau: A Pioneer of Planned Economy, in: EHR 4. 1951; Peter Beuth and the Rise of Prussian Industry, 1810–1845, in: EHR 8. 1955; The Genesis of the Industrial Revolution in France and Germany in the Eighteenth Century, in: Kyklos 9. 1956; A Nineteenth Century Approach to a West European Common Market, in: Kyklos 10. 1957; The Rise of Metal and Armament Industries in Berlin and Brandenburg, 1712–1795, in: Business History 3. 1961.

historikerzunft.[32] Nur wenige Leser erkannten die Möglichkeiten, die Rosenbergs Geschichtsinterpretation bot. Selbst wenn Henderson oder irgendein anderer englischer Forscher einen anderen Ansatz vertreten hätte,
ist es daher zweifelhaft, ob das die Meinungen der britischen Historiker
merklich beeinflußt hätte, bis eine neue Generation in den 1960er Jahren
heranwuchs, die für dieses Herangehen an die deutsche Geschichte emp-
fänglicher war. Aufschlußreich, wenn auch ernüchternd ist der Hinweis,
daß der methodisch vielleicht interessanteste Einzelbeitrag zur deutschen
Wirtschafts- und Sozialgeschichte eines britischen Forschers seit dem
Krieg, E. A. Wrigleys *Industrial Growth and Population Change* (Cambridge 1961), der sehr sorgfältig die Wechselbeziehungen zwischen Industrialisierung und demographischer Entwicklung in ausgesuchten Gebieten
Deutschlands zwischen 1850 und 1914 untersuchte und sie im Vergleich
von Entwicklungen in einigen belgischen und französischen Zentren ab-
setzte, noch keine Nachahmung gefunden hat. Sicherlich war Wrigleys
Band trügerisch dünn und auf den ersten Blick vielleicht auch ein wenig
spröde, aber das kann kaum der Grund sein, warum eine solch bemerkenswerte Studie nur eine relativ beschränkte Wirkung zeitigte, wäre sie nicht
ihrer Zeit – im Kontext der englischen wie auch der deutschen Geschichtsschreibung – so weit voraus gewesen.
Unter den tragfähigsten britischen Versuchen, mit der deutschen Wirtschaftsgeschichte zurechtzukommen, finden sich weitaus häufiger Arbeiten
von Ökonomen oder sogar Soziologen, wie A. W. Lewis, A. Cairncross und
P. W. Musgrave, als solche von Historikern.[33] Eine Fußnote Habbakkuks,
die möglicherweise mehr Licht auf die Funktionsweise der deutschen Wirtschaft wirft als ein Band traditioneller antiquarischer Datensammlungen,
kann nur Bedauern darüber auslösen, daß Forscher seines Kalibers sich
nicht vollständig auf das Studium der deutschen Wirtschaftsgeschichte konzentrierten.[34] Doch widmen manche neuere Überblicke über die europäische Wirtschaft glücklicherweise auch Deutschland beachtliche Aufmerk-

32 H. Rosenberg, The Economic Impact of Imperial Germany: agricultural policy, in: Journal
   of Economic History, Suppl. 3. 1943 (dt.: Zur sozialen Funktion der Agrarpolitik im Zweiten Reich, in: ders., Probleme der deutschen Sozialgeschichte, Frankfurt 1969, S. 51–80);
   ders., Political and Social Consequences of the Great Depression of 1873–1896 in Central
   Europe, in: EHR 13. 1943.
33 A. K. Cairncross, Home and Foreign Investment, 1870–1913, Cambridge 1953; W. A.
   Lewis, Economic Survey, 1919–1939, London 1949; ders. u. P. J. O'Leary, Secular Swings
   in Production and Trade, 1870–1913, in: Manchester School of Economic and Social Studies 23. 1955; P. W. Musgrave, Technical Change, The Labour Force and Education: a
   study of the British and German iron and steel industries, 1860–1964, Oxford 1967.
34 H. J. Habbakkuk, Fluctuations in House Building in Britain and the United States in the
   Nineteenth Century, in: Journal of Economic History 22. 1962, wiederabgedr. in: A. R.
   Hall (Hg.), The Export of Capital from Britain, 1870–1914, London 1968, Anm. 1. S. 134.
   Auch in seinem Aufsatz: Family Structure and Economic Change in Nineteenth Century
   Europe, in: JEH 15. 1955, bezieht sich Habbakkuk auf die deutsche Entwicklung.

samkeit,[35] und einige spezialisiertere Arbeiten jüngerer Historiker lassen auf eine bessere Zukunft hoffen.[36]

Natürlich unterscheidet sich der Blickwinkel eines englischen Betrachters der deutschen Wirtschaftsgeschichte sehr deutlich von dem des Politikhistorikers. Seit 1870 ist Deutschland im Vergleich zu Großbritannien ein ökonomisches Erfolgsland. Und wo der englische Politikhistoriker seine moralische Überlegenheit pflegen kann, schaut der englische Wirtschaftshistoriker auf Deutschland, um zu lernen und nicht, um Verbrechen zu verurteilen. Wenn dieser Ansatz wirkungsvoller in die allgemeine Analyse deutscher Geschichte integriert worden wäre, hätte er die herablassende Rhetorik der Nachkriegsgeneration sicherlich mildern können.

Die Gründe für die hinterherhinkende Entwicklung einer ernsthaften Erforschung der deutschen Sozial- und Wirtschaftsgeschichte seitens englischer Historiker erforderten eine ausführliche Untersuchung der allgemeinen britischen Geistesgeschichte seit dem Zweiten Weltkrieg, was hier nicht geleistet werden kann. So muß der Hinweis genügen, daß – abgesehen von den emotionalen und technischen Widerständen – ein wesentlicher Grund für die relative Kümmerlichkeit britischer Nachkriegsbeiträge zur deutschen Sozial- und Wirtschaftsgeschichte bis in die jüngste Zeit hinein das Fehlen eines institutionellen Zentrums in Großbritannien selbst war, das dazu hätte dienen können, Arbeiten in diesem Bereich anzuregen. Die Organisation von Graduiertenforschungen ist in Großbritannien traditionell chaotisch. Während dadurch dem englischen Universitätsleben viel größere individuelle Freiheit gewährt wird als es in Deutschland je der Fall war, krankt es jedoch erheblich an der Schwierigkeit, Forschungen schnell und systematisch in bestimmte Richtungen zu bündeln. Zwar waren das Oxforder St. Anthony's College und das Institut für Europäische Geschichte in Mainz – eine zweite Heimat für viele der jüngeren britischen Historiker – den Studenten der deutschen Geschichte von sehr großer Hilfe, dennoch mußten beide Institutionen natürlich auch in anderen Bereichen Verantwortung übernehmen und konnten sich nicht ausschließlich auf dieses Gebiet konzentrieren. Es besteht jetzt Hoffnung, daß die jüngste Einrichtung eines German Historical Institute in London diesen Mangel zu weiten Teilen wettmachen und eine weitaus wirkungsvollere Kanalisierung des wachsenden britischen Interesses an deutscher Geschichte – und nicht in geringstem Maße an Sozial- und Wirtschaftsgeschichte – erlauben wird,

35 M. M. Postan, An Economic History of Western Europe, 1945–1964, London 1967; S. Pollard u. C. Holmes (Hg.), Documents of European Economic History, 3 Bde., London 1968/73; S. Pollard, European Economic Integration, 1815–1970, London 1974; ders., The Trade Unions and the Depression of 1929–1933, in: Mommsen u. a.

36 Abgesehen von den Beiträgen Milwards und Overys, die bereits erwähnt wurden, vgl. u. a. W. R. Lee, The Tax Structure and Economic Growth in Germany, 1750–1850, in: Journal of European Economic History 4. 1975; M. E. Falkus, The German Business Cycle in the 1920s, in: EHR 28. 1975.

so daß die Erschwernisse, unter denen die britischen Forscher bis jetzt arbeiten mußten, allmählich überwunden werden. Wird der in den vergangenen Jahren beobachtbare Fortschritt aufrechterhalten, so können wir uns mit der Zeit auf einen neuen *Course of German History* gefaßt machen, der hoffentlich die lebhafte Brillanz eines Taylor mit jenem tieferen Verständnis verbinden wird, das sich aus den systematischen sozioökonomischen Untersuchungen herleitet, wie sie zur Zeit von einer begabten Gruppe junger englischer wie deutscher Forscher betrieben werden.[37]

---

37 Die intensive Berücksichtigung Taylors in diesem Aufsatz macht deutlich, daß ich – obgleich ich seinen Ansatz als fehlgeleitet empfinde – nicht glaube, daß sein Werk von deutschen Historikern ausreichend ernst genommen wurde.

Japanische Forschungen (1945–1975) zur neueren deutschen Sozial- und Wirtschaftsgeschichte

von Eiji Ohno

I. *Der Anfang vergleichender Studien zur Entwicklung des Kapitalismus in Japan im Zusammenhang mit der „Nippon Shihonshugi Ronsō" (Debatte über die historische Besonderheit der Entwicklung des japanischen Kapitalismus).* Seit *wann,* unter *welchen* Fragestellungen und *wie* entwickelten sich die Studien zur neueren deutschen Sozial- und Wirtschaftsgeschichte, besonders über den Zeitraum vom Anfang des 19. Jahrhunderts bis 1918, im modernen Japan? Diese Probleme hängen eng mit der Frage nach den Eigenarten der Industrialisierung und Modernisierung in Japan seit der Meiji-Restauration (1868) zusammen. Es wäre eine wichtige Aufgabe, diese Probleme näher zu untersuchen.

Die „Nippon Shihonshugi Ronsō" (die Debatte über die historische Besonderheit der Entwicklung des japanischen Kapitalismus), die sich in den 20er und 30er Jahren des 20. Jahrhunderts entfaltete, erforschte den Charakter der tiefen wirtschaftlichen, sozialen und politischen Krise der japanischen Gesellschaft unter dem Druck der Depression und untersuchte das historische Charakteristikum des Tennō-Systems (den kaiserlichen Absolutismus)[1] im internationalen Vergleich. Daher war diese wichtige Debatte ein Ausdruck der Selbsterkenntnis der japanischen Gesellschaft. Um dies zu verstehen, muß man zunächst einen Blick auf die Entfaltung der Nationalökonomie im modernen Japan bis zu diesem Zeitpunkt werfen.

Die Jahre nach der Meiji-Restauration waren durch erstaunlich intensive Bemühungen um die Übernahme westlicher Wissenschaften und Techniken gekennzeichnet. In diesem Zusammenhang wurden auch die westlichen Wirtschaftswissenschaften eingeführt.

Grob gesagt, herrschte bis zirka 1880 die englische klassische Nationalökonomie vor, doch nachdem sich der Meiji-Absolutismus gefestigt hatte, trat die deutsche Historische Schule der Nationalökonomie, besonders die Jüngere Historische Schule, in den Vordergrund.[2]

---

1 Der Ausdruck „kaiserlicher Absolutismus" entspricht dem Begriff „Spätabsolutismus" bei H.-U. Wehler, Das Deutsche Kaiserreich 1871–1918, Göttingen (1973) 1977³, S. 151 f.; vgl. K. Miki, Rickerts Bedeutung für die japanische Philosophie, in: Frankfurter Zeitung, 27. Mai 1923; auch in: ders., Zenshu (Sämtliche Werke), Bd. 2, Tokyo 1966, S. 48. – Ich möchte mich herzlich bei F. Schellenbach, M. A., für seine freundliche Hilfe bei der Übersetzung bedanken.

2 S. Sugihara, Seiō Keizaigaku to Kindai Nippon (Westliche Wirtschaftswissenschaft u. das moderne Japan), Tokyo 1972, S. 3.

Im Prozeß der Industrialisierung „von oben", der durch die Industrieförderungs- und Rüstungspolitik der Meiji-Regierung eingeleitet wurde und in der Periode zwischen dem japanisch-chinesischen Krieg (1894–1895) und dem japanisch-russischen Krieg (1904–1905) zur „Industriellen Revolution" führte,[3] entstand als Antwort auf die sozialistische Bewegung und die Arbeiterfrage der „Japanische Verein für Socialpolitik" im Jahre 1896. Dem „Japanischen Verein für Socialpolitik" diente der „Verein für Socialpolitik" in Deutschland als Vorbild. 1907 hielt der japanische Verein seinen ersten Kongreß ab. Die Entstehung dieses Vereins zeigt die Stärke des Einflusses der deutschen Jüngeren Historischen Schule der Nationalökonomie.[4]

Damals übten zwei japanische Nationalökonomen, Tokuzō Fukuda[5] und Hajime Kawakami,[6] großen Einfluß auf die Intellektuellen aus, weshalb man auch von einer „Fukuda-Kawakami"-Periode spricht. Beide spielten eine führende Rolle im „Japanischen Verein für Socialpolitik" und regten durch ihre gegensätzlichen Standpunkte die Diskussion über die anstehenden Probleme an. Daran lassen sich die Tendenzen der japanischen Gedankenwelt ausweisen. Fukuda fuhr 1898 zu einem dreieinhalbjährigen Studium nach Europa, wobei seine erste Station Leipzig war. In Leipzig arbeitete er bei Karl Bücher, anschließend in München bei Lujo Brentano. Unter Brentanos Anleitung schrieb er „Die gesellschaftliche und wirtschaftliche Entwicklung in Japan" (Stuttgart 1900). Kawakami hatte sich in seiner Jugendzeit zwar durch die Werke Lists, Roschers, Schäffles, Wagners, Schmollers und Büchers durchgearbeitet und wurde von ihnen beeinflußt, aber nachdem er E. R. A. Seligmans „The Economic Interpretation of History" (N. Y. 1902) übersetzt hatte, beschäftigte er sich schon frühzeitig mit der materialistischen Geschichtsauffassung. Außerdem vertiefte er sich in die klassische Nationalökonomie und danach in den Marxismus. Sein Einfluß reichte über Japan hinaus bis nach China.

Zu dieser Zeit ergab sich unter dem Einfluß außer- und innerjapanischer Ereignisse – der russischen Revolution von 1917, der deutschen Revolution von 1918 sowie der „Komesōdō" (Reistumulte)[7] in Japan 1918 – eine neue

3 M. Yamada, Nippon Shihonshugi Bunseki (Analyse des japanischen Kapitalismus), Tokyo 1934, S. 177f.

4 E. Sumiya, Nippon Keizaigakushi (Die Geschichte der Nationalökonomie in Japan), Kyoto 1958, S. 169–79.

5 T. Fukuda, Keizaigaku Zenshu (Sämtliche Wirtschaftswissenschaftliche Werke), 24 Bde., Tokyo 1927.

6 H. Kawakami, Chosakushu (Ausgewählte Werke), 12 Bde., Tokyo 1964/65.

7 Nachdem der Reispreis plötzlich stark gestiegen war, forderten die notleidenden Massen, daß der Reis billiger verkauft werde und stürmten im August und September 1918 die Reisgeschäfte, die Häuser der Reichen und die Polizeistationen. Diese Bewegung war von einem Fischerdorf in Toyama am 3. August 1918 ausgegangen und hatte sich rasch im ganzen Land zu einer Massenbewegung von Arbeitern und Bauern verbreitet. Das Militär griff ein und unterdrückte den Aufstand. Der Vorfall führte zum Rücktritt der Regierung Terauchi. Man kann die „Reistumulte" als einen Wendepunkt in Japans Grundbesitzersy-

Situation in Japan, die die demokratischen und sozialistischen Bewegungen stark an Bedeutung gewinnen ließ. Diese Bewegungen formulierten ihre Ziele hauptsächlich im Rahmen des Marxismus. Für den „Japanischen Verein für Socialpolitik" bedeutete diese Situation die Aufspaltung in einen linken und rechten Flügel, die eine weitere Zusammenarbeit ihrer Mitglieder schließlich so unmöglich machte, daß der 18. Kongreß 1924 zum letzten Kongreß wurde und der Verein von der Bildfläche verschwand.

Seit den 20er Jahren waren diejenigen, die für die japanische Gesellschaft demokratische Reformen und eine sozialistische Umwälzung erhofften, besonders die Intellektuellen, Marxisten. Der Marxismus hatte den Thron in den Sozialwissenschaften inne, und Wirtschaftswissenschaftler wie Kawakami und Tamizō Kushida,[8] Philosophen wie Kiyoshi Miki[9] und Jun Tosaka,[10] Historiker wie Shisō Hattori[11] und Gorō Hani[12] spielten bei der Entfaltung des Marxismus eine wichtige Rolle.

Ein Grund, warum der Marxismus in Japan Wurzeln schlagen konnte, war die Debatte über die historische Besonderheit der Entwicklung des japanischen Kapitalismus. Der Marxismus war nicht nur importierte Theorie, sondern wurde auch ein Mittel zur Diagnose der Krise in der japanischen Gesellschaft. Er erforschte damit nicht nur die Gesetzmäßigkeiten des japanischen Kapitalismus, sondern analysierte zum ersten Mal konkret die historische Besonderheit des japanischen Kapitalismus innerhalb Asiens. Vermutlich aus diesen Gründen konnte der Marxismus seine eigenständige Existenz in Japan behaupten.

Zum Brennpunkt der Debatte wurden die von Eitarō Noro, Moritarō Yamada, Gitarō Hirano und Kinnoske Ohtsuka herausgegebenen „Nippon Shihonshugi Hattatsushi Kōza" (Studien zur Entwicklungsgeschichte des japanischen Kapitalismus, 7 Bde., Tokyo 1932–33), besonders „Nippon Shihonshugi Bunseki" (Analyse des japanischen Kapitalismus, Tokyo 1934), ein eigenständiges Buch, das die drei in den „Kōza" enthaltenen Aufsätze Yamadas in einer Ausgabe mit einem wichtigen Vorwort zusammenfaßte.

Yamadas Interesse lag vor allem in der Analyse des gegenwärtigen Zustandes, im Herausstellen des Charakters der Krise der japanischen Gesellschaft als Grundlage des kaiserlichen Absolutismus. Dabei hob er durch den Vergleich mit England, Frankreich, Deutschland, Rußland und den USA die geschichtlichen Eigenarten der Entwicklung des japanischen Ka-

---

stem betrachten. Erstens verschärften sie den Konflikt zwischen Grundbesitzern und Pächtern, und zweitens verringerte sich die Zahl der Großgrundbesitzer (über 50 ha) allmählich, nachdem sie mit 2451 ihren Höhepunkt im Jahre 1919 überschritten hatte.

8 T. Kushida, Zenshu (Sämtliche Werke), 4 Bde., Tokyo 1935.
9 K. Miki, Zenshu (Sämtliche Werke), 19 Bde., Tokyo 1966/68.
10 J. Tosaka, Zenshu (Sämtliche Werke), 5 Bde., Tokyo 1967.
11 S. Hattori, Zenshu (Sämtliche Werke), 24 Bde., Tokyo 1974 ff.
12 G. Hani, Rekishiron Chosakushu (Ausgewählte Geschichtswissenschaftliche Werke), 4 Bde., Tokyo 1967.

pitalismus hervor. Die Gesichtspunkte seiner vergleichenden Studien kann man ungefähr folgendermaßen zusammenfassen: Die historische Besonderheit der Entwicklung des Kapitalismus eines Landes ist einerseits durch die Entwicklung der weltgeschichtlichen Umstände bzw. der internationalen Umwelt bedingt, andererseits aber auch gleichzeitig durch die Art der Auflösung der der kapitalistischen Entwicklung vorausgehenden feudalen oder traditionellen Gesellschaft, besonders durch die Art der Auflösung des feudalen oder vormodernen Grundeigentums. D. h. daß die Entwicklung des Verhältnisses Kapital-Lohnarbeit, wenn dieses als Hauptmerkmal des *modernen* Kapitalismus betrachtet wird, von den spezifisch historischen Bedingungen abhängt und man daher die Eigenarten dieser historischen Bedingungen in den einzelnen Ländern näher untersuchen muß. Yamada hob hervor, daß in der japanischen Landwirtschaft halbfeudale Grundbesitz-Verhältnisse bestanden; so betrug z. B. 1873 die Pachtgebühr 68 % der Reisernte. Im industriellen Sektor entwickelte sich nach Yamada der Hochkapitalismus, gestützt auf die aufgrund der Verhältnisse in der Landwirtschaft vom Dorf abwandernden billigen Arbeitskräfte; bedingt durch derartige Wechselbeziehungen zwischen Landwirtschaft und Industrie, habe der japanische Kapitalismus einen äußerst schnellen Aufschwung erlebt. Diese Wechselbeziehung beginne, ausgelöst durch die Weltwirtschaftskrise, zusammenzubrechen und daraus entstehe die Krise der japanischen Gesellschaft.

Die Nippon Shihonshugi Ronsō-Debatte konzentrierte sich hauptsächlich auf zwei Fragen. Erstens befaßte sie sich mit der historischen Besonderheit der japanischen Gesellschaft, deren Entwicklung die Meiji-Reformation in Gang gesetzt hatte, besonders mit den sozialen und wirtschaftlichen Bedingungen *innerhalb* Japans, die zur Meiji-Reformation führten. Der zweite Hauptpunkt der Debatte war die Analyse der Agrarfrage.

Den Übergangsproblemen der feudalen bzw. traditionellen Gesellschaft zum Kapitalismus oder zur modernen Gesellschaft ging Hisao Ohtsuka unter vergleichenden historischen Gesichtspunkten weiter nach. Er beschäftigte sich, gestützt auf die Methoden von Karl Marx und Max Weber, mit der europäischen Wirtschaftsgeschichte, besonders mit der Wirtschaftsgeschichte des für den *modernen* Kapitalismus seiner Ansicht nach typischen Landes England. Das erste Merkmal seiner Theorie ist die strenge Unterscheidung zwischen dem ökonomischen Bewegungsgesetz des *vormodernen* Kapitals einerseits und des *industriellen* Kapitals andererseits. Er machte deutlich, daß das Gesetz der Konzentration und Zentralisation des Kapitals für das industrielle Kapital, das den Produktionsprozeß mit einschließe, einerseits und für das vormoderne Kapital, das den Produktionsprozeß nicht mit einschließe, sondern am Zirkulationsprozeß parasitär beteiligt sei, andererseits jeweils völlig verschieden sei. Folglich sei auch das im Verlauf des Prozesses der Hochindustrialisierung in Westeuropa aus Konzentration und Zentralisation des industriellen Kapitals entstandene

moderne Monopol und das aus Konzentration und Zentralisation des vormodernen Kapitals entstandene *vormoderne Monopol* verschieden.[13] Meiner Meinung nach hat dieser Begriff des vormodernen Kapitals („Zenkiteki
Shihon") bei Ohtsuka seine Entsprechung bei Karl Marx: „Das zinstra-
gende Kapital oder das Wucherkapital und sein Zwillingsbruder, das kaufmännische Kapital, die zu den antediluvianischen Formen des Kapitals gehören, die der kapitalistischen Produktionsweise lange vorhergehen und
sich in den verschiedensten ökonomischen Gesellschaftsformationen vor-
finden".[14]

Wenn auch in beiden Fällen der Begriff „Monopol" verwandt werde, sei
doch das historische Charakteristikum der beiden sehr verschieden. Ohtsuka betonte, daß in Westeuropa durch die bürgerliche Revolution das
vormoderne Monopol zusammengebrochen und danach erst das moderne
Monopol entstanden sei; zwischen beiden sei eine deutliche Zäsur zu erkennen. Aber anders als in Westeuropa könne man eine solche Zäsur im
rückständigen Kapitalismus nicht bemerken, und daher liege die Vermu-
tung nahe, daß die japanischen „Zaibatsu"-Monopole vor dem Zweiten
Weltkrieg auch vormoderne Elemente enthielten.

Das zweite Hauptmerkmal von Ohtsukas Theorie ist, daß er die Grundbedingung für die Entstehung des *modernen* Kapitalismus weniger in der
Verwandlung von kaufmännischem Kapital in industrielles Kapital sieht,
sondern vielmehr in der Ausbreitung und polaren Differenzierung des
„gewerblichen Mittelstandes" (Handwerker und Bauern) in Westeuropa.[15]
In seiner Sicht gibt es beim Übergang von der feudalen zur kapitalistischen
Produktionsweise zwei Wege: einmal den, „daß der Produzent Kaufmann
und Kapitalist wird, im Gegensatz zur agrikolen Naturwirtschaft und zum
zünftig gebundenen Handwerk der mittelalterlichen städtischen Industrie"; zum anderen den, „daß der Kaufmann sich der Produktion unmittelbar bemächtigt".[16] Ersterer setze sich im westeuropäischen Typ wie u. a.
England, Frankreich, aber auch den Vereinigten Staaten durch, letzterer
herrsche im Typus des rückständigen Kapitalismus wie Deutschland, Rußland, Japan u. a. vor. Verbunden mit der Theorie Lenins über „den preußi-

13 H. Ohtsuka, Iwayuru Zenkiteki Shihon naru Hanchu ni tsuite (Über die Kategorie des sog.
„vormodernen Kapitals"), in: Keizai-Shrin (Wirtschaftswissenschaftliche Zeitschrift, Hg.
Universität Hōsei) 8. 1935, H. 2; ders., Shoki Shihonshugi ni okeru iwayuru „Dokusen" ni
tsuite (Über das sog. „Monopol" im Frühkapitalismus), in: Keizaigaku-Ronshu (Wirtschaftswissenschaftliche Zeitschrift, Hg. Universität Tokyo) 6. 1936, H. 1; ders., Kabushi-
kikaisha Hasseishi Ron (Studien zur Entstehungsgeschichte der Aktiengesellschaft), Tokyo 1938.
14 K. Marx, Das Kapital, 3 Bd., 2. T., Moskau 1934, S. 641.
15 Vgl. M. Weber, Die protestantische Ethik u. der Geist des Kapitalismus, in: Gesammelte
Aufsätze zur Religionssoziologie, Bd. I, Tübingen 1963, S. 49 f.
16 Marx, 3. Bd., 1. T., S. 366.

schen und den amerikanischen Weg der kapitalistischen Entwicklung in der Landwirtschaft",[17] erweiterte sich seine vergleichende Theorie.[18] Diese vergleichenden Studien der Wirtschaftsgeschichte wurden in Japan von Ohtsukas Mitarbeiter Kōhachirō Takahashi,[19] einem Kenner der modernen französischen Wirtschaftsgeschichte, und einem weiteren Mitarbeiter, Tomoo Matsuda,[20] der sich mit der modernen deutschen Wirtschaftsgeschichte beschäftigte, weiter entwickelt. Auf diese Weise entstand in Japan die vergleichende Forschung der modernen europäischen Wirtschaftsgeschichte, gestützt auf Marx und Weber.

II. *Die Entfaltung der Forschung zur neueren deutschen Sozial- und Wirtschaftsgeschichte in Japan*
1. Vor dem Zweiten Weltkrieg war eines der wichtigsten Themen in der Sozialwissenschaft die Erklärung der historischen Besonderheiten des aus der Meiji-Restauration hervorgegangenen Tennō-Systems. Schon frühzeitig hatte Shisō Hattori in den 1920er Jahren den Vergleich zwischen Preußen und Japan in den Vordergrund gestellt. Er behauptete, daß im Unterschied zur Englischen Revolution des 17. Jahrhunderts und der Französischen Revolution des 18. Jahrhunderts, die beide den Absolutismus aufhebende bürgerliche Revolutionen gewesen seien, die Meiji-Restauration eine den Absolutismus erst hervorbringende Umwälzung gewesen sei. Der Meiji-Absolutismus und der preußische Absolutismus hätten einen ähnlichen Verlauf und ein ähnliches Schicksal gehabt. Er verwendete dabei den Begriff vom ,,Szenenwechsel im Dunkeln" von Friedrich Engels. 1848 habe der Zusammenbruch des preußischen Absolutismus begonnen, sei aber durch den Scheinkonstitutionalismus der revidierten preußischen Verfassung vom 31. Januar 1850 überdeckt gewesen, zunächst nach außen nicht sichtbar geworden und erst nach der Wandlung des Absolutismus zum *modernen* Bonapartismus bei der Gründung des neuen deutschen Reiches 1871 zum Vorschein gekommen.[21] Auf gleiche Art und Weise habe nach Verkündigung der Reichsverfassung vom 11. Februar 1889 der Meiji-Ab-

17 W. I. Lenin, Das Agrarprogramm der Sozialdemokratie in der ersten russischen Revolution von 1905 bis 1907, in: Werke, Bd. 13, S. 215–19 (russ.).
18 Vgl. H. Ohtsuka, Nōson no Orimoto to Toshi no Orimoto (,,Clothier" auf dem Land und ,,Clothier" in der Stadt), in: Shakai-Keizai-Shigaku (Zeitschrift für die Sozioökonomische Geschichte) 8. 1938, H. 3–4; ders., Kindai Ohshu Keizaishi Josetsu (Prolegomena zu einer modernen europäischen Wirtschaftsgeschichte), Tokyo 1944; ders., Chosakushu (Ausgewählte Werke), 10 Bde., Tokyo 1969/70.
19 K. Takahashi, Kindai Shakai Seiritsushi Ron (Studien zur modernen Gesellschaft), Tokyo 1947; ders., Shimin Kakumei no Kōzō (Die Struktur der bürgerlichen Revolution), Tokyo 1950.
20 T. Matsuda, Kindai no Shiteki Kōzō Ron (Studien zur historischen Struktur der Neuzeit), Tokyo 1948.
21 S. Hattori, Marukisizum ni okeru Zettaishugi no Gainen (Der Begriff ,,Absolutismus" im Marxismus), in: Marx Shugi Kōza (Kursus für Marxismus), Bd. 9, Tokyo 1928; auch in: ders., Zenshu (Sämtliche Werke), Bd. 2, Tokyo 1974, S. 232.

solutismus zunächst die Form des Konstitutionalismus angenommen und sei dann unter Beibehaltung eines Scheinkonstitutionalismus *unbemerkt* zum modernen Bonapartismus geworden.

Auch Moritarō Yamada betrachtete von einem vergleichenden Blickwinkel aus den preußischen Absolutismus, dessen Restauration „von oben" durch die preußischen Reformen 1807–19 bewirkt worden und der, eingeleitet durch die Märzrevolution, bei der Reichsgründung 1871 in einen Pseudo-Bonapartismus übergegangen sei. Die soziale Basis Napoleons III. seien die in der Französischen Revolution durch die Auflösung des feudalen Grundbesitzes entstandenen Parzellenbauern, dagegen die soziale Basis Bismarcks die halbfeudale Rittergutsbesitzerklasse in Ost-Elbien gewesen. Er verwandte den Begriff *Pseudo*-Bonapartismus, um im Hinblick auf die Unterschiede zwischen der französischen und der deutschen Bauernbefreiung auszudrücken, daß die Herrschaft Bismarcks nicht moderner Bonapartismus im vollen Sinne sei, sondern in ihr sehr stark absolutistisch gefärbte Relikte enthalten seien.[22]

Während sich die Hypothesen der beiden Obengenannten auf die Interpretation von Marx und Engels stützten, beschäftigte sich Kazuo Ohkouchi mit der Entfaltung der Ideengeschichte der Sozialpolitik in der deutschen Jüngeren Historischen Schule der Nationalökonomie und veröffentlichte ein ausgezeichnetes Werk, in dem er das preußisch-deutsche Reich als *Subjekt* der Sozialpolitik beschrieb. Initiator der Sozialpolitik Bismarcks sei nicht ein kapitalistischer, demokratischer Staat gewesen, sondern ein auf Militär und Polizei beruhender bürokratischer Staat mit den Hohenzollern an der Spitze, also ein „soziales Königtum", in dem die Junker die Führung innegehabt hätten. In den 90er Jahren des 19. Jahrhunderts sei die Hegemonie in die Hände des Monopolkapitals übergegangen, aber die feudalen Kräfte seien erst nach dem Ersten Weltkrieg und der darauf folgenden Revolution überwunden worden. Erst zu dieser Zeit seien die Ergebnisse zutage getreten, die schon durch die Märzrevolution hatten erzielt werden sollen.[23]

2. Das Problem, daß in Deutschland trotz des Fortschritts der Hochindustrialisierung im politisch-sozialen Bereich starke Relikte des Absolutismus erhalten blieben, die Divergenz zwischen Industrialisierung und Modernisierung, erweckte bei japanischen Sozialwissenschaftlern großes Interesse. Sie gingen daher daran, die Besonderheiten der Industrialisierung in Deutschland genau zu untersuchen. Es entstanden Studien über die Vorbedingungen der Industrialisierung, besonders über die Bauernbefreiung und Agrarrevolution.

Diese Studien konzentrierten sich zunächst auf das ostelbische Preußen, vor allem auf die Gutsherrschaft und deren Entfaltung nach den Preußi-

---

22 Yamada, Nippon Shihonshugi Bunseki, Vorwort, S. 2.
23 K. Ohkouchi, Doitsu Shakaiseisaku Shisōshi (Die Geschichte der deutschen sozialpolitischen Ideen), Tokyo 1936, S. 639 f., 646.

schen Reformen. Mit diesem Themenkreis beschäftigten sich schon Kentarō Hayashi,[24] Michitaka Kainō[25] und Tomoo Matsuda[26] während des Zweiten Weltkriegs. In Japan benutzte man zur Kennzeichnung von Gutsherrschaft und Gutswirtschaft *nach* den Preußischen Reformen die Begriffe „Junkerwirtschaft" und „Junkergrundbesitz", um sie so von Gutsherrschaft und Gutswirtschaft *vor* den Reformen zu unterscheiden. Diese Begriffe seien im folgenden der Einfachheit halber auch hier verwandt. Durch die Bodenreform nach dem Zweiten Weltkrieg in Japan wurden die Pächter vom parasitären Grundbesitzsystem fast völlig befreit, und zugleich wurde das auf dem patriarchalischen Familiensystem beruhende Dorfwesen aufgelöst und damit die japanische Gesellschaft grundlegend gewandelt. Das Komitee für die Dokumentation der Bodenreform, geleitet von M. Yamada, stellte den ganzen Prozeß der japanischen Nachkriegsbodenreform (1945–50) detailliert dar, gab eine Übersicht über die Bodenreformen und Bauernbefreiungen in Europa, Amerika und China und erklärte schließlich die Bedeutung der Bodenreform unter vergleichenden Gesichtspunkten.[27] In dieser Atmosphäre wandte sich das Interesse der Forschung über die deutsche Sozial- und Wirtschaftsgeschichte in Japan insbesondere den Eigenheiten des sog. *preußischen* Typs der Evolution der Landwirtschaft zu. Über dieses Thema veröffentlichten Isao Hōjō[28] und Hiroshi Fujise[29] eine Reihe von Arbeiten.

Man kann nicht übersehen, daß diese Studien über die Gutsherrschaft mit dem Problembewußtsein, das während der Debatte über die historische Besonderheit der Entwicklung des japanischen Kapitalismus erzielt worden war, betrieben wurden. Es gab in dieser Debatte über die historischen Eigenarten des nach der Meiji-Restauration entstandenen parasitären

24 K. Hayashi, Gutsherrschaft Kō (Eine Studie zur Gutsherrschaft), in: ders., Doitsu Kinseishi Kenkyu (Studien zur neueren deutschen Geschichte), Tokyo 1943; auch in: ders., Kindai Doitsu no Seiji to Shakai (Politik u. Gesellschaft im neueren Deutschland), Tokyo 1952.

25 M. Kainō, Tōbu Doitsu ni okeru Nōjōsei (Die Gutsherrschaft in Ostdeutschland), in: ders., Hōshakaigaku no Shomondai (Probleme der Rechtssoziologie), Tokyo 1943.

26 T. Matsuda, Junker Keiei no Seiritsu to „Chukansō"-Nōmin (Die Entstehung der Junkerwirtschaft u. der „mittelständische" Bauer), in: Rekishi-Hyoron (Historische Revue) 3. 1948, H. 1.

27 Nōchikaikaku Kiroku Iinkai (Komitee für die Dokumentation der Bodenreform) (Hg.), Nōchikaikaku Tenmatsu Gaiyō (Übersicht über den Verlauf der Bodenreform), Tokyo 1951.

28 I. Hōjō, 18 Seiki Kōhan no Higashi Doitsu ni okeru „Nōgyo Kakumei" no Tokushitsu (Das Charakteristikum der „Agrarrevolution" in Ostdeutschland während der letzten Hälfte des 18. Jahrhunderts), in: Keizaigaku-Ronshu 23. 1954/55, H. 2–3; ders., Preußen „Nōmin Kaihō"-Ki ni okeru Kyodōchi o meguru Shomondai (Probleme der Allmende während der Periode der preußischen „Bauernbefreiung", in: Shakaikeizaishi Taikei (Grundriß der Sozial- und Wirtschaftsgeschichte), Bd. 7, Tokyo 1961.

29 H. Fujise, Kindai Doitsu Nōgyo no Keisei (Herausbildung der modernen deutschen Landwirtschaft), Tokyo 1967.

Grundbesitzsystems zwei scharf gegensätzliche Auffassungen. Die eine be-
sagte, daß trotz der Meiji-Reform der Grundbesitz mit hoher Naturalpäch-
tergebühr ein grundsätzlich feudales Wesen hatte, daß aber Produktions-
verhältnisse von solcher Art in eine weitreichende Waren- und Geldzirku-
lation eingegliedert waren und daher von „halbfeudalem" Grundbesitz gesprochen werden muß. Die andere Meinung ging dahin, daß dem feudalen
Grundbesitz durch die Meiji-Reform die Grundlage entzogen worden war
und daher die danach erhobene hohe Naturalpacht niemals feudalen Charakter gehabt habe, sondern durch die Konkurrenz zwischen den Pächtern
entstanden sei. Die auf dem Lande verbliebenen vormodernen Elemente
seien nur Relikte, die sich mit der weiteren Entwicklung des Kapitalismus
auflösen würden. Die letztere Ansicht bezieht sich daher nur auf die Gesetzmäßigkeiten der Durchsetzung des Kapitalismus in Japan, die erstere
aber auch auf die Art der Durchsetzung, also auf die *spezifisch* japanischen
Bedingungen. Solche methodischen Verschiedenheiten sind nicht ohne
Einfluß auf die japanische Betrachtungsweise der historischen Besonderheiten der Gutsherrschaft.
Ich möchte dafür ein illustratives Beispiel geben. Im allgemeinen nahm man
an, daß die „gutsherrlich-bäuerliche Verfassung" der Gutsherrschaft nach
den preußischen Reformen allmählich in die Junkerwirtschaft überging, in
der die Instleute die Schlüsselrolle unter den Arbeitskräften spielten. Über
die historischen Merkmale der sich wandelnden Gutsherrschaft gibt es verschiedene Auffassungen. K. Hayashi war der Ansicht, daß sich in der zweiten Hälfte des 18. Jahrhunderts der kapitalistische Charakter der Gutsherrschaft verstärkt und nach der Bauernbefreiung in der ersten Hälfte des 19.
Jahrhunderts schon zum kapitalistischen Betrieb der Junkerwirtschaft gewandelt habe. T. Matsuda dagegen meinte, daß sich diese Umwandlung um
1890 vollzogen habe. Gegenüber diesen Interpretationen betonte I. Hōjō
den Fronbauerncharakter der Instleute. Er sah den ostelbischen Junkergrundbesitz als in die Entwicklung des Weltkapitalismus eingegliederten
modifizierten „halbfeudalen" Grundbesitz. Wieder eine andere Meinung
vertrat H. Fujise. Der Charakter des Junkergrundbesitzes sei weder feudal
noch kapitalistisch, sondern es handle sich dabei um eine Übergangsform,
d. h. einerseits sei der feudale Grundbesitz aufgelöst, andererseits sei aber
noch kein kapitalistischer Grundbesitz entstanden, die Scheidung der Produzenten von den Produktionsmitteln noch nicht vollzogen. Es handle sich
also um „eine Übergangsform von der ursprünglichen Form der Rente zur
kapitalistischen Rente".[30]
Wenn sich auch viele andere Forscher später noch mit diesem Problem befaßten, konnte doch hinsichtlich der Bauernbefreiung in Ostelbien keine
Übereinstimmung erzielt werden. Mit der Erforschung der Bauernbefreiung in Mittel- und Südwestdeutschland beschäftigten sich Nobushige Mat-

---

30 Marx, 3. Bd., 2. T., S. 854.

suo,[31] T. Matsuda,[32] Makoto Ohtsuki[33] und Eihachirō Sakai,[34] mit der Bauernbefreiung in Österreich befaßte sich Makio Shindō.[35] In vielen dieser Studien wurde versucht, den sog. „agrarischen Dualismus Deutschlands"[36] zu erforschen und damit die Vorbedingungen der Industrialisierung zu erhellen.

3. Die japanische Forschung über die deutsche Industrialisierung ist ziemlich vielfältig, und es ist daher schwierig, alle Details genau auszubreiten. Die Frage nach dem Zusammenhang zwischen der spezifischen Art der Industrialisierung und der Fortdauer *vormoderner* sozialer und politischer Elemente in Deutschland wurde auf folgende Art gestellt: *Wann*, von *welchen sozialen Schichten* und *wie* wurde die deutsche bürgerliche Revolution im Entfaltungsprozeß der Industrialisierung durchgeführt. Wie oben erwähnt, gab es diese Problemstellung bei S. Hattori, M. Yamada und K. Ohkouchi schon vor dem Zweiten Weltkrieg. Im Verlauf der Erforschung der neueren deutschen Sozial- und Wirtschaftsgeschichte in Japan taucht dieses Problem immer wieder auf.

T. Matsudas Ansicht[37] war kurz gesagt: Gleichzeitig mit der Entwicklung der deutschen Industrialisierung setzte sich der als bürgerliche Revolution zu bezeichnende soziale und politische *Strukturwandel* durch, der Anfang des 19. Jahrhunderts mit den preußischen Reformen seinen Ausgang nahm und durch die Märzrevolution grundsätzlich zu Ende gebracht wurde. Die Modernisierung des preußischen Typs wurde also in der Märzrevolution vollendet. H. Fujise[38] betonte im Gegensatz zu T. Matsuda, daß Bismarcks

31 N. Matsuo, „Sachsen Kaikaku" to „Kokka Saiken" (Die „sächsische Reform" und „Staatsreform"), in: Okayama Daigaku Keizaigakkai Zasshi (Wirtschaftswissenschaftliche Zeitschrift, Hg. Universität Okayama) 2. 1970, H. 3; ders., Sangatsukakumeiki oyobi Furansu Kakumeiki no Sachsen ni okeru Nōminundō (Die Bauernbewegung in Sachsen während der Französischen Revolution u. der Märzrevolution), in: Okayama Daigaku Keizaigaku Zasshi 3. 1971, H. 1; ders., Sachsen in der japanischen Wirtschaftsgeschichtsschreibung, in: Sächsische Heimblätter 20. 1973, H. 3.
32 T. Matsuda, Doitsu Ryoho Zettaishugi no „bourgeoi" teki Tochikaikaku ni tsuite (Über die „bürgerliche" Bodenreform des deutschen Territorialabsolutismus), in: Rikkyo Keizaigaku Kenkyu (Wirtschaftswissenschaftliche Zeitschrift, Hg. Universität Rikkyo) 13. 1960, H. 4.
33 M. Ohtsuki, Seinan Doitsu ni okeru „Nōmin Kaihō" (Die „Bauernbefreiung" im südwestlichen Deutschland), in: Keizai-Ronsō (Wirtschaftswissenschaftliche Zeitschrift, Hg. Universität Kyoto) 89. 1962, H. 1.
34 E. Sakai, Kurhessen ni ōkeru Nomin to Nōminkaiho (Bauern u. Bauernbefreiung in Kurhessen), in: Shigaku-Zasshi (Historische Zeitschrift) 76. 1967, H. 6–7; ders., Der kurhessische Bauer im 19. Jahrhundert u. die Grundlastenablösung, Melsungen 1967.
35 M. Shindō, Doitsu Kindai Seiritsushi (Entstehungsgeschichte des modernen Deutschland), Tokyo 1968.
36 R. Krzymowski, Geschichte der deutschen Landwirtschaft, Stuttgart 1951², S. 175.
37 Matsuda, Kindai no Shiteki Kōzō Ron, S. 143.
38 Fujise, S. 476; ders., Doitsu Sangyoshihon no Kakuritsu to Uekara no Kakumei (Die Festigung des deutschen industriellen Kapitals u. die Revolution von oben), in: T. Okada

„Revolution von oben" die deutsche bürgerliche Herrschaft befestigte, daß also die Reichsgründung die entscheidende Zäsur war. Ich habe ein besonderes Augenmerk auf die Tatsache gerichtet, daß durch die „Sammlungspolitik" im letzten Drittel des 19. und zu Beginn des 20. Jahrhunderts absolutistische, vormoderne Elemente erhalten blieben, und behauptet, daß der oben erwähnte soziale und politische Strukturwandel erst nach der Revolution von 1918 und dem Übergang zur Weimarer Republik erfolgte. I. Hōjō[40] meinte, nach dem Zweiten Weltkrieg sei bei der Bodenreform in Ostdeutschland der Junkergrundbesitz erstmals aufgelöst worden; diesen Zeitpunkt könne man als die entscheidende Zäsur ansehen.

Hinter der Unterschiedlichkeit dieser Meinungen steht die Verschiedenheit der überwiegend methodologischen Gesichtswinkel, d. h. der Versuche, den Zusammenhang zwischen Industrialisierung und politischer und sozialer Modernisierung in Deutschland, ganz allgemein gesagt, den Strukturzusammenhang zwischen Wirtschaft, Gesellschaft und Politik, zu begreifen. Ich möchte einige Studien, die zur Klärung dieses Problems beitragen könnten, im folgenden nennen.

An Studien zur Sozial- und Wirtschaftsgeschichte des Vormärz, der Märzrevolution und des Nachmärz seien angeführt: T. Matsuda,[41] Minoru Morota[42] und Takeo Ohnishi,[43] die sich mit dem deutschen Zollverein beschäftigten, sowie Noboru Kobayashi,[44] der sich mit dessen theoretischem Begründer Friedrich List befaßte. Eiichi Hizen[45] versuchte mit seiner brillan-

(Hg.), Kindai Kakumei no Kenkyu (Studien zur modernen Revolution), Bd. 2, Tokyo 1973, S. 140 f.

39 E. Ohno, Doitsu Shihonshugi Ron (Studien zum deutschen Kapitalismus), Tokyo 1965, S. 384; ders., German Economic Policy in Transition, in: Kyoto University Economic Review 35. 1965, H. 1, S. 21; ders., Doitsu Shihonshugi no Rekishiteki Dankai (Das historische Stadium des deutschen Kapitalismus), in: Tochiseidoshigaku (Zeitschrift für Agrargeschichte) 46. 1970, S. 53 f.; ders., The Historical Stage of German Capitalism, in: Kyoto University Economic Review 40. 1970, H. 2, S. 40–43.

40 J. Hōjō, Dainiji Taisen Go no Higashi Doitsu ni okeru Tochikaikaku (Die Bodenreform in Ostdeutschland nach dem Zweiten Weltkrieg), in: Tochiseidoshigaku 35. 1967, S. 23.

41 T. Matsuda, Kanzeidōmei Zenshi Josetsu (Prolegomena zur Vorgeschichte des Zollvereins), in: Shigaku-Zasshi 55. 1944, H. 11–12; auch in: ders., Doitsu Shihonshugi no Kisokenkyu (Studien zur Grundlage des deutschen Kapitalismus), Tokyo 1967.

42 M. Morota, Doitsu Kanzeidōmei no Seiritsu (Entstehung des Deutschen Zollvereins), Tokyo 1974.

43 T. Ohnishi, Preußen Kanzeiseisaku no Tenkai (Die Entfaltung der preußischen Zolltarifpolitik), in: Shakai-Keizai-Shigaku 39. 1973, H. 2; ders., Zolltarifpolitik Preußens bis zur Gründung des Deutschen Zollvereins, Göttingen 1973.

44 N. Kobayashi, F. List Josetsu (Studien über Friedrich List), Tokyo 1943; ders., List no Seisanryoku Ron (Eine Studie zur Produktionskraftstheorie Lists), Tokyo 1948; ders., F. List Kenkyu (Studien über F. List), Tokyo 1950; ders., F. List Ronkō (Studien über F. List), Tokyo 1966.

45 E. Hizen, Doitsu Keizaiseisakushi Josetsu (Prolegomena zur Geschichte der deutschen Wirtschaftspolitik), Tokyo 1973.

ten Analyse der Wirtschaftspolitik des preußischen Absolutismus im Vormärz, den preußischen Typ der Industrialisierung zu erklären. Zur Märzrevolution gibt es Untersuchungen von Toshitaka Yada,[46] Kiyoshi Suekawa[47]
und Osamu Yanagisawa.[48] O. Yanagisawa verfaßte eine ausgezeichnete
Analyse über den Verlauf der Märzrevolution, in der er Elemente der bürgerlichen Revolution mit Elementen der Arbeiterrevolution verbunden
sah. Sein Begriff der „Arbeiterrevolution" ist jedoch unklar.
Entsprechend den regionalen Unterschieden in den Vorbedingungen der
Industrialisierung muß man die regionalen Besonderheiten der Entwicklung der Industrialisierung berücksichtigen. Vom Blickwinkel der oben erwähnten „Zwei Wege"-Theorie des Übergangs vom Feudalismus zum Kapitalismus formulierten T. Matsuda[49] und E. Ohno[50] drei Typen von Kapi-
talbesitzern in Anlehnung an die drei Produzententypen: grundherrlicher
Produzent, Verlagsproduzent und Fabrikproduzent; sie untersuchten die
regionalen Besonderheiten der Entfaltung dieser drei Typen. Diese theoretische Hypothese ist ein Versuch, den Bezugsrahmen für die Reproduk-
tionsstruktur der deutschen kapitalistischen Gesellschaft in ihrer Gesamtheit darzustellen und die Einzelstudien über die verschiedenen Industrie-
sektoren und die verschiedenen Regionen zusammenzufassen. Dagegen
meinte Hisashi Watanabe,[51] daß es keine besonderen regionalen Unterschiede bezüglich der Industriestruktur gegeben habe und diese in allen
Gebieten: Ost-, Mittel-, West- und Süddeutschland – ähnlich gewesen sei.
Er untersuchte jedoch die Vorbedingungen der Industrialisierung, besonders die Bauernbefreiung und die Agrarrevolution, nicht, daher ist seine
Meinung noch nicht überzeugend.
An regionalen Studien gibt es für Ostdeutschland Untersuchungen von
Yoshiyiko Sakai[52] über das Verlagssystem der schlesischen Leinenindu-

46 T. Yada, Doitsu Sangatsu Kakumei to Jiyushugi (Märzrevolution u. Liberalismus in
   Deutschland), in: Nippon Seijigakkai Nenpo (Jahresbericht der Japanischen Gesellschaft
   für Politologie), Tokyo 1964.
47 K. Suekawa, Sangatsu Kakumei ni okeru Hōkenteki Fuka Haiki no Undō (Bewegungen
   gegen die feudalen Lasten in der Märzrevolution), in: Seiyō Shigaku (Zeitschrift für die
   westliche Geschichte) 183. 1960.
48 O. Yanagisawa, Doitsu Sangatsu Kakumei no Kenkyu (Studien zur deutschen Märzrevolution), Tokyo 1974.
49 Matsuda, Doitsu Shihonshugi no Kisokenkyu.
50 Ohno; E. Ohno u. K. Sumiya, Doitsu Shihonshigi Bunseki to Shihon Ruikei (Analyse des
   deutschen Kapitalismus u. Typen des Kapitals, in: Shiso (Monatsschrift „Idee") 1964, 2 u.
   1965, 2.
51 H. Watanabe, „Doitsu" Shihonshugi to Chitai Kōzō (Die regionale Struktur des „deutschen" Kapitalismus), in: E. Ohno u. a. (Hg.), Doitsu Shihonshugi no Shiteki Kōzō (Studien zur historischen Struktur des deutschen Kapitalismus), Tokyo 1972.
52 Y. Sakai, Doitsu Nōson Kōgyo no Seikaku (Das Charakteristikum der deutschen ländlichen Industrie), in: K. Takahashi (Hg.), Kindai Shihonshugi no Seiritsu (Entstehung des
   modernen Kapitalismus), Tokyo 1950.

strie, von E. Ohno,[53] E. Hizen[54] und Takeshi Fukuoh[55] über die von Max
Weber „Starosten-Industrie" genannte oberschlesische Montanindustrie,
sowie von E. Ohno,[56] Takao Ohshima[57] und Hideyuki Takahashi[58] über die
Berliner Maschinenbauindustrie. In bezug auf Mitteldeutschland gibt es
Untersuchungen von T. Fukuoh[59] und T. Ohshima[60] die sächsische Baum-
wollindustrie. Für Westdeutschland – Rheinland und Westfalen – unter-
suchten Kazuyoshi Kawamoto[61] in einer ausgezeichneten Studie die Textil-
industrie, Eisenwarenindustrie und Montanindustrie, H. Watanabe[62] die
Textilindustrie, ebenso Tsutomu Kitani[63] und Kazuo Yamaguchi[64] und E.
Ohno[65] die Montanindustrie. Was Süddeutschland betrifft, gibt es Studien
von T. Matsuda[66] über die Industrialisierung in Württemberg und von Shirō
Tohara[67] und O. Yanagisawa[68] über die Textilindustrie.
Außer diesen regionalen Studien gibt es Abhandlungen von H. Takahashi[69]

53 Ohno.
54 Hizen.
55 T. Fukuoh, Oberschlesien Kōzangyo no Keieishiteki Kōsatsu (Eine unternehmungsgeschichtliche Studie zur oberschlesischen Montanindustrie), in: Ohno u. a. (Hg.).
56 Ohno.
57 T. Ohshima, Doitsu Kikaikōgyo no Keisei Katei (Herausbildung der deutschen Maschinenbauindustrie), in: K. Kawano u. J. Iinuma (Hg.), Sekai Shihonshugi no Keisei (Herausbildung des Weltkapitalismus), Tokyo 1967.
58 H. Takahashi, Berlin Kikaiseizōkōgyo no Seisei Katei (Genesis der Berliner Maschinenbauindustrie), in: Ohita Daigaku Keizai-Ronshu (Wirtschaftswissenschaftliche Zeitschrift, Hg. Universität Ohita) 22. 1970, H. 2.
50 T. Fukuoh, Sachsen Menbōsekigyo ni okeru Kikaisei Kōjō Keiei no Seiritsu (Entstehung
   des maschinenmäßigen Betriebes in der sächsischen Baumwollspinnerei), in: Shogaku-
   Ronkyu (Handelswissenschaftliche Zeitschrift) 11. 1964, H. 4.
60 T. Ohshima, Doitsu Sangyokakumei no Ichi Sokumen (Eine Studie zur deutschen industriellen Revolution), in: Shirin (Historische Zeitschrift, Hg. Universität Kyoto) 46. 1963,
   H. 3.
61 K. Kawamoto, Doitsu Sangyoshihon Seiritsushi Ron (Studien zur Entstehungsgeschichte
   des deutschen industriellen Kapitals), Tokyo 1971.
62 H. Watanabe, „M. Gladbach Shogyokaigisho Nenjihōkoku" Bunseki (Eine Analyse des
   „Jahresberichts der Handelskammer zu M. Gladbach" 1838–61), in: Tochiseidoshigaku
   47. 1970; ders., Wuppertal no Shōnintachi (Die Wuppertaler Kaufleute), in: Keieishigaku
   (Unternehmungsgeschichtliche Revue) 9. 1974, H. 2.; ders., Die Wuppertaler Unternehmer in den 30er Jahren des 19. Jahrhunderts, in: Hokudai Economic Paper 3. 1972/73.
63 T. Kitani, Shoki Shihonshugi to Tonyaseikōgyo (Frühkapitalismus u. Verlagsindustrie), in:
   Shisō 1953, H. 2.
64 K. Yamaguchi, Niederrehin Menkōgyo ni okeru Kōjōseido no Seiritsu (Entstehung des
   Fabriksystems in der niederrheinischen Baumwollindustrie), in: Kōnan-Ronshu (Wirtschaftswissenschaftliche Zeitschrift, Hg. Universität Kōnan) 1. 1953, H. 2.
65 Ohno.
66 Matsuda.
67 S. Tohara, Doitsu Sangyoshihon no Tokushitsu (Charakteristikum des deutschen industriellen Kapitals), in: Shakaikagaku Kenkyu (Sozialwissenschaftliche Zeitschrift, Hg.
   Universität Tokyo) 14/15. 1962-63, H. 1.
68 Yanagisawa.
69 H. Takahashi, 19 Seiki Preußen Kōgyo Ikuseishinkōseisaku Kenkyu (Studien zur preußi-

über die Gewerbeförderungspolitik in Preußen, von E. Ohno,[70] S. Tohara[71] und K. Kawamoto[72] über das Kreditwesen in der Periode der Industriellen Revolution, von H. Fujise[73] über Eisen- und Stahlindustrie, von I. Hōjō[74] über den Eisenbahnbau, von Namiko Harumi[75] und H. Fujise[76] über die Struktur des Außenhandels, von Haruya Shimazaki[77] über die Arbeiterbewegung, von Tateo Fujimoto[78] über die Freihandelsbewegung, von Masanori Satō[79] zur Debatte über die Zoll- und Handelspolitik zwischen Preußen und Österreich, und Tooru Hayashi[80] gab eine Gesamtübersicht über die Industrielle Revolution.

4. Im folgenden sei eine Übersicht über die Untersuchungen zur Hochindustrialisierung im deutschen Kaiserreich von seiner Entstehung bis zu seinem Zusammenbruch gegeben. Bokurō Eguchi[81] stellte fest, daß in Deutschland, weit stärker als in Japan und Rußland, die modernen Elemente die feudalen Elemente überwunden hätten. Trotzdem aber hätten sich im deutschen Imperialismus feudale Elemente erhalten, wie überhaupt der Imperialismus in allen seinen Aspekten die reaktionären Seiten der konservati-

schen Gewerbeförderungspolitik im 19. Jahrhundert), in: Ohita Daigaku Keizai-Ronshu 24. 1972, H. 2–4; 25. 1973, H. 5; 26. 1974, H. 2–3.

70 E. Ohno, Doitsu Kinyūshihon Seiritsushi Ron (Studien zur Entstehungsgeschichte des deutschen Finanzkapitals), Tokyo 1956.

71 S. Tohara, Doitsu Kinyūshihon no Seiritsu (Entstehung des deutschen Finanzkapitals), Tokyo 1960.

72 K. Kawamoto, Sangatsuzenki Rhein Chihō ni okeru Kinyūmondai (Die Finanzierungsfrage im Rheinland des Vormärz), in: Ohno u. a. (Hg.).

73 H. Fujise, Sangyoshihon Kakuritsu Katei ni okeru Doitsu Tekkogyo no Tenkai (Die Entfaltung der deutschen Eisenindustrie während der Festigung des industriellen Kapitals), in: E. Ohno u. a. (Hg.).

74 I. Hōjō, Doitsu ni okeru Tetsudōkensetsu to „Sangyokakumei" (Der Eisenbahnbau u. die „Industrielle Revolution" in Deutschland), in: Gakushuin Daigaku Seikeigakubu Kenkyunenpō (Forschungsjahresbericht, Hg. Polit-Ökonomische Fakultät der Universität Gakushuin) 9. 1964.

75 N. Harumi, Doitsu Sangyoshihon Kakuritsuki ni okeru Bōeki Kōzō (Die Struktur des Außenhandels während der Festigung des deutschen industriellen Kapitals), in: Tochiseidoshigaku 43. 1969.

76 H. Fujise, Deutschlands Entwicklung zum Industrie- u. Welthandelsstaat, in: Scripta Mercaturae 1. 1970.

77 H. Shimazaki, Doitsu Rodoundoshi (Die Geschichte der deutschen Arbeiterbewegung), Tokyo 1963.

78 T. Fujimoto, Doitsu Jiyūbōeki Undō no Rekishiteki Seikaku (Die historische Besonderheit der deutschen Freihandelsbewegung), in: Keizai-Ronsō 109. 1972, H. 2.

79 M. Satō, 1860 Nendai no Fuōkan Kanzei Bōeki Seisaku Ronsō (Die Debatte über die Zoll- u. Handelspolitik zwischen Preußen u. Österreich in den 1860er Jahren), in: Tochiseidoshigaku 66. 1975.

80 T. Hayashi, Doitsu Sangyokakumei (Die deutsche industrielle Revolution), Tokyo 1968.

81 B. Eguchi, Bismarck to Teikokushugi (Bismarck u. der Imperialismus), in: Rekishigaku Kenkyu (Zeitschrift für Historische Studien) 143/144. 1950; auch in: ders., Teikokushugi Jidai no Kenkyu (Studien zum Zeitalter des Iperialismus), Tokyo 1975.

ven Elemente fördere. Okio Murase[82] behauptete, im deutschen Kaiserreich habe der Mechanismus der autokratischen Herrschaft der Junkerklasse weiterhin funktioniert, bis er am Vorabend des Ersten Weltkriegs erschüttert wurde.

E. Ohno[83] verfaßte eine komparative Studie über das nach der Periode der „Großen Depression" seit 1873 in den Vordergrund tretende Finanzkapital und außerdem über die Entfaltung des durch die Zollreformen 1879 und 1902 entstandenen Solidarschutzsystems und erhellte damit die historische Bedeutung der Sammlungspolitik: Die Spannungen zwischen den sozialen Schichten verstärkten sich während der Bismarck-Herrschaft mit der Verschärfung der „Großen Depression". Die Intensivierung der Spannungen, die sich daraus ergaben, daß sich einerseits die Hochindustrialisierung westlich der Elbe schnell entwickelte, andererseits aber die Krise der Junkerwirtschaft östlich der Elbe vertiefte, trat erstmals nach Bismarcks Sturz in Erscheinung, und das von Bismarck geschaffene Reich begann auseinanderzubrechen. Aber durch die Sammlungspolitik der Jahrhundertwende reorganisierte sich die feudalisierte bürgerliche Klasse mit der Junkerklasse in einem Solidarblock und schob damit den Zusammenbruch hinaus. Der entscheidende politisch-soziale Strukturwandel vollzog sich erst nach der Revolution von 1918 und mit der Entstehung der Weimarer Republik.

Zur Fortdauer der absolutistischen Herrschaft meinte H. Fujise[84] dagegen: Schon in der Zollreform von 1879 sei das Interesse der Eisen- und Stahlindustrie entscheidend durchgebrochen, und der Grundton der Politik des neuen deutschen Kaiserreichs sei nicht von den Junkern, sondern vom Kapital der Großindustrie angegeben worden. Meiner Meinung nach liegt das Hauptproblem in der spezifischen sozialen und politischen Situation im deutschen Kaiserreich, in der die Interessenvertreter des Kapitals, z. B. der Zentralverband deutscher Industrieller, immer den ostelbischen Junkern Zugeständnisse einräumen mußten, um ihre Ziele durchzusetzen – der sog. Kompromiß zwischen „Eisen und Roggen". Solche Zugeständnisse wirkten hemmend auf die politische und soziale Modernisierung in Deutschland.

Ich möchte mich mit dem Begriff „Industrialisierung" vor allem auf die wirtschaftliche Sphäre beziehen und damit vor allem die Entwicklung zu einem „Industriestaat" bezeichnen, während ich den Begriff „Modernisierung" nicht nur auf die wirtschaftliche, sondern vor allem auf die politisch-soziale Sphäre beziehe und damit den Prozeß der Auflösung traditioneller, vormoderner Systeme meine. Wenn man bei dieser Begriffsbestimmung naiverweise annähme, daß früher oder später zwangsläufig die Industriali-

82 O. Murase, Doitsu Gendaishi (Die deutsche Zeitgeschichte), Tokyo 1954.
83 Ohno; ders., Kehr no Doitsu Teikokushugi Bunseki no Kisoshiten (Eckart Kehrs Gesichtspunkt zur Analyse des deutschen Imperialismus), in: Gendai no Keizai to Tōkei (Wirtschaft u. Statistik in der Gegenwart), Kyoto 1968.
84 Fujise, Kindai Doitsu Nōgyo no Keisei, S. 523f.

sierung mit der Modernisierung parallel gehen müßte, könnte man die Dynamik der Geschichte nicht verstehen. Wenn auch die Industrialisierung die Modernisierung im allgemeinen nach sich zieht, kann infolge einer bestimmten Struktur des wirtschaftlich-sozial-politischen Systems eines Landes oder bei bestimmten Bedingungen des internationalen Kontextes die grundlegende Auflösung der traditionellen Gesellschaft gehemmt und damit auch die Industrialisierung auf ein bestimmtes Ausmaß beschränkt werden. Man muß sich verdeutlichen, unter welchen Bedingungen die Industrialisierung die Modernisierung fördert, und unter welchen Bedingungen die Industrialisierung die Modernisierung hemmt und damit eine Symbiose mit den traditionellen vormodernen Elementen eingeht.[85] Yasutoshi Ueyama[86] verwendet zwar „Industrialisierung" und „Modernisierung" synonym, aber in seiner Analyse der sozialen Umschichtung und Bürokratisierung der Machtelite im deutschen Kaiserreich behauptet er, daß im deutschen Kaiserreich die traditionelle Gesellschaft nicht aufgelöst worden, sondern neu entstanden sei.

Hajime Shinohara[87] hebt die Trennung zwischen der politischen und der wirtschaftlichen Elite hervor. Die politische Elite habe einerseits zur Bewahrung des eigenen Klasseninteresses eine Politik der Stützung der Junker betreiben, andererseits zur Stabilisierung des Systems den Einflußbereich des Monopolkapitals erweitern müssen. In diesem Dilemma liege der Hauptgrund für die Schwierigkeiten innerhalb der politischen Elite. Yuji Iida, Nobuo Noda, Mikio Nakamura und Yukio Mochida[88] gingen von der Hypothese des Übergangs von der Honoratiorenpolitik zur Massendemokratie aus. Die Märzrevolution habe die Wende vom bürokratischen Absolutismus zur Honoratiorenpolitik bedeutet; letztere habe sich bis etwa 1880–90 fortgesetzt, danach sei die Massendemokratie in den Vordergrund getreten. Aber bis 1918 seien noch stark hemmende Elemente in der politischen Struktur Deutschlands verblieben, so daß die volle Entfaltung zur Massendemokratie gehemmt gewesen sei.

Nach den Studien von S. Tohara,[89] Takao Takeda u. a.[90] über das Finanzkapital im rückständigen Deutschland hat das industrielle Kapital, besonders die Schwerindustrie, sich schon frühzeitig der Form der Aktiengesellschaft bedient, die sich daraufhin schnell allgemein verbreitete. Aus dieser

85 Vgl. Yamada; H. Ohtsuka, Chosakushu (Ausgewählte Werke), Bd. 4, Tokyo 1969; J. Kocka, Theorien in der Sozial- u. Gesellschaftsgeschichte, in: GG 1. 1975, H. 1, S. 28 f.
86 Y. Ueyama, Doitsu Daini Teiseiki no Kenryoku Kōzō (Die Machtstruktur im zweiten deutschen Kaiserreich 1871–1918), in: Hōgaku-Ronsō (Juristische Zeitschrift, Hg. Universität Kyoto), Vol. 83. 1967, H. 1–2 u. 4–5, 84. 1968, H. 2.
87 H. Shinohara, Doitsu Kakumeishi Kenkyu (Studien zur Geschichte der deutschen Revolution), Tokyo 1956.
88 Y. Iida u. a., Doitsu Gendai Seijishi (Geschichte der deutschen Politik der Gegenwart), Kyoto 1966.
89 Tohara.
90 T. Takeda (Hg.), Teikokushugi Ron (Studien zum Imperialismus), Tokyo 1961.

Situation habe das deutsche industrielle Kapital sich nach der Übergangszeit der 70er und 80er Jahre in den 90er Jahren zum typischen Finanzkapital entwickelt. Dieser Meinung zufolge kann man die deutsche Politik jener Zeit hinreichend verstehen, wenn man die im Hochindustrialisierungsprozeß Deutschlands vorherrschende Kapitalakkumulationsform analysiert. Dagegen ist aber einzuwenden, daß man das Verhältnis von Wirtschaft und Politik genauer untersuchen muß und es nicht auf so einfache ökonomische Zusammenhänge reduzieren kann. Unter einem ähnlichen Gesichtspunkt wie dem der sog. „Zwei-Lager-Theorie"[91] versuchte Kazuo Kumagai[92] in seinen Studien die Gegensätze innerhalb des deutschen Bürgertums in der Entfaltungsphase des deutschen Imperialismus darzustellen.

Im folgenden soll wieder ein Überblick über Einzelstudien gegeben werden. Die Studien über den Prozeß der Hochindustrialisierung beschäftigten sich hauptsächlich mit der Konzentration und Zentralisation des Kapitals von Grundindustrie und Banken. Außer den schon erwähnten Studien von E. Ohno, S. Tohara, T. Takeda und K. Kumagai gibt es Untersuchungen über die chemische Industrie von Sachio Kaku,[93] über die Provinzbanken von Seizō Saitō,[94] über die Städtebildung im Ruhrgebiet von Makoto Terao,[95] über die Binnenwanderung der ostdeutschen Landarbeiter von Kōichirō Fujita,[96] über die Struktur des Außenhandels von Sachio Fujimura[97] und über die Richtung der Entwicklung des deutschen Imperialismus von Jiichi Nakayama.[98]

Bezüglich der Wirtschaftspolitik dieser Periode gibt es zahlreiche Untersuchungen über Zollreformen und Agrarfragen, z. B. von T. Kitani[99], N. Ha-

91 Vgl. J. Kocka, Klassengesellschaft im Krieg 1914–1918, Göttingen 1973, S. 202, u. E. Ohnos Rez., in: Keizai-Ronsō 116. 1975, H. 5/6.

92 K. Kumagai, Doitsu Teikokushugi Ron (Studien zum deutschen Imperialismus), Tokyo 1973.

93 S. Kaku, 1870 Nendai no Doitsu Tāru Senryo Kōgyo (Die deutsche Teerfarbenindustrie in den 1870er Jahren), in: Hikone-Ronso (Wirtschaftswissenschaftliche Zeitschrift, Hg. Universität Hikone) 160. 1973; ders., Doitsu Tāru Senryo Kogyo no Hatten Kōzō (Entwicklungsstruktur der deutschen Teerfarbenindustrie), in: ebd. 173/4. 1975.

94 S. Saitō, 19 Seiki Matsu ni okeru Doitsu no Chihō Ginkō (Deutsche Provinzbanken am Ende des 19. Jahrhunderts), in: H. Tamaki u. a. (Hg.), Marx Keizaigaku Taikei (Das Wirtschaftswissenschaftliche System von Marx), Tokyo 1957.

95 M. Terao, Toshikūkan to Toshikeisei (Städteraum u. Städtebildung des Ruhrgebietes im Zeitalter der Industrialisierung), in: Shakai-Keizai-Shigaku 39. 1974, H. 6.

96 K. Fujita, Higashi Doitsu Nōsonrōdōsha no Kokunai Idō (Abwanderung der ostdeutschen Landarbeiter), in: Shakai-Keizai-Shingaku 39. 1973, H. 1.

97 S. Fujimura, Teikokushugi Keiseiki no Doitsu Bōeki Kōzō (Struktur des deutschen Außenhandels in der Periode des Imperialismus), in: Shakaikagaku (Zeitschrift für Sozialwissenschaft, Hg. Universität Doshisha) 1. 1965, H. 2.

98 J. Nakayama, Doitsu Teikokushugi no Kihonteki Hōkō (Grundrichtung des deutschen Imperialismus), in: Nagoya Daigaku Bungakubu Kenkyu Ronshu (Forschungsbericht der Philosophischen Fakultät der Universität Nagoya) 8. 1954.

99 T. Kitani, 1879 Nen Kanzeikaikaku ni okeru Bismarck no Interestpolitics (Bismarcks Interessenpolitik in der Zollreform von 1879), in: Rekishigaku Kenkyu 218. 1958; ders.,

rumi,[100] Keiichi Kitazumi,[101] Seishi Takahashi,[102] Takehiko Okabe,[103] T. Fukuoh,[104] K. Yamaguchi,[105] Yasuko Toyonaga,[106] Daijirō Tsuru,[107] Hiroshi Harata,[108] Sachio Saitō,[109] Etsuji Kinoshita[110] und M. Ohtsuki.[111] Über die Sozialversicherung gibt es Studien von Kanitsu Hashikata,[112] über die Finanzpolitik von Michiyoshi Ohshima.[113] Im Zusammenhang mit den im Nachkriegsjapan besonders in Schwung gekommenen Max-Weber-Studien sind Untersuchungen über Probleme der ostelbischen Landarbeiter,

Bismarck no Nōgyoseisaku to Doitsu Nōgyo (Bismarcks Agrarpolitik u. die deutsche Landwirtschaft), in: Shigaku-Zasshi 69. 1960, H. 7.

100 N. Harumi, Bismarck no Kanzeikaikaku to „Shin Jūshōshugi" (Bismarcks Zollreform u. „Neumerkantilismus"), in: A. Yoshioka (Hg.), Seijikenryoku no Shiteki Bunseki (Historische Analyse der politischen Macht), Tokyo 1975.

101 K. Kitazumi, 1879 Nen Kanzeikaikaku to Bismarck Régime no Saihen (Die Zollreform im Jahre 1879 u. die Reorganisation des Regimes Bismarcks), in: Hōsei-Ronshu (Juristisch-politische Zeitschrift, Hg. Universität Nagoya) 60. 1973.

102 S. Takahashi, Daiichiji Sekaitaisen ni itaru Doitsu Sekumotsukanzei no Suii to sono Igi (Das Charakteristikum der deutschen Getreidezollpolitik vor dem Ersten Weltkrieg), in: Tochiseidoshigaku 18. 1963.

103 T. Okabe, „Shin Korō" no Tsūshōseisaku (Die Außenhandelspolitik des „Neuen Kurses"), in: Seiyō Shigaku 23. 1954.

104 T. Fukuoh, Teisei Doitsu ni okeru Junker Keiei to Preußen Naichishokumin Seisaku (Junkerwirtschaft u. preußische Politik der inneren Kolonisation im deutschen Kaiserreich), in: Shogaku-Ronkyu 25. 1959.

105 K. Yamaguchi, Doitsu Shankaishisōshi Kenkyu (Studien zu den deutschen sozialen Ideen), Kyoto 1974.

106 Y. Toyonaga, Preußen Seshuzaisan Mondai (Fideikommißfrage in Preußen), in: Seyō Shigaku 68. 1966.

107 D. Tsuru, Nōgyomondai ni okeru Ronsō (Die Debatte über die Agrarfrage), in: Shisō 3. 1964.

108 H. Harata, 19 Seiki Matsu Higashi Doitsu ni okeru Nōgyorōdōsha Mondai (Die ostdeutsche Landarbeiterfrage am Ende des 19. Jahrhunderts), in: Keizaigaku Kenkyu (Studien zur Wirtschaftswissenschaft, Hg. Universität Kyushu) 27. 1961, H. 1.

109 S. Saitō, Doitsu Nogyoseisaku to Nogyoshadomei (Deutsche Agrarpolitik u. der Bund der Landwirte 1890–1914), in: Keizaigaku Kenkyu (Studien zur Wirtschaftswissenschaft, Hg. Universität Hokkaidō) 25. 1975, H. 2.

110 E. Kinoshita, Daiichiji Sekaisensō Zen ni okeru Doitsu no Kokumotsu Kanzeiseido no Seikaku ni tsuite (Charakteristika des deutschen Getreidezollsystems vor dem Ersten Weltkrieg), in: ebd. 31. 1965, H 3–4.

111 M. Ohtsuki, Bismarck Taiseiki no Schlesien Shu ni okeru Junker teki Tochishoyu (Das Grundeigentum der Junker in der Provinz Schlesien während des Regimes Bismarcks), in: Keizai-Ronsō 109. 1972, H. 3; ders., Daini Teiseiki no Pommern Shu no Junker teki Tochishoyu (Das Grundeigentum der Junker in der Provinz Pommern im zweiten Kaiserreich), in: Shakeikagaku Kenkyunenpo (Forschungsjahresbericht für Sozialwissenschaft, Hg. Universität Ryukoku) 6. 1975.

112 K. Hashikata, Doitsu ni okeru „Kyosaikinko" („Hilfskassen" in Deutschland), in: Tokyo Keizai Daigaku Sōritsu 65 Shunen Kinen Ronbunshu (Festschrift zur 65jährigen Geschichte der Wirtschaftswissenschaftlichen Hochschule Tokyo), 1965.

113 M. Ohshima, Teikokushugi Kakuritsuki ni okeru Doitsu Zaisei no Kōzō to Kinō no Hatten (Struktur u. Entwicklung der Funktion der Reichsfinanzen im Zeitalter des Imperialismus), in: Keizaigaku Nenpō (Jahresbericht für Wirtschaftswissenschaft, Hg. Universität Keiō) 3. 1960.

des Fideikommisses, der Börsenreform sowie über die Arbeiterfrage von Kazuhiko Sumiya,[114] Masaharu Tanaka,[115] K. Yamaguchi,[116] Teiji Nakamura[117] und Hatsuo Tsuzumi[118] erarbeitet worden. Außerdem stellten Masao Nishikawa,[119] Tatsuru Miyake,[120] Shirō Hirota,[121] Setsuko Tarumi,[122] Seishu An[123] und Toshihiko Hozumi[124] Studien über die sozialdemokratische Partei im deutschen Kaiserreich an. Hinsichtlich der Untersuchungen über den Weltkrieg und die deutsche Revolution sind folgende Autoren zu nennen: Jukio Tominaga,[125] H. Shinohara,[126] O. Murase[127] und Hisashi Sekiguchi.[128]

114 K. Sumiya, List to Weber (F. List u. M. Weber), Tokyo 1969.
115 M. Tanaka, Doitsu Shakaiseisaku Gakkai no Nōsei Ron to sono Shisō teki Haikei (Vorstellungen über die Agrarpolitik des deutschen „Vereins für Socialpolitik" u. ihr ideologischer Hintergund), in: Keizai-Ronsō 83. 1959, H. 3; ders., M. Weber ni okeru Nōseiron no Kōzō (M. Webers Ideenstruktur zur Agrarpolitik), in: Kyoto Daigaku Keizaigakubu Sōritsu 40 Shunen Kinen „Keizaigaku Ronshu" (Gesammelte Abhandlungen zur Wirtschaftswissenschaft. Festschrift zur 40jährigen Geschichte der Wirtschaftswissenschaftlichen Fakultät der Universität Kyoto), Kyoto 1959.
116 Yamaguchi.
117 T. Nakmura, M. Weber Kenkyu (Studien über M. Weber), Tokyo 1972.
118 H. Tsuzumi, M. Weber to Rōdōmondai (M. Weber u. die Arbeiterfrage), Tokyo 1971.
119 M. Nishikawa, Rosa Luxemburg to Doitsu no Seiji (Rosa Luxemburg u. die deutsche Politik), in: Shigaku-Zasshi 69. 1959, H. 2.; ders., Doitsu Daini Teiseiki ni okeru Shakaiminshutō (Die Sozialdemokratische Partei im zweiten deutschen Reich), in: Nippon Seijigakkai Nenpō, Tokyo 1966.
120 T. Miyake, Bülow-Kautsky teki Jōkyo Seiritsu no Rekishiteki Shozentei (Historische Voraussetzungen des Verhältnisses zwischen Bülow u. Kautsky), in: Sundai Shigaku (Historische Zeitschrift „Sundai"), 24. 1969; vgl. ders., Ergebnisse u. Tendenzen der Studien zur deutschen Arbeiterbewegung in Japan nach dem Zweiten Weltkrieg, in: Internationale Wissenschaftliche Korrespondenz zur Geschichte der deutschen Arbeiterbewegung (= IWK), H. 6, 1968; ders., Ergebnisse u. Tendenzen der neueren japanischen Forschungen zur deutschen Arbeiterbewegung, in: IWK 11. 1975.
121 S. Hirota, Doitsu Shakaiminshutō to Zaiseiseisaku (Finanzpolitik der Sozialdemokratischen Partei Deutschlands), Kyoto 1962.
122 S. Tarumi, Doitsu Shakaiminshutō to Teikokushugijidai no Seiji (Die Sozialdemokratische Partei Deutschlands u. die Politik im Zeitalter des Imperialismus), in: Ochanomizu Shigaku (Historische Zeitschrift, Hg. Universität Ochanomizu) 13. 1970.
123 S. An, Doitsu Shakaiminshutōshi Josetsu (Prolegomena zur Geschichte der Sozialdemokratischen Partei Deutschlands), Tokyo 1973.
124 T. Hozumi, Doitsu Shakaiminshutō to Kanzeimondai (Die Sozialdemokratische Partei Deutschlands u. die Zollfrage), in: Seiyō Shigaku 78. 1968.
125 J. Tominaga, Daiichiji Sekaitaisen Chu no Preußen Senkyohō Kaikaku Mondai to Hoshuha (Das Problem der Wahlrechtsreform in Preußen im Ersten Weltkrieg u. die Konservativen), in: Seishin Joshidaigaku Ronsō (Wissenschaftliche Zeitschrift, Hg. Frauenhochschule Seishin) 30. 1967.
126 Shinohara.
127 Murase; vgl. ders., Nationalsozialismusforschung in Japan seit 1945, in: I. Geiss u. B. J. Wendt (Hg.), Deutschland in der Weltpolitik des 19. u. 20. Jahrhunderts, Düsseldorf 1973.
128 H. Sekiguchi, Doitsu Kakumei to Fascismu (Die deutsche Revolution u. der Faschismus), in: Keizaigaku-Ronshu 34. 1968, H. 2.

5. Wie erwähnt, sind die Forschungen zur neueren deutschen Sozial- und Wirtschaftsgeschichte in Japan hinsichtlich des Gegenstands und der Methode ziemlich vielfältig und können daher hier nicht im einzelnen dargestellt werden. Aber es sei darauf hingewiesen, daß die Verschiebung des Erkenntnisinteresses der Forscher im Zusammenhang mit den wirtschaftlichen, sozialen und politischen Veränderungen im Nachkriegsjapan erfolgte. Nach den Reformen im Nachkriegsjapan, also nach Bodenreform, „Zaibatsu"-Entflechtung, Gewerkschaftsgesetzen usw. und nach dem schnellen und hohen Wirtschaftswachstum, besonders der Schwer- und chemischen Industrie, erlahmte das Interesse der Forscher an vergleichenden Studien über den Übergang vom Feudalismus zum Kapitalismus allmählich, und dafür traten Studien über die Industrielle Revolution bzw. die Industrialisierung in den Vordergrund. Aber man kann nicht sagen, daß diese Verschiebung des Forschungsinteresses, auch von einer entsprechenden Entwicklung neuer Forschungsmethoden begleitet war. Vielmehr nahm die Neigung zu japanisch-westeuropäischen Vergleichen merklich ab. Andererseits erhöhte sich das Interesse an Problemen der Entwicklungsländer und damit an vergleichenden geschichtlichen Studien unter globalen Gesichtspunkten.

In der oben erwähnten Debatte über die historische Besonderheit der Entwicklung des japanischen Kapitalismus konzentrierten sich die vergleichenden Studien hauptsächlich auf wirtschaftswissenschaftliche Analysen der japanischen Gesellschaft, besonders auf die Erklärung der Agrarfrage. Man konnte aber nicht ausreichend die Interaktion von Wirtschaft, Gesellschaft und Politik erfassen, da man sich hauptsächlich mit der Analyse des Wirtschaftsprozesses beschäftigte. In diesen Studien zur Sozial- und Wirtschaftsgeschichte arbeitete man noch nicht ausreichend mit den Nachbarwissenschaften wie der Politikwissenschaft und Soziologie zusammen.

Aufgrund der Veränderungen der inneren Situation in Japan und der internationalen Verhältnisse wandte sich das Interesse an der neueren deutschen Sozial- und Wirtschaftsgeschichte hauptsächlich zwei Themen zu: dem deutschen Kaiserreich von der „Großen Depression" des 19. Jahrhunderts bis zur Revolution 1918 sowie der Periode zwischen den beiden Weltkriegen, mit der Weimarer Republik im Mittelpunkt der Analyse. Mit anderen Worten, die Studien konzentrierten sich nunmehr stärker auf die Analyse der Hochindustrialisierung sowie der Bedingungen für die nationalsozialistische Machtergreifung.

Masao Maruyama[129] wies auf die Unterschiede zwischen dem japanischen „Faschismus" und dem Nationalsozialismus hin; danach sei letzterer nach den Erfahrungen der Revolution 1918 und der Demokratie der Weimarer Republik entstanden, dem „Faschismus" in Japan seien aber keine solchen

---

129 M. Maruyama, Gendai Seiji no Shisō to Kōdō (Gedanken u. Verhalten in der modernen Politik), Tokyo 1964, S. 57; vgl. ders., Thought and Behaviour in Modern Japanese Politics, Hg. I. Morris, Oxford 1963.

Erfahrungen vorangegangen. Wenn man jedoch nach allen Reformen der Nachkriegszeit den gegenwärtigen wirtschaftlichen, sozialen und politischen Krisen gegenübersteht und sich die Frage stellt, welchen Charakter diese Krisen haben und in welche Richtung sie sich entwickeln, muß man, um diese Frage zu beantworten, die deutsche Geschichte vom Ende des 19. Jahrhunderts bis zum Zusammenbruch der Weimarer Republik mit der Geschichte Japans nach dem Zweiten Weltkrieg vergleichen. Um solche vergleichenden Studien zu betreiben, braucht man dringend einen idealtypischen Begriffsapparat, der die Entwicklungstendenzen des Kapitalismus von der „Großen Depression" des 19. Jahrhunderts bis zur Gegenwart erfassen kann. Ob der in jüngster Zeit von Jürgen Kocka, Hans-Ulrich Wehler, Heinrich August Winkler u. a.[130] aufgestellte Begriff „Organisierter Kapitalismus" diesem Bedürfnis entgegenkommt? Wir stehen vor der Aufgabe, neuen Wein nicht in alte Schläuche, sondern in neue zu gießen.

130 H. A. Winkler (Hg.), Organisierter Kapitalismus, Göttingen 1974.

Sozial- und Wirtschaftsgeschichte in Österreich

Ein Bericht zur Literatur (1945–1975)

von Herbert Matis

Dieser Literaturbericht verfolgt, indem er über das Informations- und Dokumentationsbedürfnis hinaus Anlaß zu einer kritischen Standortbestimmung für die österreichische Sozial- und Wirtschaftsgeschichte sein möchte, in erster Linie eine pragmatische Absicht. Die Darstellung orientiert sich daher an Problemkreisen und Forschungsansätzen, wobei in aller gebotenen Kürze auf Konzepte, Methoden und Resultate der hier zu rezensierenden Werke hingewiesen werden soll. Eine derartige Übersichtsdarstellung, die eine Zusammenfassung der innerhalb eines Zeitraumes von rund dreißig Jahren erschienenen, sachlich in verschiedene Subdisziplinen aufgefächerten und in Buchform veröffentlichten Forschungsresultate geben soll, wird sowohl im Hinblick auf die notwendige Auswahl als auch auf die sachinhaltliche Beurteilung auf Kritik stoßen; um so mehr möchte ich all denen danken, die mir freundlicherweise ein Verzeichnis ihrer Arbeiten zur Verfügung stellten und damit mein Vorhaben erleichterten.[1]

Die Entwicklung der Sozial- und Wirtschaftsgeschichte in Österreich weist in ihrer Wissenschaftstradition zwar viele Parallelen zu derjenigen Deutschlands auf, der sie durch wissenschaftsgeschichtliche, sprachlich-kulturelle und personelle Beziehungen vielfach verbunden ist; sie zeigt jedoch insbesondere seit 1945, was Interessenschwerpunkte, Methodenfragen und Forschungsperspektiven anbelangt, auch signifikante Unterschiede. So kennzeichnet es die Situation der gegenwärtigen Sozial- und Wirtschaftsgeschichte, daß sie heute nahezu ausschließlich eine Domäne der Historiker darstellt, während die Historische Schule der Nationalökonomie, von der die deutsche Wirtschaftsgeschichte so mannigfache Anregungen empfing, für die sozial- und wirtschaftsgeschichtliche Tradition in Österreich praktisch ohne Bedeutung geblieben ist. Wissenschaftsgeschichtlich dürfte die Absenz nationalökonomisch, aber auch soziologisch ausgerichteter Forschungsaktivitäten wohl mit der seit der Wiener Grenznutzenschule zu konstatierenden Vorherrschaft der „reinen" Theorie in der Volkswirtschaftslehre zusammenhängen. Jene Impulse, die um die Jahrhundertwende von dem sich um Karl Grünberg, Stephan Bauer und Karl Pribram gruppierenden Kreis historisch interessierter Nationalökonomen an der

---

1 Es waren dies E. Bruckmüller, A. Brusatti, P. Feldbauer, H. Hassinger, A. Hoffmann, R. Kropf, M. Mitterauer, F. Mathis, G. Otruba, O. Pickl, P. Roth, H. Stekl, J. Wysocki und G. Zwanowetz.

Wiener Juristischen Fakultät ausgingen und die 1893 in der Gründung der
„Zeitschrift für Sozial- und Wirtschaftsgeschichte"[2] gipfelten, haben keine
Fortsetzung gefunden. Dort, wo – selten genug – Ökonomen historische
Themen seither aufgegriffen haben, bewegten sie sich methodisch in traditionellen Bahnen. Obwohl an einigen österreichischen Universitäten auch
ausgebildete Nationalökonomen Lehrstühle für Sozial- und Wirtschaftsgeschichte innehatten, blieb deren Beitrag zur Entwicklung dieser Disziplin
nach 1945 gering. Die wenigen von dieser Seite veröffentlichten Studien
stehen überdies stark unter dem Einfluß einer ‚universalistischen' Gesell-
schaftslehre und Sozialphilosophie, so daß von dieser Seite her ein Anstoß
zur methodischen Selbstreflexion der Sozial- und Wirtschaftsgeschichte
nicht zu erwarten war. Charakteristischerweise wurde in Österreich auch
jenes gerade in jüngster Zeit in Deutschland feststellbare Wiederaufleben
der Methodendiskussion, die Begegnung von Theorie und Geschichte und
die Aufnahme sozialwissenschaftlich orientierter Methoden und Begriffs-
raster, nur am Rande vermerkt und hat auch keinen nennenswerten literarischen Niederschlag gefunden.[3]
Die akademische wirtschafts- und sozialhistorische Forschung Österreichs
orientierte sich vielmehr nach 1945 in noch stärkerem Maße als vorher an
der historischen Landeskunde, deren Betrachtungsweise schon aufgrund
der ausgeprägten Länderindividualitäten in Österreich eine lange Tradition
aufweisen kann und sich schon frühzeitig auch sozioökonomischen Fragen
aufschloß. Nicht wenige und nicht gerade die unbedeutendsten österreichischen Historiker wie Heinrich v. Srbik, Alphons Dopsch, Otto Brunner,
Theodor Mayer und Friedrich Engel-Janosi fanden über die Landeskunde
auch Zugang zu wirtschafts- und sozialhistorischen Themen, bevor sie sich
(z. T. wenigstens) endgültig der politischen Historiographie zuwandten. Al-
fred Hoffmann, der Nestor der österreichischen Sozial- und Wirtschaftsgeschichte, legte 1964 in einem Akademievortrag die dabei eingeschlagene
methodische Vorgangsweise programmatisch dar: „Alle sozial- und wirtschaftsgeschichtlichen Untersuchungen müssen zunächst, wollen sie in
doppeltem Sinne auf einem reellen Grund aufbauen, von der Beobachtung

2 Dazu H. Hassinger, Die Anfänge der Wirtschaftsgeschichte in den österreichischen Ländern, in: Tiroler Heimat 29/30. 1966, S. 111–29; ders., Die Wirtschaftsgeschichte an
  Österreichs Hochschulen bis zum Ende des Ersten Weltkrieges, in: Wirtschaft, Geschichte
  u. Wirtschaftsgeschichte, Stuttgart 1966, S. 407–29; W. Weber, Wirtschaftswissenschaft u.
  Wirtschaftspolitik in Österreich, in: Hundert Jahre österreichische Wirtschaftsentwick-
  lung 1848–1948, Wien 1948, S. 624–72; A. Lhotsky, Österreichische Historiographie,
  Wien 1962, bes. S. 148 ff.; H. Aubin, Zum 50. Band der Vierteljahrschrift für Sozial- u.
  Wirtschaftsgeschichte, in: VSWG 50. 1963, S. 1–9.
3 Von den älteren Beiträgen zu dieser Diskussion ist A. Dopsch (Zur Methodologie der
  Wirtschaftsgeschichte, in: Kultur- u. Universalgeschichte. F. W. Goetz, Leipzig 1927, S.
  518–38) nur mehr wissenschaftsgeschichtlich interessant. Ziemlich wirr hingegen: A.
  Winkler, Methodik der Sozial- u. Wirtschaftsgeschichte, Wien 1956. Zur gegenwärtigen
  Methodendiskussion vgl. F. Engel-Janosi (Hg.), Denken über Geschichte, Wien 1974.

an Ort und Stelle, auf begrenzten, in exakter Forschung erfaßbaren Räumen und Lebenskreisen ausgehen und erst dann in systematischer Zusammenfassung zu immer größeren und weiteren Beziehungen fortschreiten".[4] So erfolgreich und richtungsweisend dieser methodische Ansatz für die Erforschung und Darstellung der mittelalterlichen und frühneuzeitlichen Sozial- und Wirtschaftsgeschichte auch war, so stößt seine Befolgung und Realisierung bei der Analyse der immer komplexer werdenden Sachverhalte der modernen Industriegesellschaft auf große Schwierigkeiten. Vor allem läßt sich auf dieser Basis zwar der Reichtum an Partikulargeschichte dokumentieren, jedoch keine befriedigende Synthese komplexer Wirkungszusammenhänge erzielen. Gleichzeitig bringt die einseitige Ausrichtung auf eine historische Landeskunde, zusammen mit der auch andernorts vielfach zu konstatierenden nationalen Abkapselung der historischen Forschung, nicht zuletzt auch die Gefahr einer „Verprovinzialisierung" mit sich, welcher ein Kleinstaat bei seiner eingeengten Forschungskapazität an und für sich leichter ausgesetzt ist. Während noch die Erste Republik aus dem bedeutenden geistigen Reservoir der ehemaligen Donaumonarchie schöpfen konnte, haben sich seither die Kommunikationsströme einseitig entwickelt, indem Konzepte und Methoden der Forschung, überdies z. T. mit einem unübersehbaren ‚time lag', aus dem westlichen Ausland importiert wurden, während es andererseits nur wenigen österreichischen Historikern gelang, jenseits der Grenzen mit eigenen Forschungen zur Kenntnis genommen zu werden. Auch haben die erschwerten Kontakte zu den Nachfolgestaaten der einstigen Habsburgermonarchie die periphere Lage der österreichischen Forschung noch verstärkt. Im Verein mit der geringen geographischen Mobilität und dem oft engen Kommunikationsrahmen besteht im eingeengten lokalen Forschungsbereich kaum eine echte Konkurrenzsituation; einzelne Forschungsperspektiven werden durch bestimmte Persönlichkeiten geradezu monopolisiert, die ihre „claims" gegenüber anderen verteidigen.[5] Derartige „stabile Strukturen" können ein für Außenstehende oft erstaunliches Bild großer Selbstzufriedenheit aufweisen.

Im folgenden wird versucht, den Forschungsstand anhand der seit 1945 erschienenen Literatur zu skizzieren; angesichts der schon aufgezeigten „Quasi-Monopolisierung" bestimmter Forschungsperspektiven wäre es u. U. zu vertreten, diesen Bericht unter das Motto von persönlichen Kontaktfeldern zu stellen, doch wurde anstelle eines solchen bibliographischen Ansatzes einer mehr problemorientierten Betrachtung der Vorzug gegeben, die sich in die Objektbereiche Bevölkerung, Gesellschaft und Wirtschaft gliedern läßt.

4 A. Hoffmann, Neue Aufgaben der Wirtschafts- u. Sozialgeschichte Österreichs, in: Anzeiger d. phil.-hist. Klasse der Akademie der Wissenschaften, Wien 1964, S. 67.
5 Bezeichnend dafür die Kontroverse um die „historische Betriebsanalyse". Vgl. G. Otruba, Betriebsgeschichte in Österreich von 1957 bis heute, in: Protokoll der vom 7. bis zum 10. Juni veranstalteten Konferenz für Betriebsgeschichte, Budapest 1974, S. 52 f.

1. Gesamtdarstellungen. Aus dem zuvor angedeuteten methodischen Ansatz wird es auch verständlich, wenn Österreichs Geschichtswissenschaft über eine dem heutigen Forschungsstandard angemessene sozial- und wirtschaftshistorische Gesamtdarstellung noch nicht verfügt. Dies dokumentiert sich auch in den gebräuchlichen Handbüchern zur Geschichte Österreichs, in denen die wirtschaftliche und gesellschaftliche Dynamik teils überhaupt nicht, teils nur am Rande vermerkt wird. Am ausführlichsten findet sie noch bei E. Zöllner Berücksichtigung, der jedem Hauptkapitel seiner „Geschichte Österreichs" einen kurzen Abriß der sozioökonomischen Entwicklung anfügte. Es überwiegt die erzählende Darstellung im Sinne einer am Leitfaden der politischen Geschichte orientierten Chronologie. Die Tatsache, daß Wirtschaft und Gesellschaft spätestens seit der „industriellen Revolution" einem eigenen Bewegungsrhythmus unterliegen und mit der politischen Geschichte nicht mehr einfach synchronisiert sind, wird bei der Periodisierung weitgehend negiert. Eine analytische Betrachtung nach Sachgesichtspunkten war allerdings schon von der Gesamtkonzeption dieses Werkes her auszuschließen; allerdings ermöglicht das recht umfangreiche Literaturverzeichnis einen guten Einstieg in die Forschungsproblematik und verweist auf weiterführende Aspekte. Die Darstellung der Interdependenz von Politik, Wirtschaft und Gesellschaft, also der „gesellschaftlichen Totalität", kann nur durch eine sozialökonomische Gesamtinterpretation der allgemeinen Geschichte gelöst werden, wenngleich das Ideal einer „integralen Geschichtsschreibung" wohl kaum einlösbar erscheint.

Relativ günstig kommt rein umfangmäßig die Sozial- und Wirtschaftsgeschichte in der Bearbeitung des Handbuches von Mayer-Kaindl durch H. Pirchegger und A. Klein zur Geltung. Dagegen hat H. Hantsch seine zweibändige Geschichte Österreichs ganz auf die Politik- und Geistesgeschichte abgestellt, die er ohne sozioökonomische Bezüge sieht. Seine Darstellung kann als Prototyp für die vielfach noch bestehende Abwehrhaltung der älteren Historiker gegenüber einer auf sozioökonomische Strukturen abhebenden Geschichtswissenschaft gelten, indem sie als Ereignis- und Ideengeschichte konzipiert ist, mit dem Individualitätsprinzip und einer historischen Verstehenslehre als zentrale Kategorien. Auch das neben Zöllner vor allem für die ältere Zeit gern benutzte Handbuch von Karl und Maria Uhlirz beschränkt sich auf eine rein politische Geschichtsschreibung.[6]

Nun kann man bei den auf die allgemeine Geschichte ausgerichteten Handbüchern gemeinhin nicht mehr voraussetzen, als die Sozial- und Wirtschaftshistoriker selber einbringen. Immerhin liegen mittlerweile bereits drei Werke vor, die den Anspruch auf eine Gesamtdarstellung der wirt-

6 E. Zöllner, Die Geschichte Österreichs, Wien 1974[5]; F. Mayer u. a., Geschichte u. Kulturleben Österreichs, 3 Bde., Wien 1958 ff.; H. Hantsch, Die Geschichte Österreichs, 2 Bde., Graz 1962[3]; K. u. M. Uhlirz, Handbuch der Geschichte Österreichs u. seiner Nachbarländer Böhmen und Ungarn, 4 Bde., Graz 1927 ff.

schaftlichen und gesellschaftlichen Entwicklung erheben. Als legitimer Nachfolger von Kurt Kaser, der bereits für das von Georg v. Brodnitz herausgegebene „Handbuch der Wirtschaftsgeschichte" eine Gesamtdarstellung plante, veröffentlichte dessen Schüler Ferdinand Tremel 1969 das erste Buch, welches den Titel einer „Wirtschafts- und Sozialgeschichte Österreichs" trägt.[7] Es spannt inhaltlich einen weiten Bogen von den urgeschichtlichen Anfängen bis zum Staatsvertrag und der Erklärung der „immerwährenden Neutralität" Österreichs im Jahre 1955. Seine Beschränkung findet das Werk erstens in der angewandten Methodik der historischen Landeskunde, denn vielfach handelt es sich um die Aneinanderreihung nur lose verbundener lokaler „Ereignisgeschichte", so daß etwa auch der industrielle Wachstumsprozeß im 19. Jahrhundert konsequenterweise in eine Reihe von Firmengeschichten und Unternehmerbiographien aufgelöst erscheint, und zweitens in der geographischen Einengung auf das Gebiet der heutigen Republik Österreich, als ob der Vertrag von Saint Germain schon in der Sozial- und Wirtschaftsgeschichte des alten Reiches vorweggenommen worden wäre. Zweifellos stellt Tremels Studie eine Pionierleistung dar, die anerkannt werden muß; sie bietet auch eine Fülle von Informationen und zeugt von einer immensen Detailkenntnis des Verfassers. Was ihr in erster Linie mangelt, ist eine analytische Durchdringung der Prozeßabläufe und Strukturen und die Herausarbeitung spezifisch sozioökonomischer Markierungspunkte in der langzeitlichen Entwicklung. Auch genießt die verbale Beschreibung den unbezweifelten Vorrang vor quantifizierenden Aussagen. Dies hängt ohne Zweifel mit dem Fehlen methodischer, dem Gegenstand einer modernen sozial- und wirtschaftshistorischen Gesamtdarstellung adäquater Grundsatzüberlegungen zusammen.

Hingegen ist die „Wirtschaftsgeschichte Österreichs" des Grazer Ökonomen Anton Tautscher zwar eine sehr allgemein gehaltene „Stilgeschichte der Wirtschaftsordnungen" im Sinne einer „verstehenden Geschichtsschreibung", indes keine Wirtschaftsgeschichte. Dem Verfasser wird man zustimmen, wenn er zum Ausdruck bringt, daß die Wirtschaftsgeschichte Österreichs „nur auf der Grundlage der europäischen Kulturgeschichte geschrieben werden kann", doch treibt er die Projektion auf gesamteuropäische Dimensionen so weit, daß er auf Österreich selber kaum weiter eingeht. Der Titel des Werkes ist also in mehrfacher Weise irreführend, und die zugrundegelegte Theorie der „Wirtschaftsstile" verkörpert überdies einen längst überwundenen Stand der Theoriebildung, indem sie „schwer verifizierbare Quasi-Invarianzen zugrundelegt".[8]

7 F. Tremel, Wirtschafts- u. Sozialgeschichte Österreichs, Wien 1969.
8 A. Tautscher, Wirtschaftsgeschichte Österreichs auf der Grundlage abendländischer Kulturgeschichte, Berlin 1974. Zur Kritik an der Theorie der Wirtschaftsstile vgl. H.-U. Wehler, Theorieprobleme der modernen deutschen Wirtschaftsgeschichte, in: Entstehung u. Wandel der modernen Gesellschaft. Fs. f. H. Rosenberg, Berlin 1970, S. 66.

Von einer anderen Grundkonzeption geht jene Wirtschaftsgeschichte
Österreichs aus, die 1971 aus einer Vortragsreihe des Instituts für Österreichkunde entstanden ist, welche sich vor allem an Lehrer der Allgemein-
bildenden Höheren Schulen wandte. In der Programmgestaltung erschien
„die Verbindung eines Überblicks über die Geschichte österreichischer
Wirtschaftsformen von der Urgeschichte bis zur Gegenwart mit dem Prinzip der Schwerpunktbildung im Hinblick auf entscheidende weiterwirkende
Phänomene" wünschenswert.[9]
Von insgesamt zehn Autoren, durchweg Spezialisten für die von ihnen behandelten Zeiträume, wurden verschiedene leitende Gesichtspunkte sozioökonomischer Entwicklung herausgearbeitet. Eine epochenübergrei-
fende Darstellung der wirtschaftlichen Dynamik und des gesellschaftlichen
Wandels gelang allerdings nur partiell, da die interesseleitenden Gesichtspunkte und methodischen Konzepte nicht auf einen gemeinsamen Nenner
gebracht werden konnten. Immerhin unterstützt es das Desiderat nach einer auch modernen Gesichspunkten entsprechenden Gesamtdarstellung
der Sozial- und Wirtschaftsgeschichte Österreichs, wenn eine derartige,
mehr oder weniger zufällig zustandegekommene, Vortragssammlung in der
Zwischenzeit als wichtige Informations- und Orientierungshilfe dient.

2. Statistische Grundlagen. Die Geschichtswissenschaft zeigt heute generell
ein verstärktes Interesse an übergreifenden historischen Strukturen und
Prozeßabläufen. Deren Untersuchung und die Erklärung derartiger Kol-
lektivphänomene implizieren jedoch die Anwendung sozialwissenschaftlich orientierter Fragestellungen und Methoden, verstärken aber auch die
Berücksichtigung quantitativer Aspekte aus dem Gesellschafts- und Wirtschaftsleben. Nun fehlt es in Österreich bisher an einer entsprechenden
Aufarbeitung historisch-statistischer Daten, so daß die Neigung und Fähigkeit zu quantitativer Erfassung von sozial- und wirtschaftsgeschichtlichen
Tatbeständen eher gering entwickelt ist. Dieser Mangel äußert sich nicht
nur in einer weitgehenden Absenz Österreichs in entsprechenden international vergleichenden Studien, sondern auch im relativen Zurücktreten
quantitativer Analysen in der österreichischen sozial- und wirtschaftshistorischen Forschung. Doch stärker noch als für andere Bereiche trifft es für
die quantitative Seite der Sozial- und Wirtschaftsgeschichte zu, daß sich
hier eine gewisse Aufbruchsstimmung konstatieren läßt, wofür nicht zuletzt
die Wahl des Rahmenthemas „Quantitative Geschichte" in der vierten
Sektion des 13. österreichischen Historikertages (Klagenfurt 1976) Zeug-
nis ablegt. Gerade zu diesen Fragen haben die österreichischen Sozial- und
Wirtschaftshistoriker eine sehr undogmatische Haltung eingenommen und
einen Methodenpluralismus vertreten, der eine unnötige Polarisierung zwischen „neuer" und „alter" Wirtschaftsgeschichte verhindert hat.

9 Die Wirtschaftsgeschichte Österreichs, in: Schriften des Instituts für Österreichkunde (=
SIÖK), Wien 1971.

Eine wichtige Vorleistung für quantitativ orientierte Studien ist in der Erstellung von statistischen Materialiensammlungen und von Datenbanken zu sehen, in der Zusammenfassung und Aufarbeitung von im Prinzip vorhandenen, allerdings höchst unterschiedlich strukturierten und teilweise sehr verstreuten Daten nach einheitlichen Gesichtspunkten und nach den Kriterien der modernen Wirtschafts- und Sozialstatistik. In diesem Zusammenhang sei neben Vorarbeiten von H. Hassinger und G. Otruba über die ältere Gewerbestatistik und den Außenhandel vor allem auf das noch laufende Projekt „Wirtschafts- und Sozialstatistik Österreichs 1750–1918" von A. Hoffmann und H. Matis verwiesen, dessen erste Teilergebnisse 1977 veröffentlicht wurden. Man darf sich davon einen Anstoß für weiterführende quantitative Untersuchungen erwarten.[10]

Weitgehend gesicherte, für den Historiker unmittelbar verwendbare Daten stehen für die Zeit ab 1919/20 zur Verfügung, wo die entsprechenden Zahlenangaben seitens des Statistischen Zentralamts und in aufbereiteter Form vor allem durch Arbeiterkammer und Konjunkturforschungs- bzw. Wirtschaftsforschungsinstitut erarbeitet wurden.

3. *Bevölkerungsentwicklung und „Demographische Revolution".* Die Bevölkerungsentwicklung gilt gemeinhin als wichtiger quantitativer Indikator für politische, ideologische und wirtschaftliche Umwälzungen in der Gesellschaft. Die Historische Demographie kann in Österreich auf eine ganze Reihe ausgezeichneter Quellenwerke zurückgreifen; die amtliche Statistik des alten Österreich unter der Leitung Karl v. Czoernigs und Karl Th. v. Inama-Sterneggs galt zu Recht als vorbildhaft, wovon auch die historische Bevölkerungslehre profitieren könnte. Obwohl vielfältige Anregungen auch seitens verschiedener Nachbarwissenschaften, wie der Humangeographie und der empirischen Soziologie, an die Geschichte herangetragen worden sind, blieb die Historische Demographie jedoch bisher außerhalb der historischen Interessen. Die „Demographische Revolution" als konstitutive Voraussetzung und Begleiterscheinung des Industrialisierungsprozesses wurde wohl in ihrer Bedeutung erkannt, die Frage nach den Ursachen des Bevölkerungswachstums und der veränderten generativen Struktur wie auch die Bevölkerungsdaten selbst wurden jedoch kaum aufgegriffen. Neben einigen wenigen Aufsätzen etwa zur Herkunft der Wiener Bevölkerung und zur ethnischen Zusammensetzung einzelner Kronländer der

10 G. Otruba, Die Herkunft der Wiener Bevölkerung in den letzten 150 Jahren, in: Jahrbuch des Vereins für Geschichte der Stadt Wien 12. 1958. Von dem Projekt „Wirtschafts- u. Sozialstatistik Österreichs 1750–1918" erschienen 1977 die Bände „Bevölkerung u. Sozialstatistik" (B.Leuchtenmüller) und „Agrarstatistik" (R.Sandgruber). Für die Zeit von 1927 bis 1938 finden sich wichtige Daten in den Monatsberichten des Österreichischen Instituts für Konjunkturforschung, ab 1945 Monatsbericht des österreichischen Instituts für Wirtschaftsforschung, sowie in den Wirtschafts- und sozialstatistischen Handbüchern der Kammer für Arbeiter und Angestellte für Wien.

einstigen Donaumonarchie im Zusammenhang mit deren Nationalitätenpolitik darf auf die EDV-Auswertung älterer Pfarrmatrikeln und „Seelen-
beschreibungen" hingewiesen werden. Dabei wurden auch Fragen des Heiratsverhaltens, der Familiengröße und -struktur, der Kindheit, der Adoles-
zenz und des Alters angeschnitten und damit eine Brücke zur Sozialgeschichte geschlagen. So konnte etwa die tradierte Vorstellung von der vorindustriellen Großfamilie für die österreichischen Länder weitgehend falsi-
fiziert werden.[11]

Erste Ansätze zu einer weiterführenden Forschungsperspektive skizziert
der von H. Helczmanowski herausgegebene Sammelband „Beiträge zur
Bevölkerungs- und Sozialgeschichte Österreichs",[12] in dem offene Fragen
einer Historischen Demographie speziell abgestellt auf die österreichische
Quellenlage und Forschungsproblematik aufgezeigt werden. Letztere
kommt schon dadurch zum Ausdruck, daß sich in dem genannten Buch Historiker, Statistiker, Soziologen und Sozialgeographen zu interdisziplinärer
Zusammenarbeit zusammengefunden haben. Eine Einführung in die Gesamtproblematik geben Ch. Durdik und J. Ladstätter mit wichtigen bibliographischen Hinweisen; weiter hervorzuheben sind die Beiträge von H.
Bobek, A. Hoffmann, L. Rosenmayr, K. Klein und E. Lichtenberger. Auf
die Bedeutung historisch-statistischer Datensammlungen für weiterführende quantitative Analysen wurde bereits hingewiesen. Diese sind für eine
Historische Demographie essentiell, und man darf daher der Studie von B.
Leuchtenmüller einiges Interesse entgegenbringen. Erst von einer umfassenden Datenbasis aus lassen sich strittige Fragen, ob etwa das Bevölke-
rungswachstum seit der Mitte des 18. Jahrhunderts primär auf ein Sinken
der Sterberate oder einen Anstieg der Geburtenrate zurückging, beantworten. Die Bedeutung des medizinischen Fortschritts als Faktor des Bevölkerungswachstums läßt entsprechende Untersuchungen seitens der Medizingeschichte vermissen.[13] Bevölkerungsentwicklung und generative Struktur
gleichen (nach bisherigem Erkenntnisstand) jedenfalls dem bei G. Macken-
roth skizzierten Muster: Während die Bevölkerungszahl noch während der
ersten Hälfte des 19. Jahrhunderts immer wieder durch „malthusianische
checks" schwankt, glättet sich die Bevölkerungskurve seit der Jahrhundertmitte. Trotz territorialer Verluste wuchs die Gesamtbevölkerung innerhalb eines Jahrhunderts um mehr als die Hälfte des Ausgangsbestands,
bei regional allerdings sehr unterschiedlichen Wachstumsraten. Verschie-

---

11 Erste Ergebnisse wurden von M. Mitterauer in der Reihe „Beiträge zur historischen Sozialkunde" und im Artikel La continuité des foires et la naissance des villes, in: Annales 28.
1973, S. 711–34 publiziert.

12 H. Helczmanowski (Hg.), Beiträge zur Bevölkerungs- u. Sozialgeschichte Österreichs,
München 1973.

13 Die monumentale Studie von E. Leski, Die Wiener medizinische Schule im 19. Jahrhundert, Graz 1965, ist ganz im Sinne des Wirkens großer Ärztepersönlichkeiten konzipiert
und greift sozialgeschichtliche Perspektiven der Medizingeschichte in keiner Weise auf.

dene Trends innerhalb der generativen Struktur bzw. des Heiratsverhaltens und der Fertilität bedürfen vor allem im Zusammenhang mit verschiedenen institutionellen und normativen Regulativen noch einer entsprechenden sozialhistorischen Interpretation. Auch in Österreich läßt sich die charakteristische doppelte „Bevölkerungsschere" erkennen; zuerst erfolgt ein Auseinanderklaffen der beiden Trendkurven durch eine allmählich sinkende Sterblichkeit bei annähernd gleichbleibend hohen Geburtenziffern, woraus sich ein regelmäßiger Geburtenüberschuß ergibt. Seit der Jahrhundertwende beginnt sich dann die Schere infolge der nunmehr langfristig rückläufigen Geburtenziffer wieder zu schließen, bis eine Angleichung der beiden demographischen Werte etwa gegen Ende der 30er Jahre eintritt. Einen besonderen Aspekt der Bevölkerungsentwicklung bildete für das alte Österreich die Auswanderung, denn die Nettoemigration betrug allein in den beiden Dezennien vor dem Ersten Weltkrieg über zwei Millionen Menschen, wobei Daten über die Emigration relativ schwer zu erschließen sind.[14]

Wichtige Anregungen empfingen die Bevölkerungsgeschichte wie auch die neuere Sozialgeschichte seitens der Kulturgeographie, die sich neben Fragen der historischen Kulturlandschaftsforschung vor allem der Stadtforschung annahm und sich auf diese Weise mit den Intentionen der Historiker traf. So hat etwa das von A. Hoffmann initiierte Projekt eines „Österreichischen Städtebuches" von dieser Seite her wichtige Anregungen empfangen.[15]

Verschiedene Daten zur Berufsstruktur und zum sozialen Wandel seit der Mitte des 19. Jahrhunderts, die allerdings z. T. aufgrund neuester Forschung korrigiert werden müssen, veröffentlichte H. Möller in seiner Dissertation, deren Ergebnisse dann auch G. Otruba in verschiedenen Veröffentlichungen benutzte.[16] Der hohe Anteil der Agrarbevölkerung an der Gesamtzahl der Beschäftigten wirft ein bezeichnendes Licht auf den ökonomischen Entwicklungsstand vor 1918. Eine regionale Differenzierung läßt jedoch für die Alpen- und Sudetenländer durchaus eine analoge Entwicklung wie in westeuropäischen Staaten erkennen. Der im Zuge der Industrialisierung einsetzende Wandel in der Berufsstruktur, die Verschiebung vom primären auf den sekundären und tertiären Sektor, wurde in Österreich auch unter dem Aspekt der Nationalitätenfrage gesehen; neben der älteren, auch nach 1945 neu aufgelegten Studie von O. Jászi wurde die-

14 H. Chmelar, Höhepunkte der österreichischen Auswanderung, Wien 1974; vgl. auch Siedlungs- u. Bevölkerungsgeschichte Österreichs, in: SIÖK, Wien 1974.
15 Insbesondere haben die Forschungen von H. Bobek und E. Lichtenberger anregend gewirkt, besonders ihr Buch Wien. Bauliche Gestalt u. Entwicklung seit der Mitte des 19. Jahrhunderts, Graz 1966.
16 H. Möller, Wandel der Berufsstruktur in Österreich zwischen 1869 u. 1961, Wien 1974; G. Otruba, Wachstumsverschiebungen in den Wirtschaftssektoren Österreichs 1869–1961, in: VSWG 62. 1975, S. 40–61.

ses Problem auch in verschiedenen kleineren Abhandlungen aufgegriffen.[17] Um so mehr fällt auf, daß in den großen historischen Gesamtdarstellungen, die sich mit diesem existentiellen Problem des Vielvölkerreiches auseinandersetzen, gerade der sozioökonomische Aspekt nach wie vor ausgeklammert erscheint.

Die Industrialisierung löste eine Reihe von Binnenwanderungseffekten aus, wodurch sich die nationale Zusammensetzung auf regionaler Ebene erstaunlich rasch veränderte. Dabei ist zwischen einer Wanderung in die Städte und einer allgemeinen Ost-West-Bewegung zu unterscheiden. In der regionalen Bevölkerungsstruktur war dabei vor allem das slawische Element eindeutig im Vormarsch. Erst die Verbesserung der wirtschaftlichen Lage und der soziale Angleichungsprozeß in den 1880er Jahren bewirkten dann ein Nachlassen des bis dahin wirkenden Druckes der nationalen Binnenwanderungsbewegung und erleichterten die Assimilation. Besondere Beachtung hat in diesem Zusammenhang das Verhalten der jüdischen Bevölkerungsgruppe gefunden, die um so stärkere Anlehnung an andere Nationen suchte, je mehr sich die politischen und nationalen Fronten verhärteten und damit auch das Problem des Antisemitismus virulent wurde.[18]

4. Probleme der Sozialgeschichte. Seit Otto Brunners bahnbrechenden Untersuchungen[19] wurden Fragen der territorialen Verfassungsgeschichte sowie der Sozialgeschichte des Mittelalters und der Frühen Neuzeit verschiedentlich aufgegriffen; gerade auf diesem Gebiet darf die historische Landeskunde auf ihre reifsten Leistungen verwiesen. Aus jüngster Zeit sei an dieser Stelle auf die dreibändige Darstellung „Herrschaftsstruktur und Ständebildung" verwiesen. Unter teilweiser Rezeption französischer und deutscher Forschungsansätze versuchte hier ein engagierter Kreis jüngerer Sozialhistoriker eine „Typologie der österreichischen Länder aus ihren mittelalterlichen Grundlagen" zu entwickeln. Im Anschluß an das von M. Mitterauer in diesem Zusammenhang vorgestellte Erklärungsmodell entbrannte auch eine für österreichische Verhältnisse ganz ungewöhnlich heftige wissenschaftliche Kontroverse.[20]

17 O. Jászi, The Dissolution of the Habsburg Monarchy, Chicago 1966[4]; R. A. Kann, Das Nationalitätenproblem der Habsburgermonarchie, 2 Bde., Graz 1964; H. Hantsch, Die Nationalitätenfrage im alten Österreich, Wien 1953.
18 P. G. Pulzer, Die Entstehung des politischen Antisemitismus in Deutschland u. Österreich 1867–1914, Gütersloh 1966.
19 O. Brunner, Land u. Herrschaft. Grundfragen der territorialen Verfassungsgeschichte Österreichs im Mittelalter, Wien 1959[4]; ders., Adeliges Landleben u. europäischer Geist, Salzburg 1949. Brunner sah in der Sozialgeschichte eine Betrachtungsweise, „bei der der innere Bau, die Struktur der menschlichen Verbände im Vordergrund steht, während die politische Geschichte das politische Handeln, die Selbstbehauptung zum Gegenstand hat". O. Brunner, Neue Wege der Verfassungs- u. Sozialgeschichte, Göttingen 1968[2], S. 82.
20 M. Mitterauer (Hg.), Herrschaftsstruktur u. Ständebildung. Beiträge zur Typologie der österreichischen Länder aus ihren mittelalterlichen Grundlagen, 3 Bde., München 1973.

Die an die ältere rechts- und verfassungsgeschichtliche Tradition anschließenden Untersuchungen der mittelalterlichen Grundlagen des Ständewe-
sens waren Ausgangspunkte für weitergehende Studien zur Sozialgeschichte gewisser elitärer Oberschichten. Heiratsverhalten, soziale und
geographische Mobilität, aber auch Herrschaftsstil und Lebensformen des
Adels oder einzelner seiner führenden Repräsentanten wurden auf diese
Weise untersucht. Abgesehen von den älteren, aus genealogischem Interesse resultierenden Forschungen wurden hier in jüngster Zeit beachtens-
werte Resultate geliefert; als pars pro toto sei etwa H. Stekls „Österreichische Aristokratie im Vormärz" erwähnt, der anhand der beiden Fürstenhäuser Schwarzenberg und Liechtenstein versuchte, Verhaltensformen und
Reaktionen der feudalen Oberschicht als privilegierter Eliteformation in
der entstehenden bürgerlichen Gesellschaft darzustellen. Der altösterreichische Adel ist auch insofern wirtschaftshistorisch interessant, als er einen
regen Anteil an der Industrialisierung des Landes und an der Entwicklung
des Bankwesens genommen hat. Zahlreiche seiner Vertreter wirkten auch
als Protagonisten einer Modernisierung der Landwirtschaft und legten entsprechende Musterbetriebe an. Als Vorbild könnte Kaiser Franz I. Stephan
empfunden werden, den Friedrich d. Gr. einmal als den „größten Fabrikan-
ten" seiner Zeit bezeichnete und der das habsburgische Familienvermögen
nicht unwesentlich vermehrte.[21]
Demgegenüber liegen analoge Untersuchungen für die städtischen und
ländlichen Mittel- und Unterschichten noch kaum vor. Selbst wenn man an
kleinere soziale Gruppierungen denkt, wie an die Ministerialbürokratie
oder das Offizierskorps, steht man erst am Beginn einer entsprechenden
Analyse. Erste Ansätze zu einer Erfassung des Dienstbotenproblems auf
breiterer sozialhistorischer Basis stammen ebenfalls von H. Stekl.[22] Mittel-
standsfragen fanden seit Waentigs Pionierarbeit leider keine Bearbeitung,
wenngleich auch die Politikgeschichte im Zusammenhang mit der Entste-

Darin behandeln E. Bruckmüller „Täler u. Gerichte", H. Stradal „Die Prälaten", M. Mitterauer „Ständegliederung u. Ländertypen", P. Feldbauer „Herren u. Ritter" und H.
Knittler „Städte u. Märkte". Vgl. dazu auch P. Feldbauer, Der Herrenstand in Oberösterreich, München 1972. Zur Diskussion dieses methodischen Ansatzes vgl. die Kontroverse
zwischen M. Mitterauer und O. Hageneder: Strukturgeschichte u. historische Landeskunde, in: Unsere Heimat 45. 1974, S. 153 ff. u. 46. 1975, S. 95 ff.
21 Als Vergleich interessant: N. v. Preradovich, Die Führungsschichten in Österreich u.
Preußen, Wiesbaden 1955; H. Stekl, Österreichs Aristokratie im Vormärz. Herrschaftsstil
u. Lebensformen der Fürstenhäuser Liechtenstein u. Schwarzenberg, Wien 1973; J. Blum,
Noble Landowners and Agriculture in Austria, 1815–1848, Baltimore 1947; H. L. Miko-
letzky, Kaiser Franz I. Stephan u. der Ursprung des habsburgisch-lothringischen Familien-
vermögens, Wien 1961.
22 H. Stekl, Hausrechtlich Abhängige – Das Gesinde. Primärgruppen in der alteuropäischen
Gesellschaft, in: Beiträge zur historischen Sozialkunde 5. 1975, S. 34 f.; ders., Hausrechtli-
che Abhängigkeit in der industriellen Gesellschaft, in: Wiener Geschichtsblätter 30. 1975,
S. 301–13.

hung der modernen Massenparteien in der Zeit des sog. „Eisernen Ringes" daran Interesse angemeldet hat.[23]
Obwohl Österreich bis 1918 überwiegend ein Agrarstaat geblieben ist, haben auch die Bauern als gesellschaftliche Standes- und Interessengruppe bisher noch relativ geringe Beachtung gefunden; lediglich auf regionaler Ebene (und hier vor allem für Oberösterreich und Kärnten) liegen detaillierte Forschungen vor. Die Agrarbevölkerung als sozialer Unterbau war in sich regional und sozial stark differenziert und ihre Anpassung an die marktwirtschaftlichen Prinzipien des Industriezeitalters äußerst unterschiedlich. Weitgehend offen ist die Frage, inwieweit die Bauern für den Eigenbedarf oder für den Markt produzierten.[24]
Für die städtische Gesellschaft und den sozialen Umschichtungsprozeß im urbanen Bereich sind differenzierte Aussagen gegenwärtig ebenfalls noch nicht möglich. Lediglich für Wien wurden seitens der Sozialgeographie und im Rahmen des großen Ringstraßen-Projektes der F. Thyssen-Stiftung entsprechende Untersuchungen angestellt, die z. T. noch im Gange sind. Generell muß jedoch festgestellt werden, daß wir über die Lebensweise der verschiedenen Gesellschaftsschichten noch relativ wenig aussagen können.[25]
Hingegen haben die im Zuge der industriellen Revolution auftretenden Klassenantagonismen und sozialen Konflikte breiteres Interesse gefunden. Zur Geschichte des österreichischen Unternehmers liegen etwa verschiedene Monographien vor, und ein von A. Brusatti ins Leben gerufenes Publikationsorgan hat sich in besonderem Maße dem Interesse an dieser Gruppe verschrieben. Dabei ist jedoch zu konstatieren, daß sich diese Darstellungen in z. T. rein apologetischen Einzelbiographien erschöpfen und zu der strukturgeschichtlich wesentlich interessanteren Fragestellung nach Startpositionen und Karriereweg, sozialer Herkunft und Einbindung, Ausbildungscurriculum, Motivation, Qualifikation und Führungsstil des Unternehmers nicht vordringen.[26] Interessant wären auch Untersuchungen über sozialen Aufstieg und Selbstrekrutierungsrate der Unternehmerschaft mit Hilfe prosopographischer Auswertungen etwa der Angaben der

23 H. Waentig, Gewerbliche Mittelstandspolitik, Leipzig 1898; W. A. Jenks, Austria under the Iron Ring 1879–1893, Charlottesville 1965; dazu ist immer noch die beste Einführung H. Rosenberg, Große Depression u. Bismarckzeit, Berlin 1967.
24 J. Buchinger, Der Bauer in der Kultur- u. Wirtschaftsgeschichte Österreichs, Wien 1952; G. Grüll, Bauer, Herr u. Landesfürst, Graz 1963; ders., Die Robot in Oberösterreich, Linz 1952; F. Posch, Der steirische Bauer, Graz 1966; K. Dinklage, Geschichte der Kärntner Landwirtschaft u. der bäuerlichen Volkskunde in Kärnten, Klagenfurt 1966.
25 F. Baltzarek u. a., Wirtschaft u. Gesellschaft der Wiener Stadterweiterung, in: Die Wiener Ringstraße, Bd. 5, Wiesbaden 1976; E. Lichtenberger, Wirtschaftsfunktion u. Sozialstruktur der Wiener Ringstraße, in: ebd., Bd. 6, Graz 1970.
26 A. Brusatti, Firmengeschichte, Unternehmerbiographie, Historische Betriebsanalyse, Wien 1971 ff.

„Neuen österreichischen Biographie".[27] Ähnlich wie bei der Firmengeschichte, auf die noch näher einzugehen sein wird, erscheint hier die Wirtschaftsgeschichte im Sinne des „Wirkens großer historischer Individuen".[28]
Wenn so die Unternehmergeschichte theoretisch noch ziemlich unstruktu-
riert erscheint, ist bei der Darstellung der „Sozialen Frage" in Österreich
vor allem unter ihrem besonderen Aspekt als Arbeiterfrage auf ein breites
Spektrum von Untersuchungen zu verweisen. Neben einer reichhaltigen
Bibliographie zur Geschichte der Arbeiterbewegung von H. Steiner finden
sich auch in einer einschlägigen Zeitschriftenreihe unentbehrliche Litera-
turhinweise; hinzu kommen noch umfangreiche Quellensammlungen, die
vor allem über parteitaktische Fragen der österreichischen Sozialdemokratie und über die Haltung der Arbeiterschaft im Ersten Weltkrieg Auskunft
geben.
Daneben liegen auch einige umfangreichere Monographien zur Geschichte
der Arbeiterbewegung – vor allem jedoch der Sozialdemokratie und der
Gewerkschaften – vor. Neben dem klassischen Werk von L. Brügel, das
wegen seines Materialreichtums auch heute noch unentbehrlich erscheint,
gilt heute H. Steiners „Die Arbeiterbewegung Österreichs 1867–1889" als
Standardwerk für die Zeit bis zur Einigung der Sozialdemokratie auf dem
Hainfelder Parteitag durch Viktor Adler.[29] Zumindest ansatzweise wurde
auch immer wieder versucht, den sozioökonomischen Hintergrund mitein-
zubeziehen. Das gilt auch für das von den Fachhistorikern vielfach immer
noch totgeschwiegene Werk von A. Fuchs,[30] das eine stärkere Beachtung
verdient hätte. Eine vorbildliche Darstellung gelang H. Mommsen mit seiner leider nur bis 1907 reichenden Darstellung der Verhältnisse von Arbeiterbewegung und Nationalitätenfrage im habsburgischen Vielvölker-

27 Neue Österreichische Biographie, Hg. A. Bettelheim, Wien 1923 ff. Von den neueren einschlägigen Werken vgl. insbesondere Österreichisches Biographisches Lexikon
1815–1950, Graz 1957 ff.
28 Vgl. H. Schnee, Rothschild, Göttingen 1961; H. Benedikt, Alexander v. Schoeller, Wien
1958; E. C. Conte Corti, Der Aufstieg des Hauses Rothschild, 2 Bde., Wien 1949²; G.
Holzmann, Unternehmer aus Niederösterreich, Wien 1967; F. Tremel (Hg.), Steirische
Unternehmer des 19. u. 20. Jahrhunderts, Graz 1965; J. Mentschl, Österreichische Wirt-
schaftspioniere, Wien 1959; ders. u. G. Otruba, Österreichische Industrielle u. Bankiers,
Wien 1965; G. Merk, Zwei Pioniere der österreichischen Industrie, Graz 1966.
29 L. Brügel, Geschichte der österreichischen Sozialdemokratie, 5 Bde., Wien 1922 ff.; H.
Steiner, Die Arbeiterbewegung Österreichs 1867–1889, Wien 1964; ders., Bibliographie
zur Geschichte der österreichischen Arbeiterbewegung, Wien 1967; J. Deutsch, Geschichte der österreichischen Arbeiterbewegung, Wien 1947³. Spezielle Aspekte greifen
auf: M. Scheuch, Geschichte der Arbeiterschaft Vorarlbergs bis 1918, Wien 1961; K.
Flanner, Die Anfänge der Wiener Neustädter Arbeiterbewegung, Wien 1975; R. Neck,
Arbeiterschaft u. Staat im Ersten Weltkrieg, Wien 1964; J. Deutsch, Geschichte der österreichischen Gewerkschaftsbewegung, 2 Bde., ND Glashütten 1975; F. Klenner, Die österreichischen Gewerkschaften, 2 Bde., Wien 1951.
30 A. Fuchs, Geistige Strömungen in Österreich 1867–1918, Wien 1949.
31 H. Mommsen, Sozialdemokratie u. Nationalitätenfrage im Habsburgischen Vielvölker-
staat, Wien 1963.

Die wechselseitige Verflechtung von ökonomischer Entwicklung und gesellschaftlicher Aktion versuchten auch H. Hautmann und R. Kropf anhand der Geschichte der österreichischen Arbeiterbewegung aufzuzeigen.[32] Sie orientierten sich dabei an der Konzeption der materialistischen Geschichtsauffassung, indem sie von der These ausgingen, „daß bei einer Gesamtgeschichte der Arbeiterbewegung von der Ideologie zur Ökonomie zurückgegangen werden muß, daß hier die Wurzeln zu suchen sind, und der materielle Bereich der letztlich ausschlaggebende ist, … das in letzter Instanz Bestimmende, weil sich nichts auf die Dauer behaupten kann, was der materiellen Entwicklung, der Bewegung von Produktivkräften und Produktionsverhältnissen widerspricht" (S. 14f). So begrüßenswert dieses engagierte Vorhaben ist, so muß doch kritisch angemerkt werden, daß die von den beiden Autoren beabsichtigte Synthese von Wirtschaftsgeschichte und Arbeiterbewegungsgeschichte sich eher als parallele Beschreibung darstellt und auch die Basis-Überbau-Beziehungen nicht als dialektischer Prozeß aufgelöst werden konnten. Analog zu dem von Kropf im Anschluß an Vorarbeiten anderer Autoren festgestellten vier „Hauptperioden der österreichischen Wirtschaftsgeschichte" versuchte Hautmann verschiedene Etappen in der Entwicklung der österreichischen Arbeiterbewegung herauszuarbeiten: In der Zeit bis zum Ersten Weltkrieg überwog der Einfluß der deutschen „Bruderpartei", in der Zwischenkriegszeit übte das Beispiel der Sowjetunion eine beträchtliche Anziehungskraft aus, nach 1945 begann sich eine Orientierung am englischen und skandinavischen Modell des Wohlfahrtsstaates auszuprägen. Das dem Werk beigegebene reichhaltige und überdies kommentierte Literaturverzeichnis verdient besondere Erwähnung.

Von den Übersichtsdarstellungen für die Zeit der Ersten Republik gehen Ch. Gulick und F. Kreissler auf die Entwicklung der Arbeiterbewegung ausführlich ein.[33] Die Otto-Bauer-Gesamtausgabe, die soeben neu aufgelegt wird, gibt Einblick in die Gedankenwelt dieses bedeutendsten Theoretikers des Austromarxismus, mit dessen politischen Vorstellungen sich auch N. Leser in seiner Ideengeschichte der österreichischen Arbeiterbewegung kritisch auseinandergesetzt hat.[34] Die christliche Arbeiterbewegung hat durch G. Silberbauer und A. Pelinka eine Darstellung gefunden, die auch auf soziale Aspekte und politologische Fragestellungen eingeht.[35] All diesen Arbeiten ist gemeinsam, daß sie mehr die organisatorische und partei-

32 R. Kropf u. H. Hautmann, Die österreichische Arbeiterbewegung vom Vormärz bis 1945, Wien 1974.

33 Ch. Gulick, Österreich von Habsburg zu Hitler, 5 Bde., Wien 1950; F. Kreissler, Von der Revolution zur Annexion. Österreich 1918 bis 1938, Wien 1970.

34 O. Bauer, Werkausgabe, Hg. Arbeitsgemeinschaft für die Geschichte der Arbeiterbewegung, Wien 1975 ff. (bisher 3 Bde. erschienen; N. Leser, Zwischen Reformismus u. Bolschewismus. Der Austromarxismus als Theorie u. Praxis, Wien 1968.

35 G. Silberbauer, Österreichs Katholiken u. die Arbeiterfrage, Wien 1967; A. Pelinka, Stand oder Klasse. Die christliche Arbeiterbewegung 1933 bis 1938, Wien 1972.

engeschichtliche Seite der „sozialen" Frage aufgreifen, die tatsächliche sozioökonomische Situation der Arbeiterschaft, die mit der Industrialisierung verbundenen, anfangs durchwegs negativ empfundenen Änderungen der Lebensbedingungen jedoch weitgehend ausklammern. Es wird in erster Linie die Arbeiterklasse als politische Organisation, nicht als soziale Gruppe untersucht. Auch die Tatsache, daß die Entwicklung des Arbeitskräfteangebotes nicht nur produktionswirtschaftliche, sondern vor allem auch sozialhistorische Aspekte hat, müßte in Zukunft eine stärkere Berücksichtigung finden. Die Umschichtung der Arbeitsbevölkerung, die gewerbliche Beschäftigung von Frauen und Kindern, die Altersschichtung, der Lebensstil und das Erziehungswesen, die „Disziplinierung" der Arbeitskraft und die Reglementierung der Arbeitswelt, die Entwicklung des Lebensstandards sowie die Berufs-Status-Ambivalenz und die Mobilitätschancen, die Auflösung der Klassenstruktur infolge Einsetzen von Aufstiegsmobilität – um nur einige Probleme zu nennen – sind Fragen, die noch einer Antwort harren. Bereits eine erste systematische Auswertung von bisher in verschiedenen unpublizierten Dissertationen vorliegenden Ergebnissen könnte bei entsprechender Fragestellung in diesem Zusammenhang neue Einsichten vermitteln, wobei für die Untersuchung sozialer Gruppen ganz allgemein nur Einzelergebnisse zu erwarten sind, solange diese nicht in ein generelles Stratifikationsmodell eingebaut werden können. Die Sozialgeschichte, sofern sie nicht überhaupt in der unzulässigen Verkürzung auf die „Soziale Frage" verstanden wird, weist ohne theoretisches Bezugssystem notgedrungen eine gewisse Konturlosigkeit auf.[36]

5. Wirtschaftshistorische Darstellungen. Schon eine erste Übersicht läßt erkennen, daß die wirtschaftsgeschichtlichen Arbeiten zahlenmäßig die sozialhistorischen Darstellungen übertreffen; eine klare Trennungslinie zwischen beiden Bereichen wird sich sinnvoll allerdings schwer ziehen lassen, schließen doch erstere fast stets auch sozialhistorische Bezüge mit ein. Dies gilt in besonderem Maße für die mit der Industrialisierung verbundenen Wandlungsprozesse, die auch die österreichischen Forschungsinteressen schwerpunktmäßig auf sich zogen. Dabei hat sich eine gewisse, auch durch persönliche Präferenzen bestimmte Auffächerung der Forschungsaktivität ergeben. Das Erbe des einstigen Großreiches übersteigt naturgemäß bei weitem die Forschungskapazität des heutigen Kleinstaates, der sich zum Wahrer dieses Vermächtnisses berufen sieht; dies erklärt einerseits die regionale Einengung der gegenwärtigen Forschung auf das Gebiet der ehemaligen Donaumonarchie, andererseits das Vorhandensein zahlreicher noch ungelöster Probleme. Immerhin liegen für einige Perioden der öster-

---

36 Die Möglichkeiten, die sich hier bieten, läßt die Arbeit von E. Rigler (Frauenleitbild u. Frauenarbeit in Österreich vom ausgehenden 19. Jahrhundert bis zum Zweiten Weltkrieg, Wien 1976) erkennen, in welcher die Diskrepanz zwischen Ideologie und Realität deutlich wird.

reichischen Wirtschaftsgeschichte bereits Versuche einer zusammenfassenden Darstellung vor, jedoch handelt es sich charakteristischerweise häufig um Sammelwerke. Diese werden überdies oft im Auftrag irgendwelcher Institutionen des öffentlichen Lebens durchgeführt; das gilt auch für die Wirtschaftsgeschichten einzelner Bundesländer, die meist seitens der betreffenden Kammerorganisationen initiiert wurden und daher auch deren Standpunkt zum Ausdruck bringen.[37]

Der Frühkapitalismus in Innerösterreich fand durch F. Tremel eine empirisch gehaltvolle Darstellung; in jüngster Zeit hat insbesondere die Phase des „ersten industriellen Ansatzes" verstärktes Augenmerk gefunden. Neben älteren Arbeiten von H. Hassinger, G. Otruba und R. Kropf hat vor allem H. Freudenberger anhand österreichischer und tschechischer Archivmaterialien die Bedeutung der ‚Protofabrik' für die Frühindustrialisierung hervorgehoben und verschiedene ‚Innovationsphasen' unterschieden.[38] Dennoch bleibt auch auf diesem Forschungsfeld noch manche Terra incognita, wenngleich sich das Bild der Frühindustrialisierung nunmehr etwas schärfer zu konturieren beginnt. Spezielles Interesse erweckte in diesem Zusammenhang die staatliche Wirtschaftspolitik, speziell in ihrer kameralistischen Ausprägung. G. Otruba und A. Brusatti stellten dabei eine gewisse Kontinuität bis ins 19. Jahrhundert fest. Es überwiegt aber insgesamt das traditionelle Interesse, welches weniger auf den Wachstumsprozeß als dynamischen Vorgang als auf Institutionen des Wirtschaftslebens ausgerichtet ist.[39] Für die erste Hälfte des 19. Jahrhunderts wird man daher immer noch auf das ältere, bis heute unentbehrliche Werk von J. Slokar zurückgreifen müssen, das in seinem Faktenreichtum bis heute unübertroffen ist. Trotz

37 Vgl. dazu F. Huter u. H. Gerhardinger (Hg.), Beiträge zur Wirtschafts- u. Sozialgeschichte Tirols, Innsbruck 1951; H. Ibler, Steirische Wirtschaftsgeschichte, Graz 1956; J. Sinz, Wirtschaftsgeschichte Vorarlbergs, Zürich 1954; K. Dinklage u. A. Wakolbinger, Kärntens gewerbliche Wirtschaft von der Vorzeit bis zur Gegenwart, Klagenfurt 1953; ders., 25 Jahre Kärntner Wirtschaftsgeschichte 1951–1976, Klagenfurt 1976; K. Bachinger, Geschichte der gewerblichen Wirtschaft des Burgenlandes, Eisenstadt 1973; die wohl bedeutendste Leistung auf dem Gebiet der Landesgeschichte ist A. Hoffmann u. E. Meixner, Wirtschaftsgeschichte des Landes Oberösterreich, 2 Bde., Salzburg 1952.
38 F. Tremel, Der Frühkapitalismus in Innerösterreich, Graz 1954; H. Hassinger, Der Stand der Manufakturen in den deutschen Erbländern der Habsburgermonarchie am Ende des 18. Jahrhunderts, in: F. Lütge (Hg.), Die wirtschaftliche Situation in Deutschland u. Österreich um die Wende vom 18. zum 19. Jahrhundert, Stuttgart 1964, S. 110–76; G. Otruba, Österreichs Industrie u. Arbeiterschaft im Übergang von der Manufaktur- zur Fabrikepoche 1790–1848, in: Österreich in Geschichte u. Literatur (= ÖGL) 15. 1971, S. 569–604; ders. u. R. Kropf, Die Entwicklung von Bergbau u. Industrie in Oberösterreich, in: Oberösterreichische Heimatblätter 23. 1969, S. 3–19 u. 25. 1971, S. 50–125; H. Freudenberger u. G. Mensch, Von der Pionierstadt zur Industrieregion, Göttingen 1975.
39 G. Otruba, Die Wirtschaftspolitik Maria Theresias, Wien 1963; A. Brusatti (Österreichische Wirtschaftspolitik vom Josephinismus bis zum Ständestaat, Wien 1965) gibt einen Abriß der wirtschaftspolitischen Leitlinien bis 1938. Vgl. auch H. Hassinger, Johann Joachim Becher 1635–1682, Wien 1951; E. Dittrich (Hg.), Die deutschen u. österreichischen Kameralisten, Darmstadt 1974.

der intensivierten Frühindustrialisierungsforschung besitzen wir, abgesehen von einigen kleineren Aufsätzen, auch noch sehr wenige Informationen über den Vormärz. J. Marx hat zwar die unmittelbaren Hintergründe der 1848er Revolution erst jüngst untersucht; die Zusammenhänge zwischen latenter sozioökonomischer Strukturkrise und politischer Systemkrise müßten jedoch noch stärker herausgearbeitet werden.[40]

Eine Sammlung bis heute wichtiger Abhandlungen zur Entwicklung der österreichischen Wirtschaftsstruktur enthält das von W. Weber herausgegebene zweibändige Werk „Österreichs Wirtschaftsstruktur gestern – heute – morgen".[41] Besonders hervorzuheben sind darin die Beiträge von K. Rothschild über die Wirtschaftsstruktur, S. Koren über Energiequellen und Industrialisierung, P. Meihsl über die Landwirtschaft und H. Firnberg über die Sozialstruktur. Zu ihrem hundertjährigen Jubiläum gaben auch die Wiener Handelskammer und das Bundesministerium für Handel und Wiederaufbau Festschriften heraus, welche die wirtschaftliche Entwicklung innerhalb dieses Säkulums zum Gegenstand haben. Besonders das erstere Werk enthält zahlreiche Spezialuntersuchungen zur Wirtschaftspolitik, unter denen besonders die von R. Kamitz über Geld und Währung, A. Gratz über Finanzen, K. H. Werner über Industrie- und Außenhandel sowie W. Weber über Sozialpolitik und Sozialrecht hervorzuheben sind.

Die Zeit der franzisko-josephinischen Epoche hat in jüngster Zeit verstärkte Aufmerksamkeit gefunden. Diesem Interesse entsprang auch das großangelegte, auf insgesamt neun Bände veranschlagte Projekt „Die Habsburgermonarchie 1848–1918" dessen erste zwei Bände bereits erschienen sind.[42]

Für den von A. Brusatti redigierten Band „Die wirtschaftliche Entwicklung" sind von den insgesamt 14 Beiträgen allein 10 der cisleithanischen

40 J. Marx, Die wirtschaftlichen Ursachen der Revolution von 1848 in Österreich, Graz 1965; R. Rath, The Viennese Revolution of 1848, Austin 1967.

41 W. Weber (Hg.), Österreichs Wirtschaftsstruktur, gestern – heute – morgen, 2 Bde., Berlin 1961; H. Mayer (Hg.), Hundert Jahre österreichische Wirtschaftsentwicklung 1848–1948, Wien 1948; Hundert Jahre im Dienste der Wirtschaft, 2 Bde., Hg. Bundesministerium für Handel u. Wiederaufbau, Wien 1961.

42 A. Wandruszka u. P. Urbanitsch (Hg.), Die Habsburgermonarchie 1848–1918: Bd. 1: A. Brusatti (Hg.), Die wirtschaftliche Entwicklung, Wien 1973. Darin wird behandelt: Die Stellung der Habsburgermonarchie in der Weltwirtschaft (N. Gross); Die Leitlinien der Wirtschaftspolitik (H. Matis); Die Finanzpolitik (J. Wysocki); Die industrielle Entwicklung (H. Matis u. K. Bachinger); Quantitative Aspekte der Industrialisierung (R. Rudolph); Das Unternehmertum (J. Mentschl); Das Verkehrswesen (K. Bachinger); Währung und Banken (E. März u. K. Socher); Der Binnenhandel u. Fremdenverkehr (F. Tremel); Die landwirtschaftliche Entwicklung (K. Dinklage); Ungarns wirtschaftliche Entwicklung (G. Ranki u. I. Berend); Die wirtschaftliche Entwicklung von Bosnien-Herzegowina (K. Wessely); Die sog. gemeinsame Wirtschaftspolitik in Österreich-Ungarn (A. Paulinyi); Die Entwicklung der Wirtschaftswissenschaften u. der Wirtschaftsgeschichte (A. Brusatti). Zur Problematik der Annexion Bosnien-Herzegowinas vgl. auch P. Sugar, Industrialization of Bosnia-Hercegowina 1878–1918, Seattle 1963.

Reichshälfte gewidmet. Nach den Worten des Herausgebers spiegelt der vorliegende Band „die Situation der gegenwärtigen wirtschaftshistorischen Forschung zum Thema wider". Dies mag auch die unterschiedliche Qualität der Beiträge und manche Schwächen in der Gesamtkonzeption erklären. Cis- und Transleithanien werden allein vom Umfang her sehr ungleichgewichtig behandelt. Lediglich zwei Beiträge sind dem Gesamtstaat gewidmet; wichtige Bereiche, wie etwa der Außenhandel oder die Frage eines „habsburgischen Imperialismus", die in Anbetracht der engen Verflechtung von staatlicher Außenhandelspolitik und privatwirtschaftlichem Gewinnstreben etwa im Falle Bosnien-Herzegowinas nahegelegen hätte, sind überhaupt ausgespart. Den Beitrag über die Unternehmer hätte man eher in dem noch ausstehenden Band „Soziale Strukturen" erwartet. Auch dürfte es für den Leser dieses Handbuches nicht leicht sein, ein Gesamtbild zu gewinnen: Bei der Zusammenfassung der einzelnen Kapitel konnten Wiederholungen nicht vermieden werden; überdies ist zu befürchten, daß die Behandlung der sozialen Strukturen in einem eigenen Band zu einem gewissen Auseinanderklaffen von wirtschaftlicher und gesellschaftlicher Entwicklung in der Darstellung beitragen wird. Der Charakter des Sammelwerkes bedingt auch die oft willkürliche Zersplitterung des zu untersuchenden Gegenstandes, die mit dem Fehlen einer gemeinsamen leitenden Problemstellung und eines verbindlichen theoretischen Rahmens korreliert. Dies ist allerdings weniger den einzelnen Autoren als der Gesamtkonzeption des Bandes anzulasten. Einen tragfähigen, erst jüngst wieder von Historikern aufgegriffenen theoretischen Bezugsrahmen hätten etwa auch im Hinblick auf den für die Geschichte der Habsburgermonarchie so relevanten Systemkonflikt zwischen industriellem Wachstum und supranationaler Integration u. U. die Modernisierungstheorien abgeben können. Immerhin läßt sich aus den einzelnen Beiträgen ein relativ einheitliches Bild der ökonomischen Entwicklung gewinnen: Österreich kann als ein Modellfall eines langsamen, aber stetigen Wirtschaftswachstums ohne ausgeprägten Take-off gelten. Offen bleibt aber auch hier die Frage, inwieweit es legitim ist, die österreichische Reichshälfte tatsächlich als wirtschaftliche Einheit aufzufassen; hier muß man besonders den Rückzug der tschechoslowakischen Historiker bedauern.

Die Schwierigkeiten, die einem raschen Wachstum entgegenstanden, können im wesentlichen auf zwei spezifische Komponenten zurückgeführt werden: einerseits auf natürliche, geographische Defekte, die der inneren Integration des Wirtschaftsraums entgegenstanden, andererseits auf historisch gewachsene Defekte, wie die einseitige Bevorzugung großagrarischer und kleingewerblicher Interessen, verbunden mit einer vorwiegend nach fiskalischen Motiven ausgerichteten Besteuerung, die Schwäche auf kommerziellem Gebiet, das Fehlen eines entwickelten Binnenmarktes und einer geeigneten Infrastruktur. Dazu kam noch die zunehmende Lähmung der staatlichen Wirtschaftspolitik angesichts der nationalen Desintegration, wobei nur äußerst selten versucht wurde, Konzepte einer gezielten Strukturreform zu verwirklichen.

Mittlerweile ist auch der zweite Band dieses monumental angelegten Werkes über die Habsburgermonarchie erschienen, in dem Verwaltung und Rechtswesen behandelt werden. A. Wandruszka stellt an den Beginn die Frage, inwieweit die untergegangene Doppelmonarchie, wie dies häufig in verklärender Sicht geschieht, als „vorbildlicher Rechtsstaat" angesehen werden kann. Rechtswesen und Verwaltung des einstigen multinationalen Reiches genießen in historischer Retrospektive nicht nur in der einschlägigen Fachliteratur, sondern auch in der überlieferten Meinung vieler Nachfolgestaaten heute einen besseren Ruf als zu Lebzeiten der Monarchie. Nicht zuletzt ist es der altösterreichische Beamte, der im Mittelpunkt dieses „habsburgischen Mythos" steht und als staatstragendes Element und Verkörperung der Gesamtstaatsidee apostrophiert wird. Man hätte die Behandlung dieser gesellschaftlichen Gruppe an sich im Band „Soziale Struktur" erwartet, wo dies wohl auch noch in einer mehr analytischen Weise und unter Verwendung sozialhistorischer Methoden und Fragestellungen geschehen wird. Durch den Abdruck an dieser Stelle hat man den Eindruck, als komme diesem Beitrag die Funktion zu, die mitunter sehr heterogen wirkenden Artikel des Bandes zusammenzuhalten, ein Vorbehalt, der auch schon für den ersten Band der Reihe zutrifft und sich als Problem jedes derartigen Sammelwerkes stellt. Die weiteren Bände des großen Zentenarwerkes sollen die „Soziale Struktur", die „Geographischen und ethnischen Grundlagen", die „Entwicklung des Verfassungslebens", „Politisches Denken und Parteiwesen", „Außenpolitik", „Die Rolle der Dynastie, des Heeres und der Bürokratie" sowie „Das kulturelle Leben" behandeln. Man sieht schon aus dieser Gliederung, daß sich manche Überschneidungen nicht vermeiden lassen. Insgesamt dürfte dann aber eine historische Gesamtdarstellung des Vielvölkerreiches vorliegen, die auf Jahrzehnte zur Standardliteratur zu rechnen ist und auch im Ausland nur wenig Parallelen besitzt.

Das aus den Revolutionstagen des Jahres 1848 erwachsene franzisko-josefinische Regime fand neben den bereits erwähnten Sammelwerken auch in zwei größeren Monographien eine wirtschaftshistorische Interpretation. Dazu kommt noch ein knapper, aber äußerst informativer Artikel von N. T. Gross in der „Fontana Economic History of Europe".[43] Die ältere Studie von H. Benedikt ist als essayhafte, erzählende Skizze angelegt, sie vermag daher keinen geschlossenen Überblick zu geben. Ihre Stärke liegt vielmehr in der z. T. noch aus persönlichen Erinnerungen schöpfenden „Intimkenntnis" der Ideenwelt altösterreichischer Unternehmer und im minutiösen De-

---

43 N. Gross, The Industrial Revolution in the Habsburg Monarchy 1750–1914, in: Fontana Economic History of Europe, Bd. VI, Kap. 5, London 1972.

tailwissen und der profunden Quellenkenntnis des Verfassers, der dieses allerdings vielfach in Form von „Histörchen" darbietet.[44]
In Anlehnung an theoretische Überlegungen von H. Rosenberg und H.-U. Wehler versuchte H. Matis[45] in seinem Buch „Österreichs Wirtschaft 1848–1913" das Prinzip der zyklischen Wechsellagen als adäquates Periodisierungsmuster auch für die österreichische Wirtschaftsgeschichte anzuwenden. Zwei wirtschaftliche Aufschwungsspannen (1848–1873 und 1896–1913) sowie eine Stockungsspanne (1873–1896) und dazwischen zehn Konjunkturzyklen werden unterschieden; sie stellen den Rahmen dar, in dem der Zusammenhang ökonomischer, sozialer und politischer Faktoren transparent gemacht werden soll, wobei die Zyklizität der wirtschaftlichen Wechsellagen gleichzeitig zur Strukturierung der sozioökonomischen Gesamtentwicklung dient. Es wird auf diese Weise versucht, wie dies ein Rezensent betont hat, „den Schritt vom historisch Individuellen weg, zur Analyse der Strukturen zu gehen".[46]
Innerhalb der erwähnten zusammenfassenden Werke nimmt naturgemäß die Industrialisierung als das säkulare Phänomen des 19. Jahrhunderts einen besonderen Stellenwert ein. Die industrielle Entwicklung der Habsburgermonarchie stieß allerdings sowohl von den natürlichen Ressourcen als auch von den sozioökonomischen und politischen Strukturvoraussetzungen her auf erhebliche Schwierigkeiten. In unmittelbarem Zusammenhang damit stand die geringe Entfaltung des Fernhandels, der als entscheidender Ansatzpunkt für die ursprüngliche Kapitalakkumulation anzusehen ist. Da auch die zweite Wurzel des modernen industriekapitalistischen Systems, nämlich das arbeitsteilig organisierte Verlagswesen, schwächer ausgeprägt war, fehlte in Österreich eine breite, zur Großproduktion drängende Unternehmerschicht. Die verschiedenen Innovationen wurden daher zu einem erheblichen Teil von ausländischen Unternehmern und vom Staat getragen. Die strukturellen Bedingungen, aber auch das sozialpsychologische Klima (Dominanz feudaler Lebenshaltung, verbreitete Rentnermentalität) setzten dem ökonomischen Fortschritt und der staatlichen Wirtschaftspolitik zunächst enge Grenzen und vermittelten im Vergleich zum dynamischen Wachstumsmuster einiger anderer europäischer Länder das Bild einer „relativen Rückständigkeit" (A. Gerschenkron).
Ob und wann es in der Habsburgermonarchie zu dem viel zitierten Take-off gekommen ist, wurde in jüngster Zeit viel diskutiert, ohne daß sich jedoch

44 H. Benedikt, Die wirtschaftliche Entwicklung in der Franz-Josephs-Zeit, Wien 1958.
45 H. Matis, Österreichs Wirtschaft 1848–1913. Konjunkturelle Dynamik u. gesellschaftlicher Wandel im Zeitalter Franz Josephs I., Berlin 1972.
46 P. G. Fischer, in: Südostforschungen 33. 1974, S. 351. Diese Argumentation wäre in Zukunft noch auf eine breitere und gesicherte quantitative Basis zu stellen, wofür bisher die Vorarbeiten fehlten; auch die zweite Phase des „organisierten Kapitalismus" seit der Jahrhundertwende müßte eine stärkere Berücksichtigung finden, denn generell läßt sich sagen, daß die Darstellung desto pauschaler und unschärfer wird, je näher sie ihrem zeitlichen Endpunkt rückt.

bisher eine einhellige Auffassung herauskristallisiert hätte. Einige jüngere amerikanische Ökonomen erstellten in diesem Zusammenhang Schätzungen der Industrieproduktion und des sektoralen Wachstums. So ergab eine von N. T. Gross stammende Schätzung der Industrieproduktion im Zeitraum 1841 bis 1913 Wachstumsraten, die den für Deutschland von W. G. Hoffmann ermittelten ziemlich nahe kamen. Zu ähnlichen Resultaten führte ein von R. L. Rudolph erstellter Industrieproduktionsindex, der für die Jahre zwischen 1830 und 1913 eine durchschnittliche Wachstumsrate von 2,5 % errechnete. Diese Ergebnisse sowie ein von D. Good vorgelegter Preisindex sind allerdings nicht unproblematisch und wurden gerade in jüngster Zeit von J. Komlos wieder infrage gestellt und z. T. revidiert, weniger, was ihre Gesamtaussage als was ihre Zwischenwerte und Teilindizes anbetrifft. Eine abschließende Beurteilung des Industrialisierungsprozesses wird erst aufgrund eines erweiterten Datenmaterials möglich sein. Es spricht jedoch vieles für die Annahme von N. T. Gross, wonach Österreich als Modellfall einer langsamen Industrialisierung zu betrachten ist, mit einem Prozeß „langsamen, weder durch Stagnation noch spurt-like development gekennzeichneten Wachstums".[47]

Neuere, von den Methoden der volkswirtschaftlichen Gesamtrechnung ausgehenden Studien führten zu dem Ergebnis, daß die durchschnittlichen jährlichen Wachstumsraten des Sozialprodukts zwischen 1860 und 1913 von 1,5 bis 2,2 % schwankten. Auch diese Resultate sind nicht ganz widerspruchsfrei, so daß die bisher vorgelegten quantitativen Angaben und makroökonomischen Daten zur Wirtschaftsentwicklung mit Vorsicht interpretiert werden müssen.[48] Der Übergang von agrarisch dominierten zu industriell geprägten Gesellschaften erfordert u. a. ein Mindestmaß an Effizienz in der Landwirtschaft und auf dem Transport- und Kommunikationssektor. Das bedeutete für die Landwirtschaft den Zwang zur Rationalisierung und Leistungssteigerung, ein Prozeß, der in Österreich erst seit 1848 im Zuge der Grundentlastung auf breiter Basis eingeleitet wurde. Die Beseitigung der alten Untertansverfassung und des feudalen Abgabewesens bezog auch die Agrarwirtschaft in die marktwirtschaftlichen Verhältnisse ein und stellte eine wesentliche Voraussetzung für die Expansion der Agrikultur und die Mobilität der Bevölkerung dar. Die Bodenreform begünstigte aber einseitig den Großgrundbesitzer, der oft nicht nur beträchtliche

---

47 Vgl. N. Gross, Austrian Industrial Statistics 1880/85 and 1911/13, in: Zeitschrift für die gesamte Staatswissenschaft 124. 1968, S. 35–69; ders., An Estimate of Industrial Product in Austria in 1841, in: Journal of Economic History 27. 1968, S. 80–101; D. Good, Stagnation and ‚Take-off‘ in Austria, 1873–1913, in: Economic History Review 27. 1974, S. 72–87; R. Rudolph, Banking and Industrialization in Austria-Hungary. The Role of Banks in the Industrialization of the Czech Crownlands, 1873–1914, Cambridge/Mass. 1976.
48 F. Butschek u. a., Österreichs Volkseinkommen 1913 bis 1963, in: Monatsberichte des österreichischen Instituts für Wirtschaftsforschung, SoH 14, Wien 1965.

Ablösesummen erhielt und damit umfangreiche Investitionen vornehmen konnte, sondern auch über die notwendigen Betriebsgrößen verfügte.[49] Eine besondere Bedeutung für die Schaffung der infrastrukturellen Rahmenbedingungen kommt der Ära des Neoabsolutismus in Österreich zu, in der neben rechtlichen und administrativen Reformen auch erhöhte Aufwendungen im Schulwesen getätigt wurden.[50] Darüber hinaus wurde bei gleichzeitigem Abbau der Binnenzölle der Außenhandel liberalisiert und mit Grundentlastung und Gewerbefreiheit die feudale und zünftlerische Vergangenheit überwunden. Wichtig war vor allem die Schaffung eines zeitgemäßen Kreditsystems; A. Gerschenkrons These, die europäischen Länder hätten einer Kombination von finanzieller Neuerung in Form der Investitionsbanken und Regierungsförderung bedurft, um Kapital für das Wachstum bereitzustellen, findet im Fall Österreichs seine Bestätigung. Während die Jubiläumsschrift „Ein Jahrhundert Creditanstalt-Bankverein" mehr die unmittelbar geschäftspolitischen Interessen berücksichtigt, liegt bei E. März' Geschichte der Credit-Anstalt der Akzent auf den volkswirtschaftlichen Impulsen, die von diesem Kreditinstitut ausgingen, denn in seinem wechselvollen Geschick „spiegelt sich das Auf und Ab der österreichischen Wirtschaftsgeschichte wider". Nach Auffassung des Autors ist Österreichs Wirtschaftsgeschichte „zu einem Gutteil Bankengeschichte" (S. 11). Der Ausbau der Kreditorganisation, die Mobilisierung des zersplitterten Sparkapitals eröffnete neue Möglichkeiten, indem sich diese neuen Institute unmittelbar am Gründungsgeschäft beteiligten; sie finanzierten Industrie- und Eisenbahngesellschaften und leiteten zusammen mit den von der Technik ausgehenden Impulsen den Weg zur Konzentration und Großproduktion ein.[51]

49 Social Economic Researches on the History of East-Central Europe, in: Studia historica (Budapest) 62. 1970; Die Agrarfrage in der österreichisch-ungarischen Monarchie 1900–1918. Mitteilungen auf der Konferenz der Geschichtswissenschaftler, Budapest 4.–9. Mai 1964, Bukarest 1965. Für die regionale Forschung bedeutend: A. Hoffmann (Hg.), Bauernland Oberösterreich, Linz 1974; A. Kallbrunner, Die österreichische Landwirtschaftsgesellschaft von 1807 bis 1938, Wien 1963; K. Dinklage, Geschichte der Kärntner Landwirtschaft, Klagenfurt 1966.
50 Relativ gut erforscht ist die Verkehrsgeschichte, wobei allerdings vor allem auf ältere Publikationen zurückgegriffen werden muß. Vgl. dazu den Artikel von K. Bachinger im 1. Band der „Habsburgmonarchie". Ergänzend dazu: E. Neweklowsky, Die Schiffahrt u. Flößerei im Raume der oberen Donau, 3 Bde., Linz 1952 ff.; O. Stark, Eine versunkene Welt. Die Geschichte des österreichischen Lloyd, Wien 1960; R. Coons, Steamships, Statesmen and Bureaucrats, Wiesbaden 1975.
51 Ein Jahrhundert Creditanstalt-Bankverein, Wien 1957; E. März, Österreichische Industrie- u. Bankpolitik in der Zeit Franz Josephs I. am Beispiel der k. k. priv. Österreichischen Credit-Anstalt für Handel u. Gewerbe, Wien 1968; Hundertfünfzig Jahre Sparkassen in Österreich, Hg. Hauptverband der österreichischen Sparkassen, 5 Bde., Wien 1972; L. Preßburger, Österreichische Notenbank 1816–1966, Wien 1966; Die Frage des Finanzkapitals in der Österreichisch-ungarischen Monarchie 1900–1918, (wie Anm. 49). Mitteilungen zur Technikgeschichte vgl. E. Kurzel-Runtscheiner, Erfindungen aus Österreich, Wien 1950, und die Zeitschrift für Technikgeschichte.

Mitte der 60er Jahre trat die durch den Ausgleich von 1867 in Form einer Realunion mit einem Monarchen und gemeinsamer Außen-, Finanz- und Verteidigungspolitik verbundene Doppelmonarchie Österreich-Ungarn in die offene Konkurrenz des Weltmarktes.[52] Mit den westlichen Industrienationen wurde eine Reihe von Handelsverträgen abgeschlossen; K. Helleiner[53] stellte die österreichisch-britischen Handelsbeziehungen in dieser Ära in den Mittelpunkt einer kleineren Studie, die allerdings mehr auf die diplomatischen Hintergründe und weniger auf die ökonomischen Aspekte des Freihandelsvertrags von 1865 eingeht. Man vermißt insbesonders quantifizierende Angaben, Daten über den Handel zwischen beiden Vertragspartnern und über die Terms of trade, wie man überhaupt über die Auswirkungen des Freihandelssystems für Österreich nichts erfährt; hier scheint ein echtes Versäumnis zu liegen, das der Autor auch nicht umgeht, wenn er schreibt: „This is a study in commercial diplomacy, not an exercise in the theory of international trade". Die Wendung zum Freihandel war allerdings nur eine Episode in Österreichs Wirtschaftsgeschichte, denn schon 1879 folgte die Rückkehr zum Schutzzollsystem. Die „Große Depression" nach 1873 weckte auch in Österreich-Ungarn das Bedürfnis nach sozialer Kontrolle und kollektiver Sicherheit und leitete die Tendenzwende zum ,organisierten Kapitalismus' ein. Nationalitätenhader und Parteienstreit kennzeichneten fortab die innenpolitische Situation; mit dem Anwachsen der inneren Gegensätze wurde die binnenwirtschaftliche Integration zum Hauptinhalt der Wirtschaftspolitik.[54] Der Staat versuchte dabei mit Hilfe seiner Finanzpolitik ausgleichend zu wirken; so konnte J. Wysocki nachweisen, daß nicht nur der Staatshaushalt generell, sondern auf der Ausgabenseite vor allem die Infrastrukturausgaben überproportional expandierten.[55]

Die hier in groben Zügen geschilderte Entwicklung wird ergänzt und abgerundet durch Untersuchungen einzelner Branchen oder Industrieregionen, sowie eine Vielzahl von Firmengeschichten unterschiedlicher Qualität. Einen neuen Weg hat A. Mosser mit seiner historischen Bilanzanalyse österreichischer Industrieaktiengesellschaften im Zeitraum von 1880 bis 1913 beschritten, in der er betriebswirtschaftliche Theorien in die Geschichte einbrachte.[56] Vollkommen fehlt bisher eine Darstellung der Kriegswirt-

52 Der österreichisch-ungarische Ausgleich von 1867. Vorgeschichte u. Wirkungen, Hg. Institut für Österreichkunde, Wien 1967; K. M. Fink, Die österreichisch-ungarische Monarchie als Wirtschaftsgemeinschaft, München 1968.
53 K. Helleiner, Free Trade and Frustration, Toronto 1973. Für den Osthandel vgl. U. Bindreiter, Die diplomatischen u. wirtschaftlichen Beziehungen zwischen Österreich-Ungarn u. Rumänien 1875–1888, Wien 1976.
54 Österreich am Vorabend des Ersten Weltkrieges, Hg. Institut für Österreichkunde, Wien 1964; die politische Situation behandelt Z. A. Zeman, Der Zusammenbruch des Habsburgerreiches, Wien 1963.
55 J. Wysocki, Infrastruktur u. wachsende Staatsausgaben, Stuttgart 1975.
56 Vgl. dazu etwa M. Mitterauer (Hg.), Österreichisches Montanwesen. Fs. f. A. Hoffmann,

schaft Österreich-Ungarns im Ersten Weltkrieg, obwohl oder vielleicht gerade weil hier mit der Carnegie-Reihe bereits wichtige Vorleistungen erbracht wurden.

Der Ausgang des Ersten Weltkrieges bedeutete für das zum Kleinstaat gewordene Österreich auf wirtschaftlichem Gebiet die Zerstörung einer organisch gewachsenen Arbeitsteilung; die ökonomische Desintegration wurde durch die neomerkantilistische Autarkiepolitik der Nachfolgestaaten noch verstärkt. Die Wirtschaft der jungen Republik wies daher zahlreiche Strukturschwächen und eine schmale Ressourcenbasis auf. Das Nichtwollen und Nichteingehen auf die Bedingungen und Möglichkeiten des Kleinstaates fand politisch und ökonomisch seinen Ausdruck in der „Anschlußmentalität", der Staat wurde in erster Linie durch das Diktat der Siegermächte, nicht durch die Bejahung seiner Staatsbürger zusammengehalten.[57]

Die politische Geschichte der Ersten Republik fand durch W. Goldinger eine sehr ausgewogene Darstellung, was bei der bis heute zu konstatierenden Brisanz mancher Ereignisse (Justizpalastbrand, Bürgerkrieg, Anschluß) sicher kein leichtes Unterfangen war. Die wirtschaftliche Komponente ist allerdings untergewichtet, ein Vorwurf, der auch für den von H. Benedikt herausgegebenen Sammelband „Geschichte der Republik Österreich" gilt, in dem F. Thalmann wohl ein Kapitel zur wirtschaftlichen Entwicklung beigesteuert hat, dabei aber einer chronologischen Aufzählung den Vorzug vor einer mehr analytischen Betrachtungsweise gegeben hat. Hingegen ist der von A. Wandruszka für diesen Band verfaßte Aufsatz über die politischen Parteien auch von erheblicher sozialgeschichtlicher Relevanz.[58]

Die bereits an anderer Stelle erwähnte fünfbändige Darstellung von Ch. Gulick „Österreich von Habsburg zu Hitler" bringt demgegenüber auch viel Material zur Wirtschaftsgeschichte dieser Epoche und erhellt die wirt-

Wien 1974; H. Pirchegger u. R. Töpfner, Eisen immerdar, Graz 1951; K. Bachinger, Der Niedergang der Kleineisenindustrie in den niederösterreichischen Eisenwurzen, Wien 1967; J. Baxa, Studien zur Geschichte der Zuckerindustrie, Wien 1950; O. Pickl, Geschichte der Papiererzeugung in der Steiermark, Graz 1963; demn. erscheinen: P. Roth, Die Glaserzeugung in der Steiermark von den Anfängen bis 1913 u. A. Mosser, Die Industrieaktiengesellschaft in Österreich 1880–1913. Versuch einer historischen Bilanz- u. Betriebsanalyse. Einen Überblick über die ältere Firmengeschichte bringt H. Hassinger, Forschungen über Firmen u. Unternehmer in Österreich seit 1945, in: Tradition 2. 1957, S. 171–92 und im Anschluß daran G. Otruba, Betriebsgeschichte in Österreich vom Jahre 1957 bis heute, in: Kwartalnik (Warschau), H. 4, 1973.
57 Vgl. dazu den Artikel von K. Wessely in H. Bosl (Hg.), Versailles-St. Germain-Trianon. Umbruch in Europa vor fünfzig Jahren, München 1971; R. Neck (Hg.), Österreich im Jahre 1918, Wien 1968; J. Kühl, Föderationspläne im Donauraum u. in Ostmitteleuropa, München 1958.
58 W. Goldinger, Geschichte der Republik Österreich, Wien 1962; H. Benedikt (Hg.), Geschichte der Republik Österreich, Wien 1954; 1918–1968. Österreich 50 Jahre Republik, Hg. Institut für Österreichkunde, Wien 1968.

schaftlichen Hintergründe mancher politischer Ereignisse. Die wichtigste wirtschaftshistorische Darstellung der Zwischenkriegszeit dürfte jedoch nach wie vor K. Rothschilds in der britischen Emigration verfaßtes, leider schon vergriffenes Werk sein, das vor allem den Strukturwandel der Wirtschaft betont. Das von seinem Titel her anspruchsvolle Werk von G. Otruba „Österreichs Wirtschaft im 20. Jahrhundert" geht auf die Zeit von 1918 bis 1945 nur sehr kursorisch auf insgesamt zwölf Seiten ein, das Schwergewicht liegt auf der Zeit der Zweiten Republik.[59] Daraus ergibt sich, daß eine Wirtschaftsgeschichte der Zwischenkriegszeit noch immer als ein Desiderat der historischen Forschung anzusehen ist, wenngleich die Grundzüge der Entwicklung bereits ziemlich feststehen dürften: Währungs- und Finanzverhältnisse und das große Außenhandelspassivum führten zu einer permanenten Geldentwertung, die im Herbst 1922 ihren dramatischen Kulminationspunkt erreichte.[60] Die „trügerische Scheinblüte der Inflationskonjunktur" leistete der Spekulation vor allem auf dem ohnedies überdimensionierten Kreditsektor Vorschub und erst die Gewährung einer 650-Millionen-Goldkronen-Anleihe durch den Völkerbund ermöglichte 1922 die Sanierung von Finanzen und Währung. G. Ladner stellte in seiner Entstehungsgeschichte der „Genfer Protokolle" vor allem die Person Bundeskanzler Seipels in den Mittelpunkt und übersah weitgehend die mit dem Sanierungswerk verbundene politische Problematik (Interessen des Auslandskapitals, Souveränitätseinbuße, innenpolitische Radikalisierung), auf die bereits K. Ausch mehrfach hingewiesen hat.[61]

Das Genfer Sanierungswerk brachte immerhin Ordnung in den Staatshaushalt; die Stabilisierungsmaßnahmen (Steuererhöhungen, neue Steuern, Beamtenabbau und Ausgabensenkung) waren mit dem Übergang zur Schillingwährung am 24. Dezember 1924 abgeschlossen. Einer kurzen Stabilisierungskrise folgte ein bis zum Ausbruch der „Großen Depression" der 30er Jahre reichender, wenngleich bescheidener Konjunkturanstieg, dessen Möglichkeiten infolge einer psychologisch zwar verständlichen, wirtschaftspolitisch aber verfehlten Deflationspolitik zu wenig genützt wurden. Die Industrieproduktion lag selbst im besten Jahr der Ersten Republik um 2 % unter dem Stand von 1913. Die europäische Bankenkrise der 30er Jahre ging vom Zusammenbruch der Österreichischen Bodencredit-Anstalt aus; in einer dramatischen Rettungsaktion erfolgte eine Fusionierung mit dem bedeutendsten österreichischen Bankinstitut, der Credit-Anstalt für Handel und Gewerbe, was letztlich die auslösende Ursache für die Credit-Anstalts-Krise im Frühjahr 1931 werden sollte. Die Hintergründe der

59 K. Rothschild, Austrias Economic Development Between the Two Wars, London 1947; G. Otruba, Österreichs Wirtschaft im 20. Jahrhundert, Wien 1968.
60 Zur Geldgeschichte vgl. K. Bachinger u. H. Matis, Der österreichische Schilling. Geschichte einer Währung, Graz 1974; O. Bachmayer, Die Geschichte der österreichischen Währungspolitik, Wien 1960.
61 G. Ladner, Seipel als Überwinder der Staatskrise vom Sommer 1922, Graz 1964.

Bankenzusammenbrüche stellte zuletzt K. Ausch in zwar journalistisch aufgelockerter, aber doch sehr informativer Weise dar.[62] Das Zollunionsprojekt zwischen Curtius und Schober bewog überdies französische Kapitalkreise, ihre kurzfristigen Gelder von den österreichischen Kreditinstituten abzuziehen. Nur gemeinsame Bemühungen von Regierung, Notenbank und Rothschild konnten den drohenden Zusammenbruch abwenden. Durch Abwertung der Währung, straffe Devisenbewirtschaftung, neue Zölle und Steuern sowie Drosselung der Gehälter und Investitionen konnte der Staatsbankrott verhindert werden. Die Regierung schlug in der Folge eine rigorose Austerity-Politik ein, verstärkte damit aber um den Preis einer stabilen Währung („Alpendollar)" die Krise der österreichischen Wirtschaft; von 1929 bis 1932 fiel die Produktion um 39 %, das Außenhandelsvolumen um 47 %, während gleichzeitig die Arbeitslosigkeit um 97 % stieg. Die gesunde Währung basierte damit auf einer kranken Wirtschaft. In Anbetracht der schwierigen ökonomischen Situation, die Hand in Hand mit einer politischen Radikalisierung ging, die schließlich sogar zur Ausschaltung der Demokratie 1934 führte, versuchte Bundeskanzler Dollfuß eine Anleihe vom Völkerbund zu erhalten. Die Geschichte dieser „Lausanner Anleihe" schildert in allen Hintergründen und Konsequenzen G. Klingenstein in ihrer Dissertation, die in jeder Weise die vergleichbare Arbeit von Ladner übertrifft.[63] Wenn im Jahre 1933 der Tiefpunkt der Konjunktur überschritten wurde, so war dies allerdings weniger eine Folge der Anleihe, die primär zur Sanierung der Finanzen und nicht zur Investitionsbelebung eingesetzt wurde, als eine Konsequenz des internationalen Konjunkturaufschwungs. Deutlichere Zahlen einer Wirtschaftsbelebung machten sich in Österreich erst 1937 infolge der hektischen deutschen Rüstungsbestrebungen bemerkbar. Österreich geriet schrittweise in eine Art „neokolonialer Abhängigkeit" vom Ausland; die Ausfuhr von Finalprodukten war 1937 um 33 % geringer als 1924, während gleichzeitig die von Rohstoffen und Halbfertigwaren um fast 50 % anstieg. Der 1934 inaugurierte Ständestaat, der auf der einen Seite alles tat, um sich dem Zugriff des Nationalsozialismus zu entziehen, trug auf der anderen Seite durch seine verfehlte Wirtschaftspolitik dazu bei, die Widerstandskraft der Bevölkerung zu lähmen. Die auch um den Preis einer wirtschaftlichen Dauerkrise und hoher Arbeitslosigkeit aufrechterhaltene Währungsstabilität entpuppte sich nach dem „Anschluß" als „wertvolle Morgengabe Österreichs für die deutsche Rüstungswirtschaft".
Die Wirtschaft Österreichs während des „Dritten Reiches" wurde bisher ausschließlich unter dem Aspekt der Rüstung untersucht; die vielleicht interessantere Frage nach den bleibenden regionalen, sektoralen und größenmäßigen Strukturänderungen wurde demgegenüber noch wenig be-

62 K. Ausch, Als die Banken fielen. Zur Soziologie der politischen Korruption, Wien 1968; ders., Erlebte Wirtschaftsgeschichte, Wien 1965.
63 G. Klingenstein, Die Anleihe von Lausanne, Graz 1965.

handelt, wenn man von dem schon erwähnten Artikel K. Rothschilds und einem knappen, aber informativen Aufsatz R. Bardys absieht. Festzuhalten ist, daß trotz der umfangreichen Zerstörungen vor allem seit 1943 der Entwicklungsstand und die Struktur der österreichischen Wirtschaft in dieser Periode einem starken Wandel unterlag (Ost-Westverlagerung der Industrie, Tendenz zum Großbetrieb, Forcierung der Schwerindustrie).[64]

Das Jahr 1945, das Geburtsjahr der Zweiten Republik, bedeutete auch wirtschaftlich einen Neubeginn. Der ersten Nachkriegsepoche, die durch Energienot, Chaos in der Ernährungswirtschaft, Rohstoffmangel, Demontagen und galoppierende Inflation gekennzeichnet war, folgte nach der Währungsreform Ende 1947 eine Art österreichisches „Wirtschaftswunder". Signifikant für die österreichische Wirtschaft ist seither der hohe Anteil an verstaatlichter Industrie; Kapitalmangel, ungeklärte Besitzverhältnisse, der drohende Zugriff der Besatzungsmächte und ideologische Motive führten zur Vergesellschaftung der bedeutendsten Industrieunternehmen, der drei größten Banken und ihrer Konzernbetriebe und der Energiewirtschaft.[65]

Die Einbeziehung in die ERP-Hilfe und das Einschwenken auf eine, allerdings stark keynesianisch orientierte, „soziale Marktwirtschaft" in Form des sog. Raab-Kamitz-Kurses brachte ab 1953 ein starkes Wirtschaftswachstum; selbst die mit dem Staatsvertrag von 1955 verbundenen finanziellen Verpflichtungen konnten daher rasch überwunden werden. Eine Stärkung der Exportwirtschaft, der Ausbau des Fremdenverkehrs, ein durch die institutionalisierte „Sozialpartnerschaft" zwischen Arbeitnehmer- und Arbeitgeberorganisationen garantiertes ausgewogenes soziales und politisches Klima trugen zu einem allgemeinen wirtschaftlichen Aufschwung bei, der lediglich 1957/58, 1966/67, 1972/73 und 1975/78 durch Konjunkturabschwünge abgeschwächt wurde.

Augenfällig ist die engere weltwirtschaftliche Verflechtung, die auch in der zunehmenden Bedeutung ausländischer Kapitalinvestitionen zum Ausdruck kommt[66] und durch die europäische Wirtschaftsintegration noch gefestigt wurde. Dies trug nicht nur zur Ausweitung der Wirtschaft bei, sondern schuf auch eine „Konjunktur- und Inflationsgemeinschaft" der OECD-Länder.

---

64 R. Bardy, Die österreichische Wirtschaft während des Zweiten Weltkriegs, in: ÖGL 10. 1966, S. 213–22; wenig ergiebig hingegen ist, abgesehen vom rüstungspolitischen Aspekt, N. Schausberger, Rüstung in Österreich 1938 bis 1945, Wien 1970, desgleichen F. Romanik, Der Leidensweg der österreichischen Wirtschaft 1933–1945, Wien 1953.

65 R. Hiscocks, Österreichs Wiedergeburt, Wien 1954; F. Heissenberger, Der Wiederaufbau in Österreich. Die finanzielle Kulisse, Frankfurt 1961; E. Langer, Die Verstaatlichungen in Österreich, Wien 1966; S. Hollerer, Verstaatlichung u. Wirtschaftsplanung in Österreich, Wien 1974.

66 F. Butschek, EWG u. die Folgen, Wien 1966; K. Ausch, Licht u. Irrlicht des österreichischen Wirtschaftswunders, Wien 1965.

Die Geschichte der Zweiten Republik hat mehrfach, vor allem anläßlich diverser Jubiläen, eine Darstellung gefunden. Die besondere Beachtung, die dabei der wirtschaftlichen Entwicklung geschenkt wurde, zeigt deren veränderten Stellenwert. So verfaßte etwa A. Brusatti zusammen mit K. Bachinger einen knappen Abriß der Wirtschaftsgeschichte 1945–1970, dem ein an der konjunkturellen Entwicklung orientiertes Periodisierungsschema zugrundegelegt wurde. Für eine Einführung in die Gesamtproblematik ist dieses Werk wohl am besten geeignet, wobei noch auf den im gleichen Sammelwerk erschienenen Beitrag von K. Gutkas als Ergänzung hingewiesen werden soll.[67] Spezielle Probleme der österreichischen Nachkriegsentwicklung werden essayhaft von E. März in seinem Buch „Österreichs Wirtschaft zwischen Ost und West" dargestellt, der auch eine Studie über die Rolle des Auslandskapitals in der österreichischen Wirtschaft anregte.[68] Das bereits an anderer Stelle zitierte Buch von G. Otruba bringt für die Zeit nach 1945 eine komprimierte Darstellung, der auch zahlreiche Graphiken und Diagramme beigegeben sind, die im wesentlichen auf Angaben des Österreichischen Wirtschaftsforschungsinstituts beruhen.

Es gibt zweifellos sowohl für die Erste wie für die Zweite Republik eine Reihe von Einzelfragen, die noch einer genaueren Analyse unterzogen werden müssen. Diese können hier nur kurz skizziert werden, ohne dabei Anspruch auf Vollzähligkeit erheben zu wollen: Die ökonomischen Konsequenzen des Friedensvertrages von Saint Germain, die sozialen Folgen der Nachkriegsinflation und der Weltwirtschaftskrise, der ganze Komplex von Wirtschaftskrise und politischer Radikalisierung, die Ideologie und Wirtschaftspolitik des Ständestaates, die Rolle des „Gewerkschaftsstaates" nach 1945, die wirtschaftspolitische Diskussion um Marktwirtschaft und Wohlfahrtsstaat, das Problem des „verschuldeten Steuerstaates" sind nur einige Themen, die Politik- wie Sozial- und Wirtschaftsgeschichte gleichermaßen interessieren. Im Hinblick auf den gegenwärtigen Forschungsstand erscheinen jedoch zunächst quantitative Analysen über Löhne und Preise, Beschäftigungs- und Profitrate, In- und Auslandsinvestitionen usw. als vordringlich. Schon dieser erste skizzenhafte Überblick zeigt, welche Fülle von Problemen noch der Untersuchung harrt.

Dieser Literaturbericht sollte daher nicht als kleinliche Kritik verstanden werden, sondern möchte lediglich den gegenwärtigen Forschungsstand aufzeigen, um damit auf Desiderata aufmerksam zu machen, die Ansatzpunkt für eine künftige Forschung sein könnten. Es geht in Zukunft in erster Linie um eine verstärkte wissenschaftstheoretische Profilierung der österreichischen Sozial- und Wirtschaftsgeschichte und um die Festlegung ihrer Zielperspektiven und Forschungsschwerpunkte.

67 A. Brusatti u. a., Österreich 1945–1970. 25 Jahre zweite Republik, Wien 1970; E. Weinzierl u. K. Skalnik (Hg.), Die Zweite Republik, 2 Bde., Graz 1972.
68 E. März, Österreichs Wirtschaft zwischen Ost u. West; Wien 1965; O. Grünwald u. F. Lacina, Auslandskapital in der österreichischen Wirtschaft, Wien 1970.

Deutsche Geschichte aus niederländischer Perspektive (1945–1975)

von Ger van Roon

Vorbemerkung. In einem Literaturbericht über die niederländischen Veröffentlichungen seit 1945 zur modernen deutschen Geschichte sei die Feststellung angebracht, daß die Erfahrungen der Besatzungszeit offenbar zunächst bei den niederländischen Historikern eine gewisse Scheu hervorgerufen haben, sich mit der deutschen Geschichte zu befassen. In der führenden „Tijdschrift voor Geschiedenis" findet man erst im Jahrgang 1952 einen Aufsatz über ein deutsches Thema.[1] In den folgenden Jahrgängen sind dann freilich mehrere erschienen. Im Jahre 1952 wurde auch zum ersten Mal nach 1945 eine Doktorarbeit über die deutsch-niederländischen Beziehungen veröffentlicht.[2]

Weil ihr Blickfeld an erster Stelle die Situation in den Niederlanden und zwar während des Zweiten Weltkrieges ist, sind in dieser Übersicht nicht die Arbeiten L. de Jongs und seiner Mitarbeiter vom bekannten Amsterdamer „Rijksinstituut voor Oorlogsdocumentatie" aufgenommen worden, wenn auch in manchen Teilen ihrer Arbeiten Entwicklungen in Deutschland während dieser Zeit mehr oder weniger erörtert werden.

1. Deutsche Geschichte vor 1933. Der Zeit des Deutschen Bundes sind zwei niederländische Arbeiten gewidmet. Der Utrechter Historiker und Schüler P. Geyls, H. von der Dunk, hat die belgische Revolution vornehmlich in ihrer außenpolitischen Bedingtheit sowie die deutschen Reaktionen darauf untersucht.[3] Das Vereinigte Königreich der Niederlande, zustandegekommen gemäß machtpolitischen und persönlich-dynastischen Interessen und weniger nach nationalen Gesichtspunkten, wurde in einem Deutschland mit erwachendem Nationalbewußtsein und mit den gesellschaftlichen Veränderungen, welche die Revolution auch in Deutschland nach sich gezogen hatte, nicht mehr von allen als so selbstverständlich hingenommen wie unter dem „Ancien Régime". Hier und da wurden beim liberalen Bürgertum doch schon Sympathien für die Belgier wach. Von zwei Seiten zeigte sich insbesondere eine betont freundliche Einstellung. In der rheinischen und westdeutschen Finanz- und Wirtschaftswelt wurde erkannt, daß jetzt die Möglichkeit gegeben sei, das verhaßte niederländische Handelsmonopol zu brechen, und eine Politik der Annäherung an Belgien wurde propagiert:

1 J. C. Boogman, Beschouwingen over Bismarck, in: Tijdschrift voor Geschiedenis (= TVG) 65. 1952, S. 11–51.
2 J. Ratté, De Nederlandse doorvoerpolitiek (tot 1850), Rotterdam 1952.
3 H. W. v. der Dunk, Der Deutsche Vormärz u. Belgien 1830/48, Wiesbaden 1966.

nicht Bekämpfung oder Negierung des revolutionären Gebildes aus legitimistischen Gesichtspunkten, sondern Nutzung der Gelegenheit, um die Grenzen des Zollvereins auszudehnen. Der einflußreiche Aachener Großkaufmann und Präsident der Handelskammer, David Hansemann, lieferte hier ein deutliches Beispiel. Er ist nicht der einzige geblieben. Ein wesentlicher Grund für die immer stärker probelgischen Töne war auch die Eisenbahnfrage. Schon im Januar 1832 hatte der Kölner Kaufmann G. H. Koch die Kölner Behörden auf die Erwünschtheit einer Bahnverbindung Köln-Antwerpen, eines „eisernen Rheines", hingewiesen. Im Mai 1833 wurde in Köln ein Eisenbahnkomitee gegründet. Auch in der Presse wurden diese Bemühungen unterstützt. Von der Dunk ist der Meinung, daß der Zollverein vor 1836 noch eine Chance gehabt hätte, einen Vertrag mit Belgien abzuschließen. Aber in Berlin war man noch nicht so weit, daß man ernstlich auf diese Anregungen eingegangen wäre. Die Revolutionsangst blockierte noch jeden Fortschritt. Die preußische Regierung hatte keinen Blick für die vorhandenen Möglichkeiten, unterschätzte die Position Belgiens und brachte kein Verständnis auf für dessen Zwangslage.

Neben diesen wirtschaftlichen Motiven befaßten sich Literaten wie Grimm und Hoffmann v. Fallersleben ganz speziell mit der flämischen Bewegung. Was sie anzog, war der Kampf des flämischen „Volkstums" gegen die Französierungswelle. Sie waren von Herder und der deutschen Romantik inspiriert und von einem germanisch-deutschen Nationalgefühl beseelt. Ausführlich analysiert der Verf. dieses nationale Selbstbewußtsein, wobei er sich eingehend mit den Gedanken Arndts und Görres' befaßt. Er warnt davor, diese Bewegung aus der Perspektive von 1870/71 zu deuten und weist in diesem Zusammenhang darauf hin, wie vage, widersprüchlich und kosmopolitisch dieses deutsche Nationalbewußtsein noch war.

Die Arbeit von der Dunks ist reizvoll, da es hier um die Beziehungen deutscher Staaten zu einem Land geht, das gemeinhin nur als diplomatisches Provisorium angesehen wurde, und sie ist eine gründliche Bearbeitung eines Zeitraums, der nach dem Neutralitäts-Bruch 1914 häufig von deutschen Historikern aus aktuellem, politischem Anlaß beleuchtet wurde, um den deutschen Einmarsch im August 1914 zu rechtfertigen. Die Untersuchung beruht auf breiter Literaturkenntnis und Archivstudium in Brüssel, Gent, Antwerpen und Köln.

Die Beziehungen zwischen den Niederlanden und dem Deutschen Bund sind das Thema einer zweibändigen Arbeit des Utrechter Historikers, J. C. Boogman,[4] ebenfalls aus der Schule P. Geyls. Diese Arbeit ist an erster Stelle eine diplomatisch-politische Untersuchung. Der Einfluß wirtschaftlicher Differenzen zwischen den Niederlanden und dem Zollverein wird nur relativ kurz hervorgehoben. Boogman stützt seine Darstellung auf niederländische Kabinettsprotokolle, auf niederländische diplomatische Korres-

4 J. C. Boogman, Nederland en de Duitse Bond 1815–1851, 2 Teile, Groningen 1955.

pondenz und Berichte des Gouverneurs der niederländischen Provinz Limburg, auch Akten, die sich im Algemeen Rijksarchief in Den Haag befinden, auf Akten des Bundesarchivs, auf veröffentlichte Akten und auf eine sehr umfangreiche Literatur.

Als roter Faden zieht sich durch das Buch die luxemburgisch-limburgische Problematik. Das Herzogtum Luxemburg, das zunächst den Spanischen, später den Österreichischen Niederlanden angehört hatte, wurde nach der französischen Besatzung vom Wiener Kongreß zum Großherzogtum promoviert und dem König des Vereinten Königreichs der Niederlande als Kompensation für den Verlust dessen nassauischer Erbgebiete übergeben. Das neue Großherzogtum und damit der niederländische König sollte Mitglied des Deutschen Bundes werden. Die Tatsache, daß eine niederländische Provinz – vor 1839 Luxemburg, dann Limburg – zum Deutschen Bund gehörte, gab dem Verhältnis einen besonderen Akzent. Die enge Verbindung zum Bund stand dem in Den Haag besonders nach 1839 geäußerten Wunsch nach Neutralität entgegen. Die Beziehungen kamen in eine krisenhafte Phase, als im Jahre 1848 das Frankfurter Parlament die Forderung erhob, daß Limburg dem neuzugründenden Bundesstaat völlig eingegliedert werden sollte. Sehr eingehend werden diese letzten Ereignisse vom Verf. dargestellt.

Das Buch Boogmans ist für deutsche Leser wertvoll, weil der niederländische Bundestagsgesandte v. Scherff, schon seit 1816 mit der Maschinerie des Bundes vertraut, sich in seinen Berichten an die niederländische Regierung, die vom Verf. ausgewertet wurden, immer sehr gut informiert zeigt, der preußischen Politik zugetan war und sogar zum preußischen Gesandten Bismarck ein fast freundschaftliches Verhältnis hatte. Sind Scherffs Berichte also eine bedeutende Quelle zur Kenntnis der politischen Entwicklungen und Verhältnisse innerhalb des Bundes und in der Bundesversammlung, sind sie doch von besonderem Wert für die Ereignisse im Revolutionsjahr 1848. Sie bestätigen z. B. die These, daß Preußen während der ersten Märzwochen eine gute Chance hatte, das Problem der deutschen Einheit zu lösen. Daß diese Chance nicht ausgenutzt wurde, darf nach Boogman nicht nur dem preußischen König vorgeworfen werden. Seiner Meinung nach hat die liberale Historiographie die Bedeutung der konfessionellen Unterschiede unterschätzt. Sicher haben auch Befürchtungen in ,,Altpreußen'', daß ,,Neupreußen'' im neuen Bundesstaat wichtiger werden wollte, eine wesentliche Rolle gespielt. Die Agitation gegen die von dem Kölner Politiker Camphausen befürwortete Politik ist dafür ein klarer Beweis. Hinsichtlich der allgemeinen Interpretation der Ereignisse äußert Boogman wiederholt seine Anerkennung für die Arbeiten von Stadelmann und Wilhelm Mommsen, lehnt jedoch die Standpunkte Veit Valentins als ,,idealistisch'' und Namiers als ,,einseitig'' ab. Könnte man bei den Arbeiten von der Dunks und Boogmans von einer gegenseitigen Ergänzung sprechen, steht die zweibändige Arbeit des Utrechter Historikers Z. R. Dittrich in mancherlei Hinsicht zu ihnen in Kontrast.[5] In der Einführung schreibt er, daß er in seiner Darstellung der deutschen Geschichte zwei Extreme vermeiden will: die Geschichte des 19. Jahrhunderts für identisch mit der Vorgeschichte des 20. Jahrhunderts oder für einen abgeschlossenen Zeitabschnitt zu halten.

Nach Dittrich, der eine Mittellinie wählen möchte, bleibt eine Beziehung dieser Jahre zu den späteren katastrophalen Entwicklungen: „Die geistige und moralische Isolierung, in die das deutsche Volk auf diese Weise geraten ist," so schreibt er, „bildet ohne Zweifel eine der wichtigsten Voraussetzungen für das Zustandekommen der Diktatur Hitlers" (S. VIII). Statt entweder einer sehr kritischen Darstellung der deutschen Geschichte mit einer detaillierten Gesellschaftsanalyse oder einer Darstellung Bismarcks mit dabei vielleicht an Hitler erinnernden Zügen ist das Buch, in dem eine Fülle von Literatur verarbeitet ist und das sehr lebendig geschrieben ist, eine traditionelle politische Geschichte der Reichsgründungszeit mit Bismarck als dem Heroen. Manchmal zeigt der Verf. sich so befangen gegenüber der Persönlichkeit Bismarcks, daß er dessen Gegner nicht zu ihrem Recht kommen läßt. Auch die Revolution von 1848 war seiner Meinung nach vom Anfang an zum Mißlingen verdammt. Stark apologetisch geschrieben und Eyck immer wieder angreifend, so daß von einem „Anti-Eyck" gesprochen werden könnte, wird Bismarck, für den es nach Dittrichs Meinung weder eine Alternative noch einen ebenbürtigen Nachfolger gab, wiederholt Lob gespendet.

Anläßlich des hundertjährigen „Jubiläums" der deutschen Einigung hat sich von der Dunk in zwei Beiträgen mit dem Thema der Reichsgründung befaßt. Nach einer kurzen Skizzierung der deutsch-niederländischen Beziehungen seit dem 16. Jahrhundert zeigt er, wie nach 1860 die Entwicklung in der Richtung großer Machtzusammenballungen eine Bedrohung für die kleinen Staaten bedeutete. Diese Gefahr spitzte sich nach 1866 noch zu. In den Niederlanden wurde sogar im protestantisch-konservativen Lager Bismarcks Politik als zynischer Machiavellismus verurteilt. Die Reichsgründung löste dann ein Gefühl des Unbehagens und Bedenkens aus, weil das europäische Gleichgewicht zerstört schien. Das Unbehagen galt nicht der deutschen Einheit an sich, die Nationalbewegung wurde allgemein als berechtigt anerkannt. Es galt der Art, in welcher diese Einheit forciert zustande gekommen war. Auch was die eigene Zukunft betraf, blieb ein Gefühl der Unruhe. Eine Angliederung der Niederlande an den Zollverein mit allen Konsequenzen im Hinblick auf Niederländisch-Indien, wie sie deutsche imperialistische Kreise erhofften, wurde von der Mehrheit der Niederländer abgelehnt.[6]

5 Z. R. Dittnich, De opkomst van het moderne Duitsland. Dromen, Worstelingen, Tegenslagen, 1806–1862, 2 Teile, Groningen 1956.
6 H. W. v. der Dunk, Die Niederlande u. die Reichsgründung, in: W. Hofer (Hg.), Europa u. die Einheit Deutschlands. Eine Bilanz nach 100 Jahren, Köln 1970, S. 83–118.

An anderer Stelle hat derselbe Verf. vor einer Kontinuitätsoptik gewarnt, die Bismarck feiert als den Exponenten einer starken konservativ-feudalen Tradition und 1871 als ein Ereignis, das ganz natürlich der eigenartigen, gesonderten deutschen Entwicklung entspricht. Jeder Kontinuitätsoptik haftet jedoch ein gewisser Determinismus an. Der Industrialisierungsprozeß habe weitverzweigte Entwicklungen hervorgerufen, die sicher nicht eine Konsequenz der Romantik seien. Auch sei mit der Gründung von 1871 nicht bereits die Niederlage im Ersten Weltkrieg gegeben. Mit diesen Bemerkungen möchte der Verf. keinen simplifizierten Kontrastierungen das Wort reden, sondern strukturelle Unterschiede in den verschiedenen Phasen der historischen Entwicklung beachtet wissen.[7]

Die eigentliche Weimarer Zeit ist in der niederländischen Geschichtsschreibung nach 1945 nur durch Aufsätze vertreten.[8] Der erste ist Rathenau gewidmet, dessen Arbeit bezeichnet wird als „Leben zwischen Anpassung und Kritik". Mit großem Einfühlungsvermögen wird Rathenaus Persönlichkeit gezeichnet, werden die Stadien seines Lebens verfolgt und seine Schriften interpretiert als „eine Mischung von zu früh und zu spät".[9] Der zweite Aufsatz über diesen Zeitabschnitt befaßt sich mit dem deutsch-britischen Verhältnis, und zwar aus der Perspektive des „Round Table"-Kreises.[10]

2. Das „Dritte Reich". Ein Schüler Boogmans, G. Bakker, hat eine Doktorarbeit über die deutsche Geopolitik[11] geschrieben. Er betrachtet dieses Thema als einen Beitrag zur besseren Einsicht in die ideologischen Grundlagen und Zielsetzungen des „Dritten Reiches". Er zeigt, wie die Geopolitiker nicht nur die Wiederherstellung der deutschen Machtstellung der Jahre 1871–1918 anstrebten, sondern außerdem verlangten, daß Deutschland eine Weltmacht werden sollte. Zur Erreichung dieses Zieles sollten jedoch tiefgehende strukturelle Änderungen in Deutschland und Europa erforderlich sein. In Deutschland sollte die Bevölkerungsbewegung vom Lande in die Stadt aufhören und die von Ost nach West sogar umgekehrt werden. Eine Wiederherstellung des Gleichgewichts zwischen dem Lande und der Stadt sei innerhalb der bestehenden Grenzen jedoch nicht möglich; dazu sollte ein Großwirtschaftsraum Mitteleuropa aufgebaut werden. Dann sei auch die Autarkie zu verwirklichen, und ebenfalls würde erst dann Deutschland nach der Meinung der Geopolitiker seinen wahren Lebensraum gefunden haben. Man kann der Geopolitik nach Bakker jeden wis-

7 Ders., De Duitse eenheid herdacht 1871–1971, in: TVG 85. 1972, S. 555–62.
8 Nur für Unterrichtszwecke gibt es eine geschlossene, freilich kurze Darstellung der Weimarer Zeit: G. v. Roon, Van Rosa Luxemburg tot Stauffenberg, Kampen o. J.
9 H. W. v. der Dunk, Walther Rathenau 1867–1922, in: TVG 80. 1967, S. 331–54.
10 G. v. Roon, Engeland op weg naar Europa. De Round Table en de Republiek van Weimar, in: Internationale Spectator 23. 1969, S. 1539–56.
11 G. Bakker, Duitse Geopolitiek 1919–1945, Assen 1967.

senschaftlichen Wert absprechen. Viel wichtiger ist die große Bedeutung, die die Geopolitik für die Meinungsbildung von vielen Millionen Menschen in Deutschland hatte, für die ideologische Prägung von Parteimitgliedern und für die Auffassungen einiger führender Nationalsozialisten wie Hess, Rosenberg und Darré. Auf die Herausbildung der Ideen Hitlers auf dem Gebiet der internationalen Politik hatte der Großmeister der deutschen Geopolitik, Karl Haushofer, direkt und indirekt durch Hess Einfluß in der Periode, als Hitler sich in Landsberg befand. Dieser Einfluß zeigt sich vor allem im 13. und 14. Kapitel des zweiten Teils von „Mein Kampf". Es gibt jedoch einen wichtigen Unterschied zwischen den Auffassungen von Hitler und denen von Haushofer über die Außenpolitik. Letzterer wollte Rußland nicht angreifen, während Hitler der Meinung war, daß dieser Staat vernichtet werden könnte. Zusammengefaßt ist die Ansicht Bakkers, daß die deutsche Geopolitik aus den Jahren 1919 bis 1945 einer imperialistischen deutschen Außenpolitik als ideologische Basis gedient hat.

Im Zusammenhang mit der Arbeit Bakkers ist zunächst auf eine Untersuchung von A. V. N. van Woerden, Mitarbeiter am Internationalen Institut für Sozialgeschichte in Amsterdam, hinzuweisen.[12] Vor dem Hintergrund der traditionellen Englandbilder der deutschen Anglophilie und der deutschen Anglophobie analysiert van Woerden die England-Vorstellungen Hitlers. Dabei unterscheidet er in den Ansichten Hitlers drei Varianten über die Prinzipien der englischen Außenpolitik: die der absoluten Feindschaft zwischen England und Deutschland, die der kontinentalen Gleichgewichtspolitik und der vorläufigen Interessengemeinschaft zwischen England und Deutschland und die des maritim-imperialen Isolationismus und der natürlichen Interessenharmonie zwischen England und Deutschland. Die erste kann man in Hitlers Reden aus den Jahren 1919 und 1920 finden, die zweite in „Mein Kampf" und die dritte in Hitlers „Zweitem Buch". Im zweiten Teil der Arbeit untersucht van Woerden den Einfluß dieser Vorstellungen auf die spätere nationalsozialistische Außenpolitik.

Ein lehrreiches Beispiel, zu wieviel Anpassung man sich schon freiwillig bereit zeigte, bevor ein Gleichschaltungsversuch stattfand, liefert eine Arbeit von A. F. Manning, Ordinarius für Zeitgeschichte an der Katholischen Universität Nijmegen.[13] Am Beispiel des „Vereins Deutscher Ingenieure", dessen Archiv er benutzen konnte, untersucht Manning das Verhältnis zwischen den deutschen Ingenieuren und dem Nationalsozialismus. Nach einleitenden Bemerkungen über die Rolle der Technik in der Ideologie und Praxis des Nationalsozialismus berichtet der Verf. ausführlich über die Gegensätze zwischen dem VDI und dem „Kampfbund Deutscher Architekten und Ingenieure (KDAI)" unter Gottfried Feder. Bevor der letztere sich für

12 A. V. N. v. Woerden, Hitler, Duitsland en de Engelse wereldmacht, in: TVG 77. 1964, S. 403–38; englisch in: Acta Historiae Neerlandica (= AHN) 3. 1968, S. 141–59.
13 A. F. Manning, Der Verein Deutscher Ingenieure u. der Nationalsozialismus, in: AHN 2. 1967, S. 163–87.

eine Besprechung zwecks Übernahme der Leitung angesagt hatte, hatte die Gesellschaft weitgehende Zusammenarbeit mit den neuen Machthabern beschlossen und in einem offenen Brief an Hitler versprochen, sich beim Wiederaufbau des Staates aktiv einzuschalten. Bei der Besprechung mit Feder stellte sich dann heraus, daß dieser aus eigener Initiative handelte und sein Verhalten nicht von der Parteiführung gebilligt wurde. Auffallend bei dieser ganzen Angelegenheit ist neben den Rivalitäten im Lager der Nationalsozialisten selber die schnelle Kapitulation der deutschen Ingenieure vor dem Nationalsozialismus, die ohne Widerstand erfolgte.

Die Wirtschaftspolitik im Dritten Reich ist das Thema einer Untersuchung von I. Schöffer, Ordinarius an der Universität Leiden.[14] Der Verf. weist darauf hin, daß die Wiederbelebung der deutschen Wirtschaft zwischen 1933 und 1939 eng verbunden ist mit der Art und Struktur des nationalsozialistischen Regimes. Dieses Regime war einerseits in der Lage, mit Gewalt und grober Improvisation zu reagieren, wenn die Wiederbelebung sich tatsächlich in eine schwere Inflation, in Staatsbankrott oder in soziale Unruhen verwandelt hätte. Das Regime war andererseits mit einem administrativen Apparat ausgestattet, um bestimmte, insbesondere von Hitler gewünschte Programmpunkte, wie die Beseitigung der Arbeitslosigkeit und die Wiederbewaffnung, durchzusetzen. Die Realisierung dieser Programmpunkte ermöglichte die Wiederbelebung der Wirtschaft, aber sie war eher den politisch-ideologischen Zielsetzungen zu verdanken als einer bewußten Wirtschaftsplanung. Die Wiederbelebung war ein typisches Beiprodukt eines expansiven und gewalttätigen Regimes.

In einem fesselnd geschriebenen Buch hat der frühere Ordinarius für Neuere Geschichte an der Universität Leiden, B. W. Schaper, das „Trauma von München – 1938" beschrieben.[15] Es war eine dramatische Phase in der Vorgeschichte des Zweiten Weltkrieges. Das Ergebnis der in München betriebenen „Appeasement-Politik" bedeutete nur einen kurzen Aufschub der Exekution auf Kosten einer kleinen mitteleuropäischen Demokratie. Seitdem galten „München 1938" und „Appeasement" als ein abschreckendes Beispiel internationaler Politik. „München 1938" ist sogar zu einer viel verwendeten historischen Analogie geworden. Im zweiten Teil der Arbeit untersucht der Verf. Ereignisse und Entwicklungen nach dem Zweiten Weltkrieg, die als ein neues „München" gedeutet worden sind und bringt seine Skepsis über solche Analogie-Versuche zum Ausdruck.

Den Anfängen des Rußlandfeldzuges ist eine kriegsgeschichtliche Doktorarbeit der Universität Utrecht gewidmet.[16] Der Verf. hat besonders die strategischen Aspekte untersucht, ist dabei von der Terminologie Liddell Harts ausgegangen und ist absichtlich bemüht, beiden Seiten gerecht zu

---

14 I. Schöffer, Het „Wirtschaftswunder" van Nazi-Duitsland 1933–1939, in: Forum der Letteren 1971, S. 16–40.
15 B. W. Schaper, Het trauma van München, Amsterdam 1976.
16 F. P. ten Kate, De Duitse aanval op de Sovjet-Unie in 1941, 2 Teile, Groningen 1968.

werden. Aufgrund der im Westen zur Verfügung stehenden Quellen und
Literatur und von Befragungen werden in dieser Arbeit bis ins Detail die
Entscheidung zum Angriff, die Zusammensetzung der Streitkräfte, die
Operationspläne und die Kämpfe in den einzelnen Phasen analysiert. So
beanstandet Ten Kate, daß die Kriegsmarine nicht zur Unterstützung der
Heeresgruppe Nord eingesetzt wurde, daß an der Südfront der rechte Ein-
kreisungsarm fehlte und daß bei der Heeresgruppe Mitte Zersplitterung
statt Konzentration der zur Verfügung stehenden Kräfte eintrat. Seiner
Meinung nach war der Krieg gegen die Sowjetunion nicht nur ein Ziel an
sich – Eroberung der wirtschaftlichen Basis für eine ,,Weltmacht-Stellung‘‘
–, sondern auch das einzig übriggebliebene Mittel, den Krieg gegen Großbritannien zu beenden und außerdem die USA zu zwingen, sich nicht am
Krieg zu beteiligen. Während auf militärstrategischer und taktischer Ebene
die deutsche Superiorität unverkennbar war, versagte die deutsche Führung auf dem Gebiet der ,,großen Strategie‘‘ sehr erheblich und zeigten die
Russen hier bald größere Einsicht. Militärisch sei die wichtigste Folge des
Feldzuges das Verbrauchen ,,bis auf die Knochen‘‘ des noch 1940 überle-
genen deutschen Heeres gewesen. Politisch wurde Hitler geradezu
,,Schrittmacher für den Bolschewismus‘‘.
J. Menges hat sich in einer medizinhistorischen Doktorarbeit an der Universität Amsterdam mit dem ,,Euthanasie-Komplex‘‘ befaßt.[17] Der Mord
an den Geisteskranken war die Vorstufe der ,,Endlösung der Judenfrage‘‘.
Die verschiedenen Aktionen und deren Vorbereitung werden im ersten
Teil der Arbeit erörtert. So wurden z. B. bei der ,,Aktion T4‘‘ etwa 60000
deutsche Geisteskranke ermordet. Nachdem Hitler, hauptsächlich aufgrund der Proteste in Deutschland, von weiteren organisierten Aktionen
gegen die Geisteskranken absehen mußte, fing die Phase der ,,wilden Eu-
thanasie‘‘ an. In den besetzten Gebieten sind ihr dann besonders in der
Sowjetunion und Polen viele zum Opfer gefallen. Gemessen an der ,,totali-
tären Struktur des Dritten Reiches kann man die Reaktionen, die im zweiten Teil der Arbeit beschrieben werden, als besonders heftig bezeichnen.
Namentlich in kirchlichen Kreisen wurde kräftig protestiert, aber auch in
der Bevölkerung im allgemeinen regte sich eine heftige Unruhe. Während
die Richter sich kaum wehrten, sabotierten manche Ärzte die Befehle. Der
Hauptgrund für die Proteste war nicht Mitleid mit den Opfern, sondern
vielmehr Angst ums eigene Leben. Wenn auch das Ausland über diese
Morde wußte, wurde von dieser Seite kaum protestiert. Wichtig bei diesem
ganzen Komplex ist besonders, daß Proteste in Nazi-Deutschland also möglich waren und in Einzelfällen sogar Erfolg hatten. Um so mehr vermißt
man sie dann bei der Ermordung der Juden.
Von 1962 bis 1965 hat der niederländische Jurist C. F. Rüter die seit dem 8.
Mai 1945 ergangenen deutschen Strafurteile wegen NS-Tötungsverbre-

17 J. Menges, ,,Euthanasie‘‘ in het Derde Rijk, Haarlem 1972.

chen als Grundlage für seine Habilitationsschrift ermittelt und gesammelt.[18] Das wachsende Interesse für diese Materie führte dazu, daß schließlich ein niederländischer Verleger unter einer deutsch-niederländischen Redaktion mit der Herausgabe angefangen hat. Bis jetzt sind in der Reihe „Justiz und NS-Verbrechen" 16 Bände erschienen:[19] Die Veröffentlichung bezweckt, die bisher unzugänglichen Urteile der Wissenschaft zu erschließen und dieses Material der Nachwelt zu erhalten. Ein weiteres Ergebnis ist, daß so Täter und Opfer konkretisiert und individualisiert werden. Das Geschehen aus den Jahren 1933–45, das bisher manchmal ein fast anonymes Geschichtspanorama war, beginnt sich auf diese Weise mit Einzelwesen und deren Taten zu füllen. Die Kenntnis dieses Materials ist daher auch für Unterrichtszwecke sehr zu empfehlen.

Der Vollständigkeit halber hat der Verf. dieses Literaturberichtes noch darauf hinzuweisen, daß er mit seiner Doktorarbeit an der Vrije Universiteit Amsterdam ein Buch über den Kreisauer Kreis der deutschen Widerstandsbewegung vorgelegt hat.[20] Bis zu dieser Zeit war dieser Kreis, dessen Motor Helmuth v. Moltke war,[21] meist als eine Gruppe theoretisierender Intellektueller am Rande des Widerstandes betrachtet worden. Die Sprachregelung der verhafteten Mitglieder, die vor dem Volksgerichtshof die aktive Mitarbeit am Umsturzversuch Stauffenbergs bestritten – Moltke selbst befand sich ja schon seit Januar 1944 in Haft – und erklärten, man habe sich auf die Planung der Nachkriegsentwicklung beschränkt, wie auch die Einleitung der kurz nach dem Krieg von englischer Seite veröffentlichten „Letzten Briefe" Moltkes haben in der älteren Literatur verschiedentlich zu der irrigen Auffassung geführt, die Kreisauer seien vor der Konsequenz ihres Tuns zurückgeschreckt. Durch das heute bekannte Material ist diese Vorstellung wohl widerlegt. Die Kreisauer „Weisungen an die Landesverweser" waren Bestandteile einer systematischen Planung zur Vorbereitung eines aktiven Eingreifens. In Verbindung mit anderen Gruppen und Personen des zivilen und militärischen Widerstandes unterbreitete Moltke den westlichen Alliierten Ende 1943 in einer von ihm inspirierten Denkschrift konkrete Vorschläge, die die Bildung einer Gegenregierung in Aussicht stellten und auf politische und militärische Zusammenarbeit mit den westlichen Alliierten abzielten. Dabei wurde die Notwendigkeit einer außenpolitischen Zusammenarbeit mit der Sowjetunion nachdrücklich betont. Die Neuordnungspläne der Kreisauer rücken damit in ein anderes Licht. Der Darstellung wurde ein ausführlicher Dokumentenanhang beige-

18 C. F. Rüter, Enkele aspecten van de strafrechtelijke reactie op oorlogsmisdrijven en misdrijven tegen de menselijkheid, Amsterdam 1973.
10 L. Rüter-Ehlermann u. C. F. Rüter (Hg.), Justiz u. NS-Verbrechen, Amsterdam 1968 ff.
20 G. v. Roon, Neuordnung im Widerstand. Der Kreisauer Kreis innerhalb der deutschen Widerstandsbewegung, München 1967; engl. German Resistance to Hitler. Count von Moltke and the Kreisau Circle, London 1971.
21 Vgl. dazu: ders., Graf Moltke als Völkerrechtler im OKW, in: Vierteljahrshefte für Zeitgeschichte 18. 1970, S. 12–61.

geben. Vom selben Verf. ist auch eine Gesamtdarstellung des deutschen Widerstandes erschienen.[22]

3. Deutsch-Niederländische Beziehungen. Wer sich in die Geschichte des deutsch-niederländischen Verhältnisses vertieft, entdeckt schon bald, daß die Beziehungen zwischen den beiden Ländern alt und von einer besonderen Intensität sind. Infolge der verschiedenen Ausstattung der beiden Länder mit ökonomischem Potential haben diese Relationen sich auf wirtschaftlichem Gebiet zu einem fast komplementären Verhältnis entwickelt, das freilich zu keiner Zeit eine besonders enge Verbundenheit begründet hat.

Über die deutsch-niederländischen Wirtschaftsbeziehungen im 19. Jahrhundert sind in den letzten Jahren zwei Arbeiten erschienen, die einander gut ergänzen, sicher auch zu einem besseren Verständnis der von von der Dunk und Boogman erörterten Thematik beitragen und eine ältere Arbeit von Ratté[23] mehr in den Hintergrund treten lassen. Die erste Arbeit,[24] eine deutschsprachige wirtschaftsgeschichtliche Doktorarbeit der Handelshochschule Tilburg, behandelt den Zeitabschnitt von 1815 bis 1851. Diese Zeit, noch einigermaßen im Schatten des mächtigen 17. Jahrhunderts der Holländer und zugleich schon im Vorfeld des Industrialisierungsprozesses, bedeutet in den gegenseitigen Beziehungen den Wechsel von niederländisch-preußischen zu deutsch-niederländischen Wirtschaftsbeziehungen, wie der Untertitel lautet. Preußen dehnt sich zum Deutschen Reich aus, die Niederlande schrumpfen durch den Abfall Belgiens. Etwa gleichzeitig verschiebt sich das Schwergewicht in den Wirtschaftsbeziehungen von den Niederlanden nach Deutschland eine Entwicklung, die im Jahre 1851 ihren vorläufigen Abschluß findet.[25]

Sich stützend auf Archivmaterial aus Den Haag, Amsterdam und Merseburg und einer breiten Kenntnis der Literatur skizziert Bläsing die Entwicklung der Beziehungen. Dabei kommt er zur folgenden Periodisierung des Zeitraums: 1815–1830/31 als die Anlaufphase der deutschen Emanzipation im Hinterland – begleitet von zahlreichen niederländischen Konsolidierungsbemühungen; 1830/31–1841 als die Phase der Beschleunigung deutscher Emanzipation und niederländischer Kontraktion. Während dieser und der dritten Phase bis 1851 verliefen beide von Akzeleratoren wie Dampfschiff und Eisenbahn beschleunigten Abläufe nahezu synchron: in Europa ebenso wie in Übersee, im Handelssektor ebenso wie im wirtschaftsindustriellen und -technischen Bereich. Die dritte Phase stand im

22 Ders., Het Duitse verzet tegen Hitler, Utrecht 1968; dt. in Vorbereitung.
23 Vgl. Anm. 2.
24 J. F. E. Bläsing, Das goldene Delta u. sein eisernes Hinterland 1815–1851, Leiden 1973.
25 Dazu auch: J. de Vries, De problematiek der Duits-Nederlandse economische betrekkingen in de negentiende eeuw, in: TVG 78. 1965, S. 46 ff.

Zeichen einer weitgehenden Bereinigung der zwischenstaatlichen Streitfragen.

Unter Führung des neuen rheinischen Nachbarn der Niederlande, Preußens, wußten die Deutschen sich Zug um Zug von der traditionellen Bevormundung durch Holland zu befreien. Dieser Trend findet seinen Ausdruck in den abgeschlossenen Verträgen: Die Wiener Schlußakte bedeutete einen ersten, freilich noch theoretischen, Ansatz in Richtung deutscher Befreiungsmöglichkeiten, die Mainzer Konvention von 1831 und der Schiffahrtsvertrag von 1837 resultierten in ersten praktischen Fortschritten, der Handelsvertrag von 1839 brachte einen kurzfristigen Rückschritt, doch der zweite Schiffahrts- und Handelsvertrag brachte die Bestätigung des Vorsprunges. Vor diesem Hintergrund, der mehrfach zu gradlinig skizziert wird, kommt der Verf. zu neuen Ergebnissen in Detailfragen. So ist er der Meinung, der Kölner Stapel habe tatsächlich einen Einfluß auf die Rheinbefreiung ausgeübt, vermittelt auch ein Bild von der unmittelbaren Mainzer Vor- und Nachgeschichte, das positiver für die Niederlande ist als aus der bisherigen Literatur ersichtlich wird und weist überzeugend die Abhängigkeit der Niederlande während dieses Zeitabschnitts vom deutschen Absatzmarkt einschließlich Deutschlands als Transitgebiet in beiden Richtungen nach.

Es ist keineswegs verwunderlich, daß sich der deutsch-niederländische Gegensatz in der ersten Hälfte des 19. Jahrhunderts am stärksten in den Rhein- und dann in den Kolonialfragen manifestierte. Da die von Preußen angekurbelten deutschen Interessen den niederländischen diametral gegenüberstanden, kam es zu fast erbitterten handelspolitischen Auseinandersetzungen. An dieser generellen These Bläsings knüpft die zweite Arbeit an, eine Doktorarbeit der Katholischen Universität Nijmegen.[26] Sie ist eine interessante, wenn auch in methodischer Hinsicht nicht immer fehlerfreie Arbeit. Auf einer Fülle von statistischen Fakten und von Dokumenten aus niederländischen Archiven aufgebaut, ist die Arbeit Nustelings eine Ergänzung der erstgenannten Studie und bedeutet in manchen Hinsichten eine Bereicherung bisheriger Kenntnisse. Dem Leser wird auch viel mehr geboten als im Titel versprochen wird, was ja nicht immer der Fall ist. Das Zentralthema ist der Warenverkehr auf dem Rhein zwischen den Niederlanden und Deutschland. Für die Zeit von 1835 bis 1914 stehen die „Jahresberichte der Zentralkommission für die Rheinschiffahrt" zur Verfügung, in denen für die niederländische Rheinfahrt die Angaben der Zollämter von Lobith und Emmerich eine wichtige Quelle sind. Außer generellen Zahlen für jeweils fünf Jahre gibt der Verf. Zahlen nach Herkunft und nach Produkten. Aufgrund dieser Zahlen werden interessante Zusammenhänge ersichtlich, z. B. zwischen der Verfrachtung von Baumwolle und den unterschiedlichen Entwicklungen in der Baumwollindustrie.

26 H. P. H. Nusteling, De Rijnvaart in het tijdperk van stoom en steenkool 1831–1914, Amsterdam 1974.

Etwa in der Jahrhundertmitte hat die Eisenbahn die sozialökonomischen Verhältnisse grundlegend verändert. Das neue Verkehrsmittel wurde zu einer gewaltigen Bedrohung für verschiedene Zweige der Rheinschiffahrt, die sich nur zu behaupten wußte durch die Fortsetzung des bereits früher in Gang gekommenen Modernisierungsprozesses. Ausführlich und mit exakten Angaben wird dargelegt, wie sich die Art der Waren namentlich bei den stromaufwärts nach Deutschland gehenden Transporten veränderte, als in den Jahren 1855–1859 in Westeuropa ein geschlossenes Eisenbahnnetz entstanden war. Hochwertige Güter wurden immer häufiger per Bahn verschickt. Auf dem Rhein wurden von da an nahezu ausschließlich Massengüter verschifft. Im Güterverkehr aus den niederländischen Häfen zum deutschen Rhein bekam der Transitverkehr gleichzeitig die Oberhand und die Rheinschiffahrt wurde unabhängig vom niederländischen Handel.

Für deutsche Leser ist noch besonders auf drei weitere Aspekte dieser Arbeit hinzuweisen. Seit der Akte von Mannheim hat die Frachtschiffahrt von den niederländischen Seehäfen nach Deutschland eine gewaltige Ausdehnung erfahren. Sie muß zurückgeführt werden auf den zunehmenden Bedarf der westdeutschen Industrie an ausländischen Rohstoffen wie Eisen, Erzen und Holz und auf die zunehmende Nachfrage nach Getreide durch die stetig anwachsende Bevölkerung in den Städten entlang des Rheins. In einer Analyse des Warenverkehrs nach 1870 legt der Verf. dar, daß das Wirtschaftswachstum Deutschlands ohne die billige Transportmöglichkeit zu Schiff aus dem Westen nie einen solchen Höhenflug hätte nehmen können, wie dies der Fall war. Ausführlich wird in dieser Arbeit auch eingegangen auf das Verhältnis zwischen Rheinschiffahrt und Eisenbahn in den letzten Jahrzehnten des 19. Jahrhunderts. Nördlich des Mains herrschte zwischen beiden Verkehrsmitteln scharfe Konkurrenz, während die Rheinschiffahrt in Süddeutschland mit kräftiger Unterstützung seitens der verschiedenen Staatseisenbahnen rechnen konnte. Durch diesen Gegensatz, der bei vielen Verhandlungen und Aktionen aus dieser Zeit eine wichtige Rolle gespielt hat, wurde die Ausdehnung des Liefergebietes der Rheinschiffahrt eingeschränkt.

Schließlich hat der Verf. seine Darstellung nicht von den politischen Gegensätzen der damaligen Zeit isoliert. Das wird besonders ersichtlich im letzten Kapitel, das über die Entwicklung der Rheinschiffahrt um die Jahrhundertwende bis zum Ersten Weltkrieg handelt. Der deutsche Nationalismus von damals verlangte deutlich die Verwirklichung der ökonomischen Autarkie des Deutschen Reiches im Rahmen einer expansionistischen Politik. Das Prinzip einer freien Rheinschiffahrt stand solchen Bestrebungen im Weg. Das Verlangen wurde laut, das Rheinstatut in dieser Hinsicht anzupassen. Für die Niederlande hatten dieser Nationalismus und Expansionismus, wie der Verf. nachweisen kann, nicht allein wirtschaftliche Folgen, sondern bedeutete auch eine Gefahr für die politische Selbständigkeit. Vergeblich hat sich auf deutscher Seite das Auswärtige Amt gegen diesen

Kurs gewandt und insbesondere der Leiter der handelspolitischen Abteilung, v. Koerner. Schließlich sah dieser sich sogar Anfang 1914 gezwungen, seinen Abschied einzureichen. Beispiele wie dieses illustrieren das Übergewicht nationalistischer Gruppierungen.

Ein Beweis, daß kirchliche Archive auch interessantes Material für die Sozial- und Wirtschaftsgeschichte enthalten können, ist ein Aufsatz über die Lage der deutschen „Hollandgänger", meistens Torfarbeiter, Grasmäher und Ziegelarbeiter, im 19. Jahrhundert.[27] Die Reiseprediger der Evangelischen Kirchen Deutschlands hatten in ihren Berichten an die kirchlichen Behörden auf Übelstände hingewiesen und Vorschläge gemacht, wie man diese Mißstände beseitigen könne. Darauf fand im Jahre 1866 eine Konferenz in Oeynhausen statt, zusammengerufen vom „Central-Ausschuß für die Innere Mission". Die Protokolle dieser Konferenz, aus dem Berliner Archiv der Inneren Mission sind dem Aufsatz beigegeben. Nicht die Proteste der niederländischen Torfbauern, sondern die politischen Entwicklungen in Deutschland, die das wachsende soziale Interesse in diesen Kreisen herabsinken ließen, verhinderten, daß es auf diesem Gebiet zu den erwünschten Ergebnissen kam.

In einer neuen Arbeit des Verfassers dieses Literaturberichts[28] wird unter breiter Darlegung von Quellen erforscht, welchen Einfluß die Entwicklungen in Deutschland nach 1933 auf den niederländischen Protestantismus gehabt haben. Die Zielfrage lautet: Welchen Niederschlag hat der Informations- und Erfahrungsaustausch zwischen den evangelischen Christen beider Länder in den kirchlichen Entscheidungen und Handlungen in den Niederlanden während der ersten Phase der Besatzungszeit gefunden. Die Erfahrungen und Reaktionen aus den 30er Jahren als eine Art „Vorgeschichte" zu denen aus der Besatzungszeit in Beziehung zu setzen, hat seine Berechtigung, war allerdings in der niederländischen Historiographie dieses Zeitabschnitts ein Novum. Eine der wichtigsten Schlußfolgerungen dieses Buches ist, daß durch den in den Niederlanden mit großem Interesse verfolgten Kirchenkampf die Augen geöffnet, andererseits daraus ganz verschiedene Schlußfolgerungen gezogen wurden. Für deutsche Leser ist diese Arbeit wichtig, weil hier nicht nur eine große Menge an archivalischem Material über deutsche kirchliche Gruppen und Personen verarbeitet ist, sondern auch viele interessante Einzelheiten über Beziehungen zwischen deutschen und niederländischen evangelischen Christen mitgeteilt werden, über Strategie, Taktik und Infiltration des Kirchlichen Außenamtes (Heckel, Gerstenmaier) in den Niederlanden, über Umfang und Effekte der Flüchtlingswelle, über Aussprachen und Informationsaustausch im Grenzgebiet

---

27 G. F. v. Asselt, De Hollandgänger: gastarbeid in de 19de eeuw, in: Tijdschrift voor Sociale Geschiedenis 4. 1976, S. 4–41.

28 G. v. Roon, Protestants Nederland en Duitsland 1933–1941, Utrecht 1974; eine deutsche Ausgabe ist z. Z. in Vorbereitung.

und über Kontakte niederländischer Politiker mit Geistesverwandten in Deutschland.
Neulich hat H. Lademacher, Ordinarius für Zeitgeschichte an der Literarischen Fakultät der Vrije Universiteit Amsterdam, die Funktion der Niederlande in der nationalsozialistischen Außenpolitik untersucht.[29] Dabei kommt er zu einer groben Periodisierung in zwei Abschnitte: Die erste Phase wäre am besten als ein „no-claim"-Verhalten einzuordnen, die zweite – etwa ab 1938 – als Phase des strategischen Kalküls zu bezeichnen. Innerhalb dieses generellen Rahmens werden nicht nur die Beziehungen Berlin-Den Haag, sondern auch die Rolle des deutschen Gesandten, Zech, die Tätigkeit der Auslandsorganisation („Reichsdeutschen Gemeinschaft") und die Arbeit der wesentlich auch von deutscher Seite finanzierten „Deutsch-Niederländischen Gesellschaft", gesteuert von Emil Helfferich, zwischen 1933 und 1941 u. a. Aufsichtsratsvorsitzender der Hamburg-Amerika-Linie, erörtert. Trotz der traditionellen Neutralitätspolitik waren die Niederlande verschiedentlich zu Konzessionen gezwungen, die freilich nicht immer in Berlin als voller Erfolg bewertet werden konnten. Sicher hat neben einer britisch-niederländischen Interessenharmonie in Übersee auch eine gewisse deutsch-niederländische, nicht nur in Europa, sondern auch in Übersee,[30] eine Rolle gespielt. Wenn auch nicht erwähnt vom Verf. hat sie gerade in der Zeit der Appeasement-Politik, sicher vor 1938, einen nicht zu unterschätzenden Einfluß auf das deutsch-niederländische Verhältnis ausgeübt.
In einer kleinen Schrift sind Beziehungen zwischen der deutschen und der niederländischen Widerstandsbewegung während des zweiten Weltkrieges dargestellt.[31] Die zentrale Figur dabei war Oberst Staehle, dessen Mutter Holländerin war und der von Goerdeler als Verbindungsmann zu den Niederlanden benutzt wurde. Als Kommandant des Invalidenhauses in Berlin bekam Staehle während des Krieges weitere dienstliche Aufträge, die es ihm ermöglichten, gelegentlich auch Dienstreisen in die Niederlande zu machen, wo er mit sehr verschiedenen Kreisen und Gruppen in Verbindung trat. In geheimen Treffen handelte Staehle die Bedingungen aus, unter denen nach einem Umsturz in Deutschland der Machtwechsel in den Niederlanden sich vollziehen sollte. Interessant an dieser Angelegenheit ist auch,

29 H. Lademacher, Die Niederlande u. Belgien in der Außenpolitik des Dritten Reiches 1933–1939 – Ein Aufriß, in: M. Funke (Hg.), Hitler, Deutschland u. die Mächte. Materialien zur Außenpolitik des Dritten Reiches, Düsseldorf 1976, S. 654–74; vgl. ders., Niederlande. Zwischen wirtschaftlichem Zwang u. politischer Entscheidungsfreiheit, in: E. Forndran u. a. (Hg.), Innen- u. Außenpolitik unter nationalsozialistischer Bedrohung, Opladen 1977, S. 192–215.
30 Vgl. dazu z. B. den Brief des niederländischen Ministerpräsidenten H. Colijn vom 18. 11. 1933 an den Generalgouverneur B. C. de Jonge, in: S. L. v. der Wal (Hg.), Herinneringen van Jhr. Mr. B. C. de Jonge, Utrecht 1968, S. 425; auch: H. M. Hirschfeld, Herinneringen uit de jaren 1933–1939, Amsterdam 1959, S. 28.
31 G. v. Roon, Wilhelm Staehle. Ein Leben auf der Grenze 1877–1945, München 1969.

daß – obwohl die niederländische Regierung in London, bestärkt durch das Mißtrauen der britischen Regierung gegen den deutschen Widerstand, weitere Verhandlungen mit Staehle untersagte – dieser sich des Vertrauens mancher Niederländer erfreuen konnte.

Die Wiederherstellung der deutsch-niederländischen Wirtschaftsbeziehungen nach dem Zweiten Weltkrieg, das Thema einer wirtschaftswissenschaftlichen Doktorarbeit der Wirtschaftshochschule Rotterdam, enthält auch für Historiker manche interessanten Aspekte.[32] Wertvoll für deutsche Leser ist an erster Stelle die Darstellung der Handelspolitik der alliierten Besatzung. Wemelsfelder konstatiert, daß die Alliierten Deutschland als möglichen Konkurrenten ganz in ihrer Macht hatten. Schon die Organisation mit den verschiedenen Besatzungsbehörden und mit den Außenhandelsabteilungen der Länderregierungen als Glieder zwischen den deutschen Firmen und dem Apparat der Alliierten war in den verschiedenen Zonen ganz unterschiedlich, verwickelt und unübersehbar. Dazu kam, daß kein direkter Kontakt möglich war zwischen deutschen und ausländischen Handelspartnern. Außerdem konnten die Besatzungsbehörden für jede Transaktion einen besonderen Kurs berechnen. Die Handelspolitik der Alliierten basierte an erster Stelle auf politischen und nicht auf wirtschaftlichen Argumenten. Aus deutscher und aus europäischer Perspektive betrachtet – das ist die Schlußfolgerung des Verf. – muß man sagen, daß die erlassenen Maßnahmen einen negativen Charakter hatten, und daß eindeutig ein genereller Trend sichtbar wird, Deutschland gebrochen und klein zu halten. Nach der Meinung des Verf. war das sowohl hinsichtlich der deutschen Problematik wie der europäischen Zusammenarbeit eine falsche Politik. Auch wurden amerikanische Firmen klar bevorzugt, wie mit genauen Zahlen illustriert wird. In starkem Maße verantwortlich für diese Entwicklung war die „Joint Export Import Agency". Ein Kurswechsel fand erst wegen der sich verschärfenden Gegensätze zwischen Ost und West statt.

Erst allmählich ist es wieder zu offiziellen deutsch-niederländischen Wirtschaftsbeziehungen gekommen. Ob die Schuld dafür an erster Stelle in Deutschland liegt, wie der Verf. sagt, kann bezweifelt werden. Erst Ende 1946 wurde ein Zahlungsabkommen mit der Bizone geschlossen; ein im August 1948 paraphierter Handelsvertrag bedeutete nur den Anfang einer Wiederherstellung der Beziehungen. Sie hatten in der Praxis noch lange einen etwas ambivalenten Charakter. Davon werden in dieser Arbeit mehrere Beispiele gegeben, mit genauen Zahlen unterstützt. Bilateral wurde ein Kurswechsel erst ersichtlich nach dem „Petersberger Abkommen". Bestimmte Themen wie der niederländische Anteil an der Rheinfahrt oder die niederländischen Investitionen in Westdeutschland führten noch lange zu Differenzen.

32 J. Wemelsfelder, Het herstel van de Duits-Nederlandse economische betrekkingen na de tweede wereldoorlog, Leiden 1954.

Mit dieser vielleicht nicht ganz erschöpfenden Übersicht hofft der Verfasser
dieses Literaturberichtes dennoch den Lesern einen Einblick gegeben zu
haben, was und wie nach 1945 von niederländischer wissenschaftlicher
Seite über die deutsche Geschichte seit der Französischen Revolution geschrieben worden ist.

Neuere schweizerische Beiträge (1945–1975) zur deutschen Sozial- und Wirtschaftsgeschichte seit dem ausgehenden 18. Jahrhundert

von Peter Hablützel und Albert Huber

Eine Präsentation der Beiträge schweizerischer Historiker zur neueren deutschen Sozial- und Wirtschaftsgeschichte ist keine sehr verlockende Aufgabe. Wer mit der helvetischen historiographischen Landschaft auch nur oberflächlich vertraut ist, wird kaum die Erwartung hegen, gerade hier auf ungehobene Schätze zu stoßen. Die Erklärung für die eher bescheidene Ausbeute liegt freilich weniger im mangelnden Interesse hiesiger Historiker für die Belange deutscher Geschichte als vielmehr darin, daß die schweizerische Geschichtswissenschaft bis hoch in die 60er Jahre – und weithin bis heute – in ausgeprägtem Maße einer traditionellen Politik- und Ideengeschichte verhaftet geblieben ist.[1] Von neueren Tendenzen abgesehen, die sich im universitären Forschungsbetrieb indes erst allmählich auszuwirken beginnen, bietet die schweizerische Historiographie das Bild einer durch ideologische Kontroversen und Methodenvielfalt kaum gefährdeten Monotonie. Die beachtliche Resistenz, die sie gegen den Einbezug methodischer Ansätze und praktischer Ergebnisse sozialwissenschaftlicher Disziplinen entwickelte, findet in der üblichen „helvetischen Stilverspätung" keine ausreichende Begründung, hat doch diese Stilverspätung –

---

1 Ansätze zu einer vergleichsweise modernen Wirtschafts- und Sozialgeschichte waren in der Schweiz etwa zwischen 1910 und den frühen 30er Jahren immerhin vorhanden, wurden aber in den Folgejahrzehnten – weniger in der Mediävistik als im Bereich der modernen Geschichte – wieder nahezu völlig verdrängt durch eine in Thematik und Methode eng an die Tradition des 19. Jahrhunderts anschließende Geschichtsschreibung; diese war nun freilich völlig gereinigt von allem als unhistorisch denunzierten aufklärerisch-emanzipatorischen Engagement, das der frühliberalen schweizerischen Historiographie durchaus eigen war. So mutet etwa E. Fueter, Die Schweiz seit 1848, Zürich 1928, von seiner Anlage her immer noch moderner an als die entsprechenden Partien späterer Gesamtdarstellungen; auch ders., Weltgeschichte der letzten hundert Jahre, 1815–1920, Zürich 1921, verrät – gerade was die Analyse der preußisch-deutschen Entwicklung betrifft – trotz zahlreicher Mängel im Detail entschieden mehr Scharfsinn als die Deutungen jüngerer Schweizer Historiker. Die Feststellung Eduard Vischers, daß eine stärker an wirtschafts- und sozialgeschichtlichen Fragestellungen orientierte Historiographie seit ca. 1930 verdrängt und erst in den 60er Jahren wieder aufgenommen wurde, trifft insgesamt durchaus zu, wenn auch Vischer die Tragfähigkeit der methodischen Ansätze von Autoren wie Eduard Fueter, Hermann Bächtold, William Rappard, Emil Dürr u. a. überschätzt. Vgl. E. Vischer, Zur Schweizerischen Geschichtsschreibung im ersten Drittel des 20. Jahrhunderts, in: Schaffhauser Beiträge zur Geschichte 50. 1973, S. 7–38. Zur schweizerischen Historiographie bis 1920 vgl. R. Feller u. E. Bonjour, Geschichtsschreibung der Schweiz vom Spätmittelalter zur Neuzeit, Bd. II, Basel 1962.

ebenso wie jene gerne als „gesunder Pragmatismus" gerühmte Abneigung gegen Theorie – namhaft zu machende Ursachen. Von zentraler Bedeutung ist dabei zweifellos die Tatsache, daß das politische System nie durch die Folgen kriegerischer Ereignisse, wirtschaftlicher Zusammenbrüche, schwerer sozialer Kämpfe und markanter innenpolitischer Szenenwechsel nachhaltig erschüttert wurde.[2] Indem sich der Geniestreich von 1848 gewissermaßen in Permanenz bestätigte, blieb eine im wesentlichen auf Legitimation und Akklamation gestimmte bürgerliche Geschichtsschreibung über Generationen hinweg unangefochten.[3] Die Konsensus-Demokratie beschied dem Land gleichsam eine Konsensus-Historiographie, die sich einer ernsthaften Auseinandersetzung mit Fragestellungen, Methoden und Ergebnissen z. B. der marxistisch geprägten Geschichtsschreibung auch deshalb entziehen konnte, weil der schweizerische Sozialismus keine eigenständige, an einer materialistischen Konzeption orientierte Tradition zu schaffen wußte.[4] Solchermaßen konkurrenzlos, blieb die offizielle Histo-

2 Ausdruck dieser Stabilität ist u. a. die Tatsache, daß der Freisinn, der sich als Schöpfer der Bundesverfassung von 1848/74 versteht, noch heute „eine Schlüsselstellung in der Landespolitik" innehat. E. Gruner, Die Parteien in der Schweiz, Bern 1977[2], S. 73. Vgl. auch ders., Die Schweiz in ihrer Umwelt, in: ders. (Hg.), Die Schweiz seit 1945, Bern 1971, S. 355–94, insbes. S. 391 ff., wo Gruner die Rückständigkeit der Schweiz in vielen Bereichen mit als Folge der Kontinuität bezeichnet.

3 Die Bereitschaft zur kritischen Prüfung überkommener Traditionen wurde dadurch weiter beeinträchtigt, daß die helvetische Geschichtswissenschaft eine nahezu unerschütterte Bastion bürgerlich-liberaler Anschauungen blieb, sekundiert allenfalls von Vertretern katholisch-konservativer, partiell auch protestantisch-konservativer Prägung, die sich mit den Repräsentanten des ehemals unstrittig progressiven Liberalismus im Zuge der Verlagerung der Auseinandersetzungen von der rechtlich-politischen auf die wirtschaftlich-soziale Ebene zusehends leichter zu gemeinsamer Verteidigung des Status quo zusammenfanden. Zur Historiographie der Zwischenkriegszeit vgl. P. Stadler, Zwischen Klassenkampf, Ständestaat u. Genossenschaft, in: Historische Zeitschrift 219. 1974, S. 290–358, insbes. S. 314, wo Stadler u. a. ausführt, daß die heute übliche (!) Frage nach dem „Klassencharakter der Geschichtswissenschaft" im vorliegenden Falle unschwer zu beantworten sei: „die schweizerischen Historiker waren nach Bildungsgang und weltanschaulicher Haltung überwiegend ‚bürgerlich', gehörten also – gesamtschweizerisch gesehen – durchaus der ‚herrschenden Klasse' an und repräsentierten das geltende Staatsideal". Dieser Zustand hat sich in der Nachkriegszeit nicht nennenswert verändert. Die professorale Protestwelle, die die Beförderung des Genfer Soziologen Jean Ziegler, Verfasser des Pamphlets „Eine Schweiz – über jeden Verdacht erhaben" (Darmstadt 1976), zum Ordentlichen Professor hervorrief, ist zumindest auch ein Indiz dafür, daß Wissenschaft und das Bekenntnis zum geltenden Staatsideal in manchen Köpfen noch „innig wie ein Teig verknetet" sind!

4 Die in den Monaten der Festungshaft hingeworfene Arbeit von R. Grimm (Geschichte der Schweiz in ihren Klassenkämpfen, Bern 1920, ND Zürich 1975), der maßgeblich an der Organisation des Landesstreiks vom November 1918 beteiligt war, ist bis heute die einzige Schweizergeschichte geblieben, die versucht, mit marxistischen Kategorien an die nationale Vergangenheit heranzugehen. Wenn sie keine Nachfolge fand, erklärt sich das nicht zuletzt aus der „Verschwörung des Schweigens", mit der die offizielle Geschichtswissenschaft Grimms Darstellung überging; vgl. Vischer, S. 13; Stadler, S. 293–300. Daß man sich bürgerlicherseits auf solche Abstinenz durchaus noch etwas einbilden konnte, mag etwa folgende, als seriöses Lob gedachte Sentenz illustrieren, die es verdiente, in eine An-

riographie stark dem deutschen Historismus verpflichtet und geriet nie in jenen heilsamen Legitimations- und Erklärungsnotstand, der Unzulänglichkeit und Problematik liebgewordener Forschungsweisen aufgedeckt hätte. Die Frage nach dem „Warum" stellte sich da nicht mit derselben Dringlichkeit, wo das „Wie" mit kaum verhohlener Genugtuung zur Darstellung gelangen konnte.

Durch den Verzicht auf eine Rezeption moderner Forschungsansätze verlor die schweizerische Historiographie zunehmend den Anschluß an die internationale Diskussion, was seit Beginn der 70er Jahre zumal auch von Studenten mit wachsender Konsternation wahrgenommen wurde. Dieses Unbehagen läßt sich mit dem bequemen Hinweis auf die damals herrschende „neomarxistische Modeströmung" allerdings nicht erklären; einerseits war die weitgehende Abstinenz im Bereich der Theorie- und Methodendiskussion keine böswillige Unterstellung, und andererseits konnte sich beim Vergleich helvetischer mit ausländischer Forschungspraxis Konsternation auch ohne Neomarxismus einstellen.[5] Die verdienstvollen Bemühungen einzelner Schweizer Historiker, der hiesigen Geschichtswissenschaft unter schwierigsten Bedingungen den Anschluß an eine moderne So-

thologie helvetischen geschichtsphilosophischen Blödsinns aufgenommen zu werden: „Wer mit der Sicherheit des Verfassers auf dem Boden idealistischer Geschichtsphilosophie und des Liberalismus steht, wird sich in keiner Dialektik verlieren, die ihm den Blick auf die Verzerrungen der Historie verstellen könnte"; H. Helbling über W. Hofer, Geschichte zwischen Philosophie u. Politik, Basel 1956, in: Schweizerische Zeitschrift für Geschichte (= SZG) 7. 1957, S. 118 f.

5 Erich Gruner hat verschiedentlich auf den desolaten Zustand der schweizerischen historischen Forschung hingewiesen; indes dürfte nicht allein der von Gruner angeführte Mangel an Koordination und Systematik dafür verantwortlich sein, daß man sich in der Schweiz „gleichsam in ein forschungsmäßiges Steinzeitalter zurückversetzt" fühlt. Vgl. E. Gruner, Literatur zur Partei- u. Sozialgeschichte, in: SZG 20. 1970, S. 119; Maßnahmen, die den „bestehenden Rückstand der schweizerischen Forschung auf den internationalen Standard vermindern könnten", erwägt der Schweizerische Wissenschaftsrat in: Forschungsbericht, Bern 1973, Bd. I, S. 136–39, Bd. 2, S. 319–31. Nennenswerte Beiträge zur Theorie- und Methodendiskussion sind jedoch etwa: E. Gruner, Vom Standort u. den Aufgaben der Sozialgeschichte, in: Vierteljahresschrift für Sozial- u. Wirtschaftsgeschichte 50. 1963, S. 145–63; H. Lüthy, Die Mathematisierung der Sozialwissenschaften, Zürich 1970, auch in: H.-U. Wehler (Hg.), Geschichte u. Ökonomie, Köln 1973, S. 203–41; H. Schäppi, Historische Wissenschaften: Verstehen – Rechtfertigen – Verändern, in: H. Holzhey (Hg.), Wissenschaft/Wissenschaften. Interdisziplinäre Arbeit u. Wissenschaftstheorie, Basel 1974, S. 80–98. Vollkommen außerhalb der offiziellen schweizerischen Diskussion liegen die Beiträge Urs Jaeggis, der sich von der Soziologie herkommend parallel zu seiner Zuwendung zum historischen Materialismus zusehends intensiver mit Problemen der methodischen und theoretischen Grundlagen sozialwissenschaftlicher Forschung sowie ihrem Verhältnis zur politischen Praxis auseinandersetzt. Vgl. etwa U. Jaeggi, Ordnung u. Chaos – Strukturalismus als Methode u. Mode, Frankfurt 1968; ders., Theoretische Praxis. Probleme eines strukturalen Marxismus, Frankfurt 1976; ders. (Hg.), Sozialstruktur u. politische Systeme, Köln 1976; ders. u. S. Papcke (Hg.), Revolution u. Theorie I. Materialien zum bürgerlichen Revolutionsverständnis, Frankfurt 1974.

zial- und Wirtschaftsgeschichte zu verschaffen,[6] seien durch diese etwas pauschal gehaltenen Darlegungen in keiner Weise herabgemindert, doch mag es erlaubt sein, in der Wüste statt von Oasen vom Sand und den Steinen zu sprechen.[7]

1. Außer den einleitend erwähnten allgemeinen Ursachen sind die spezifischen Quellenprobleme, die eine adäquate Bearbeitung „aus der Ferne" fast durchwegs ausschließen, gewiß mit eine Ursache für die geringe Dichte nicht heimischen Themen gewidmeter sozial- und wirtschaftsgeschichtlicher Untersuchungen. Abgesehen von einigen Studien, die für die deutsche Forschung unter methodischen Aspekten von Interesse sein können,[8] ist für das ausgehende 18. und beginnende 19. Jahrhundert zunächst die unter Leitung Arthur E. Imhofs entstandene Sammlung von Beiträgen zur Sozialgeschichte Gießens und Umgebung zu erwähnen.[9] Obwohl der mosaiksteinhafte Charakter der einzelnen Beiträge die im Rahmen einer anvisier-

---

6 Hier sind vor allen andern die Arbeiten Erich Gruners zur schweizerischen Parteien- und Sozialgeschichte zu erwähnen, denen Pioniercharakter zukommt, auch wenn sie sich durchaus im Rahmen des herrschenden ideologischen Konsensus bewegen. Ein Verzeichnis seiner Schriften findet sich bei B. Junker u. a. (Hg.), Geschichte u. Politische Wissenschaft. Fs. f. E. Gruner, Bern 1975, S. 363–72.

7 Da Beiträge von Schweizer Historikern zur deutschen Sozialgeschichte spärlich sind, werden wir im folgenden auch mehr politik- und ideengeschichtliche Arbeiten in unseren Bericht miteinbeziehen, soweit sie für eine sozialgeschichtliche Fragestellung interessant sein können. Ausgeklammert bleiben hingegen die sozialgeschichtliche Probleme ohnehin nur am Rande berührenden Überblicksdarstellungen wie etwa W. Näf, Die Epochen der neueren Geschichte, 2 Bde., Aarau 1946/47; J. R. v. Salis, Weltgeschichte der neuesten Zeit, 3 Bde., Zürich 1951/60. Zu den außenpolitischen Beziehungen zwischen Deutschland und der Schweiz für die Zeit bis 1945 vgl. E. Bonjour, Geschichte der schweizerischen Neutralität, 9 Bde., Basel 1946/75. Dichte und Spektrum der vorliegenden Studien lassen eine thematische Gliederung kaum zu; wir folgen deshalb der üblichen Periodisierung.

8 Etwa: R. Braun, Industrialisierung u. Volksleben, Erlenbach-Zürich 1960; ders., Sozialer u. kultureller Wandel in einem ländlichen Industriegebiet im 19. u. 20. Jahrhundert, Erlenbach-Zürich 1965; ders., Zur Einwirkung sozio-kultureller Umweltbedingungen auf das Unternehmerpotential u. das Unternehmerverhalten, in: W. Fischer (Hg.), Wirtschafts- u. sozialgeschichtliche Probleme der frühen Industrialisierung, Berlin 1968, S. 247–84; ders., Zur Entstehung eines ländlichen „Fabrikherren"-Standes, in: ders. u. a. (Hg.), Industrielle Revolution, Köln 1972, S. 94–107; ders., Probleme des sozio-kulturellen Wandels im 19. Jahrhundert, in: G. Wiegelmann (Hg.), Kultureller Wandel im 19. Jahrhundert, Göttingen 1973, S. 11–23. An den Methoden der historischen Demographie orientiert sind folgende unter Leitung Markus Mattmüllers entstandene Arbeiten: J. Bielmann, Die Lebensverhältnisse im Urnerland während des 18. u. 19. Jahrhunderts, Basel 1972; S. Bucher, Bevölkerung u. Wirtschaft des Amtes Entlebuch im 18. Jahrhundert, Luzern 1974; M. Schürmann, Bevölkerung, Wirtschaft u. Gesellschaft in Appenzell-Innerrhoden im 18. u. frühen 19. Jahrhundert, Appenzell 1974; H.-R. Burri, Die Bevölkerung Luzerns im 18. u. frühen 19. Jahrhundert, Luzern 1975.

9 A. E. Imhof (Hg.), Historische Demographie als Sozialgeschichte. Giessen u. Umgebung vom 17. zum 19. Jahrhundert, 2 Bde., Darmstadt 1975; vgl. ferner ders. u. O. Larsen, Sozialgeschichte u. Medizin. Probleme der quantifizierenden Quellenbearbeitung in der Sozial- u. Medizingeschichte, Stuttgart 1976.

ten „histoire totale" notwendige Integration der verschiedenen Aspekte zu einer umfassenden Darstellung der Geschichte dieses Zeitraums nicht zuläßt, kommt der zweibändigen Sammlung angesichts der weitgehenden Abstinenz der deutschen Geschichtswissenschaft im Bereich demographischer Forschung gewissermaßen Pioniercharakter zu; dies auch deshalb, weil die Autoren nicht nur Ergebnisse präsentieren, sondern umfassend Einblick geben in die je angewandten Methoden und Techniken moderner, vorwiegend an französischen und angelsächsischen Vorbildern orientierter historischer Demographie. Neben Dorfchroniken, zeitgenössischen Berichten aller Art, Preislisten, Taxverordnungen, Steuerregistern usw. bilden lokalgeschichtliche Literatur, insbesondere aber Kirchen- und Familienbücher der Stadt Gießen und einiger umliegender Ortschaften die zentralen Quellengrundlagen der Untersuchung. Die einzelnen Beiträge gelten den schwer faßbaren „éléments mentales de longue durée", deren Bedeutung Imhof gerade auch gegenüber ökonomischen Verhältnissen und insbesondere kurzfristig wirksamen äußeren Einflüssen betont, sowie den Auswirkungen dieser und anderer Faktoren auf Bevölkerungsentwicklung, Wanderung, Hof- und Familiengröße; ferner werden die Bedeutung klimatischer Veränderungen für die demographischen Schwankungen sowie die Auswirkungen langfristiger Konjunktur- und Preisentwicklungen auf das wirtschaftlich-soziale Geschehen untersucht. Der Sammlung sind Literatur- und Forschungsberichte beigefügt, die dem Anspruch des zweibändigen Werks, zugleich Anleitung zur Forschung zu sein, zusätzliche Berechtigung verleihen. Ob der enorme personelle und materielle Aufwand immer in einem vertretbaren Verhältnis zu den Ergebnissen steht, ist mit der „großen Faszination", welche diese Teildisziplin „weltweit auf viele Sozialhistoriker ausübt",[10] freilich noch nicht entschieden, bieten doch Arbeitseifer und Faszination keine Gewähr dafür, daß immer hinreichend zwischen „Wissensmöglichem" und hier und heute „Wissensnotwendigem" unterschieden wird. Wir sind jedenfalls nicht der Meinung, daß dieses Problem mit der „Wandlung der Historie von einer verstehenden Geisteswissenschaft zu einer historischen Sozialwissenschaft" (Rüsen) als erledigt gelten kann, denn zumindest die dem Historismuskonzept immanente Problematik einer bloß interessiert-antiquarischen Betrachtungsweise ist mit dieser Wandlung nicht notwendigerweise überwunden. Ob Geschichte als Impuls für unser Handeln relevant sein kann, entscheidet sich letztlich weder am untersuchten Gegenstand noch am methodischen Instrumentarium, vielmehr im Gegenwartsbezug und in der prospektiven Absicht historischen Bemühens. Rudolf Braun hat in einem Team amerikanischer und europäischer Sozialwissenschaftler mitgewirkt, das solchen Gegenwartsbezug explizit zum Ausgangspunkt historischer Analysen macht. In den „Studies in Political

10 A. E. Imhof, Bevölkerungsgeschichte u. Historische Demographie, in: R. Rürup (Hg.), Historische Sozialwissenschaft. Beiträge zur Einführung in die Forschungspraxis, Göttingen 1977, S. 16–58, Zitat S. 45.

Development" ist ein Band über die Staatsbildung in Westeuropa erschienen, der das Studium des politischen Wandels in der Gegenwart um Einsichten aus der historischen Dimension bereichern will. Braun vergleicht in seinem Beitrag zu diesem Werk Grundlagen, Entwicklungstendenzen und gesamtgesellschaftliche Auswirkungen des Steuersystems und des öffentlichen Finanzwesens in Großbritannien und in Brandenburg-Preußen.[11] Er versucht zu zeigen, wie im Gegensatz zum englischen Beispiel die Hohenzollernmonarchie des 17. und 18. Jahrhunderts ihre absolutistische Autokratie gerade über den Ausbau des Finanz- und Steuersystems zu sichern verstand, eines Systems, das die Herrschaft traditioneller Eliten zementierte; noch die Steuerreformen von 1820 und 1851 favorisierten die agrarischen Provinzen und ihre konservativen Machteliten, die gleichsam eine forcierte Entwicklungshilfe seitens derjenigen Regionen und produktiven Sektoren erfuhren, die am industriellen Takeoff beteiligt waren. Finanzwesen und Steuersystem, so betont Braun im Anschluß an Schumpeter und an die Jüngere Historische Schule der Nationalökonomie, sind aufs engste verknüpft mit Sozialstruktur und politischer Modernisierung und bieten daher einen ausgezeichneten Einstieg für die Analyse gesamtgesellschaftlicher Entwicklungen.

Einem wichtigen Kapitel finanzwissenschaftlicher Dogmengeschichte wendet sich Stephan Bieri zu, der in seiner Dissertation zu zeigen versucht, wie deutsche Nationalökonomen des frühen 19. Jahrhunderts die Finanzwissenschaft zur eigenständigen Disziplin fortentwickelten, die sich von der Kunstlehre der Kameralisten abhebt und gleichzeitig theoretische, praktisch-politische sowie historisch-deskriptive Perspektiven eröffnet.[12] Wie interessant es sein mag, diese volkswirtschaftlichen Lehrmeinungen aus der Sicht moderner Theorie zu analysieren, so problematisch erscheint der Verzicht, sie in den wirtschaftlichen, sozialen und politischen Kontext einzuordnen. Bieri läuft damit Gefahr, ein sozialgeschichtlich bedeutsames Thema unhistorisch zu behandeln, indem er die von Braun anvisierte Fragestellung vernachlässigt, „in welcher Weise wirtschaftstheoretische Prämissen und Modelle... kulturspezifisch sind und dem Prozeß historischer Veränderung unterliegen".[13]

Ebenfalls mehr ideengeschichtlich ausgerichtet ist die Arbeit Klara Vontobels, die den von uns behandelten Zeitraum überdies nur am Rande berührt.[14] Im Rahmen der Geschichte des deutschen Protestantismus unter-

11 R. Braun, Taxation, Sociopolitical Structure, and State-Building: Great Britain and Brandenburg-Prussia, in: C. Tilly (Hg.), The Formation of National States in Western Europe, Princeton 1975, S. 243–327.
12 S. Bieri, Zur Stellung der frühen deutschen Finanzwissenschaft unter besonderer Berücksichtigung von Jakob, Soden, Lotz u. Malchus, Zürich 1968.
13 R. Braun, Zum Verhältnis von Sozialgeschichte u. Wirtschaftstheorie, in: Schweizerische Zeitschrift für Volkswirtschaft u. Statistik (= SZVS) 107. 1971, S. 447–60, Zitat S. 447.
14 K. Vontobel, Das Arbeitsethos des deutschen Protestantismus von der nachreformatorischen Zeit bis zur Aufklärung, Bern 1946.

sucht sie aufgrund des religiösen Schrifttums die Wandlungen des Arbeitsethos unter dem Einfluß von Theologie, Kirche und Frömmigkeitsleben.
Wesentlicher als die Divergenzen zum zwinglianisch-reformierten und cal-
vinistisch-puritanischen Arbeitsethos erscheint dabei der konfessionsun-
abhängige Prozeß der Verweltlichung des Arbeitsethos: deutsche idealisti-
sche Verherrlichung des Menschen und der Arbeit und puritanisch-kapita-
listischer Geist erweisen sich nur als Varianten derselben Entwicklung. Als
problematisches, allen Wandel überdauerndes Erbe des lutherisch-deut-
schen Arbeitsethos bezeichnet die Verfasserin die starke Betonung des
formalen Elements der Arbeit, das – für die technisch-rationale Organisation des industriellen Arbeitsprozesses allerdings funktional – die Bedeutung des Inhalts der Arbeit hinter der Korrektheit der Ausführung zurücktreten läßt; keine brauchbaren Ansätze habe der Protestantismus bis zum
Beginn des 19. Jahrhunderts schließlich für die Lösung des Spannungsver-
hältnisses zwischen geistiger und materieller Betätigung sowie zwischen
Arbeitgebern und Arbeitnehmern entwickelt.

2. Für die Periode des Kaiserreiches liegen wirtschafts- und sozialgeschichtliche Untersuchungen im engeren Sinne nicht vor. Ein starkes, wenn auch
extrem divergierendes Echo fanden die Bismarck-Studien Leonhard v. Muralts, der es gewissermaßen zu seiner wissenschaftlichen Lebensaufgabe
machte, Bismarck und dessen Politik gegen die nach 1945 immer pietätlo-
seren deutschen Historiker zu retten.[15] Wir haben nicht die Absicht, auf
seine Schriften und auf die unter seiner Leitung entstandenen Dissertationen näher einzugehen, da sie von einer wirtschafts- und sozialgeschichtlichen Betrachtungsweise so weit entfernt sind wie nur irgend möglich.[16]
Stark der politischen und insbesondere der Diplomatiegeschichte verpflichtet, verharrte v. Muralt in fast sakraler Bewunderung der virtuos gehand-
habten Außenpolitik Bismarcks, einer Bewunderung, die durch partielle
Kritik an der Innenpolitik nur unwesentlich getrübt wurde. Dabei kann
man v. Muralt kaum den Vorwurf machen, daß er die Intentionen Bismarckscher Außenpolitik falsch deutete. Jedoch blieb er in vollkommener
Einfühlung so sehr der Vorstellungswelt des Reichsgründers verhaftet, daß
er mit Bismarck gleichsam in „harmonischer Blindheit" alle jene politischen, wirtschaftlichen und sozialen Veränderungen verkannte, die das Bedingungsgefüge Bismarckscher Außen- und Innenpolitik um 1890 weithin
zerstört hatten.
Ebenfalls diplomatiegeschichtlich orientiert ist die Dissertation Hansjörg

---

15 L. v. Muralt, Bismarcks Verantwortlichkeit, Göttingen 1970²; ders., Bismarcks Politik der
     europäischen Mitte, Wiesbaden 1954; ders., Deutschland u. das europäische Gleichge-
     wicht, in: W. Hofer (Hg.), Europa u. die Einheit Deutschlands, Köln 1970, S. 15–37.
16 Ein vollständiges Verzeichnis der Dissertationen – neben Arbeiten zur Bismarckära u. a.
     zahlreiche Untersuchungen zu Rankes Geschichtsschreibung – findet sich in: M. Haas u.
     R. Hauswirth (Hg.), Festgabe L. v. Muralt zum 70. Geburtstag, Zürich 1970, S. 325–31.

Renks über den Wohlgemuth-Handel von 1889.[17] Im Verlauf jener durch die Sozialistengesetzgebung bedingten außenpolitischen Affäre mußte Bismarck die Erfahrung machen, daß die Voraussetzungen für den Versuch, die sozialistische Gefahr nochmals erfolgreich seinen innen- und außenpolitischen Plänen dienstbar zu machen, um die Wende zu den 90er Jahren nicht mehr gegeben waren. Die Arbeit ist in unserem Zusammenhang allenfalls insofern von gewissem Interesse, als der Autor auch den organisatorischen und propagandistischen Aktivitäten nachgeht, welche die ins Exil gezwungene Sozialdemokratie ab 1878 von schweizerischem Boden aus entfaltete.

Viel umfassender orientiert darüber freilich die monumentale Untersuchung Klaus Urners über „Die Deutschen in der Schweiz".[18] Urner versucht unter Herausarbeitung der großen Entwicklungslinien „die Geschichte der ganzen deutschen Ausländerbevölkerung in ihren politischen, wirtschaftlichen und kulturellen Aspekten" seit den Anfängen der deutschen Kolonienbildung bis zum Ausbruch des Ersten Weltkrieges zu erhellen. Zunächst macht der Autor deutlich, wie sowohl die Lage der Deutschen in der Schweiz als auch ihr jeweiliges Verhältnis zu Heimatstaat und Gastland durch die politische, soziale und wirtschaftliche Entwicklung in Deutschland selbst maßgebend beeinflußt wurden. Zwei weitere Abschnitte, die ungefähr den Zeitraum zwischen 48er Revolution und Reichsgründung abdecken, gelten den politischen und wirtschaftlichen Hintergründen der Auswanderung und deren Auswirkungen auf soziale Zusammensetzung, Organisationsformen, politisch-ideologische Ausrichtung sowie Stellung der Emigranten im schweizerischen Gastland. Schon in dieser Phase begannen sich jene zwei Hauptgruppen abzuzeichnen, deren Entwicklung bis zum Ausbruch des Weltkrieges die beiden folgenden, umfangreichsten Abschnitte gewidmet sind: einerseits die zunehmend reichsfreundlich, teils ausgesprochen chauvinistisch gesinnten bürgerlichen Kräfte und andererseits die Repräsentanten einer republikanisch-sozialistischen Richtung, die vom Ausland her den Kampf sowohl gegen das neue Reich wie die bürgerliche Gesellschaft überhaupt antraten. Die Anlage der Geschichte dieser „zweigeteilten Kolonie" wirkt insgesamt recht konventionell, da die ideologische und organisatorische Entwicklung der verschiedenen Vereine und Verbände dem Autor gleichsam den roten Faden für die Darstellung liefert; die Untersuchung enthält aber eine Fülle kultur-, sozial- und wirtschaftsgeschichtlich interessanter Informationen, deren methodische und argumen-

17 H. Renk, Bismarcks Konflikt mit der Schweiz. Der Wohlgemuth-Handel von 1899. Vorgeschichte, Hintergründe u. Folgen, Basel 1972.
18 K. Urner, Die Deutschen in der Schweiz. Von den Anfängen der Kolonienbildung bis zum Ausbruch des Ersten Weltkrieges, Frauenfeld 1976. Über die Tätigkeit deutscher Sozialisten in der Schweiz sowie die Bedeutung deutscher Handwerker und Arbeiter für die schweizerische Arbeiterbewegung orientiert umfassend E. Gruner, Die Arbeiter in der Schweiz im 19. Jahrhundert, Bern 1968.

tative Integration gelegentlich allerdings nicht ganz zu befriedigen vermag. Letzteres gilt auch für den an sich sehr wertvollen demographisch-statistischen Abschnitt der Arbeit, in dem der Autor einen Überblick über die zahlenmäßige Entwicklung der deutschen Ausländerbevölkerung, über Herkunft, Alter, Konfession, Aufenthaltsorte, Einbürgerungen sowie berufliche und soziale Gliederung vermittelt. Trotz dieses Einwands gehört Urners Arbeit mit zum Besten, was im Rahmen unseres Berichts präsentiert werden kann.

Beruht die Studie Urners auf der Auswertung einer imponierenden Fülle weit verstreuten und oft schwer zugänglichen Quellenmaterials, so hat Jürg Meyers Dissertation über die deutsche Flottenpropaganda 1897–1900 eher kompilatorischen Charakter;[19] jedenfalls ist sie Kehrs „Schlachtflottenbau und Parteipolitik" sehr viel mehr verpflichtet, als dies das knappe Dutzend Werkverweise vermuten läßt. Das Hauptinteresse des Autors gilt dem organisatorischen Aufbau des Propagandaapparats, den vorherrschenden Argumentationsmustern sowie den verschiedenen Organisationen und Informationskanälen, mittels derer der widerspenstige Reichstag via öffentliche Meinung zur Akzeptierung des kaiserlich-tirpitzschen Flottenprogramms genötigt werden sollte. Fasziniert von der verhängnisvoll effizienten Agitationstaktik des Reichsmarineamtes, das eine systematisch erzeugte Flottenbegeisterung als spontane Volksbewegung zu inszenieren wußte, neigt der Autor allerdings zu einer Überschätzung der Eigendynamik einer primär flottenbegeisterten, wirtschaftliche Interessen mehr beiläufig sich dienstbar machenden Propagandakampagne. Ein separates Kapitel widmet der Autor der ebenso widersprüchlichen wie folgenreichen antienglischen Agitation, deren wissenschaftliche Drapierung durch namhafte Nationalökonomen und Historiker nicht unbedeutend zum verhängnisvollen Erfolg beitrug.

Die deutsch-englische Rivalität in der Sicht der Historiker untersucht Willy Schenk am Beispiel von zehn recht willkürlich herausgegriffenen Fachvertretern.[20] Leider gibt der Titel Ansatz und Intention des Verfassers nur zu exakt wieder, denn die Studie beschränkt sich konsequent auf eine nach Autoren geordnete, zusammenfassende Wiedergabe der Darstellung des deutsch-englischen Gegensatzes, wie sie sich aufgrund der teils wissenschaftlichen, vorwiegend aber politischen Schriften der betreffenden Autoren rekonstruieren läßt. Zwar wird der aktuelle Entstehungszusammenhang der verschiedenen Schriften angedeutet; Wirkungsgeschichte und

---

19 J. Meyer, Die Propaganda der deutschen Flottenbewegung 1897–1900, phil. Diss. Bern 1967.

20 W. Schenck, Die deutsch-englische Rivalität vor dem Ersten Weltkrieg in der Sicht deutscher Historiker. Mißverstehen oder Machtstreben?, Aarau 1967. Neben den Historikern M. Lenz, E. Marcks, F. Meinecke, O. Hintze, H. Delbrück, D. Schäfer und H. Oncken läßt der Autor den Soziologen M. Weber, den Geographen F. Ratzel sowie den Nationalökonomen G. v. Schulze-Gävernitz zu Worte kommen.

Bedeutung der wissenschaftlich sanktionierten antienglischen Propaganda-thesen für den täglichen politischen Bedarf bleiben aber ebenso ausge-klammert wie Umfang und Form des persönlichen propagandistischen En-gagements in Schule und Öffentlichkeit. Desgleichen verzichtet der Autor auf eine Aufdeckung der freilich vielfach gewundenen Verbindungslinien zum Reichsmarineamt, die nicht nur die Funktionalität von Wissenschaft im Dienste der herrschenden Interessen dokumentieren, sondern letztlich auch die Frage des Autors nach dem subjektiven Verschulden der Beteilig-ten hinter die werkimmanent freilich nicht zu beantwortende Frage nach jenen Mechanismen zurücktreten ließe, die diese fatale Instrumentalität von Wissenschaft bewirkten.[21]

Positiveren Erscheinungen gilt die Studie Peter Gilgs über die Erneuerung des demokratischen Denkens im wilhelminischen Deutschland, die auf-grund der politischen Publizistik jener Jahre Richtungen und Schwer-punkte der Demokratiediskussion aufzuzeigen versucht.[22] Der Autor be-leuchtet das Spannungsverhältnis zwischen Rezepten der politischen Dok-trin und pragmatischen Erfordernissen einer die potentiellen Chancen de-mokratischer Entwicklung ausschöpfenden Praxis. Die Studie macht deut-lich, daß der Versuch, den Hauptrichtungen demokratischen Denkens – Sozialdemokraten, Liberalen, Nationalsozialen – einheitliche politische Zielsetzungen und Konzeptionen zuzuordnen, den viel differenzierteren Verhältnissen nicht gerecht wird. Insgesamt konstatiert Gilg zwar eine wachsende Konvergenz der Anschauungen; für die Bildung einer einheitli-chen demokratischen Front blieben indes die Differenzen zu groß, wie auch das Defizit an praxisnahem demokratischen Gedankengut durch die Er-neuerungstendenzen nicht hinreichend behoben wurde. Die Interpretation Gilgs ist in manchen Aspekten spürbar am Modell schweizerischer demo-kratischer Entwicklung orientiert. Im übrigen kommen aufgrund des ideengeschichtlichen Ansatzes die gravierenden wirtschaftlich-sozialen In-teressengegensätze zwischen den zur Demokratie neigenden Gruppierun-gen nur unzureichend zum Ausdruck, Gegensätze, die eine handfeste Er-klärung dafür hergeben, daß programmatische Differenzen im einzelnen als Vorwand herhalten mußten, um grundsätzliche und prinzipiell gemeinsame demokratische Forderungen immer wieder hintanzustellen.

Der bis heute anhaltenden Neigung der Geschichtswissenschaft, den Kriegsausbruch von 1914 als Fatum zu deuten und den Verantwortlichen

21 So gehören zumindest fünf der behandelten Autoren – Ratzel, Marcks, Delbrück, Schäfer, v. Schulze-Gävernitz – zum großen Kreis der gelehrten Flottenpropagandisten der ersten Stunde, und so sehr sie etwa als Mitglieder der „Freien Vereinigung für Flottenvorträge" Unabhängigkeit zur Schau trugen, als Adressaten des allerdings auf indirekten Wegen vom Reichsmarineamt geförderten und finanzierten Werbematerials und als Objekt geschickt gesteuerter „Kontaktpflege" waren sie weit mehr Agenten des Reichsmarineamtes als ih-nen wohl lieb und deutlich war. Vgl. dazu Meyer, insbes. S. 152–64.

22 P. Gilg, Die Erneuerung des demokratischen Denkens im wilhelminischen Deutschland, Wiesbaden 1965.

des vierjährigen Gemetzels den Status patriotisch handelnder Kavaliere zuzubilligen, konnten sich auch die Schweizer Historiker kaum entziehen. Eine pointierte Gegenposition vertritt hier allerdings Adolf Gasser, der mit zwei bemerkenswerten Beiträgen Fritz Fischers These einer längerfristigen Planung und kalkulierten Auslösung des Ersten Weltkrieges stützt.[23] Gasser weist nach, daß der Entschluß des deutschen Generalstabs vom April 1913, den „Ostaufmarsch-Plan" fallen zu lassen, unmittelbar mit der definitiven Entscheidung in Zusammenhang stand, in absehbarer Zeit einen Angriffskrieg gegen Westen zu führen; der Autor kommt denn auch zu dem markanten Schluß, daß es – abgesehen von 1939 – in der Weltgeschichte kaum je einen Angriffskrieg gegeben habe, wenn man den deutschen Hegemonialkrieg von 1914 nicht als solchen bezeichnen dürfe.

3. Wenn für v. Muralts Bismarck-Apologie gesagt werden kann, daß ihre Rezeptionsgeschichte interessanter scheint als die Sache selbst, so gilt das in gewissem Sinne auch für Armin Mohlers „Konservative Revolution", eine Untersuchung, die in Deutschland ein in mancher Beziehung verständliches, wenn auch unverdientes Echo gefunden hat.[24] Hätte sich Mohler darauf beschränkt, Ideen und Leitbilder der von ihm der „Konservativen Revolution" zugerechneten Bewegungen nachzuzeichnen, könnte man allenfalls die unzureichende Verortung dieser Ideen im politischen und sozialen Kontext bedauern. Aber schon die Neigung, das Phänomen der „Konservativen Revolution" anhand „vergeistigter" Repräsentanten zu profilieren, zeigt deutlich Mohlers Tendenz, vulgärere Ideologen und Manifestationsformen auszublenden, um schließlich den Nationalsozialismus als pöbelhafte Karikatur erscheinen zu lassen. Vollends jenseits rationaler Argumentation liegt der Versuch des Autors – im Grunde das zentrale Anliegen der ganzen Studie –, die ideologischen Phänomene als mythisch-autonome Manifestation des Bewußtseins einer säkularen Weltenwende zu verselbständigen und damit aus ihrer unmittelbaren Verwurzelung im wirtschaftlich-sozialen und politischen Geschehen der Zeit herauszulösen. Gewiß,

23 A. Gasser, Deutschlands Entschluß zum Präventivkrieg 1913/14, in: M. Sieber (Hg.), Discordia concors. Fs. f. E. Bonjour, Basel 1968, S. 173–224; ders., Der deutsche Hegemonialkrieg von 1914, in: I. Geiss u. B. J. Wendt (Hg.), Deutschland in der Weltpolitik des 19. u. 20. Jahrhunderts. Fs. f. F. Fischer, Düsseldorf 1973, S. 307–39.

24 A. Mohler, Die Konservative Revolution in Deutschland 1918–1932. Grundriß ihrer Weltanschauungen, Stuttgart 1950. Daß die Studie – im Text im wesentlichen unverändert – neu herausgegeben wurde (Darmstadt 1972), wäre mehr als irritierend, könnte das Ganze nicht durch die sehr umfangreiche und zweifellos nützliche Zusammenstellung des der „Konservativen Revolution" zugeordneten Schrifttums gerechtfertigt werden, die dem Buch den Charakter eines bibliographischen Nachschlagewerks verleiht. Auf die politisch-publizistischen Beiträge Mohlers ist hier nicht einzugehen; die „Konservative Revolution" ist in ders., Was die Deutschen fürchten. Angst vor der Politik, Angst vor der Geschichte, Angst vor der Macht, Stuttgart 1965, gleichermaßen gegenwärtig wie in der Beitragsammlung ders., Von rechts gesehen, Stuttgart 1974.

Mohler unterschlägt die zeitgenössischen Bedingungen einer Aktualisierung des Gedankenguts der „Konservativen Revolution" nicht ganz. Indes sieht er in diesen Bedingungen doch nur mehr zufällige Katalysatoren, an denen sich das in Urtiefen lebendige, gegen das Fortschrittsdenken des „linearen Weltbildes" revoltierende mythisch-ganzheitliche Denken konkretisiert; daß dies in tastend-ungelenken, gelegentlich grotesk verzerrten Formen und Ausprägungen geschieht, scheint Mohler in der Zeit des „Interregnums" unvermeidlich. Die geschilderten Bewegungen werden dergestalt zu unvollkommenen, gleichsam mit prototypischen Mängeln behafteten Vorformen der kommenden reifen „Konservativen Revolution". Mohler blieb, wie er sich selbst ausdrückt, Gefangener seines Buches. Fast scheint es dienlicher, ihn samt der „Konservativen Revolution" aus diesen papierenen Fesseln nicht zu befreien!

Wie berechtigt es allerdings ist, gewisse konservative Reformbewegungen gegen eine pauschale und undifferenzierte Gleichsetzung mit präfaschistischen Strömungen zu verteidigen, zeigt der überaus materialreiche Beitrag Jakob Müllers zur Geschichte der deutschen Jugendbewegung, die – zumindest in dem vom Autor hinreichend untersuchten Zeitraum – in ihren Hauptströmungen keineswegs solchen Tendenzen zugerechnet werden kann.[25] Müller erhebt ausdrücklich nicht den Anspruch, die tieferen Ursachen der Bewegung zu analysieren, sondern beschränkt sich auf eine Nachzeichnung der organisatorischen Entwicklung, Ideenwelt und Aktivität der Hauptgruppen der Jugendbewegung.[26] Der beste Teil der Untersuchung ist der Vorkriegsphase gewidmet: Wandervogel, Freideutschtum sowie verwandte Gruppierungen. Problematischer bereits – weniger unter inhaltlichem als unter darstellerischem Aspekt – scheint die Erfassung der Kriegs- und Umbruchjahre, sieht sich doch der Nichtspezialist infolge chaotisch anmutender Stoffgliederung kaum mehr in der Lage, Grundtendenzen der Entwicklung deutlich auszumachen. Überdies sind hier schon Disproportionen festzustellen, da der Autor die politische Mitte sowie die apolitische Richtung innerhalb der Jugendbewegung gegenüber dem völkisch-rechts-

25 J. Müller, Die Jugendbewegung als deutsche Hauptrichtung neukonservativer Reform, Zürich 1971. Es bleibt in mancher Hinsicht sogar schleierhaft, was den Autor dazu bewogen haben mag, die Jugendbewegung als „deutsche Hauptrichtung neukonservativer Reform" zu bezeichnen, es sei denn, man dehne den Begriff Neukonservativismus derart, daß neben germanischer Mythologie auch Rousseau und Marx bequem ihr Unterkommen finden.

26 Der Berner Soziologe Walter Rüegg verweist auf politische und geistesgeschichtliche Hintergründe, die der Jugendbewegung und dem Jugendkult in Deutschland spezifische Prägung und besondere Durchschlagskraft verliehen; vgl. den allerdings wenig ergiebigen Beitrag: Jugend u. Gesellschaft um 1900, in: ders., Kulturkritik u. Jugendkult, Frankfurt 1974, S. 47–59; auch ders., Bildungssoziologische Ansätze für die Erforschung des Bildungswesens im 19. Jahrhundert, in: ders. u. O. Neuloh (Hg.), Zur soziologischen Theorie u. Analyse des 19. Jahrhunderts, Göttingen 1971, S. 34–41; ders., Bildung u. Gesellschaft im 19. Jahrhundert, in: H. Steffen (Hg.), Bildung u. Gesellschaft. Zum Bildungsbegriff von Humboldt bis zur Gegenwart, Göttingen 1972, S. 28–40.

gerichteten Flügel favorisiert. Deutlicher treten diese Mängel für die Phase der frühen 20er Jahre in Erscheinung. Hier verengt der Verfasser das Spektrum zu stark und wird damit dem Anspruch, alle Hauptgruppen der deutschen Jugendbewegung darzustellen, kaum mehr gerecht. Beim Versuch, die komplexe Materie beschreibend und ohne jedes theoretische Konzept zu bewältigen, ist der Autor ganz offensichtlich vom Stoff übermannt worden. Aus der Affinität seines Geschichtsbildes zur idealistischen Weltsicht der Jugendbewegung resultiert für Müllers „Analyse" eine ähnliche Hilflosigkeit, wie sie für die Jugendbewegung selbst in der Erfassung der politischen und gesellschaftlichen Realität ihrer Zeit typisch war.

Kaum noch von Interesse, es sei denn, es komme in Deutschland oder zumindest in Bayern bei Gelegenheit zur Restauration der Monarchie, ist die an sich eine interessante Materie behandelnde Studie von Werner Gabriel Zimmermann über das Verhältnis zwischen Bayern und dem Reich in der frühen Weimarerzeit.[27] Einem ebenso rigorosen wie unhistorischen Legalismus verhaftet, erbringt der Autor zunächst den juristischen Nachweis, daß der Fortbestand der dem bayerischen Königreich 1871 zugestandenen Souveränitätsrechte durch die Revolution in keiner Weise tangiert worden sei. Sich wechselseitig bedingend, erscheinen die andauernden Querelen mit dem Reich wie die innen- und gesellschaftspolitische Entwicklung Bayerns in simplifizierter Folgerichtigkeit als Resultat jenes in der Revolution wie in den Beschlüssen der Nationalversammlung gleichermaßen dokumentierten „politischen Unverstandes", der den spezifisch bayerischen Gegebenheiten in keiner Weise Rechnung trug. Der Möglichkeit einer organisch-eigenständigen Entwicklung beraubt und durch die Beseitigung der Monarchie – jenes „bis heute [1953!] nicht ersetzten Arkanums gerade des bayerischen politischen und kulturellen Lebens" – entwurzelt, degenerierte ein „entkernter und desorientierter Konservatismus" zum Nährboden antirepublikanischer, verfassungsfeindlicher Strömungen, aus dem einem opportunistischen Rechtsradikalismus durch Vorspiegelung gemeinsamer politischer Ziele eine zahlreiche und am Ende mißbrauchte Gefolgschaft erwuchs. Enthält die Untersuchung auch manche zutreffende Charakterisierung politischer Vorgänge und verrät sie insbesondere auch ein erstaunliches, durch fehlende Distanz freilich hochproblematisches Einfühlungsvermögen in eine monarchistisch-konservative Vorstellungswelt – die eindimensionale Deutung politisch-gesellschaftlicher Prozesse ist gleichermaßen unhaltbar wie das simple Rezept, eine kranke Zeit an der Monarchie genesen zu lassen.

Wenn Zimmermann verfassungsrechtlich-institutionelle Verhältnisse als Determinanten politischer Entwicklung überschätzt, so strapaziert Erich

27 W. G. Zimmermann, Bayern u. das Reich 1918–1923. Der bayerische Föderalismus zwischen Revolution u. Reaktion, München 1953. Zimmermann stützt sich auf sehr umfangreiches gedrucktes Material, was der Arbeit bibliographischen Wert verleiht; die Akten des bayerischen Staates waren ihm hingegen nicht zugänglich.

Wüest in seiner stark theoretisch-spekulativ angelegten Untersuchung mit eigenwilliger, aber nicht unsympathischer Nonchalance die Grenzen des politisch Möglichen.[28] Er diskutiert ausführlich die bekannten Kontroversen über Gerechtigkeit, Durchführbarkeit und Folgen der wirtschaftlichen Bestimmungen des Versailler Vertrages, um zwischen den beiden gegensätzlichen Positionen Keynes' und Mantoux' einen möglichen „Dritten Weg" als historisch gangbar aufzuzeigen. Nach Ansicht des Autors wäre Deutschland zur Zahlung bedeutender Reparationen durchaus fähig gewesen, allerdings nur unter der Voraussetzung, daß seine Tributkapazität nicht durch verfehlte wirtschafts- und währungspolitische Maßnahmen sowohl der Gläubiger- wie der Schuldnerseite systematisch zunichte gemacht worden wäre. Weder die ohnehin primär durch die Kriegsfinanzierung induzierte Nachkriegsinflation noch die verhängnisvolle Kreditexpansion nach der Währungsreform seien mit den Reparationserfordernissen schicksalhaft verkoppelt gewesen. Unter Anwendung einer um moderne Elemente erweiterten ökonomischen Ausgleichstheorie kommt Wüest im wesentlichen zum Schluß, daß Deutschland eine deflationäre Politik hätte befolgen müssen, um reale Reparationsleistungen überhaupt erbringen zu können. Eine solchermaßen konsequente Erfüllungspolitik hätte die Alliierten frühzeitig zu einer flexibleren Handhabung des Vertragsinstruments bewogen, da man Deutschland den deflationären Weg kaum bis zum revolutionären Untergang der Republik hätte gehen lassen. Das mit problematischen Prämissen reich befrachtete Modell führt Wüest notwendigerweise auf das Glatteis historischer Spekulation, doch scheint der Versuch legitim, das deterministische Kausalitätsschema Versailler Reparationen – Inflation – kreditärer Wirtschaftsboom – Wirtschaftskrise auch von seiner ökonomischen Seite her infrage zu stellen. Handelte man sich auf dem historischen, dem inflationären Weg über die Proletarisierung des Mittelstandes langfristig den Nationalsozialismus ein, so eröffnet andererseits der von Wüest vorgeschlagene deflationäre Weg, der nur auf Kosten der Arbeiterschaft zu beschreiten gewesen wäre, die nicht viel verheißungsvollere Perspektive einer wohl zum Scheitern verurteilten sozialen Revolution, in deren Gefolge Deutschland vielleicht in den Genuß alliierter Besatzung, wenn nicht eines gleichsam vorgezogenen Faschismus geraten wäre.

Daß jedenfalls die Errichtung eines autoritären Regimes nicht völlig jenseits realer Möglichkeiten lag, zeigt die Arbeit von Jean-Claude Favez über die Rückwirkungen der Ruhrbesetzung auf die politischen Kräfteverhältnisse in der Weimarer Republik.[29] Unter Auswertung sehr umfangreichen

28 E. Wüest, Der Vertrag von Versailles in Licht u. Schatten der Kritik. Die Kontroverse um seine wirtschaftlichen Auswirkungen,Zürich 1962.
29 J.-C. Favez, Le Reich devant l'occupation franco-belge de la Ruhr en 1923, Genève 1969. Diese umfangreiche Thèse stützt sich auf Akten zentraler und regionaler bundesdeutscher Archive sowie die ergiebigen, bis dahin in diesem Zusammenhang von westlichen Historikern kaum genutzten Bestände der DDR.

Quellenmaterials zeichnet Favez in thematisch gegliederter, den Ereignis-ablauf aber geschickt integrierender Form die Geschehnisse vom Ein-marsch der franko-belgischen Okkupanten bis zum Abbruch des passiven Widerstandes. An die fundierte Darstellung schließt sich der Versuch an, den Stellenwert der Ruhrbesetzung für die innenpolitische Entwicklung Deutschlands zu bestimmen. Hier wird deutlich, wie die ohnehin schwache gemäßigte Mitte unter den Folgewirkungen der Okkupation zusehends an Terrain verlor. Infolge innenpolitischer Polarisierung und manifester au-ßenpolitischer Ohnmacht rückte die Frage einer heimlichen Wiederbe-waffnung des Reiches ins Zentrum politischer Erwägungen und ließ das Heer erneut zum entscheidenden Machtfaktor avancieren. Man mag – und das schon gerade wegen der hohen Qualität der Arbeit – bedauern, daß Fa-vez seine Untersuchung mit der offiziellen Beendigung des passiven Wider-standes abbricht; indes ist der Autor wohl nicht zu Unrecht der Überzeu-gung, daß der Prozeß der Etablierung einer neuen politischen Kräftekon-stellation mit dem Ende des passiven Widerstandes bereits deutlich einge-leitet war. Als Verlierer des Ruhrkampfes erscheinen neben den bürgerli-chen Parteien der Mitte die Sozialdemokraten, allen voran jedoch die Freien Gewerkschaften, die schon im Herbst 1923, vollends aber im Zuge der von Stinnes diktierten wirtschaftlichen und finanziellen Liquidation des Ruhrkonflikts, die sozialen Errungenschaften weitgehend preisgeben muß-ten und fortan als Gegenmacht zu Unternehmertum und Armee kaum mehr ins Gewicht fielen. Auf der Seite der Sieger sieht Favez die extremen politischen Parteien, vor allem aber die Schwerindustrie, die sich bereits in der Phase des passiven Widerstandes weitgehend schadlos zu halten wußte und schließlich durch Erpressung skandalöser finanzieller Zugeständnisse von seiten des Reiches sowie durch arbeitsrechtliche und lohnpolitische Re-striktionen allfällige Einbußen mehr als wettzumachen verstand. Obwohl Favez schon für die unmittelbare Nachkriegszeit eine gravierende Ver-schiebung der Machtverhältnisse zugunsten der sich vorab um Stinnes or-ganisierenden Schwerindustrie nachweist, habe doch erst die Ruhrbeset-zung Industrie, Armee und Konservativen nach fünfjährigem Kampf gegen die Revolution Gelegenheit für eine kapitale Revanche geboten, deren Auswirkungen trotz trügerischer Jahre der Prosperität die Entwicklung der Republik in der Folgezeit gekennzeichnet hätten.[30]

Nicht viel erfolgreicher präsentiert sich ein anderer Aspekt französischer Deutschlandpolitik in der Untersuchung Erwin Bischofs über Hans Adam Dortens Rheinstaatbestrebungen, jener in der ersten Phase (1919) noch halbwegs legalen Autonomiebewegung, die dann zusehends in illegalen Se-paratismus umschlug und im Zusammenhang mit der Ruhrbesetzung ihren

---

30 Auf die problematische, durch den Ruhrkonflikt schwer belastete innenpolitische und wirtschaftliche Basis des „Geistes von Locarno" verweist J. Freymond, Locarno: un nou-veau départ?, in: Sieber (Hg.), S. 271–94.

zweiten, putschistischen Höhepunkt erlebte.[31] Vor allem in der Schilderung der zweiten Phase recht summarisch, bringt die Untersuchung gegenüber den Arbeiten von Erdmann und Morsey nicht viel Neues; die Auswertung des Nachlasses von General Mangin zeigt zwar die starke finanzielle und personelle Abhängigkeit Dortens von gewissen politisierenden Stellen der französischen Militärhierarchie; die eigentliche Zielsetzung der maßgebenden politischen Organe bleibt aber weiterhin undeutlich; auch der behauptete Rückhalt separatistischer Politik in der katholischen Landbevölkerung ist nur indizienhaft belegt. Insgesamt scheint die starke Ausrichtung der Untersuchung auf die zweifelsohne theaterwürdige Gestalt des verhinderten Staatsmannes problematisch, gewinnt doch die ganze Bewegung unter dem engen Blickwinkel Dortenscher Regie über Gebühr operettenhafte Züge.

Bleibt zur Periode der Weimarer Republik noch der Hinweis auf eine allerdings nicht sehr tiefschürfende Untersuchung über das deutsch-österreichische Zollunionsprojekt von 1931.[32] Ohne auf Qualität und Intensität des wirtschaftlichen Austausches einzugehen, gibt Jan Krulis-Randa zunächst einen Überblick über die verschiedenen vertraglichen Regelungen der preußisch-österreichischen Handelsbeziehungen seit der Restauration und untersucht dann die diplomatischen Bestrebungen der Zwischenkriegszeit, Restösterreich dem deutschen Wirtschaftsgebiet anzugliedern. Obwohl der wirtschaftliche Anschluß Österreichs Projekt blieb, versucht der Autor abschließend, aufgrund der unterschiedlichen Wirtschafts- und Außenhandelsstruktur Deutschlands und Österreichs die potentiellen Auswirkungen einer Zollunion auf die Volkswirtschaften beider Länder abzuschätzen. Die Untersuchung bleibt insgesamt zu sehr an der Oberfläche offizieller diplomatischer und juristischer Auseinandersetzungen und gibt insbesondere keinerlei Aufschluß über den fördernden oder hemmenden Einfluß, den interessierte Kreise aus Handel und Industrie im Zusammenhang des Zollunionprojekts übten.

4. Die Schweiz besaß das zweifelhafte Privileg, die faschistisch-nationalsozialistische Tragödie aus nächster Nähe verfolgen zu können, doch läßt sich insgesamt schwerlich behaupten, daß die günstige Ausgangslage der Schweizer Historiker in einer entsprechend adäquaten Erfassung des Nationalsozialismus ihren Niederschlag gefunden habe. Daß hierzulande die schwere Wirtschaftskrise der 30er Jahre nicht geradewegs zum Faschismus führte, obwohl die Schweiz unzweifelhaft über ein lupenrein kapitalistisches Wirtschaftssystem verfügte, lieferte gleichsam den hausbackenen

31 E. Bischof, Rheinischer Separatismus 1918–1924. H. A. Dortens Rheinstaatbestrebungen, Bern 1969.
32 J. Krulis-Randa, Das deutsch-österreichische Zollunionsprojekt von 1931. Die Bemühungen um eine wirtschaftliche Annäherung zwischen Deutschland u. Österreich, Zürich 1955.

Beweis, daß erstens zwischen Faschismus und Kapitalismus keinerlei Zusammenhang bestehe, zweitens wirtschaftliche Verhältnisse nur sehr bedingt zur Erklärung der Entwicklungen nördlich und südlich unseres Landes herangezogen werden dürften und demzufolge drittens kein Anlaß bestehe, diesen totalitären Herrschaftssystemen mit einem anderen als dem
herkömmlichen wissenschaftlichen Instrumentarium auf den Leib zu rük-
ken. Deutlich manifestiert sich diese Betrachtungsweise in der Nationalso-
zialismus-Forschung Walther Hofers, dessen Beiträge zumal in den ersten
beiden Nachkriegsjahrzehnten in Deutschland viel Beachtung fanden.[33]
Mit eine Ursache dieses starken, wenn auch zunehmend kritischeren Echos
war zweifellos der Umstand, daß aus Hofers personalistisch verengter Perspektive und einseitig politischer Betrachtungsweise, wie sie dem Totalita-
rismus-Ansatz eigen ist, eben jenes Deutungsmuster des Nationalsozialismus resultierte, welches das komplexe wirtschaftlich-soziale Bedingungsgefüge nationalsozialistischer Machtergreifung großzügig ausblendet und
damit Kräfte und Mechanismen aus der Verantwortung entläßt, die mit
dem Zusammenbruch des Dritten Reiches keineswegs das Feld der Geschichte räumten; in der Phase des Kalten Krieges mochte überdies der mi-
litante Antikommunismus Hofers seiner Sicht der Dinge zusätzliche Reputation verschaffen. Man mag den Erklärungswert wirtschafts- und sozialgeschichtlicher Ansätze für die Entwicklung und Erhaltung des nationalsozialistischen Herrschaftssystems in der Phase wachsender Emanzipation von
ökonomischen und gesellschaftlichen Interessenbindungen zunehmend geringer veranschlagen; mit einer Strapazierung von Kategorien wie Terro-
rismus und Verbrechen ist indes eine hinreichende Analyse der Grundlagen
und der Funktionsweise nationalsozialistischer Herrschaft auch für die
Jahre nach 1933 nicht geleistet. Insbesondere aber sind Anleihen bei der
Kriminalistik und penetrantes Moralisieren die schlechthin untauglichsten
Mittel, um das zentrale Problem, den Weg der Nationalsozialisten hin zur
Macht, aus jener gefährlichen Zone historischer Legendenbildung heraus-
zuhalten, die Hofer so oft warnend beschworen hat. Wenn er, um nur ein
Beispiel zu erwähnen, die Nationalsozialisten mit Akribie der Urheber-
schaft am Reichstagsbrand überführt, um alsdann diesen verbrecherischen
Akt zum zentralen und konstituierenden Faktor der Implantation faschisti-
scher Herrschaft zu deklarieren, so umgeht er damit nur die sehr viel zentralere Frage nach Ursachen, wirtschaftlichen, sozialen und ideologischen Me-

33 W. Hofer, Die Entfesselung des Zweiten Weltkrieges. Eine Studie über die internationalen Beziehungen im Sommer 1939, Stuttgart 1954, erweitert Frankfurt 1964[4]; ders. (Hg.),
Der Nationalsozialismus. Dokumente 1933–1945, Frankfurt (1957) 1976[26]; ders., Die
Diktatur Hitlers bis zum Beginn des Zweiten Weltkrieges, in: L. Just (Hg.), Handbuch der
deutschen Geschichte, Bd. IV/2, Konstanz 1965; ders. (Hg.), Der Reichstagsbrand. Eine
wissenschaftliche Dokumentation, Bd. I, Berlin 1972; ders., Der Reichstagsbrand als For-
schungsproblem, in: G. Doeker u. W. Steffani (Hg.), Klassenjustiz u. Pluralismus. Fs. f. E.
Fraenkel, Hamburg 1973, S. 167–86.

chanismen, die ein Volk von sechzig Millionen für den Handstreich Polit-
krimineller reif machten, nicht zuletzt auch jene Hofer noch viel ferner liegende Frage nach den spezifischen Bedingungen der im Vorfeld von 1933
manifesten Funktionalität demokratischer Strukturen für die Errichtung
totalitärer Herrschaft. Damit aber gerät Hofers Analyse in gefährliche
Nähe jener Legendenvariante, die den deutschen Faschismus in Braunau
am Inn beginnen und im Führerbunker zu Berlin sein Ende finden läßt.
Damit soll die von Hofer mit Vehemenz verfochtene These einer bewußten
„Entfesselung des Zweiten Weltkrieges" nicht bestritten werden, gibt es
doch neben Äußerungen Hitlers und seiner Adlaten handfeste Indizien,
welche die planmäßige Einkalkulierung eines Krieges deutlich dokumentieren. Ein markantes Indiz ist u. a. die nationalsozialistische Wirtschaftspolitik der Jahre 1933–1939, die, wie René Erbe in seiner volkswirtschaftlichen Studie nachweist, gleichsam von der ersten Stunde an vollkommen auf
die Bedürfnisse der militärischen Aufrüstung ausgerichtet war.[34] Erbes Untersuchung bietet als Darstellung der wesentlichen Grundzüge nationalsozialistischer Wirtschaftspolitik immer noch eine gültige Orientierung. Trotz
formaler Ähnlichkeiten könne von einer keynesianischen Politik keine
Rede sein, vielmehr nur von einer Kriegswirtschaft zu Friedenszeiten, die
weder gleichgewichtige Vollbeschäftigung noch selbsttragende Konjunktur
je angestrebt habe. Die Nationalsozialisten hätten bis 1935 das konjunk-
turpolitische Instrumentarium Brünings kaum anders als durch eine extreme Erhöhung des Budgetdefizits modifiziert, um dann seit der 1936 er-
reichten Vollbeschäftigung eine ausgesprochen konjunkturwidrige, den
Rüstungserfordernissen allerdings vollkommen adäquate Fiskalpolitik zu
betreiben. Der Kreditpolitik mißt Erbe ausschließlich subsidiäre Funktion
zu, erschöpfte sich doch ihre Aufgabe wesentlich darin, das anhaltende deficit spending zu finanzieren. Hier attestiert er Schacht in der Verschleie-
rung der höchst unsoliden staatlichen Finanzgebarung zwar großes psychologisches Geschick, weist aber alle Einlösungen von Staatsschulden durch
das Reich als rein buchungsmäßige Fiktionen nach, die langfristig einen
massiven Währungszerfall hervorrufen mußten. Innerhalb einer auf Autarkie ausgerichteten Wirtschaft hatte die extreme Außenhandelsbewirtschaf-
tung die Aufgabe, den problematischen Auswirkungen der expansionistischen Fiskal- und Kreditpolitik auf die Zahlungsbilanz entgegenzuwirken
und die Beschaffung rüstungsnotwendiger Importe zu garantieren. Wurde
der inflationäre Druck im Konsumsektor durch eine rigorose Lohn- und
Preispolitik zurückgestaut, so konnte das staatliche Liquiditätsdefizit durch
absorbierende deflationäre Reaktionen der Privatwirtschaft größtenteils

34 R. Erbe, Die nationalsozialistische Wirtschaftspolitik 1933–1939 im Lichte der modernen
    Theorie, Zürich 1958; vgl. ders., Die nationalsozialistische Beschäftigungspolitik im
    Lichte der Beschäftigungstheorie von Keynes, in: SZVS 90. 1954, S. 463–78; kritisch ge-
    gen Erbe V. F. Wagner, Geldschöpfung, Wirtschaftskreislauf u. die nationalsozialistische
    Wirtschaftspolitik, in: SZVS 93. 1957, S. 1–23, insbes. S. 20–23.

kompensiert werden, wie Erbe anhand einer monetären Analyse des Aufschwungs zeigt. Demzufolge blieb die Stabilität bis 1936 gewahrt, und eine künftige Störung des volkswirtschaftlichen Gleichgewichts wäre zunächst weniger durch die monetär induzierte Erhöhung des Inflationspotentials zu erwarten gewesen als durch die massiven rüstungsbedingten Verzerrungen der gesamten Produktionsstruktur. Anhand eines einfachen makroökonomischen Modells weist Erbe schließlich nach, daß nahezu 70% des in den Jahren 1932–1938 in den Kreislauf gepumpten Einkommens nicht konsumiert, sondern durch zusätzliche Steuern, unverteilte Gewinne und sonstige außerpersönliche Kreislaufströme wieder neutralisiert wurden; demgegenüber fiel die an sich beträchtliche, primär auf Unternehmer- und Vermögensgewinnen basierende Sparquote für die Erhaltung der relativen Stabilität kaum ins Gewicht.

Während so der konjunkturelle Aufschwung zu einem guten Teil auf Kosten der Arbeiter und Konsumenten zustande kam, erzielte die aus politischen und versorgungsstrategischen Überlegungen begünstigte Landwirtschaft eine zunächst markante Verbesserung ihrer Einkommenslage; indes zeigt Max Steiner in einer vergleichenden Untersuchung schweizerischer und deutscher Agrarpolitik dieses Zeitraums, daß die propagandistisch verherrlichte „Erzeugungsschlacht" des Reichsnährstandes schon ab 1936 von den Betroffenen wieder mit zusehends stumpferen Waffen ausgefochten werden mußte.[35] Zwar hoben die Nationalsozialisten die Agrarpreise vorerst über ein marktkonformes Niveau an und räumten dadurch der in der Krise hart getroffenen Landwirtschaft eine etwa dreijährige Erholungsphase ein. Doch bewirkten von 1936 an die starren Preisnormen eine künstliche Beschneidung des Einkommens der Landwirtschaft, die dergestalt über die Tiefhaltung der Nahrungsmittelpreise indirekt zur Finanzierung der Staatsausgaben massiv herangezogen wurde. Überdies zwang die nunmehr eintretende Verschlechterung der Preis-Kosten-Relation durch die rüstungsinduzierte Verteuerung der Arbeitskraft zu einer einkommenswahrenden Produktionssteigerung, die infolge der erschwerten Kreditbeschaffung nur in geringem Umfang durch produktivitätssteigernde Rationalisierungen und somit zum größten Teil durch eine Überbeanspruchung der verbliebenen Arbeitskraft erzielt werden konnte.

Signalisierten die Auszehrung des bäuerlichen Arbeitspotentials und die in der Phase der Überkonjunktur neuerdings eintretende Einkommensdisparität deutlich das Scheitern der nationalsozialistischen Agrarpolitik, so gelangten alle hochgesteckten Pläne einer großdeutschen Interessen entsprechenden Reorganisation der europäischen Wirtschaft nie wesentlich über das Projektstadium hinaus. Das dürfte mit ein Grund sein, weshalb sich Jean Freymond in seiner Studie im wesentlichen darauf beschränkt, die

35 M. Steiner, Die Agrarpolitik in der Schweiz u. Deutschland von 1933–1939, Breitenbach 1953.

recht unterschiedlichen Konzepte einer wirtschaftlichen Neuordnung Europas darzulegen, ohne aufgrund ökonomischer Daten die faktischen Veränderungen im Wirtschaftsgefüge zu rekonstruieren.[36] Der Autor zeigt, daß Intensität und Richtung der Diskussion um ein wirtschaftliches Europa seit dem 19. Jahrhundert wesentlich durch die traumatische Vorstellung bestimmt war, Deutschland sei aufgrund ungünstiger geographischer Lage, Rohstoffarmut und rasanten Bevölkerungswachstums zu einer offensiven Sicherung seiner wirtschaftlichen Existenz gezwungen. Freymond glaubt deutlich zwei sich konkurrenzierende Haupttendenzen unterscheiden zu können. Die gewichtigere, primär ökonomisch orientierte „liberal-konservative" Strömung, repräsentiert durch Industrie und Banken, stützte sich in Regierung und Verwaltung namentlich auf hohe Funktionäre des Außen- und Wirtschaftsministeriums; sie beanspruchte zwar in der anvisierten „Großraumwirtschaft" eine ökonomische Vorherrschaft Deutschlands, zielte aber auf Partizipation und Integration im europäischen und weltweiten Rahmen. Dieses Konzept erfuhr Konkurrenz von Seiten der „ultra-konservativen", eng nationalistischen Vorstellung eines nach Osten erweiterten pangermanischen Mitteleuropa; als Hauptvertreter dieser Richtung erscheinen konservative Kreise der Armee, des Großgrundbesitzes sowie Teile der binnenmarktorientierten Industrie. Eigenständige, typisch nationalsozialistische Vorstellungen einer wirtschaftlichen Reorganisation Europas glaubt der Autor demgegenüber nicht ausmachen zu können; vielmehr erscheinen die Pläne der Nazis im wesentlichen als eine um Rassismus und bedenkenlosen Pragmatismus der Macht erweiterte, höchst unsystematische Variante der „ultra-konservativen" Konzeption. Indes kann der Verfasser im zweiten Teil der Arbeit nachweisen, daß die ab Sommer 1940 in Bearbeitung stehenden Projekte weniger im Zeichen der nationalsozialistischen Ideologie als in jenem der in Wirtschaft und Verwaltung traditionell dominierenden „liberal-konservativen" Konzeption der „Großraumwirtschaft" standen. Freymond führt diese immerhin bemerkenswerte Tatsache darauf zurück, daß Hitler an wirtschaftlichen Fragen nur begrenzt und vorab im Zusammenhang von Aufrüstung und Kriegführung interessiert gewesen sei. Dies begünstigte trotz allgemein streng hierarchischer Strukturen das Fortbestehen eher „anarchischer" Verhältnisse im Bereich langfristiger Wirtschaftsplanung, wenn auch der relative Freiraum der Liberal-Konservativen durch Hitlers zentrale politische Entscheide begrenzt war und ihre Pläne angesichts der Unberechenbarkeit seiner Interventionen höchst provisorischen Charakter behielten.

Mit welch bedeutenden Schwierigkeiten im übrigen selbst die administra-

36 J. Freymond, Le IIIe Reich et la réorganisation économique de l'Europe 1940–1942. Origines et Projets, Thèse Genève 1974; zur offensiven Haltung der deutschen Stahlindustriellen in der Frage der Annexion der lothringischen Erzbecken von Briey und Longwy vgl. ders., Les industriels allemands de l'acier et le bassin minier lorrain (1940–1942), in: Revue d'histoire moderne et contemporaine 19. 1972, S. 27–44.

tive und wirtschaftliche Integration eines kleinen und zudem ehemals deutschen Gebietes in den NS-Staat verbunden war, geht aus einer Studie über die Wiedereingliederung Eupen-Malmedys hervor.[37] Unter minutiöser Auswertung vorwiegend lokaler und regionaler Quellen zeigt Martin Schärer, daß zwar die formale Eingliederung der beiden Eifelkreise – abgesehen von den altbelgischen Teilen – aufgrund der stark verwurzelten Heimatbewegung ohne nennenswerte Schwierigkeiten vor sich ging, daß aber viele verwaltungstechnische, rechtliche und wirtschaftliche Probleme, die sich aus der zwanzigjährigen Zugehörigkeit zum belgischen Staat und Wirtschaftsraum ergaben, bis zum Einmarsch der amerikanischen Truppen nicht befriedigend gelöst werden konnten. Obwohl der Autor die wirtschaftlichen, sozialen und rechtlichen Verhältnisse in den beiden Eifelkreisen je im Zusammenhang der verschiedenen Neuregelungen kurz skizziert, gilt sein Interesse doch primär den behördlichen Maßnahmen, die zu einer möglichst schnellen und reibungslosen Eingliederung ins Reich führen sollten, sowie den Lasten und Komplikationen, die sich daraus für die einheimische Bevölkerung ergaben.

War die Wiedereingliederung Eupen-Malmedys gleichsam eine beiläufige Folge des Westfeldzugs, so blieb der Schweiz ein ähnliches Schicksal wohl deshalb erspart, weil deren Annexion im Rahmen des anvisierten Großreiches gewissermaßen das logisch letzte Glied darstellte. Diese Prioritätenordnung bewirkte jene entscheidende zeitliche Verzögerung, in deren Ablauf sich Nachteile und Risiken eines deutschen Einmarsches mit dem Schwinden militärischer Potenz des Reiches zu der für die Schweiz glücklichen Konstellation verbanden, die eine Angliederung je länger desto deutlicher aus dem Bereich realer Perspektiven treten ließ. Das ist gleichsam die Quintessenz, die sich aus der Untersuchung Daniel Bourgeois' über Hintergründe und Ziele nationalsozialistischer Politik gegenüber der Schweiz ziehen läßt.[38] Der Autor stellt eine gewisse Intensivierung pangermanischer Bestrebungen ab 1936 fest; gleichwohl kann auch er erst für den Sommer 1940 zweifelsfrei belegen, daß die Frage einer Angliederung der Schweiz zum Thema höchster politischer Instanzen wurde. Dennoch lassen sich weder auf ökonomischer noch auf militärischer Ebene konkrete Maßnahmen nachweisen, die als Indizien dafür gelten könnten, daß die Pläne einer Annexion schweizerischen Gebiets je über das Stadium von Projekten hinausgediehen; selbst im Bereich der Ideologie und Propaganda läßt sich kein konsequent offensiver Kurs verfolgen. Bedeutung und Gewicht der verschiedenen Motive, die der Autor zur Erklärung dieses ausgesprochenen Realismus in Erwägung zieht, unterlagen im Verlauf der Kriegsjahre einem dauernden Wandel; daß eine Annexion schließlich ganz außer Abschied und Traktanden fiel, verdankt die Schweiz dem millionenfachen

37 M. Schärer, Deutsche Annexionspolitik im Westen. Die Wiedereingliederung Eupen-Malmedys im Zweiten Weltkrieg, Bern 1975.
38 D. Bourgeois, Le Troisième Reich et la Suisse 1933–1941, Neuchâtel 1974.

Tod russischer und westalliierter Soldaten, demgegenüber das selbstgefäl-
lige Pochen auf die zentrale Bedeutung kluger Neutralitätspolitik und –
überdies nicht über jeden Zweifel erhabener – militärischer Widerstands-
bereitschaft den Charakter einer peinlichen Reminiszenz erhalten sollte.
Die spezifischen Probleme helvetischer Vergangenheitsbewältigung stehen
indes hier nicht zur Debatte.[39]

5. Die schweizerische Historiographie zeigt eine auffallende Scheu, sich
Themen der jüngeren Zeitgeschichte zuzuwenden. Diese Zurückhaltung ist
nicht nur eine Folge der fünzigjährigen Sperrfristen für staatliche Archive,
mit welcher die besorgte Obrigkeit überkommene nationale Identitätsmu-
ster sichern hilft;[40] vielmehr scheint hier auch der Umstand mitzuspielen,
daß es der Zunft sowohl am wissenschaftlichen Rüstzeug als auch an politischer Risikobereitschaft gebricht, um brisante Gegenwartsprobleme aufzugreifen. Die wenigen Werke zur deutschen Geschichte der Nachkriegszeit stammen denn auch nicht aus der Feder engerer Fachvertreter, sondern
sind von historisch interessierten Sozialwissenschaftlern und engagierten
Journalisten verfaßt; inhaltlich kreisen sie um drei Problembereiche: die internationale Stellung Deutschlands im Zeichen des Kalten Krieges, das
deutsche „Wirtschaftswunder" und die innenpolitischen sowie sozialen
Folgen dieses Aufschwungs.
Im Auftrag der Carnegie-Stiftung untersuchte der Genfer Politologe Jac-
ques Freymond die Saarfrage als Beispiel einer internationalen Konfliktsituation.[41] Nach einem wohldokumentierten historischen Aufriß ist der
Verfasser in einem systematischen Teil bemüht, verschiedene Einflußfak-
toren isoliert zu betrachten und im Hinblick auf die endgültige Entscheidung des Saarproblems zu gewichten. Während er den Einfluß wirtschaftlicher Interessengruppen als gering veranschlagt – Freymond begreift den
Saarkonflikt wohl zurecht als vorwiegend politisches Problem –, unter-
streicht er die Bedeutung der politisch handelnden Einzelpersonen und
macht deutlich, wie die Verschiebungen auf der internationalen Szene im
Gefolge des Kalten Krieges und der immer stärker hervortretende Widerspruch in der französischen Politik zwischen Sicherheitsbedürfnis und Inte-
grationsinteresse eine „deutsche Lösung" der Saarfrage schließlich begün-
stigten. Wie sehr auch die Studie unter politikgeschichtlichen Aspekten zu

39 Ein Verzeichnis der Untersuchungen über die faschistischen Strömungen in der Schweiz
    sowie über die zeitgenössische schweizerische Perzeption des Nationalsozialismus findet
    sich bei K. Humbel, Nationalsozialistische Propaganda in der Schweiz 1931–1939, Bern
    1976.
40 Aktuellen Einblick in die Schwierigkeiten nationaler Vergangenheitsbewältigung bietet
    etwa die peinliche Kontroverse um den in Deutschland preisgekrönten, für das Schweizer
    Fernsehen aber zensierten Film „Die Erschießung des Landesverräters Ernst S." von Ri-
    chard Dindo und Niklaus Meienberg.
41 J. Freymond, Die Saar 1945–1955, München 1961 (frz. Le conflit sarrois, 1945–1955,
    Bruxelles 1959).

befriedigen vermag, so enttäuschend sind ihre theoretischen Ergebnisse, erwartet man doch von einer politologischen Strukturanalyse einer Konfliktsituation nicht nur die Bestätigung der Trivialität, daß allemal alles mit allem irgendwie zusammenhängt.

Dem Berlin-Problem von den Kriegskonferenzen bis zum Mauerbau ist Alois Riklins politologisch-juristische Arbeit gewidmet, die einen sauber gegliederten und reich dokumentierten Überblick über die komplexe Materie vermittelt.[42] Von antikommunistischen Positionen des Kalten Krieges nicht unbelastet, untersucht der Autor die Beziehungen der vier Besatzungsmächte untereinander und zu Deutschland, um in einem ersten, historisch-politischen Teil zum Schluß zu kommen, daß der Kern des Berlin-Problems nicht rechtlicher, sondern machtpolitischer Art ist. Dennoch wendet er sich im Hauptteil der Studie einer völkerrechtlichen Beurteilung des Konfliktes zu, geht es ihm doch letztlich darum, „mit einer gewissen Sturheit festzuhalten, was Recht und was Unrecht ist".

Wenig Zweifel in bezug auf Recht und Unrecht im West-Ost-Konflikt scheint auch Georges v. Csernatony zu hegen, der in seiner Dissertation Umfang und Bedeutung des Marshall-Planes für den wirtschaftlichen Wiederaufstieg Deutschlands sowie dessen implizite Ausrichtung auf eine ökonomische und politische Integration Europas darzulegen sucht.[43] Obwohl politische Motivationen und wirtschaftliche Interessen als selbstverständliche und legitime Bestimmungsgründe amerikanischer Hilfe keineswegs negiert werden, läßt der Verfasser diese Momente stark hinter die gleichsam „idealistischen" Zielsetzungen zurücktreten. Der Marshall-Plan erscheint so als Resultat der zentralen Einsicht maßgebender Persönlichkeiten, nur die Eingliederung Deutschlands in ein wirtschaftlich integriertes Europa könne ein hinreichendes Gegengewicht gegen die Bedrohung aus dem Osten schaffen, eine selbstmörderische Resurrektion des Nationalismus in Europa verhindern und dem latenten Mißtrauen vorab Frankreichs den Boden entziehen.

Den nationalökonomischen Schriften, die aus Schweizer Sicht das deutsche Wirtschaftswunder kommentieren, eignet zum größten Teil apologetischer Charakter; meist preisen sie Westdeutschland als Bannerträger des Neoliberalismus, ohne Ideologie und Wirklichkeit des Aufschwungs kritisch zu durchleuchten.[44] Oft ist es den Autoren indes gar nicht um eine Analyse der

42 A. Riklin, Das Berlinproblem. Historisch-politische u. völkerrechtliche Darstellung des Viermächtestatuts, Köln 1964. Vom gleichen Autor stammt auch eine Analyse wichtiger Parteidokumente der SED; vgl. A. Riklin u. K. Westen, Selbstzeugnisse des SED-Regimes, Köln 1963.

43 G. von Csernatony, Le Plan Marshall et le redressement économique de l'Allemagne. Une étape vers l'intégration européenne, Thèse Lausanne 1973.

44 Vgl. etwa J. Werner, Wohlstand, Freiheit u. Gerechtigkeit. Ihre Verwirklichung als Problem der Wirtschaftspolitik, Zürich 1951; E. W. Dürr, Wesen u. Ziel des Ordo-Liberalismus, Winterthur 1954; M. Beck, Wirtschaftsdemokratie, Zürich 1962; P.-A. Kunz, L'expérience néo-libérale allemande dans le contexte international des idées, Lausanne 1962;

bundesrepublikanischen Wirtschaft zu tun; ihr Interesse am Experiment der Sozialen Marktwirtschaft entspringt vielmehr dem manifesten Bestreben, das System des freien Marktes zur schlechthin einzigen Sozialordnung zu stilisieren, die einer demokratischen Zivilisation angemessen ist. Unter Neoliberalismus wird dabei tendenziell zweierlei verstanden: Entweder liegt die Betonung auf dem „Laissez faire", womit wohl implizit die archaische Wirtschaftspolitik der Schweiz legitimiert werden soll, oder aber die Autoren unterstreichen den Ordo-Gedanken des Sozialliberalismus, offenbar um die in der Schweiz noch fehlenden Instrumente der Globalsteuerung zu propagieren.

Auf zwei Arbeiten, die dieser apologetischen Tendenz entsagen und aus kritischer Distanz die deutsche Entwicklung zu beleuchten suchen, sei hier speziell verwiesen. Beide sind zwar der neoliberalen Konzeption verpflichtet, arbeiten jedoch die Diskrepanzen zwischen Leitbild und Realität der Sozialen Marktwirtschaft heraus, die immer mehr in Richtung „sozial gedämpfter Konzernwirtschaft" (May) zu degenerieren scheint. Carlo Mötteli kenntnisreiche Analyse der westdeutschen Wirtschaftspolitik betont das Reformdefizit im Finanz- und Sozialbereich.[45] Nach dem beispielhaften Wachstumserfolg sei es an der Zeit, dem unerwünschten Konzentrationsprozeß zu steuern; nur durch gerechtere Einkommensverteilung und breitere Vermögensbildung könne im übrigen die Soziale Marktwirtschaft längerfristig halten, was sie versprochen. Bruno Fritzsche konzentriert seine Analyse auf Währungsfrage und Geldmengenpolitik, womit er einen zentralen Einstieg für Verständnis und Kritik der westdeutschen Wirtschaftsentwicklung gefunden hat.[46] Historischer Ansatz, Rückblendungen und synchrone Vergleiche dienen dabei dem didaktischen Zweck der Studie, Zusammenhänge und Probleme der modernen Volkswirtschaft auch dem Nichtspezialisten verständlich zu machen.

Das wohl durch amerikanische Hilfe induzierte, bald aber selbsttragende Wirtschaftswachstum Westdeutschlands bildet nach Ansicht Fritz René Allemanns ein solides Fundament für die Stabilisierung der demokratischen Gesellschaft.[47] „Bonn ist nicht Weimar", stellt Allemann fest, der neue

M. Gaal, Die Neue Ökonomische Politik in Rußland u. die deutsche Währungs- u. Wirtschaftsreform. Würdigung u. Vergleich, Winterthur 1965; C. L. Schelhammer, Wandlungen im Wirtschaftssystem der Deutschen Demokratischen Republik, insbesondere die Frage seiner Annäherung an die Marktwirtschaft, Diss. St. Gallen 1971. Kritisch allerdings: E. Stocker, Die Monopolpolitik des Neoliberalismus, Winterthur 1957.

45 C. Mötteli, Licht u. Schatten der Sozialen Marktwirtschaft. Leitbild u. Wirklichkeit der Bundesrepublik Deutschland, Erlenbach-Zürich 1961.

46 B. Fritzsche, Deutschland wird zahlen. Geschichte u. Probleme deutscher Währungspolitik, Zürich 1970 (der Obertitel ist irreführend).

47 F. R. Allemann, Bonn ist nicht Weimar, Köln 1956. Vgl. auch die Artikelsammlung dieses sehr differenziert und mit großer Sachkenntnis urteilenden Journalisten: ders., Zwischen Stabilität u. Krise. Etappen der deutschen Politik 1955–1963, München 1963. Vgl. ferner die gesammelten Kommentare des Korrespondenten und Redakteurs der Neuen Zürcher Zeitung: F. Luchsinger, Bericht über Bonn. Deutsche Politik 1955–1965, Zürich 1966.

Staat habe seine eigenen Chancen, denn obwohl auch die zweite Republik aus einer Niederlage hervorging, werde sie nicht mit dem Zusammenbruch, sondern mit der Konsolidierung Deutschlands identifiziert. Dieser Umstand biete hinreichend Gewähr, daß der Parlamentarismus diesmal akzeptiert und die demokratische Entwicklung Westdeutschlands gesichert sei. Bonn ist doch Weimar! – so ließe sich demgegenüber Urs Jaeggis Analyse der bundesrepublikanischen Gesellschaft pointiert zusammenfassen. In der ersten Auflage seines Werks, die in ihrem antiautoritären Impetus den zeitlichen Kontext der späten 60er Jahre deutlich durchschimmern läßt, richtet sich Jaeggis Kritik primär gegen die neu etablierte, hierarchisch-autoritäre Herrschaftsstruktur, welche die Gesellschaft ihrer demokratischen Substanz beraube.[48] Der Autor zeigt, wie sich unter dem Deckmantel pseudodemokratischer Institutionen das herkömmliche Machtgefälle zwischen politisch-ökonomischen Eliten und der Masse entmündigter Bürger gleichsam legal reproduziert. Die politische Demission des Bürgers verschaffe unkontrollierten Machteliten eine gefährliche und keineswegs beliebig revidierbare Autonomie. Eine radikale Demokratisierung aller Entscheidungsprozesse in Staat und Wirtschaft sei das Gebot der Stunde, damit der an der Basis formulierte Wille sich unmanipuliert konkretisieren könne. Wurde in der Erstfassung die Möglichkeit einer sukzessiven Umwandlung kapitalistischer Strukturen über etatistische Eingriffe durch die Forderung nach rätedemokratischen Institutionen allenfalls relativiert, aber nicht grundsätzlich in Abrede gestellt, so erscheint in der umgearbeiteten Fassung die staatlich gelenkte Transformation systembedingter Machtstrukturen im Sinne einer sozialistischen Konzeption als weithin aussichtslos.[49] Zwar fungiere der Staat nicht unmittelbar als Agent bestimmter, in ihrem Wechsel klar identifizierbarer Kapitalinteressen, sondern erweise sich eher als Instrument personell nicht mehr verortbarer Macht spätkapitalistischer Systemzwänge, indem er – zugleich auf Selbsterhaltung bedacht – mit unsystematisch-widersprüchlichen Maßnahmen auf die verschiedenen aktuellen Impulse reagiere. Die Charakterisierung der Staatsfunktion bleibt trotz deutlicher Orientierung an orthodox-marxistischen Grundpositionen sehr differenziert, nicht zuletzt deshalb, weil der Autor zur Verdeutlichung komplexer Sachverhalte von Fall zu Fall Anleihen bei verschiedenen theoretischen Ansätzen vornimmt, ohne daß es ihm freilich gelingt, diese Elemente in einer neuen Theorie widerspruchsfrei zu integrieren. Da Jaeggi alle vermeintlich integrativ-systemverändernden Innovationen in Wirtschaft, Gesellschaft und Politik als für die Reproduktion kapitalistischer Strukturen funktional betrachtet, rücken systemimmanente Widersprüche und daraus resultierende Erneuerung von Klassenbewußtsein und Klassenkampf als Triebkräfte künftiger Umgestaltung wieder zentral in den Mittelpunkt sei-

48 U. Jaeggi, Macht u. Herrschaft in der Bundesrepublik, Frankfurt 1969.
49 Ders., Kapital u. Arbeit in der BRD. Elemente einer gesamtgesellschaftlichen Analyse, Frankfurt 1973.

ner handlungsorientierten Analyse, wobei jedoch auch Jaeggi für die aktuelle politische Praxis verständlicherweise keine fixen Rezepte anzubieten
vermag.[50]
Mit der expliziten Orientierung an einer marxistischen Geschichtskonzeption hat Jaeggi die Grenzen eines hierzulande noch tolerierten wissenschaftlichen Nonkonformismus zweifellos überschritten. Denn so sehr die
schweizerische Historiographie in der Entwicklung ihrer theoretischen und
methodischen Anschauungen dem deutschen Muster verhaftet war, die
neueren Tendenzen, dem problematisch gewordenen Historismuskonzept
eine temperierte Absage zu erteilen und der Geschichtswissenschaft hand-
lungsorientierte, kritisch-emanzipatorische Funktionen zuzubilligen, hat
man in der Schweiz nicht so recht mitvollziehen mögen. Soweit eine Modifi-
zierung des wissenschaftlichen Instrumentariums erfolgte, beschränkte sie
sich vorzugsweise auf die Rezeption positivistisch-funktionalistischer Ansätze, die in ihrer Orientierung am Bestehenden die Frage nach einer fundamentalen Neugestaltung der wirtschaftlichen, sozialen und politischen
Verhältnisse als wissenschaftlich gleichsam illegitim ausblenden. Mit
ebenso akribischer wie perspektivenloser Rekonstruktion von Vergangenheit hinreichend beschäftigt und in problemlosem Selbstverständnis um gesellschaftliche Legitimation wenig besorgt, fungiert schweizerische Geschichtswissenschaft so als Sachwalterin der antiquarischen Interessen der
Nation. Und gerade in ihrem Anspruch auf Verwendung wissenschaftlich-

50 Vgl. ders., Die gesellschaftliche Elite. Eine Studie zum Problem der sozialen Macht, Bern
    1967² und ders. u. H. Wiedmann, Der Angestellte im automatisierten Büro. Betriebsso-
    ziologische Untersuchung über die Auswirkungen elektronischer Datenverarbeitung auf
    die Angestellten u. ihre Funktion, Stuttgart 1963. Diese im Rahmen eines Forschungsauf-
    trages des Bundesministeriums für Arbeit und Sozialordnung entstandene Studie ist er-
    wartungsgemäß nicht als kritische Auseinandersetzung mit Art und Durchführung von Ra-
    tionalisierungsmaßnahmen und den daraus entstehenden wirtschaftlichen und sozialen
    Problemen konzipiert, sondern als Bestandsaufnahme der auftretenden Schwierigkeiten.
    Sie soll in erster Linie Wege und Möglichkeiten aufzeigen, wie der Anpassungsprozeß an
    die unvermeidlichen Auswirkungen der technischen Entwicklung möglichst reibungslos
    bewerkstelligt werden kann. Bietet diese Arbeit immerhin einige interessante Informatio-
    nen über das Selbstverständnis der Angestellten, die Einschätzung ihrer Tätigkeit, tradi-
    tionell verankerte Arbeitsteilung und Arbeitsweisen sowie über die daraus resultierende
    Haltung in bezug auf Rationalisierung und Automatisierung, so versuchen die beiden Au-
    toren in einer ergänzenden Studie (Der Angestellte in der Industriegesellschaft, Stuttgart
    1966) diese Aspekte zu vertiefen und „gesamtgesellschaftliche Zusammenhänge" heraus-
    zustellen. Gestützt auf statistische Erhebungen und Befragungen von Angestellten in un-
    mittelbar von Rationalisierungsmaßnahmen betroffenen Betrieben, versuchen die Verfas-
    ser die subjektiven Bewußtseinslagen der verschiedenen Angestelltenkategorien im Kon-
    text der objektiven innerbetrieblichen und gesamtgesellschaftlichen Gegebenheiten und
    Entwicklungen zu interpretieren. Es zeigt sich dabei u. a., daß die traditionellen Angestell-
    ten im Unterschied zu den im Zuge der Automatisierung neu entstandenen Angestellten-
    kategorien in der Einschätzung ihrer Lage wesentlich realitätsfremder sind; dies kommt
    sowohl in ihrem Verhältnis zu Arbeiterschaft und gesellschaftlicher Oberschicht wie in der
    Betonung schichtspezifischer Qualitäten zum Ausdruck. Vgl. ferner Anm. 5.

rationaler Verfahrensweisen zur Ermittlung und Qualifizierung gesellschaftlicher Tatbestände erweist sie sich – wie ehedem – als geeignet, schierer Gewordenheit die Weihen historischer Vernunft zu verleihen, um dergestalt dem Status quo den in der Demokratie unerläßlichen öffentlichen Beifall zu sichern.

Das moderne Deutschland in der italienischen Geschichtsforschung (1945–1975)

von Innocenzo Cervelli*

1. *Deutsches und italienisches Geistesleben nach dem Kriege: die historische Kritik Delio Cantimoris.* Im Jahre 1950 veröffentlichte der italienische Archäologe Ranuccio Bianchi Bandinelli in der kommunistischen Zeitschrift „Società" einen Aufsatz mit dem Titel „Autocritica della Germania", in dem er seiner Überzeugung Ausdruck gab, daß „in der Neuzeit niemals eine europäische Kultur ohne Deutschland existiert" habe und daß deshalb die Lücke, die der Zusammenbruch Deutschlands und seiner Kultur hinterließ, nicht nur zum Wohle der deutschsprachigen, sondern der Völker ganz Europas wieder gefüllt werden müsse.[1] Das Ausscheiden Deutschlands aus der kulturellen Tradition Europas hielt er für einen Grund zur kritischen Selbstprüfung. Zu viele Generationen italienischer Gelehrter hätten sich auf fast allen Gebieten des menschlichen Geistes an der deutschen Wissenschaft gebildet, als daß sie sich angesichts von Nationalsozialismus, Krieg und Niederlage nicht die Frage nach dem Sinn der Kultur und dem allgemeinen Stand der Zivilisation stellen müßten. In liberalem Geiste hatte Benedetto Croce 1944 in seiner Broschüre „Il dissidio spirituale della Germania con l'Europa" schon gegen Ende des Zweiten Weltkrieges in einer Gesamtschau der deutschen Politik und Kultur ähnliche Ansichten vorgetragen.[2] Sie wurden in Italien nach 1945 stark rezipiert. Auch was an deutschen Büchern damals übersetzt wurde, war für das geistige und psychische Klima der Nachkriegszeit kennzeichnend. Unmittelbar nach 1945 fanden besonders solche Essays ihr Publikum, die existentielle Grundfragen zum Gegenstand hatten: es wurden Schriften von Huxley, Burnham und Huizinga übersetzt. Aber es gelangten damals auch Bücher wie „Die Schuldfrage" von Karl Jaspers, Friedrich Meineckes „Die deutsche Katastrophe" und besonders Wilhelm Röpkes Schriften „Die deutsche Frage", „Internationale Ordnung", „Civitas Humana" und „Die Lehre von der Wirtschaft" nach Italien; sie erschienen zwischen 1946 und 1949 in italienischer Sprache. Auch Max Weber erlebte damals Übersetzungen: 1945 seine „Prote-

---

* Übersetzt aus dem Italienischen von Ch. Dipper.
1 R. Bianchi Bandinelli, Autocritica della Germania, in: Società 6. 1950, S. 3. Schon 1933 hatte Bianchi Bandinelle seiner Sorge hinsichtlich der Folgen Ausdruck verliehen, die eine längere Herrschaft des Nationalsozialismus auf die deutsche und europäische Kultur habe: vgl. ders., Dal diario di un borghese e altri scritti, Milano 1962, S. 169 f. Über Bianchi Bandinelli vgl. vor allem A. La Penna, Ranuccio Bianchi Bandinelli: dalla storicità dell'arte al marxismo, in: Belfagor 30. 1975, S. 617–49.
2 Bari 1944.

stantische Ethik und der Geist des Kapitalismus", 1948 „Politik als Beruf"
und „Wissenschaft als Beruf".[3]
Unabhängig von dem Wissenschaftsbereich, den sie vertraten, enthielten
diese Bücher politische und geistige Globalreflexionen. Bei genauerem
Hinschauen stellt man jedoch fest, daß sie alle einen mehr oder weniger
deutlichen politischen und ideologischen Standpunkt vertraten und daß die
Tatsache ihrer Übersetzung und die von ihr ausgelöste Diskussion die Unterschiede zwischen den damaligen politischen Überzeugungen und die
Gegensätze zwischen den ideologischen Richtungen innerhalb Italiens widerspiegelt. Natürlich sollten die Übersetzungen Meineckes und Röpkes
die antinazistische Haltung des liberal-konservativen Lagers bekanntma-
chen. Auf der Gegenseite waren die eher beiläufigen, aber unmißverständ-
lichen Aussagen Bianchi Bandinellis über die Sowjetunion aus den Jahren
1933 bis 1936 nach dem Kriege einer politischen und geistigen Partei-
nahme zugunsten des Kommunismus gewichen. Deshalb zog er in dem bereits genannten Aufsatz Alexander Abuschs „Irrweg einer Nation" (der
dann 1951 übersetzt werden sollte) entschieden der „Deutschen Katastrophe" Meineckes und der „Deutschen Frage" Röpkes vor. Und Antonio
Giolitti, der Übersetzer von Max Weber, Gierke und Lujo Brentano, damals Kommunist, zitierte in einem Aufsatz, der ebenfalls 1950 in der Zeitschrift „Società" erschien, zwar Meinecke, aber er stützte sich dennoch
vornehmlich auf Autoren wie Otto Grotewohl, Jürgen Kuczynski und Albert Norden. Es ist nur natürlich, daß schablonenhafte und propagandisti-
sche Momente die Polemiken und die gegensätzlichen Positionen jener
Jahre bestimmten. Gerade die Frage deutscher Politik und deutscher Kultur war ein für Konfrontationen besonders fruchtbarer Boden. Die antifa-
schistische Einheit war zerbrochen, an ihre Stelle war einerseits der Antikommunismus getreten. Andererseits betrieb die Kommunistische Partei
Italiens mit ihren beiden Zeitschriften „Società" und „Rinascita" und mit
ihren Intellektuellen ihre eigene Kulturpolitik, mit der sie für jedermann
sichtbar am Leben der italienischen Gesellschaft teilnahm.
Die Historiographie muß im Zusammenhang mit diesen ideologischen und
politischen Aspekten des italienischen Interesses am Nachkriegsdeutsch-
land gesehen werden. Im Jahr 1948 erschien außer der Übersetzung der
„Deutschen Katastrophe" auch Meineckes berühmtes Sammelwerk „Vom
geschichtlichen Sinn und vom Sinn der Geschichte", in dem nur die beiden
letzten Aufsätze fehlten. Diese Übersetzung, der sich weitere in den folgenden Jahren anschlossen, bewies einmal mehr das Ansehen, das das

3 K. Jasper, La colpa della Germania, Neapel, 1947; F. Meinecke, La catastrofe della Germania, Firenze 1948; W. Röpke, Il problema della Germania, Mailand 1946; ders., L'ordine internazionale, Mailand 1946; ders., Civitas Humana, Mailand 1947; ders., Spiega-
 zione economica del mondo moderno, Mailand 1949; M. Weber, L'etica protestante e lo
 spirito del capitalismo, Rom 1945; ders., Il lavoro intellettuale come professione, Turin
 1948.

Werk des großen Vertreters des Historismus bei italienischen Wissenschaftlern besaß. Die Diskussion zwischen Croce und Meinecke, sowie die Bemerkungen Antonis zu Friedrich Meinecke[4] lieferten einen wichtigen Beitrag zur Geschichte der italienischen Historiographie.[5] Die Auseinandersetzung bewies, daß trotz der Unterschiedlichkeit der beiderseitigen Standpunkte eine gemeinsame Haltung liberal-konservativer Geistesart und politischer Anschauung gegenüber dem Faschismus und Nationalsozialismus existierte, die im Versuch eines geistigen und moralischen Widerstandes gegen die beiden Regime bestand. Offensichtlich war aber diese rein geistesgeschichtlich orientierte Weltanschauung nach dem Kriege nicht mehr in der Lage, eine den neuen wissenschaftlichen und gesellschaftlichen Ansprüchen genügende Historiographie zu begründen. Es war das Verdienst Delio Cantimoris, nach 1945 einen neuen Ansatz kritischer Geschichtsschreibung unternommen zu haben, der nicht innerhalb der engen Grenzen des Universitätsfaches Geschichte verharrte, sondern weiteste Bereiche der Kultur umschloß.[6] An dieser Stelle kann nicht auf die Komplexität und auf den Reichtum der wissenschaftlichen Produktion Cantimoris eingegangen werden, dessen Einfluß und richtungsweisende Wirkung auf die italienische Geschichtsschreibung nach dem Zweiten Weltkrieg kaum überschätzt werden kann. Hier geht es lediglich um die Funktion der deutschen Geschichte für die historische Kritik Cantimoris. Seine Arbeiten hatten nicht nur das Zeitalter der Reformation und die Häretiker des 16. Jahrhunderts zum Gegenstand, vielmehr wandte sich Cantimori in der Zwischenkriegszeit bewußt den ideologischen und politischen Problemen des zeitgenössischen Europas zu. In überzeugender Weise hat Michele Ciliberto dargelegt,[7] daß die Machtergreifung des Nationalsozia-

---

4 Vgl. C. Antoni, Dallo storicismo alla sociologia, Firenze 1951², S. 87–120 (Erstausgabe 1940); F. Meinecke, Ausgewählter Briefwechsel, hrsg. u. eingl. von L. Dehio u. P. Classen, Stuttgart 1962, S. 214f., Brief von F. Meinecke an W. Goetz vom 22. 3. 1943.

5 Das Interesse für den Historismus kennzeichnet die historische Kultur Italiens in besonderem Maße. Vgl. F. Diaz, Storicismi e storicità della cultura storica italiana, Firenze 1956; A. Negri, Saggi sullo storicismo tedesco: Dilthey e Meinecke, Mailand 1959; F. Tessitore, Friedrich Meinecke storico delle idee, Firenze 1969; S. Pistone, Federico Meinecke e la crisi dello stato nazionale tedesco, Turin 1969; A. Caracciolo, Einleitung zu E. Troeltsch, L'assolutezza del cristianesimo e la storia delle religioni, Neapel 1968; G. Cantillo, Einleitung zu E. Troeltsch, Etica, religione, filosofia della storia, Neapel 1974; F. Tessitore, Dimensioni dello storicismo, Neapel 1971; F. Tessitore, Storicismo e pensiero politico, Mailand 1974; P. Rossi, Lo storicismo tedesco contemporaneo, Turin 1971². Die zitierte Übersetzung von F. Meinecke, Vom geschichtlichen Sinn u. vom Sinn der Geschichte, wurde rezensiert von E. Ragionieri, in: Rivista storica Italiana 60. 1948, S. 420–24.

6 Zu Cantimori vgl.: M. Berengo, La ricerca storica di Delio Cantomori, in: Rivista Storica Italiana 79. 1967, S. 902–43; E. Garin, Intellettuali italiani del XX secolo, Rom 1974, S. 171–213; A. Tenenti, Delio Cantimori storico del Cinquecento, in: Studio storici 9. 1968, S. 3–29; G. Miccoli, Delio Cantimori, La ricerca di una nuova critica storiografica, Turin 1970; M. Ciliberto, Intellettuali e fascismo. Note su Delio Cantimori, in: Studi storici 17. 1976, S. 57–93.

7 Ciliberto, S. 66, 77 ff.

lismus in Deutschland und das Scheitern des korporativen Staates in Italien Cantimori ganz entscheidend von der Unmöglichkeit seiner bisher vertretenen Ansicht überzeugt haben, die Politik lasse sich auf die Ethik gründen. Der Schluß seines Aufsatzes „Note sul nazionalsocialismo" war bezeichnend. Bei der Niederschrift im April 1934 war er sich noch unsicher, ob die Lösungsansätze des Nationalsozialismus das verwirklicht haben, „was die noch vollkommen intakten Kräfte von Reichswehr, Großindustrie, Hochfinanz und Agrariern wünschten oder vielmehr das, was die Massen der jungen Gefolgsleute Hitlers so brennend verlangten".[8] Aber in einer Fußnote fügte Cantimori wie zum Beweis seines eigenen Vorbehalts hinzu, daß seine Bemerkungen auch noch nach jener Nacht der langen Messer gültig seien, die er als einen „Sieg des militärischen (Reichswehr) und reaktionären Elements über die Revolution" auffaßte.[9] Die Preisgabe seines einstigen Vertrauens in die ethische Kraft des faschistischen Korporativstaates war bei Cantimori von einem Erkenntnisprozeß des entschieden reaktionären Charakters des Hitlerregimes begleitet. Diesem politischen Umdenken unterlegte er eine neue theoretische Orientierung. Sein Interesse an Carl Schmitt trat zurück.[10]

Cantimoris Urteil über Carl Schmitt hatte neben einer politischen auch eine methodische Bedeutung. Er erblickte in dessen Aussagen die Umkehrung seiner eigenen früheren Vorstellungen: mit Gentile teilte er die Ansicht, daß der italienische Faschismus die Zurückführung der Politik auf die Ethik einen Augenblick lang zu verwirklichen schien, während der Dezisionismus Carl Schmitts dieses Verhältnis umkehrte und auf den Primat der politischen Aktion und Propaganda gegenüber der Kultur und der Sittlichkeit abhob. Deshalb konnte Cantimori Carl Schmitt nicht zustimmen und sah in dessen Haltung einen wichtigen Beleg für den tiefen Wandel, der Europa Mitte der 30er Jahre erschütterte. Für Cantimori fand Carl Schmitts „Politische Romantik" ihre Nachbildung in der Person Leo Naphtas im „Zauberberg" von Thomas Mann.[11] Die Unterscheidung zwischen Theorie und Praxis, zwischen Kultur und Politik, führte Cantimori unvermeidlich, wie M. Ciliberto richtig bemerkt hat, zur Begegnung mit dem historischen und philosophischen Denken Croces. Dieser vertrat bekanntlich eine philosophische Position, in der die Trennung zwischen Aktivität des Gedankens

8 D. Cantimori, Note sul nazionalsocialismo, in: C. Schmitt, Principî politici del nazionalsocialismo, Firenze 1935. Der Aufsatz Cantimoris wurde schon 1934 in der Zeitschrift Archivio de studi corporativi publiziert.
9 Cantimori, Note sul nazionalsocialismo, S. 42.
10 Ciliberto, S. 59 f., 82–84. Auf ein neuerliches Interesse an C. Schmitt sei hingewiesen. Hierzu F. Valentinis Einleitung zu C. Schmitt, La dittatura, Bari 1975, S. VII–XXXI, und C. Roehrssen, La teoria del politico di Carl Schmitt: un tentativo di risposta alla crisi della liberaldemocrazia, in: Materiali per una storia della cultura giuridica, raccolti da G. Tarello, Bd. IV, Bologna 1974, S. 599–638.
11 D. Cantimori, La politica di Carl Schmitt, in: Studi germanici I. 1935, S. 480 f.; vgl. aber auch G. Sasso, Leo Naphta e Hugo Fiala, in: La Cultura 12. 1974, S. 111.

und praktischem Handeln die Grundlage sowohl für seinen Antifaschismus
wie für seinen Antikommunismus war. In Wirklichkeit teilte Cantimori weder die politische Haltung noch das philosophische System Croces, aber er
übernahm dessen geschichtswissenschaftliche Methodologie. Für ihn bezeichnete Croce mit seiner bekannten Unterscheidung von „historia rerum
gestarum" (der historischen Kritik) und „res gestae" (den empirischen
Fakten) den Historikern die Grundbedingung philologischer Kritik.
Auch nach dem Krieg stand die intellektuelle Entwicklung Cantimoris in
Zusammenhang mit der deutschen Kultur, fast als ob Cantimori die von
Schwankungen und abrupten Wendungen gekennzeichneten einzelnen
Abschnitte seines geistigen Werdegangs auf der Grundlage einer anhaltenden Auseinandersetzung mit der deutschen historischen Tradition und mit
der Politik errichtet hätte. Neben die Auseinandersetzung mit dem deutschen Historismus (vor allem mit Troeltsch) trat jetzt die Beschäftigung mit
dem Marxismus in den Vordergrund. Das Problem des Verhältnisses von
Cantimori zu Marx ist sehr komplex und kann hier nur insoweit behandelt
werden, als es zum Verständnis seiner Historismuskritik beiträgt. Aus der
Distanz definierte er 1962 seine eigene geistige Position in den Jahren
1936/37 als „hegelianisch" und „semimarxistisch".[12] Möglicherweise ist
dieses Eingeständnis richtig, denn in philosophischer Hinsicht war Cantimori damals mehr an Hegel als an Marx interessiert. Ja, die philosophische
Bedeutung des Marxismus bestand für ihn wesentlich darin, daß sie die hegelianische Dialektik bewahrt hatte, wie dies in Italien schon am Ende des
19. Jahrhunderts Giovanni Gentile festgestellt hatte.[13] Vom theoretischen
Standpunkt aus weist der Marxismus Cantimoris auch später einige Widersprüche auf. Cantimori vervollständigte zwar seine Kenntnisse des Marxismus und der Geschichte der Arbeiterbewegung; einen beträchtlichen Teil
seiner Tätigkeit hat er der Verbreitung historischer Kenntnisse über den
Marxismus in Italien gewidmet und dabei selbst das erste Buch des „Kapi-
tals" übersetzt (1951/52). Politisch ist er beim Kommunismus gelandet.
Aber alles dieses bedeutete keinen theoretisch fundierten „Marxismus" im
strengen Wortsinne. So gelangte er in seinen „Interpretazioni tedesche di
Marx" im Hinblick auf den bedeutendsten marxistischen Philosophen der
Nachkriegszeit, Galvano Della Volpe, zu durchaus abweichenden Urteilen.
Mit Recht hat man betont,[14] daß Cantimori das Verhältnis von Theorie und
Praxis nicht im marxistischen Sinne sah, weil die zuvor ausgebildeten Struk-
turbedingungen seiner wissenschaftlichen Urteilsbildung fortwirkten. Man
kann daher beobachten, daß gerade seine theoretische Schwäche oder auch

---

12 D. Cantimori, Storici e Storia, Turin 1971, S. 351.
13 Ders., Studi di storia, Turin 1959, S. 201. Es war ein Kolleg über deutsche Marx-Interpre-
   tationen im Universitätsjahr 1946/47, in dem Cantimori bemerkte, daß auch Gentile –
   wenngleich mit *idealistischen* Folgerungen – das Verhältnis von Theorie und Praxis bei
   Marx „mit einer bemerkenswerten Eindringlichkeit" beschrieben habe.
14 Ciliberto, S. 87 f. und 71–74.

die grundsätzliche Verweigerung gegenüber theoretischen Problemen es Cantimori erlaubt haben, im Marxismus lediglich ein Instrument der konkreten historischen Analyse zu sehen, nicht aber eine allgemeine historische Erklärungstheorie. Seiner kommunistischen Orientierung im politischen und geistigen Bereich entsprach nicht eine theoretisch fundierte marxistische Konzeption: wenn man also, und nicht nur bei Cantimori, von „linker" italienischer Geschichtsschreibung nach dem Krieg spricht, darf man zwar nicht beide vollständig voneinander trennen, muß aber stets die besonderen Merkmale von „Kommunismus" und „Marxismus" unterscheiden.

Für Cantimori bedeutete marxistische Methode Anerkennung der konkreten historischen und politischen Qualität einer Lehre und zugleich Weigerung, diese als abstraktes philosophisches System zu betrachten. Somit verlangte die Geistesgeschichte für ihn keine andere Methode als die der Ereignisgeschichte. Zu dieser kritischen Einsicht war Cantimori in einem für die italienische Geschichtsschreibung äußerst bedeutsamen Aufsatz gelangt, den er 1945 in der kommunistischen Zeitschrift „Società" veröffentlichte: „Appunti sullo storicismo"; er enthielt vor allem eine Auseinandersetzung mit dem Historismus Friedrich Meineckes.[15] Cantimoris zentraler Einwand richtete sich gegen Meineckes Definition des Historismus als einer der größten Revolutionen des abendländischen Geistes seit der Reformation. Eine solche Auffassung war für Cantimori unhaltbar; für ihn bedeutete der Terminus *Revolution* eine wirtschaftliche oder gesellschaftliche Totalumwälzung und seine Übertragung auf einen geistigen Vorgang schien ihm willkürlich. In diesem Sinne erhielt die Aussage Cantimoris den Anschein einer fundamentalen Historismuskritik, wobei seine ideologiekritische Argumentation sich zweifellos auf den Marxismus stützte. Aber da der Marxismus für ihn nicht die gesamte Wirklichkeit erfaßte, wurde er am Ende mit anderen methodischen und erkenntnistheoretischen Ansätzen verbunden. Der Marxismus stelle für Cantimori keine Überwindung des Historismus dar, sondern dessen Ergänzung.

Außer Marx und Croce, die er beide in durchaus persönlicher Weise interpretierte, war die Aneignung Max Webers für Cantimori der Fixpunkt seiner theoretischen Positionsbestimmung;[16] auch in diesem Falle erarbeitete er sich den Gegenstand auf durchaus persönliche Art. Der Einfluß Webers (und späterhin Jakob Burckhardts) auf Cantimori verdiente eine eigene Untersuchung,[17] die unter anderem die Wirkungen Karl Löwiths und Georg Lukács' berücksichtigen müßte. Hier mag der Hinweis genügen, daß Cantimori die „Grenze" der Haltung Webers in der vorurteilsbedingten Abschließung des großen Soziologen gegenüber Sozialismus und Marxis-

---

15 Cantimori, Studi di storia, S. 1–45.
16 Ebd., S. 86–136.
17 Miccoli, S. 318 ff. für Cantimoris Auseinandersetzung mit Jakob Burckardt, S. 230 ff. für sein Urteil über Max Weber.

mus erblickte, die bis zur Widerlegung des historischen Materialismus zu reichen vorgab. Diese Einschränkung stand für Cantimori freilich nicht im Widerspruch zu dem positiven und fruchtbaren Grundsatz der Lehre Max Webers, daß die Forschung von jeglichem Vorurteil und von jeglichem subjektiven Machtanspruch frei sein müsse.

Es zeigt sich, daß Cantimori für die italienischen Untersuchungen über Deutschland von geradezu einzigartiger Bedeutung ist. Es handelt sich dabei nicht einfach um die Feststellung, wie viele deutsche Autoren und wie viele Aspekte des deutschen kulturellen und politischen Lebens in Italien dank der wissenschaftlichen Aktivitäten Cantimoris, auch des Übersetzers und Universitätslehrers, bekannt geworden sind. Ein Blick in sein Schriftenverzeichnis und auf die Themen seiner Lehrveranstaltungen genügen dafür.[18] Seine besondere Rolle liegt auf einem anderen Gebiet. In seiner geistigen Erfahrung und als Gelehrter verschmolz Cantimori zeitgenössische deutsche und italienische Geistesströmungen miteinander; er lieferte nicht nur kritische und wissenschaftliche Beiträge über Deutschland, sondern machte diese zu einem bestimmenden Element innerhalb der italienischen Geschichtsschreibung und Politik. Daher dürfen die zahllosen Seiten, die Cantimori Meinecke, Troeltsch, Weber, Röpke, aber auch Ranke, Droysen, Nietzsche, Karl Barth, um nur einige Namen herauszugreifen, gewidmet hat, nicht nur im Rahmen einer Bibliographie zu jenen Autoren betrachtet werden, sondern sie stellen für sich selbst einen genuinen Abschnitt in der Entwicklung der italienischen Geschichtswissenschaft dar. In diesem Sinne wird die Auseinandersetzung mit der deutschen Tradition zu einem besonderen und entscheidenden Moment im geistigen Werdegang Cantimoris, der die Krise des italienischen Liberalismus und der italienischen Geschichtswissenschaft bis zur letzten Konsequenz an sich selbst erlebt hat.

2. Forschungen zur Geschichte des Sozialismus und der Arbeiterbewegung.

Ein wichtiges Gebiet der italienischen Forschungen zur deutschen Geschichte bildete nach 1945 die Geschichte der Arbeiterbewegung. Die Arbeiten Ernesto Ragionieris stellen innerhalb dieses Themenkreises die herausragende Leistung dar.[19] Die wissenschaftliche Tätigkeit Ragionieris erstreckte sich über 30 Jahre, von der Zeit unmittelbar nach dem Krieg bis zum allzu frühen Hinscheiden dieses Historikers. Betrachtet man die Gesamtheit der wissenschaftlichen Produktion Ragionieris auf dem Hintergrund der kommunistisch inspirierten Geschichtsschreibung in Italien insgesamt, so stellt man fest, daß diese in den 50er Jahren zwar eine erhebliche Verbreiterung der Thematik, nicht jedoch eine wirkliche methodische

---

18 Zur Bibliographie der Schriften und der Vorlesungen Cantimoris vgl. Miccoli, S. 339–412.
19 Eine Bibliographie der Schriften Ragionieris findet sich in der Zeitschrift Italia Contemporanea, Juli-September 1975, S. 37–63. Das gleiche Heft enthält zwei Aufsätze über Ragionieri von E. Collotti und G. Santomassimo.

Neuerung gebracht hat. Ein typisches Beispiel dafür war die Zeitschrift „Movimento Operaio". In ihr finden sich Untersuchungen zur Entstehung des Sozialismus, zur Geschichte der Arbeiterbewegung, auch im Bereich der Orts- und Landesgeschichte und zu den Unterschichten und ihrer Organisation. Durch diese Forschungen wurde der Radius der historischen Studien in Italien erheblich erweitert, ähnlich wie auch durch die Erforschung der Geschichte des politischen Katholizismus. Aber all dies vollzog sich großenteils im Zeichen einer philologisch-kritischen Geschichtsschreibung, die sich weniger durch ihre Methode als durch die Neuartigkeit ihrer Inhalte auszeichnete. Der Anstoß zum Studium der Geschichte der italienischen politischen Parteien und des italienischen Sozialismus und seines Verhältnisses zum internationalen Sozialismus kam von Carlo Morandi, dessen Schüler Ragionieri war. In methodischer Hinsicht folgte er der historischen Kritik Cantimoris. Auch die Veröffentlichung von Gramscis „Quaderni" scheint die Geschichtsschreibung der ersten Nachkriegsjahre mehr im thematischen als im methodischen Sinne beeinflußt zu haben. Aber die Untersuchungen Pietro Grifones und Emilio Serenis zur zeitgenössischen italienischen Wirtschaftsgeschichte, die unter schwierigen Arbeitsbedingungen im Geiste des historischen Materialismus entstanden sind, fanden damals wenig Beachtung. Selbst philosophische Abhandlungen zur Theorie des Marxismus (Della Volpe und später Colletti) und Arbeiten zur marxistischen Wirtschaftswissenschaft (Pietranera) haben die historische Forschung nicht sonderlich beeinflußt. Jene Unterscheidung – die keine Trennung bedeutete – zwischen kommunistischer Ausrichtung in der Politik und marxistisch fundierter Methodik, von der schon im Zusammenhang mit Cantimori die Rede war, bestimmte auch die Geschichtsschreibung von Sozialismus und Arbeiterbewegung.

In den Arbeiten Ragionieris zur Geschichte des Sozialismus und der internationalen Arbeiterbewegung stellte die deutsche Geschichte einen festen Bezugspunkt dar.[20] Sie sind geprägt von einem Interesse an der politischen, der Parteien- und der Ideengeschichte, und so besteht ihre wissenschaftliche Leistung vor allem in der philologischen und dokumentarischen Genauigkeit. Auf der einen Seite sind die Arbeiten zur Internationale zur „Neuen Zeit", zu Kautsky und zu Engels zu nennen,[21] deren thematische

20 In den Anfängen seiner Forschertätigkeit beschäftigte sich Ragionieri auch mit Problemen der Geschichte der Historiographie. Vgl. E. Ragionieri, La polemica su la „Weltgeschichte", Rom 1951, sowie die Rezension von M. Weber, Il lavoro intellettuale come professione, in: Belfagor 5. 1950, S. 94–97.
21 E. Ragionieri, Il marxismo e l'Internazionale, Rom 1968; ders., Einleitung zu K. Kautsky, Etica e concezione materialistica dell storia, Mailand 1958; F. Engels, Per la critica del progetto di programma del partito socialdemocratico, 1891, a cura di E. Ragionieri, in: Critica marxista I. 1963, S. 118–32; ders., Einleitung zu K. Liebknecht-R. Luxemburg, Lettere 1915–18, Rom 1967; ders., Due ristampe del „Programma die Erfurt" di Kautsky,

und methodische Aspekte Schule machten.[22] Auf der anderen Seite gibt es
den Tagungsbeitrag „Engels und die italienische Arbeiterbewegung", der
zum Besten gehört, was Ragionieri in der Reihe seiner Studien zu den Beziehungen zwischen deutschem und italienischem Sozialismus publiziert
hat.[23] Ragionieri hatte mit der Analyse des Risorgimento bei Marx und Engels begonnen,[24] und gelangte von dort zur Untersuchung des Einflusses
der deutschen Sozialdemokratie auf die Ursprünge des italienischen Sozialismus und der Sozialistischen Partei Italiens. Zu diesem Thema verfaßte er
neben einigen Aufsätzen[25] sein wichtigstes Buch, „Socialdemocrazia tedesca e socialisti italiani 1875 bis 1895" (Mailand 1961). Es geht von einem
dialektischen Gegensatz zwischen deutschem und italienischem Sozialismus aus. Ragionieri ist es mit großem philologischen Aufwand gelungen,
die komplizierten Beziehungen und persönlichen Kenntnisse und Bekannt-
schaften zwischen deutschen und italienischen Sozialisten aufzuspüren und
zu zeigen, wie auf der Grundlage von oft nur kurzen Kontakten wichtige politische Bande geknüpft worden sind. Georg v. Vollmars Reise nach Mailand im Jahre 1882 und besonders die Verbindungen, die sich in der
Schweiz zwischen deutschen Sozialdemokraten und italienischen Sozialisten bei der Herausgabe des „Sozialdemokrat" ergaben, sind Vorgänge, die
als erster Ragionieri für die Geschichte der italienischen Arbeiterbewegung
aufgedeckt hat. Ein anderes Verdienst Ragionieris in diesem Zusammenhang war die Hervorhebung Pasquale Martignettis, des unermüdlichen
Verbreiters sozialistischer Ideologie, Übersetzers und Vermittlers von
Kontakten zwischen deutschen und italienischen Sozialisten. Die Verbindung Antonio Labriolas mit der deutschen Sozialdemokratie war bereits
dank der Veröffentlichung von dessen Briefwechsel mit Engels und einigen

in: Critica marxista 5. 1967, S. 196–201; ders., Presenza di Engels, in: Critica marxista 8. 1970, S. 166–77.
22 Von Ragionieri wurden folgende Arbeiten angeregt: F. Andreucci, Engels, la questione coloniale e la rivoluzione in occidente, in: Studi storici 12. 1971, S. 437–79; ders., La socialdemocrazia tedesca e l'imperialismo alla fine del XIX secolo, in: Studi storici 15. 1974, S. 325–63; L. Longinotti, Friedrich Engels e la „rivoluzione di maggioranza", in: Studi storici 15. 1974, S. 769–827. Vgl. auch F. Andreucci, L'ideologia della socialdemocrazia tedesca, in: Studi storici 12. 1971, S. 833–38, in Auseinandersetzung mit H.-J. Steinberg, Sozialismus u. deutsche Sozialdemokratie. Zur Ideologie der Partei vor dem Ersten Weltkrieg, Hannover 1962.
23 Vgl. Friedrich Engels 1820–1970. Referate, Diskussionen, Dokumente, Hannover 1971, S. 189–200. Derselbe Band enthält auch einen Beitrag von G. M. Bravo, Friedrich Engels u. Achille Loria: ihre Beziehungen, ihre Polemik, in: ebd., S. 175–88.
24 E. Ragionieri, Il Risorgimento nell'opera di Marx e di Engels, in: Società 7. 1951, S. 54–95; ders., Einleitung zu K. Marx – F. Engels. Sul risorgimento italiano, Rom 1959.
25 E. Ragionieri, Der Einfluß der deutschen Sozialdemokratie auf die Herausbildung der Sozialistischen Partei in Italien, in: Beiträge zur Geschichte der deutschen Arbeiterbewegung 2. 1960, S. 66–91; ders., Der Briefwechsel zwischen Friedrich Engels u. Filippo Turati, in: Beiträge zur Geschichte der deutschen Arbeiterbewegung 3. 1961, S. 392–408; ders., L'Italia e il movimento operaio italiano nella" „Neue Zeit" (1883–1914), in: Il marxismo e l'Internazionale, S. 163–224.

Dokumentenfunden durch Leo Valiani bekannt.[26] Jedoch lieferte Ragionieri einen letzten Schlüsselbeweis für die erheblichen Anstrengungen Labriolas, den deutschen Sozialisten die politische Lage Italiens klarzuma-
chen, mit seiner Entdeckung und Veröffentlichung von Labriolas Korrespondenz mit der „Leipziger Volkszeitung" in den Jahren 1894/95.
Zum Abschluß dieser knappen Bemerkungen zu Ernesto Ragionieri mag
ein Hinweis auf sein Interesse an Franz Mehring dienen, den er in Italien
bekannt gemacht hat.[27] Mehring hatte über Antonio Labriola geschrieben
und 1909 die erste Arbeit des italienischen marxistischen Philosophen über
den historischen Materialismus übersetzt: „Zum Gedächtnis des kommunistischen Manifestes". Es ist kein Zufall, daß Ragionieri diese beiden sozialistischen Autoren in Beziehung setzte und sie zu den ganz wenigen zählte,
die während der Ersten Internationale die Verbindung zwischen bürgerlicher und sozialistischer Revolution gespürt hätten.[28]
Die Forschungen zur Geschichte der Arbeiterbewegung und des Sozialismus lieferten in Italien auch sonst einen indirekten, aber deshalb nicht weniger wichtigen Zugang zur deutschen Geschichte. Arbeiten und Editionen
zu diesem Themenbereich fanden in den „Annali" des „Istituto Giangia-
como Feltrinelli" stets eine Publikationsmöglichkeit. Seit sie 1958 zu erscheinen begannen, wurden in ihnen Briefwechsel von großer Wichtigkeit
veröffentlicht: derjenige zwischen Engels und Turati, besorgt von Luigi
Cortesi (Annali Feltrinelli, Jg. 1958) sowie derjenige Antonio Labriolas
mit Bernstein und Kautsky, besorgt von Giuliano Procacci (Jg. 1960). Procacci hat auch im ersten Band dieser Serie eine Sammelrezension unter dem
Titel „Studi sulla seconda Internazionale e sulla Socialdemocrazia tedesca"
veröffentlicht. Enzo Collotti, der jüngst Schriften von Karl Liebknecht
ediert hat,[29] lieferte einen wichtigen Beitrag über die „Sinistra radicale e
spartachisti nella Socialdemocrazia tedesca attraverso le ‚Spartacus-Brie-
fe'" (Jg. 1961). Gleichzeitig verfaßten Giuliano Procacci und der Wirtschaftswissenschaftler Giulio Pietranera wichtige Einführungen zu den italienischen Übersetzungen von Kautskys „Agrarfrage" (Jg. 1959) und Hilferdings „Finanzkapital" (Jg. 1961), die beide ebenfalls bei Feltrinelli erschienen. In diesem Zusammenhang muß auch noch auf die Arbeiten von

26 A. Labriola, Lettere a Engels, Rom 1949 (aber ferner La corrispondenza di Marx e Engels
    con italiani 1848–1895, a cura die G. Del Bo, Mailand 1964); L. Valiani, Questioni di sto-
    ria del socialismo, Turin 1958, S. 375–401.
27 E. Ragionieri, Franz Mehring, in: Studi storici I. 1960, S. 410–20; ders., Franz Mehring
    collaboratore della „Züricher Post", in: Il marxismo e l'Internazionale, S. 225. Ragionieri
    steuerte außerdem zu den italienischen Übersetzungen der wichtigeren Werke Mehrings
    jeweils Einleitungen bei.
28 E. Ragionieri, Einleitung zu F. Mehring, Storia della socialdemocrazia tedesca, I, Rom
    1974², S. XXIII.
29 K. Liebknecht, Scritti politici, a cura di E. Collotti, Mailand 1971. Vgl. E. Collotti, Karl
    Liebknecht e il problema della rivoluzione socialista in Germania, in: Annali Feltrinelli
    1973, Mailand 1974, S. 326–43.

Lelio Basso und Luciano Amodio zu Rosa Luxemburg, von Lucio Colletti zu Eduard Bernstein, von Leonardo Paggi zu Max Adler hingewiesen werden.[30] Seit neuestem finden auch der Rätekommunismus und die Revolution von 1918/19 wachsende Aufmerksamkeit,[31] wobei sich ein Teil der Forschungen für die soziale Zusammensetzung der Arbeiterklasse und der andere für die politische und ideologische Debatte (die Positionen Lenins, Rosa Luxemburgs, Pannekoeks, Gorters usw.) interessiert. Es ist unverkennbar, daß sich in diesem neuen historiographischen Interesse an Deutschland die politischen Erfahrungen Italiens seit 1968 widerspiegeln. Dies galt andererseits auch schon für die Forschungen der 50er und 60er Jahre zu Problemen der deutschen Arbeiterbewegung. Daran zeigt sich, daß das Interesse an der deutschen Geschichte in Italien nach wie vor in starkem Maße durch aktuelle Probleme des eigenen Landes geweckt wird.

3. *Vom Zeitalter der Aufklärung bis zum Ersten Weltkrieg. Forschungen zur deutschen Geschichte vom 18. Jahrhundert bis zum Ersten Weltkrieg.* Forschungen zur deutschen Aufklärung haben in Italien einen festen Platz, wobei, abgesehen von den Arbeiten zur Literaturgeschichte, vor allem die Ideen-, Philosophie- und Rechtsgeschichte von italienischen Autoren behandelt worden sind. So war es selbstverständlich, daß Johann Gottfried Herder das besondere Interesse Franco Venturis bei dessen Untersuchungen zur Ideengeschichte des 18. Jahrhunderts hervorrief oder daß Lessing

30 L. Basso, Einleitung zu R. Luxemburg, Scritti politici, Mailand 1967; L. Amodio, Einleitung zu R. Luxemburg, Scritti scelti, Turin 1975; Basso hat auch die Edition des Briefwechsels zwischen Rosa Luxemburg und Karl und Luise Kautsky (Roma 1971), sowie zwischen Rosa Luxemburg und Leo Jogiches (Milano 1973) besorgt. Vgl. ferner auch L. Amodio, La rivoluzione bolscevica nell'interpretazione di R. Luxemburg, in: Annali Feltrinelli 1973, Mailand 1974, S. 289–325; L. Colletti, Einleitung zu E. Bernstein, Il presupposti del socialismo e i compiti della socialdemocrazia, Bari 1968; L. Paggi, Einleitung zu M. Adler, Il socialismo e gli intellettuali, Bari 1974. Zu Kautsky vgl. auch die Aufsätze von A. Panaccione und M. L. Salvadori, in: Annali Feltrinelli 1973, Mailand 1974, S. 3–80, über das Verhältnis von Sozialismus und kantianischer Philosophie hat geschrieben A. Zanardi, Aspetti del socialismo neokantiano in Germania negli anni della crisi del marxismo, in: Annali Feltrinelli 1960, Mailand 1961, S. 122–69. Zum Austro-Marxismus Karl Renners und Otto Bauers liegt schließlich vor A. Agnelli, Questione nazionale e socialismo, Bologna 1969.

31 S. Bologna, Problemi di storia della classe operaia: Germania 1917–1920, in: Quaderni piacentini, Nr. 33, febbraio 1968, S. 128–34; ders., Composizione di classe e teoria del partito alle origini del movimento consiliare, in: Operai e stato, Mailand 1972, S. 13–46; E. Collotti, Il movimento dei consigli e la socialdemocrazia nella rivoluzione del novembre 1918 in Germania, in: Rinascita 1969, Nr. 3, S. 21 f., Nr. 4, S. 16 f.; ders. La Germania dei Consigli, in: Il Manifesto, 1970, Nr. 5, S. 56–66; M. Cacciari, Sul problema dell'organizzazione. Germania 1917–1921, in: G. Lukàcs, „Kommunismus" 1920–1921, Padova 1972, S. 7–66; G. De Masi, L'esperienza consiliare nella rivoluzione tedesca (1918–1919), in: I consigli operai, Rom 1972, S. 85–118; E. Rutigliano, Linkskommunismus e rivoluzione in occidente. Per una storia della KAPD, Bari 1974. Zur Polemik zwischen Pannekoek, Gorter und Lenin vgl. schließlich S. Ortaggi, Il dibattito tra Lenin e gli „estremisti" europei sull'ideologia borghese, in: Rivista di storia contemporanea 5. 1976, S. 28–71.

ein wesentlicher Bezugspunkt für die philosophischen Studien Galvano Della Volpes war. Einem Schüler des letzteren, dem Philosophiehistoriker Nicolao Merker, verdanken wir eine umfangreiche Darstellung zur deutschen Aufklärung.[32] Auch das geistige Zentrum Göttingen war Gegenstand monographischer Forschungen.[33] Aber mehr als diese Art von Arbeiten oder gar als jene rein philosophischen Interesses sind es rechtsgeschichtliche Untersuchungen, die, auch im Hinblick auf die politische Geschichte, das meiste Interesse beanspruchen dürfen. So enthält beispielsweise das Buch von Antonio Negri über kantianische Juristen[34] wichtige Hinweise auf die gegenrevolutionären Vorstellungen Rehbergs und Gentz' und auf die Entstehung des rechtsgeschichtlichen Historismus Gustav Hugos. Die historische Rechtsschule und hier besonders Savignys methodologischer Ansatz zwischen Historismus und Begriffsjurisprudenz stehen im Mittelpunkt anhaltender Aufmerksamkeit der Rechtsgeschichte.[35] Die liberale Rechtsschule wurde dank einer wertvollen Untersuchung über Anselm Feuerbach bekannt.[36] Unter den zahlreichen Schriften zu Ihering kann vor allem die Veröffentlichung von elf Briefen an Gerber hervorgehoben werden,[37] weil sie ein bezeichnendes Licht auf die Haltung Iherings in Kiel im Jahre 1849 in der Frage der beiden Herzogtümer werfen und weil sie Hinweise auf dessen Haltung im deutsch-französischen Krieg von 1870 enthalten.

Ein Themenbereich, der in der deutschen Geschichtsschreibung starkes Interesse findet, fehlt dagegen auf italienischer Seite vollkommen: die Untersuchung des Übergangs der altständischen in die moderne bürgerliche oder Klassengesellschaft an der Schwelle vom 18. zum 19. Jahrhundert. Zwar sind Meinecke, Troeltsch und Weber im historischen Bildungskanon der Italiener durchaus präsent, nicht jedoch Otto Hintze. Im übrigen ist in Italien nicht einmal bei Max Weber erkannt worden, wie sehr seine Methode den Historikern nützen kann. Der Ansatz zu einer Geschichte der politisch-sozialen Gesamtverfassung, wie er noch zu Anfang dieses Jahrhunderts Gioacchino Volpe, obgleich von diesem zu einem rein deskriptiven

32 N. Merker, L'illuminismo tedesco. Età di Lessing, Bari 1968. Vgl. ferner Lessing e il suo tempo, a cura di M. Freschi, Cremona 1972. Hochbedeutsame Beiträge zur Geschichte der Freimaurerei in Deutschland finden sich in C. Francovich, Storia della massoneria in Italia dalle origini alla Rivoluzione francese, Firenze 1975², bes. S. 213ff., 249ff. und 381ff.

33 M. L. Pesante, Stato e religione nella storiografia di Göttingen, Johann Friedrich Le Bret, Turin 1971; L. Marino, I maestri della Germania. Göttingen 1770–1820, Turin 1975.

34 A. Negri, Alle origini del formalismo giuridico, Padova 1962.

35 A. Mazzacane, Savigny e la storiografia giuridica tra storia e sistema, Neapel 1974. Die Studie schließt sich in der Interpretation an W. Wilhelm, Zur juristischen Methodenlehre im 19. Jahrhundert, Frankfurt 1958 an. Vgl. auch G. Marini, Savigny e il metodo della scienza giuridica, Mailand 1965; ders., L'opera di Gustav Hugo nella crisi del giusnaturalismo tedesco, Mailand 1969; ders., Jacob Grimm, Neapel 1972.

36 M. A. Cattaneo, Anselm Feuerbach filosofo e giurista liberale, Mailand 1970.

37 M. G. Losano, Undici lettere inedite dal carteggio fra Jhering e Gerber, in: Materiali per una storia della cultura giuridica, raccolti da G. Tarello, II, Bologna 1972, S. 289–382.

Typus denaturiert, bekannt war,[38] scheint gegenwärtig eher in der Mediävistik als in der neuzeitlichen Geschichtsschreibung gepflegt zu werden. Von großer Bedeutung sind dagegen die Arbeiten und methodischen Anregungen von Pierangelo Schiera. Wir verdanken diesem Wissenschaftler ein Werk zum Kameralismus und eine Monographie zu Hintze,[39] die zweifellos beide neue Wege innerhalb der italienischen Geschichtsschreibung aufzeigen; er ist es auch, der mit Hilfe von durchaus kritischen Einführungen und Übersetzungen Autoren wie Koselleck, Brunner und Böckenförde in Italien bekannt gemacht hat. Die verfassungsgeschichtliche Methode, ja selbst die Begriffe „ständische Gesellschaft", „Ständestaat" usw. fanden durch die Beiträge Schieras ihren Weg in die italienische Geschichtswissenschaft. Schieras Arbeiten zeichnen sich jedoch durch eine übertriebene Zuneigung zu dieser verfassungs- und strukturgeschichtlichen Methode (von Carl Schmitt bis Otto Brunner) aus.

Zum Vormärz gibt es derzeit keine italienischen Beiträge, wenn man von solchen innerhalb des Rahmens der Geschichte der demokratischen Bewegung, des vormarxistischen Sozialismus oder der Geschichte der Philosophie absieht. Hinsichtlich der ersteren seien die Seiten erwähnt, die Franco Della Peruta dem Jungen Deutschland in seiner Arbeit über Mazzini und die italienischen Revolutionäre zwischen 1830 und 1845 gewidmet hat.[40] Mit außerordentlicher Akribie hat Della Peruta nicht nur die Mitglieder der Urzelle des Jungen Deutschland ermittelt, sondern auch die Kontakte, die Mazzini ohne Zweifel mit Rotteck, vielleicht auch mit Wirth, verbanden. Für diese Epoche ist überdies auf eine Reihe von Beiträgen der Literaturgeschichte hinzuweisen. Schon 1963 hat Cesare Cases einen Aufsatz mit dem Titel „I tedeschi e lo spirito francese" veröffentlicht, in dem er sich zur Bedeutung des Streites zwischen Heine und Börne für die zeitgenössische deutsche Kultur äußerte.[41] Seither ist es vor allem aufgrund des Engagements von Paolo Chiarini zu einer regelrechten Editionsserie für Heine ge-

---

38 C. Violante, Gioacchino Volpe e gli studi storici su Pisa medioevale, in: Einleitung zu G. Volpe, Studi sulle istituzioni comunali a Pisa, Firenze 1970, S. XII–XV.

39 P. Schiera, Dall'Arte del governo alle Scienze dello Stato. Il Cameralismo e l'assolutismo tedesco, Mailand 1968; ders., Otto Hintze, Neapel 1974. Schiera hat sich durch diese Forschungen große Verdienste erworben. Auf der Basis seiner Kenntnis der kameralistischen Literatur liefert er nicht nur einen Beitrag zur deutschen Staatstheorie des 18. Jahrhunderts, sondern darüber hinaus wertvolle Erkenntnisse auch für die Staatswissenschaft (L. v. Stein, Schmoller) und die Historische Schule in der Nationalökonomie des 19. Jahrhunderts (Schmoller, Roscher). Ferner finden sich bei Schiera wichtige Hinweise auf die Struktur des preußischen Staates, vor allem im Hinblick auf das Verhältnis von Kameralismus, Fiskalismus, Merkantilismus und Polizeistaat. In diesem Zusammenhang sei schließlich auch noch eine mehr juristische Untersuchung von E. Bussi, Stato e amministrazione nel pensiero di Carl Gottlieb Svarez, Mailand 1966, erwähnt.

40 F. Della Peruta, Mazzini e i rivoluzionari italiani. Il „partito d'azione" 1830–1845, Mailand 1974, S. 162 ff.

41 C. Cases, Saggi e note di letteratura tedesca, Turin 1963, S. 5–58.

kommen.[42] Lebhaftes Interesse für den politischen Heine hatten daneben in der Vergangenheit Delio Cantimori und Lelio Basso bewiesen.[43] Ein anderer literaturgeschichtlicher Beitrag, der jedoch zur Kenntnis der geistigen Strömungen des Vormärz dient, ist die Untersuchung von Giuseppe Farese über „Poesia e rivoluzione in Germania 1830–1850".[44] Die Geschichte namentlich des deutschen Sozialismus vor Marx hat Gian Mario Bravo systematisch untersucht. Von ihm stammt nicht nur eine einschlägige Monographie zu „Wilhelm Weitling e il comunismo tedesco prima del Quarantotto",[45] sondern auch eine umfangreiche, jene erste Arbeit ergänzende Studie: „Il comunismo tedesco in Svizzera. August Becker 1843–1846".[46] Eindeutig rührt die Kenntnis, die man in Italien vom Sozialismus vor Marx hat, zu großen Teilen von der beträchtlichen wissenschaft-

42 Bei dem Verlag Laterza hat P. Chiarini 1972 Übersetzungen der Romantischen Schule, der Französischen Zustände und anderer Schriften Heines herausgegeben. Bei dem Verlag De Donato hat er eine Übersetzung von Heines Ludwig Börne herausgebracht. Eine weitere Anthologie von Schriften Heinrich Heines erschien 1972 bei dem römischen Verlag Editori Riuniti, unter dem Titel La scienza della libertà. Vgl. auch P. Chiarini, Heinrich Heine fra decadentismo e marxismo, in: ders., Realismo e idealismo nella letterature tedesca, Padova 1961, S. 81–103.

43 Cantimori, Studi storia, S. 655–64, erwähnt Heine zum ersten Mal im Zusammenhang mit dessen bekannter Parallelisierung von Kant und Robespierre als den repräsentativen Gestalten Deutschlands (Theorie und philosophische Revolution) und Frankreichs (Praxis und politische Revolution). Anlaß dieser Erwähnung war die Tatsache, daß die Parallele zwischen Kant und Robespierre von Carducci in einem seiner schrecklichen Gedichte gezogen wurde. Kant und Robespierre enthaupten bei Carducci Gott bzw. den König. Cantimori bezieht sich auf B. Croce, Conversazioni critiche, II, Bari 1950², S. 292–94, der Carduccis Quelle bei Heine, Zur Geschichte der Religion u. Philosophie in Deutschland (traduzione italiana, a cura di P. Chiarini, Bari 1972, S. 267) gefunden hatte. Croce wies im übrigen nach, daß der Topos sich u. a. schon bei Hegel und in der Kritik von Karl Marx an Hegels Rechtsphilosophie findet. Aus diesem Grunde wurde die Entdeckung von Croce auch von A. Gramsci, Quaderni del carcere, II, Turin 1972, S. 1471–73 für wichtig gehalten. Es ist das Verdienst Cantimoris, bei den italienischen Jakobinern positive und bei dem reaktionären Antijakobiner Augustin Barruel eine negative Verwendung des Topos Kant-Robespierre gefunden zu haben. Entgangen ist sowohl Croce wie ihm eine Stelle beim frühen Marx (Marx-Engels, Werke, Bd. 1, Berlin 1964, S. 80 f.), an der dieser Kant mit der französischen Revolution vergleicht: „ist daher *Kants Philosophie* mit Recht als die *deutsche Theorie* der französischen Revolution zu betrachten, so *Hugos Naturrecht* als die *deutsche Theorie* des französischen Ancien régime" angesehen worden. – Zum Verhältnis von Heine zu Marx vgl. Cantimori, Studi di storia, S. 779–81; L. Basso, Heine e Marx, in: Belfagor 11. 1956, S. 121–36.

44 G. Farese, Poesia e rivoluzione in Germania 1830–1850, Bari 1974. Das Buch enthält interessante Bemerkungen zur Handwerkerlyrik Weitlings, zu Herwegh, Freiligrath und Werth. Im übrigen ist in diesem Zusammenhang auch das grundlegende Werk von L. Mittner, Storia della letteratura tedesca. Dal realismo alla sperimentazione (1820–1970), I, Turin 1972, zu nennen.

45 Vgl. auch G. M. Bravo, Contributo alla storia del socialismo europeo. Wilhelm Weitling in Svizzera (1841–1842), in: Rivista Storica del Socialismo, 1962, Nr. 15–16, S. 1–61.

46 In: Annali Feltrinelli 1963, Mailand 1964, S. 521–619. Vgl. auch G. M. Bravo, Storia del socialismo 1789–1848, Rom 1971; ders., Il socialismo da Moses Hess alla Prima Internazionale nella recente storiografia, Turin 1971.

lichen Produktion Gian Mario Bravos her. Kennzeichnend ist für diesen Forscher allerdings eine rein ideengeschichtliche Methode mit nur gelegentlichen Seitenblicken auf die politisch-sozialen Strukturen und auf die wirtschaftliche Lage; das Schwergewicht liegt auf der mit großer Gelehrsamkeit vorgetragenen Darstellung der Doktrin.

Die philosophiegeschichtlichen Arbeiten im engeren Sinne aufzuführen, würde sicherlich den Rahmen dieser Übersicht sprengen. Es mag daher der Hinweis auf einige Werke über die hegelianische Linke im Hinblick auf ihren Beitrag genügen, den sie zur politischen und Geistesgeschichte des Vormärz leisten. Hierzu zählen die Aufsätze von Claudio Cesa zum Tübinger Stift um 1830, über die Geschichte der hegelianischen Philosophie zwischen 1831 und 1848 und über die politische Theorie Max Stirners;[47] auch die reich dokumentierte Arbeit Enrico Rambaldis über die Anfänge der Hegelschen Linken sei erwähnt.[48] Diese Untersuchung enthält eine wichtige Analyse des Verhältnisses zwischen Heine und der Hegelschen Linken sowie einige philologisch-bibliographische Richtigstellungen. Vor allem aber zeichnet sie sich durch ihre Beachtung der theologischen Richtungen und Debatten aus, die die auffälligen Unterschiede im Geistesleben während der 30er und zu Anfang der 40er Jahre ausmachen. Rambaldi behandelt nicht nur Persönlichkeiten wie Strauß, Feuerbach oder Bruno Bauer, sondern auch Görres, Hengstenberg, Neander, Leo, Ruge usw.[49] Es ergibt sich somit ein präzises und materialreiches Bild für einen wichtigen Moment der neuen deutschen Geistesgeschichte.

Ein anderer Beitrag von großer Bedeutung für die Kenntnis des geistigen und politischen Klimas im Vormärz ist in der Einleitung Giorgio Moris zur italienischen Übersetzung von Friedrich Lists „Das nationale System der politischen Ökonomie" enthalten.[50] Es handelt sich um eine der besten italienischen Arbeiten zur deutschen Geschichte der ersten Hälfte des 19. Jahrhunderts. Mori hat die geistige Biographie und die Entstehung der nationalökonomischen Theorie Lists aufgezeigt und dabei auf deren enge Verbindung mit dem Grundmuster der gesellschaftspolitischen Entwicklung Deutschlands abgehoben, wie sie sich beim berühmten Verfassungskonflikt der württembergischen Stände mit dem König manifestierte. Hier wird der Ständestaat, der das deutsche politische Leben auch nach dem Ende der napoleonischen Ära kennzeichnete, als latenter politischer Konfliktherd einleuchtend vorgeführt. Wie man sieht, mangelt es nicht an ita-

47 C. Cesa, Studi sulla sinistra hegeliana, Urbino 1972; vgl. auch vom selben Autor: Il giovane Feuerbach, Bari 1963 und La filosofia politica di Schelling, Bari 1969.
48 E. Rambaldi, Le origini della sinistra hegeliana, Firenze 1966.
49 Zu Arnold Ruge vgl. den jüngsten bibliographischen Beitrag von A. Zanardo, Arnold Ruge, giovane hegeliano, 1824–1849, in: Annali Feltrinelli 1970, Mailand 1971, S. 189–382.
50 G. Mori, Einleitung zu F. List, Il sistema nazionale di economia politica, Mailand 1972, S. XI-XCII.

lienischen Beiträgen zum vormärzlichen Deutschland. Allerdings liegt ihr Schwerpunkt im geistes- und kulturgeschichtlichen Bereich. Die schon ältere Arbeit von Ernesto Sestan zur Frankfurter Nationalversammlung als eine der seltenen Untersuchungen, die von italienischer Seite speziell zu einem der zentralen Vorgänge der deutschen Geschichte im 19. Jahrhundert vorgelegt worden sind, hat keine Nachfolger gefunden.[51]

Im Zusammenhang der deutschen Nationalstaatsbildung hat vor allem der Krieg von 1859, der bekanntlich auf deutscher Seite mit großer Anteilnahme verfolgt worden ist, für italienische Historiker eine gewisse Anziehungskraft besessen.[52] Schon vor dem Zweiten Weltkrieg hat Franco Valsecchi einige Studien zum Echo von 1859 in Deutschland vorgelegt,[53] die das Verdienst besitzen, der Forschung ein Feld eröffnet zu haben, das noch heute der Vertiefung und Anpassung an die Maßstäbe kritischer Historie bedarf. Dabei gilt festzuhalten, daß die 1937 erfolgte Übernahme der ideologischen und historischen Positionen Heinrich von Srbiks durch Valsecchi 1938/39 auf den erheblichen Widerstand Adolfo Omodeos gestoßen ist; es ist dies zugleich ein wichtiger und entscheidender Moment im historischen Bewußtsein der Liberalen gegen Ende des Faschismus.[54] Zu den Vorgängen von 1859 sei auch noch die diplomatiegeschichtliche Studie von Bruno Malinverni erwähnt: „La Germania e il problema italiano nel 1859. Dalla crisi diplomatica a Villafranca" (Mailand 1959).

Der beste Beitrag zu dieser Epoche der deutschen Geschichte stammt zweifellos von Franco Della Peruta über ‚I democratici italiani, i democratici tedeschi e l'unità d'Italia (1859–1861)".[55] Vor allem liefert dieser Aufsatz eine erschöpfende Dokumentation jener Phase der deutsch-italienischen Beziehungen im 19. Jahrhundert. Nach den Verbindungen zwischen den Exponenten beider Länder zur Zeit des Jungen Deutschland und nach der Behandlung der „italienischen Frage" in den Debatten der Frankfurter Nationalversammlung,[56] aber vor den deutsch-italienischen Kontakten im Rahmen des internationalen Sozialismus stellen die drei von Della Peruta ins Zentrum seiner minuziösen Untersuchung gerückten Jahre einen Zeit-

51 E. Sestan, La Costituente di Francoforte (1848–1849), Firenze 1945.
52 Vgl. dazu E. Portner, Die Einigung Italiens im Urteil liberaler deutscher Zeitgenossen, Bonn 1969 (und dazu die Rezension von E. Ragionieri, in: Studi Storia 1. 1960, S. 600–04); Th. Schieder, Das Italienbild der deutschen Einheitsbewegung, in: ders., Begegnungen mit der Geschichte, Göttingen 1962, S. 210–235. Für die Schweiz vgl. Ch. Bauer, Die italienische Einigung im Spiegel der schweizerischen Öffentlichkeit 1859–1861, Basel 1944.
53 F. Valsecchi, Il 1859 in Germania: idee e problemi, in: Archivio Storico Italiano XCIII. 1935, S. 255–96; ders., Il 1859 in Germania: la stampa e i partiti, in: Studi germanici 1. 1935, S. 93–113 u. 227–43.
54 A. Omodeo, Difesa del Risorgimento, Torino 1955², S. 591–95. Zu Srbik vgl. A. Agnelli, H. Ritter v. Srbik, Neapel 1975.
55 F. Della Peruta, Democrazia e socialismo nel Risorgimento, Rom 1965, S. 157–246 (ursprünglich erschienen in: Annali Feltrinelli 1960).
56 Schieder, Das Italienbild, S. 216 ff.

rum von erheblicher Bedeutung dar. Der Aufsatz, dem die Briefe des italienischen Demokraten Filippo De Boni an Georg und Emma Herwegh beigefügt sind,[57] liefert daneben auch einen Ausgangspunkt für eine Beurteilung
des Bonapartismus, des Liberalismus und der Demokratietheorien unter
ideologischen Aspekten.

Die wenigen Betrachtungen, die die liberale Geschichtsschreibung Italiens
Bismarck und seiner Politik gewidmet hat, reflektieren ganz das Gewicht
jener Jahre, in denen sie entstanden sind. Hingewiesen sei auf Luigi Salva-
torellis Aufsatz zu Bismarck, den er aus Anlaß der Monographie Erich
Eycks verfaßt hat,[58] und auf die schon klassische Darstellung, die Federico
Chabod der Auseinandersetzung in Italien mit dem Deutsch-Französischen
Krieg gewidmet hat.[59] Das berühmte Urteil Croces über Bismarck und die
Entstehung des Deutschen Reiches in seiner „Geschichte Europas im 19.
Jahrhundert" – der Gegensatz zwischen Bismarck und Cavour, zwischen
Reichsgründung und Risorgimento – beeinflußte wahrscheinlich nicht un-
mittelbar die Aussagen Salvatorellis und Chabods, aber es vermittelte die
Urteilskriterien. Ohne Zweifel gibt es Unterschiede im Lage der liberalen
Geschichtsschreibung: Chabod entfernte sich von Croce in Fragen der Methodik und der Bewertung; auch sind die Interpretationen des Risorgimento bei Omodeo und Salvatorelli sicherlich nicht identisch. Aber es gibt
in der liberalen Historiographie eine Gemeinsamkeit der Ziele und Traditionen und eine Übereinstimmung in den allgemeinen Auffassungen und in
ihrer Weltanschauung. Daher werden trotz der Fähigkeit Salvatorellis, gewisse Aspekte der Bismarckschen Außenpolitik kritisch herauszuarbeiten,
und trotz der beschwörenden Kraft und des Reichtums an Informationen,
die die Darstellung Chabods kennzeichnet, die aus dem 19. Jahrhundert
stammenden Werturteile letztlich nicht aufgegeben.

Von dort her ist selbst auch noch die Position Rosario Romeos zu erklären,
eines Gelehrten, der nicht mehr der Generation Salvatorellis oder Chabods
angehört. In einer vor einigen Jahren erschienenen Aufsatzsammlung hat
Romeo einige Arbeiten zur deutschen Geschichte aufgenommen,[60] die
trotz ihres disparaten Charakters eine deutliche und durchgängige historiographische Auffassung erkennen lassen. Am wichtigsten ist in diesem Zusammenhang der Aufsatz über „La Germania e la vita intellettuale italiana
dall'Unità alla prima guerra mondiale". Romeo setzt sich darin in bezeich-

57 In diesen Briefen tauchen auch die Namen des Colonel Charras und von Marc Dufraisse
    auf, die zum Kreis der französischen Emigranten in der Schweiz nach dem Staatsstreich
    von Louis Bonaparte gehörten. Vgl. dazu W. Waegi, Jacob Burckhardt e gli inizi del cesa-
    rismo moderno, in: Rivista Storica Italiana 76. 1964, S. 150–71; A. Jenny, Jean-Baptiste
    Adolphe Charras u. die politische Emigration nach dem Staatsstreich Louis Napoleon Bo-
    napartes, Basel 1969.
58 L. Salvatorelli, Miti e storia, Turin 1964, S. 349–77 (Aufsatz von 1948).
59 F. Chabod, Storia della politica estera italiana dal 1870 al 1896, Bari 1962, (1. Aufl. 1951)
    (Kapitel I).
60 R. Romeo, Momenti e problemi di storia contemporanea, Assisi 1971, S. 135–212.

nender Weise von Chabod ab. Wo für diesen die liberale und scharf anti-
bismarckische Haltung Ruggero Bonghis die Interpretation bestimmte, da
legt Romeo das Schwergewicht auf die Bewunderung, welche die italienischen Intellektuellen und Politiker der deutschen Politik, der deutschen
Wissenschaft und – wie man letztlich sagen könnte – der Rolle, die Wissenschaft und Kultur im Rahmen von Staat und Gesellschaft spielten, gezollt
haben. Die Deutung Romeos ist insofern vollständiger und historisch überzeugender. Aber im Rahmen des Gesamturteils, das er über die deutsche
und italienische Geschichte fällt, erhält sie einen einseitig konservativen
Akzent. Diese Tendenz ist auch in dem auffallenden Beitrag Romeos zu erkennen, in dem er Fritz Fischers „Griff nach der Weltmacht" dem 2. Band
von Gerhard Ritters „Staatskunst und Kriegshandwerk" entgegenstellt.[61]
Ihn interessierte hierbei nicht das methodische Vorgehen der beiden Kon-
trahenten, auch nicht die Frage der Quellengrundlage. Vielmehr beschäftigte ihn die Frage der politischen Wirkung von Fischers Buch. Er befürch-
tete, das Buch könnte eine nihilistische Einstellung der Deutschen zu ihrer
Vergangenheit hervorrufen oder diese vertiefen. Daher stimmte er voll der
Sorge Ritters vor der destruktiven Wirkung Fischers zu.

Unter den zahlreichen Forschungen, die Leo Valiani dem Ersten Weltkrieg
gewidmet hat, berühren einige die deutsch-italienischen Beziehungen. Dies
gilt besonders für das Buch über „Il partito socialista italiano nel periodo
della neutralita 1914–1915",[62] in dem er die Mission des sozialdemokratischen Reichstagsabgeordneten Albert Südekum im August 1914 in Italien
behandelt.[63] Auch der Teil von Valianis Buch über „La dissoluzione
dell'Austria Ungheria", der den Dreibundverhandlungen in der Zeit der
italienischen Neutralität gewidmet ist, liefert neue Erkenntnisse zur Rolle
Deutschlands in der Vorgeschichte des Ersten Weltkrieges.[64] Dieses Kapi-

61 Eine überzeugende Gegenposition zu Romeo findet sich bei M. L. Salvadori, La Germania
   nella prima guerra mondiale. La polemica intorno al libro di Fritz Fischer, in: ders.,
   Gramsci e il problema storico della democrazia, Turin 1970, S. 233 ff. Der Aufsatz Salva-
   doris setzt sich nur mit den Anfängen der Fischerdebatte auseinander.
62 Mailand 1963. Vgl. war auch E. Ragionieri, L. Valiani, Socialdemocrazia austriaca e socialisti italiani nell'agosto 1914, in: Studi Storici 2. 1961, S. 100–13. Von Valiani liegen auch
   zwei weitere sehr fundierte Studien zur Geschichte des Sozialismus in Deutschland vor: L.
   Valiani, La storia della Socialdemocrazia tedesca (1863–1914), in: Rivista Storica Italiana
   80. 1968, S. 32–60, und ders., La sinistra socialista nelle crisi finale della Republica di
   Weimar, in: Rivista Storica Italiana 82. 1970, S. 704–13.
63 Vgl. dazu auch F. Fischer, Assalto al potere mondiale, Torino 1965, S. 109 und D. Groh,
   Negative Integration u. revolutionärer Attentismus. Die deutsche Sozialdemokratie am
   Vorabend des Ersten Weltkrieges, Frankfurt 1973, passim.
64 L. Valiani, La dissoluzione dell'Austria-Ungheria, Mailand 1966, S. 97–138, in deutscher
   Übersetzung bei W. Schieder (Hg.), Erster Weltkrieg, Ursachen, Entstehung u. Kriegszie-
   le, Köln 1969, S. 317–46. Für die österreichisch-italienischen Beziehungen der letzten
   Vorkriegsjahre vgl. auch B. Vigezzi, La politica estera italiana e il problema dell'Austria-
   Ungheria (1912–1914), in: ders., Da Giolitti a Salandra, Firenze 1969, S. 3–52. Zur italie-
   nischen Neutralität im allgemeinen ders., L'Italia di fronte alla prima guerra mondiale, I,
   L'Italia neutrale, Mailand 1966.

tel Diplomatiegeschichte, in dessen Zentrum die Reise des Exkanzlers Bülow nach Rom vom Dezember 1914 bis Mai 1915 steht, war auch Gegenstand einer ausführlichen Analyse von Alberto Monticone unter dem Titel „La Germania e la neutralitè italiana: 1914-1915".[65] Die Untersuchung Monticones[66] hat das Verdienst, Licht in den Verhandlungskomplex zu bringen, der in dem deutschen Angebot gipfelte, einen Teil Schlesiens an Österreich-Ungarn als Entschädigung für dessen Verzicht auf Trient abzutreten. Es muß jedoch bemerkt werden, daß die zu sehr ins einzelne gehende Untersuchung Monticones das Niveau reiner Diplomatie- und Ereignisgeschichte nirgends verläßt, obwohl dieselben diplomatischen Vorgänge wahrscheinlich eine erweiterte Bedeutung bekommen hätten, wenn sie auch nur andeutungsweise mit der sozialen und politischen Lage der jeweiligen Länder in Zusammenhang gebracht worden wären.

4. *Deutschland im 20. Jahrhundert.* Eine eingehendere Auseinandersetzung der italienischen Geschichtswissenschaft mit der deutschen Zeitgeschichte ist bisher nicht in Gang gekommen. Nennenswerte Studien zur Geschichte der Weimarer Republik sucht man vergeblich. Auch der Nationalsozialismus und das „Dritte Reich", und das ist angesichts der Problematik des Faschismus in Italien besonders erstaunlich, haben nur das Interesse weniger italienischer Historiker gefunden. Es gibt einige mehr diplomatiegeschichtliche Studien, meist im Anschluß an die Südtirolproblematik oder aus dem Blickwinkel der deutsch-italienischen Beziehungen.[67] Unter diesen ist besonders die Dokumentation der frühen Beziehungen zwischen Hitler und Mussolini von Renzo De Felice hervorzuheben, der sich neuerdings auch um eine Einbeziehung des Nationalsozialismus in seine Mussoli-

---

65 Bologna 1971. Von A. Monticone vgl. auch Le relazioni italo-tedesche durante la prima guerra mondiale, in: Faschismus. Nationalsozialismus, Ergebnisse u. Referate der 6. italienisch-deutschen Historiker-Tagung in Trier, Braunschweig 1964, S. 124–37 und ders., Bethmann Hollweg e il problema italiano nell' aprile 1915, in: Dialoghi del XX, I, Nr. 3, settembre 1967, S. 236–54. Einen kurzen Aufriß der italienisch-deutschen Beziehungen gibt F. Valsecchi, Italia e Germania da Bismarck a Hitler, in: Il Veltro, 1962, Nr. 2, S. 349–76.

66 Vgl. auch B. Vigezzi, Otto Joel, il principe di Bülow e i problemi della neutralità italiana, in: ders., Da Giolitti a Salandra, S. 203–62. Vigezzi publiziert hier Briefe von Otto Joel, von der Banca Commerciale, Bülow, Jagow und Giolitti.

67 Vgl. M. Toscano, Le origini diplomatiche del patto d'acciaio, Firenze 1956; E. Anchieri, Die europäischen Staaten u. der Aufstieg des Dritten Reiches 1933–1939, in: Das Dritte Reich u. Europa, München 1957, S. 61–80; ders., I rapporti italo-tedeschi 1936–1943, in: Faschismus. Nationalsozialismus, S. 167–81. M. Toscano, Storia diplomatica della questione dell'Alto Adige, Bari 1967. – Eine weitere Perspektive als diese rein diplomatiegeschichtlichen Darstellungen haben E. Ragionieri, L'Italie dans la seconde guerre mondiale. Essai d'historiographie, in: Revue d'histoire de la deuxième guerre mondiale 23. 1973, S. 1–20; ders., Origini e caratteristiche della seconda guerra mondiale, in: Fascismo e antifascismo II, Mailand 1962, S. 391–409; E. Collotti u. a., L'Italia danubiana durante la seconda guerra mondiale, Mailand 1967; E. Collotti, Sul significato del patto di Monaco, in: Il Movimento di liberazione in Italia, gennaiomarzo 1960, S. 41–71.

niforschungen bemüht.[68] Gerade bei De Felice fällt jedoch auf, wie wenig er daran interessiert ist, eine wirklich vergleichende Faschismusforschung zu betreiben. Seine Beschäftigung mit Hitler und Problemen des „Dritten Reiches" ist ganz aus seiner Interpretation des italienischen Faschismus heraus zu verstehen. Ferner hat die Widerstandsbewegung gegen Hitler einige Aufmerksamkeit gefunden, wobei vor allem die Rolle der Kirchen untersucht wurde.[69] Fast als einziger hat jedoch bisher in Italien Enzo Collotti in größerem Umfang zeitgeschichtliche Deutschlandforschungen betrieben. Seine unter dem Titel „La Germania nazista" erschienene Gesamtdarstellung des „Dritten Reiches" hat zu Recht große Verbreitung gefunden.[70] Sie bestimmt heute in Italien neben deutschen und angelsächsischen Werken das Bild des „Dritten Reiches". Eigenständige Forscherleistungen stecken vor allem in Collottis ausführlicher Darstellung des „Deutschen Sozialismus" und in seiner kritischen Bewertung der antinazistischen Opposition. Bemerkenswert ist vor allem, daß Collotti die allzu verständnisvolle Interpretation Goerdelers durch Gerhard Ritter, dessen Biographie auch auf italienisch erschienen ist, ablehnt.[71]

68 L'Italia fra Tedeschi e Alleati. La politica estera fascista e la seconda guerra mondiale, a cura di R. De Felice, Bologna 1973; ders., Il problema dell'Alto Adige nei rapporti italo-tedeschi dall'Anschluß alla fine della seconda guerra mondiale, Bologna 1973; ders., Mussolini e Hitler. I rapporti segreti 1922–1933, Firenze 1975.

69 Vgl. S. Bologna, La Chiesa Confessante sotto il nazismo 1933–1936, Mailand 1967. M. Bendiscioli, Nel Kulturkampf 1937–1938, in: Scritti di sociologia e politica in onore di Luigi Sturzo, I, Bologna 1953.

70 E. Collotti, La Germani nazista, Turin 1962; vgl. ferner ders., Die Kommunistische Partei Deutschlands 1918–1933. Ein bibliographischer Beitrag, Mailand 1961; ders., Il „secondo libro" di Hitler, in: Studi storici 3. 1962, S. 151–67; ders., L'amministrazione tedesca dell'Italia occupata 1943–1945, Mailand 1963; ders., Considerazioni sull'austrofascismo, in: Studi storici 4. 1963, S. 703–28; ders., La sconfitta socialista del 1934 e l'opposizione antifascista in Austria fino al 1938, in: Rivista Storica del Socialismo, 1963, Nr. 20, S. 387–432; ders. (Hg.), L'occupazione nazista in Europa, Rom 1964; ders., L'occupation allemande, la Resistance, les Alliés. Essai d'historiographie, in: Revue d'histoire de la deuxième guerre mondiale 23. 1973, S. 21–36; ders., Il ruolo della Bulgaria nel conflitto tra Italia e Germania per il Nuovo Ordine Europeo, in: Il Movimento di liberazione in Italia, luglio-settembre 1972, Nr. 108, S. 53–90; ders., Il litorale adriatico nel nuovo Ordine Europeo 1943–1945, Mailand 1974; ders., G. Fogar, Cronache della Carnia sotto l'occupazione nazista, in: Il Movimento di liberazione in Italia, Nr. 91, aprile-giugno 1968, S. 62–102; ders., T. Sala, Le potenze dell'Asse e la Jugoslavia. Saggi e documenti, Mailand 1975. Zu den ökonomischen Aspekten des nationalsozialistischen Deutschlands siehe die einleuchtenden Bemerkungen von E. Galli della Loggia, Il capitalismo tedesco nel periodo nazista, in: Quaderni storici, Nr. 24, 1973, S. 1017–31, wo außer dem bekannten Werk von Ch. Bettelheim allerdings nur die angelsächsische Literatur verarbeitet worden ist. Einen interessanten linguistischen Beitrag stellt das Buch von A. Enzi dar: Il lessico della violenza nella Germania nazista, Bologna 1971.

71 Vgl. auch E. Collotti, Per una storia dell'Opposizione antinazista in Germania, in: Rivista Storica del Socialismo, 1961, S. 105–37; ders., Carl v. Ossietzky e la „Weltbühne" nella lotta politica in Germania alla vigilia dell'avvento nazista, in: Belfagor 20. 1965, S. 149–87; ders., Idee di riforma della società tedesca nei progetti dell'opposizione antinazi-

Auch die deutsche Geschichte nach dem Zweiten Weltkrieg ist von keinem italienischen Historiker besser untersucht worden als von Enzo Collotti in seinem großen Buch „Storia delle due Germanie".[72] Vorher hatte Collotti eine Arbeit über „La socialdemocratizia tedesca" veröffentlicht, die bis zum Vorabend der Verabschiedung des Godesberger Programms reicht.[73] Schon dieses Werk zeigte, wo die Interessen Collottis liegen: die Teilung Deutschlands einerseits als Vorgang der internationalen Politik, andererseits als Auseinandersetzung antithetischer politisch-sozialer Systeme. Hatte die Monographie über die Sozialdemokratie aus dem Jahre 1959 noch eher den Charakter eines politischen Essays, so gelangte die umfangreiche „Storia delle due Germanie" auf der Basis breiter Quellenstudien zu einer Synthese der deutschen Nachkriegsgeschichte mit der Weltpolitik nach 1945. Von grundlegender Bedeutung in diesem Werk Collottis ist, daß er die trotz der Teilung Deutschlands in zwei selbständige Staaten weiterhin bestehenden gegenseitigen Abhängigkeiten herausarbeitet. Collotti schließt daraus nicht auf eine geistige Einheit in höherem Sinne, sondern auf eine Gemeinsamkeit historisch-politischer Probleme beider Teile Deutschlands und auf gemeinsame Erfahrungen der politischen und gesellschaftlichen Kräfte in West und Ost. Er ist sich – auch in methodischer Hinsicht – bewußt, daß die Kenntnis der Entwicklung eines der beiden Staaten mit allen seinen Traumata, Schwierigkeiten und Ergebnissen zum Verständnis des anderen unumgänglich ist. So versteht man, warum Collotti eine Geschichte beider deutscher Staaten geschrieben hat; darin liegt die Originalität dieser Studie im Vergleich zu anderen Arbeiten zum Thema Bundesrepublik oder DDR beschlossen. Es handelt sich um je eine eigene Geschichte für die beiden Staaten, aber beide lassen sich nicht trennen, so daß die Darstellung in einem einzigen Bande nicht nur eine Antwort auf äußerliche Erfordernisse formaler Natur ist, sondern der historischen und politischen Grundüberzeugung des Autors entspricht.

sta, in: Aspetti sociali ed economici della Resistenza in Europa, Mailand 1967, S. 275–93. Zum Verhältnis von deutschem Katholizismus und Nationalsozialismus vgl. auch den Bericht von E. Collotti, I cattolici tedeschi e il nazionalsocialismo, in: Studi storici 6. 1965, S. 127–58; C. Ottenga, Il Concordato fra la Santa Sede ella Germania del 20 luglio 1933, Città di Castello 1960; bes. G. Miccoli, Santa Sede e Terzo Reich, in: L'altra Europa. Momenti e problemi 1922–1945. Turin 1967, S. 47–144. Vgl. auch einige Arbeiten von katholischen Kirchenhistorikern wie M. Maccarrone, Il nazionalsocialismo e la Santa Sede, Rom 1947, sowie zahlreiche Beiträge von A. Martini SJ in der Civiltà Cattolica von 1960, 1961, 1962 und 1965.
72 E. Collotti, Storia delle due Germanie, Turin 1968.
73 E. Collotti, La socialdemocrazia tedesca, Turin 1959.

Die tschechoslowakische Literatur (1945–1975) zur neueren deutschen Geschichte

von Peter Heumos

Im europäischen Rahmen finden sich nur wenige Historiographien, deren geschichtliche Entwicklung, ideelle Grundlagen und forschungsleitende Interessen in so hohem Maße von nationalen Wertvorstellungen geprägt worden sind wie die tschechische und slowakische Geschichtswissenschaft.[1] Die vielfältigen historischen Ursachen dieser Fixierung auf die eigene nationale Geschichte, die sich an der verschwindend geringen Zahl der Beiträge tschechischer und slowakischer Autoren zur außertschechoslowakischen Geschichte ablesen läßt,[2] können hier nicht im einzelnen dargelegt werden. Langfristig wirksame Folgen hatte gewiß die Tatsache, daß die „Wiedergeburt" der tschechischen Nation im späten 18. und frühen 19. Jahrhundert mit einem Aufschwung der historischen Wissenschaft zusammenfiel, die im Prozeß des Risorgimento maßgebende nationalpädagogische Funktionen übernahm.[3] Die Bedeutung der verhaltenssteuernden Traditionen, die die Geschichtsschreibung in diesem Zeitraum wiederbelebte oder überhaupt erst schuf, wird man im Blick auf die tschechisch-nationalgesellschaftlichen Emanzipationsbestrebungen in der zweiten Hälfte des 19. Jahrhunderts bis hin zum Untergang der österreichisch-ungarischen Monarchie kaum überschätzen können.

Nach 1945 und den Erfahrungen, die mit der jüngsten Vergangenheit verbunden waren, bekannten sich die tschechische und slowakische Geschichtswissenschaft noch entschiedener zu ihrem traditionellen nationalpolitischen Engagement.[4] So ist es bezeichnend, daß sich die Kritik der marxistischen Historiographie an der „bürgerlichen" Geschichtsschrei-

---

1 Diesen Sachverhalt illustriert neuerdings die Studie von F. Kutnar, Přehledné dějiny českého a slovenského dějepisectví, Bd. 1, Prag 1971. Dieser erste Teil einer auf zwei Bände geplanten Geschichte der tschechischen und slowakischen Historiographie von den Anfängen bis zur Gegenwart reicht bis in die zweite Hälfte des 19. Jahrhunderts.

2 Die im Jahre 1960 von der Tschechoslowakischen Akademie der Wissenschaften in Prag herausgegebene Auswahlbibliographie „25 ans d'historiographie tchécoslovaque 1936–1960" führt beispielsweise zur tschechischen und slowakischen Geschichte zwischen 1848 und 1960 insgesamt 740 Titel an, während auf den gleichen Zeitraum in der außertschechoslowakischen Geschichte nur knapp zwei Dutzend Untersuchungen tschechischer und slowakischer Autoren entfallen. Nicht berücksichtigt sind hierbei Darstellungen der Geschichte der internationalen Arbeiterbewegung, die durchweg auch die tschechoslowakische Entwicklung einbeziehen.

3 Ausführlich hierzu: R. Plaschka, Von Palacký bis Pekař. Geschichtswissenschaft u. Nationalbewußtsein bei den Tschechen. Wiener Archiv für Geschichte des Slawentums u. Osteuropas, Bd. I, Köln 1955.

4 Vgl. ČČH 47. 1946, S. 320f.

bung in den frühen Nachkriegsjahren[5] zunächst gegen diejenigen Historiker richtete, deren nationales Bewußtsein strengen Maßstäben nicht zu genügen schien. Posthum wurde nun vor allem J. Pekař angegriffen, der einst nach dem Zusammenbruch Österreich-Ungarns die Lebensfähigkeit des tschechoslowakischen Nachfolgestaates bezweifelt hatte.[6] In der Tat erklärte sich gerade auch die Kommunistische Partei der Tschechoslowakei nach 1945 zum Erben tschechischer und slowakischer nationalgeschichtlicher Traditionen,[7] deren politisch-sozialer Inhalt weit genug gefaßt war, um revolutionäres Hussitentum und konservatives Bürgertum (Palacký) in einer Ahnenreihe zu vereinen.[8] Nach der kommunistischen Machtübernahme im Februar 1948 wurde der Kanon nationaler Überlieferung zwar revidiert und erheblich verringert,[9] doch blieb für die Entwicklung der Historiographie auch unter gewandelten gesellschaftspolitischen Verhältnissen ein eigentümlicher wissenschaftlicher Ethnozentrismus kennzeichnend,[10] dessen sich die tschechischen Historiker in den späten 60er Jahren selbstkritisch bewußt wurden.[11] Ausdruck des Bemühens, das nun vielfach als provinziell empfundene nationalstaatliche Blickfeld zu erweitern, waren nicht nur ein zunehmendes Interesse an universalgeschichtlichen Fragestellungen,[12] sondern auch erste konkrete Ansätze zu komparatistischer Forschung im Rahmen der sozialistischen Länder Osteuropas und auf gesamteuropäischer Grundlage.[13]

Unter diesen hier nur knapp angedeuteten spezifischen Voraussetzungen, vor allem aber angesichts der schweren Hypothek, mit der das deutsch-

5 Die marxistische Geschichtswissenschaft steckte vor 1948 noch in den allerersten Anfängen.
6 Vgl. J. Pachta, Josef Pekař – ideolog kontrarevoluce, in: NM 1. 1947, S. 40–55 u. 2. 1948, S. 44–58; ders., Pekař a pekařovština v českém dějepisectví, Prag 1950.
7 Vgl. Z. Nejedlý, Komunisté – dědici velkých tradic českého národa, Prag 1946; für die slowakischen Kommunisten: L. Novomeský, Komunizmus v slovenskej národnej idei, Bratislava 1946.
8 Noch nach ihrer Machtübernahme im Februar 1948 stand die Kommunistische Partei der Tschechoslowakei einer politisch konservativen Gestalt wie Palacký im Hinblick auf dessen nationale Verdienste positiv gegenüber. Ein Beleg hierfür ist beispielsweise V. Vojtíšek, Národní museum a František Palacký, in: ČNM 117–19. 1948/50, S. 95–103. Die klassenkämpferische Wendung gegen Palacký erfolgte zwei Jahre später: B. Šindelář, František Palacký a dělnická třída, in: ČNM 71. 1952, S. 19–40.
9 H. Slapnicka, Die Geschichte der Tschechoslowakei in neuer Sicht, in: VjZ 4. 1956, S. 316–31.
10 Zahlreiche Hinweise auf diesen Sachverhalt in: Geschichtsbewußtsein in Ostmitteleuropa. Ergebnisse einer wissenschaftlichen Tagung des J. G. Herder-Forschungsrates über die geistige Lage der ostmitteleuropäischen Völker, Hg. E. Birke u. E. Lemberg, Marburg 1961.
11 Vgl. J. Křen, K. metodickým otázkám moderních dějin, in: PKSČ 6. 1966, S. 323–51.
12 Vgl. J. Macek, Stav a úkoly historické vědy, in: ČSČH 15. 1967, S. 1–34.
13 Hervorzuheben sind hier besonders zwei umfangreiche Studien zu den ostmittel- und südosteuropäischen Widerstandsbewegungen zwischen 1939 und 1945: Národní fronta a komunisté. Československo, Jugoslávie, Polsko 1938–1945, Prag 1968; Střední a jihovýchodní Evropa ve válce a v revoluci 1939–1945, Prag 1969. In methodischer Hinsicht glän-

tschechische Verhältnis von deutscher Seite belastet worden ist, wird verständlich, daß insbesondere die neuere und neueste deutsche Geschichte in der tschechoslowakischen historischen Literatur seit 1945 überwiegend unter dem Gesichtspunkt ihrer Verflechtung mit der Geschichte der böhmischen Länder und des tschechoslowakischen Staates nach 1918 behandelt wird.

Dieser Literaturbericht beschränkt sich auf die tschechoslowakischen Untersuchungen zur deutschen Geschichte vom späten 18. Jahrhundert bis zur Gegenwart, deren Thema nicht in mittelbarer oder unmittelbarer Beziehung zur tschechischen oder slowakischen Geschichte steht.[14] Eine Ausnahme bilden lediglich Arbeiten zur deutschen wirtschaftlichen Expansion nach Südosteuropa, die beiläufig auch Böhmen bzw. die Tschechoslowakei berühren. Ferner wurden einige Abhandlungen über die Rolle des deutschen Auslandskapitals in der Ersten Tschechoslowakischen Republik herangezogen.

I. Während sich die tschechoslowakische Forschung mit der deutschen Geschichte im 18. Jahrhundert bislang kaum beschäftigt hat,[15] ist das 19. Jahrhundert auf weit größeres Interesse gestoßen. Dies mag damit zusammenhängen, daß die in der tschechoslowakischen Literatur vieldiskutierte Frage nach den Ursprüngen des deutschen Faschismus durchweg weit in das 19. Jahrhundert zurückgreift. Schon P. Reiman, der sich nach 1945 als erster dieser Problematik zuwandte,[16] unterstrich die Bedeutung der spezifischen sozioökonomischen und politischen Verhältnisse des Zweiten Reiches für die Herausbildung obrigkeitsstaatlich-autoritärer Strukturen, an die – wie Reiman annimmt – der Nationalsozialismus bruchlos anknüpfen konnte und die insbesondere auch die im illusionären Glauben an die Möglichkeiten etatistischer Daseinsvorsorge („preußischer Sozialismus") großgewordene Arbeiterbewegung disponibel für die Unterordnung unter das Regime Hitlers machten.

Reimans unorthodoxer Marxismus[17] wird deutlich, wenn man seine Be-

zend: M. Hroch, Die Vorkämpfer der nationalen Bewegung bei den kleinen Völkern Europas. Eine vergleichende Analyse zur gesellschaftlichen Schichtung der patriotischen Gruppen. Acta UCPHM 24, Prag 1968.

14 Eine Fülle von Hinweisen auf die tschechische und slowakische Literatur, die die geschichtliche Entwicklung der deutsch-tschechischen bzw. deutsch-tschechoslowakischen Beziehungen, die Rolle der Deutschen in den böhmischen Ländern vor und nach 1918 und das weite Feld „München 1938" behandelt, bietet der breit angelegte Literaturbericht von F. Seibt, Bohemica, Probleme u. Literatur seit 1945, in: HZ, Sonderheft 4, München 1970.

15 Zu erwähnen sind: B. Pitronová, K otázce prusko-rakouské spolupráce proti hnutí lidových mas ve Slezsku koncem 18. století, in: SPFFBU 10; 1961, C–8, S. 333–41; R. Berthold, Produktivita obilního hospodářství v pozdně feudálním Německu 1500–1800, in: VPZM 7. 1967, S. 35–49.

16 P. Reiman, O tradicích německého fašismu, in: SHSD 1. 1946, S. 129–41.

17 Die nach 1948 für die Geschichtswissenschaft verbindlichen Faschismus-Definitionen, vor allem die bekannte Formel Dimitrovs, tauchen bei Reiman nicht auf.

merkungen zur Revolution von 1848 und zur kapitalistischen Entwicklung
der deutschen Kleinstaaten bzw. des Deutschen Reiches mit den Ausführungen B. Šindelářs zum Problem der Periodisierung des Kapitalismus in
Deutschland[18] vergleicht. Während Reiman darauf hinweist, daß das
„Steckenbleiben" der Revolution von 1848 die Vormachtstellung der alten
bürokratisch-feudalaristokratischen Führungsschichten im Staatsapparat
unangetastet ließ, ein Umstand, der dazu führte, daß die weitere kapitalistische Entwicklung in hohem Maße von „bürokratisch-feudalistischen" Einflüssen bestimmt wurde, setzt Šindelář Kongruenz von Basis und Überbau
voraus und behauptet, daß der „siegreiche" Durchbruch kapitalistischer
Wirtschaftsverhältnisse im Revolutionsjahr 1848 mit der weitgehenden
Übernahme des Staats- und Verwaltungsapparats durch das Bürgertum zusammenfiel.

Šindelářs Interpretation der 48er-Revolution in den deutschen Staaten, deren Vereinfachungen besonders dort hervortreten, wo die Sozialstruktur
einer imaginären „deutschen Gesellschaft" charakterisiert wird,[19] korrigie-
ren drei Abhandlungen, die sich allerdings nicht unmittelbar auf die Ereignisse des Jahres 1848, sondern auf den Vormärz beziehen. Neben dem Aufsatz über den Frankfurter Wachensturm von M. Hroch[20] sind hier die Arbeiten B. Loewensteins zur liberalen und zur demokratischen Bewegung in
Deutschland zwischen 1830 und 1832[21] zu nennen, wobei sich der Beitrag
zur demokratischen Bewegung im wesentlichen auf die Darstellung des politischen Programms der Gruppen um Siebenpfeiffer, Wirth und die „Deutsche Tribüne" beschränkt.

Loewensteins Studie zum deutschen Liberalismus der Jahre 1830/31 gehört zu den Vorläufern der weitreichenden methodologischen Umorientie-
rung der tschechoslowakischen Historiographie in der zweiten Hälfte der
60er Jahre.[22] Die beginnende Abkehr von der dogmatischen Periode der
50er Jahre wird vor allem dort erkennbar, wo sich Loewenstein gegen die
Erkenntnislehre der Widerspiegelungstheorie wendet, die für die historische Forschung bis dahin kanonische Geltung besessen hatte.[23]

18 B. Šindelář, K otázce nástupu éry kapitalismu v Německu. Příspěvek k problému periodi-
    sace, in: SPFFBU 6. 1957, C-4, S. 105–19.
19 Diese setzte sich – nach Šindelář – aus der „Bourgeoisie", dem „Feudaladel" und den
    „Volksmassen" zusammen.
20 M. Hroch, Der soziale Charakter des Frankfurter Wachensturms 1833, in: Aus 500 Jahren
    deutsch-tschechoslowakischer Geschichte, Hg. K. Obermann u. J. Polišenský, Berlin
    1958, S. 149–69.
21 B. Loewenstein, K charakteru německého liberalismu 1830–1831, in: ČSČH 8. 1960, S.
    814–42; ders., Les débuts et les problèmes du mouvement démocratique naissant en Alle-
    magne. Le radicalisme palatin de 1832, in: Historica 4. 1962, S. 59–127.
22 Zum Wandlungsprozeß der tschechoslowakischen Geschichtswissenschaft zwischen 1963
    und 1968 s. S. Pech, Ferment in Czechoslovak Marxist Historiography, in: CSP 10. 1968,
    S. 502–22.
23 Zur Rezeption der Widerspiegelungstheorie s. M. Novák, K otázce zákonů realistického
    umění, in: FČ 2. 1954, S. 164–66.

In der Annahme, daß politische und ideologische Momente eine „gewisse Autonomie" besitzen und nicht nur auf klassenspezifische Interessen zurückgeführt werden können, trennt Loewenstein methodisch die Erscheinungsformen des politischen von denen des wirtschaftlichen Liberalismus, vermutet nicht gleich überall dort, wo liberale politische Rechte gefordert werden, den klassischen Typus der Bourgeoisie und gelangt zu differenzierten Aussagen über die sozialen Grundlagen der liberalen Bewegung. Die Spannweite ihrer regionalen Besonderheiten zeigt Loewenstein – nach einer Analyse der politischen Situation in Sachsen, im Rheinland, in Kurhessen, Baden, Bayern und Württemberg – vor allem an den unterschiedlichen Typen des „rheinisch-großbürgerlichen" und des „süddeutsch-kleinbürgerlichen", insbesondere badischen Liberalismus auf.

Die Tatsache, daß die wirtschaftspolitische Programmatik der süddeutschen liberalen Bewegung überwiegend auf mittelständisch-sozialkonservativen und antikapitalistischen Vorstellungen beruhte, scheint Loewenstein ausschlaggebend für die geringe politische Durchschlagskraft dieser Variante des frühen deutschen Liberalismus. Nach Loewenstein hatte diese Schwäche zur Folge, daß sich der Schwerpunkt der liberalen Bewegung im Vormärz seit der Mitte der 30er Jahre nach Preußen verlagerte, eine Entwicklung, die angesichts der Bereitschaft der preußischen Liberalen, mit den monarchisch-konservativen Kräften zu paktieren, die Niederlage des Liberalismus in der Revolution von 1848 schon vorbereitete.

Neben den Untersuchungen Loewensteins gehören auch die rechtsgeschichtlichen Arbeiten von K. Litsch über die Einführung des allgemeinen Wahlrechts und die verfassungsrechtliche Entwicklung im Deutschen Reich[24] zu den wenigen Darstellungen, die nicht jenem oben angedeuteten finalisierenden Interpretationsansatz folgen, dem deutsche Geschichte im 19. Jahrhundert vor allem in der Funktionalisierung auf spezifische geschichtliche Entwicklungstendenzen des 20. Jahrhunderts relevant erscheint.

Diese forschungsstrategische „Mediatisierung" des 19. Jahrhunderts in der tschechoslowakischen historischen Literatur ist offenbar ein Grund für das fast völlige Fehlen zeitlich und thematisch begrenzter sozialgeschichtlicher Untersuchungen zur deutschen Geschichte zwischen 1800 und 1900. So liegt beispielsweise von tschechoslowakischer Seite bisher nur ein Aufsatz vor, der sich mit der sozialen Lage der deutschen Arbeiterschaft im 19. Jahrhundert befaßt.[25] Auch die Geschichte der deutschen Sozialdemokra-

---

24 K. Litsch, Všeobecné volební právo a jeho zavedení v Německu v 19. století, in: PHS 15. 1971, S. 65–94; ders., Ústava a sněm Německé říše v 19. století. Acta UCIUM 14, Prag 1971.

25 Z. Jindra, Postavení dělníků fy. Krupp v Essenu v počátcích průmyslové revoluce, in: ČSČH 19. 1971, S. 93–110. Diese Studie gibt eine auf guter Literaturkenntnis gründende Darstellung der sozialen Lage der Arbeiterschaft in der Essener Gußstahlfabrik der Firma Krupp in den 30er und 40er Jahren des 19. Jahrhunderts. Der Autor untersucht vor allem

tie im 19. Jahrhundert ist bislang nur im Zusammenhang mit der Entwicklung der organisierten Arbeiterbewegung in Österreich-Ungarn bzw. in Böhmen behandelt worden.[26] Das letzte Viertel des 19.

Jahrhunderts nimmt aus naheliegenden Gründen in der tschechoslowakischen Forschung den relativ breitesten Raum ein: in diesem Zeitraum formen sich nach einhelliger Auffassung sozioökonomische Trends und politisch-ideologische Denkstrukturen vor, die in den nachfolgenden Jahrzehnten deutscher Geschichte – gerade auch im Hinblick auf die Tschechoslowakei – ihre fatale Zuspitzung erfuhren.

Die Arbeiten J. Kořalkas über den Alldeutschen Verband[27] lassen diesen bis in die jüngste Vergangenheit reichenden Bezug klar erkennen. Kořalka hebt hervor, daß im Rahmen des Alldeutschen Verbandes in den 90er Jahren des 19. Jahrhunderts nicht nur Überlegungen zur gewaltsamen Vertreibung, sondern auch zur physischen Ausrottung slawischer und nichtslawischer Nationen Ostmittel- und Südosteuropas angestellt wurden. Ohne diese Erwägungen geradlinig mit den nationalsozialistischen Genozidprogrammen verbinden zu wollen, sieht der Autor in ihnen doch eine wichtige Voraussetzung der breiten Resonanz, die die chauvinistisch-rassistischen Parolen des Nationalsozialismus später finden konnten.

Auch Z. Jindras Skizze der wirtschaftlichen Grundlagen des deutschen Imperialismus in der Wilhelminischen Ära[28] stellt einleitend die politische Aktualität des Themas heraus, verzichtet jedoch im weiteren auf jene globalen Interpretationen, in denen der Begriff „deutscher Imperialismus" jenseits konkreter sozioökonomischer Verhältnisse als zeitlose Wesenheit aufzutreten pflegt.[29]

Jindras Versuch, die spezifische Aggressivität imperialistischer Politik im Deutschen Kaiserreich zwischen 1871 und 1914 in der Anknüpfung an Schriften Lenins, Vargas, Rosa Luxemburgs und Hilferdings aus den gesamtwirtschaftlichen Entwicklungstrends herzuleiten, kann gerade den Nachweis dieser Spezifität nicht überzeugend führen. Die eingangs angedeutete Typologie der hauptsächlichen Imperialismen des 19. Jahrhun-

die Entwicklung der Lohnpolitik und setzt sich kritisch mit den innerbetrieblichen Führungsmethoden auseinander. Die Studie ist Bestandteil einer geplanten größeren Arbeit über die Firma Friedrich Krupp.

26 J. Kořalka, Vznik eisenášské sociální demokracie roku 1869 a otázka Rakouska, in: ČSČH 7. 1959, S. 436–63; ders., Über die Anfänge der Zusammenarbeit zwischen der Arbeiterbewegung in Deutschland u. in den böhmischen Ländern, in: Aus 500 Jahren deutschtschechoslowakischer Geschichte, S. 299–330.

27 J. Kořalka, Všeněmecký svaz a česká otázka koncem 19. století. Rozpravy ČSAV 73/12, Prag 1963; ders., La montée du pangermanisme et l'Autriche-Hongrie, in: Historica 10. 1965, S. 213–53.

28 Z. Jindra, K hospodářským kořenům agresivity německého imperialismu vilémovské éry, in: ČSČH 9. 1961, S. 174–97.

29 Vgl. beispielsweise J. Kolejka, Drang nach Osten. Od Wilhelma přes Hitlera k Adenauerovi, in: VaŽ 1960, S. 648–53.

derts[30] ist unergiebig und wird in der Untersuchung selbst nicht weiter ausgeführt, im Gegenteil: die in mancher Hinsicht nicht unzutreffende Feststellung, daß die imperialistischen Mächte der Zeit gleichartige, nur durch ihren jeweiligen Effektivitätsgrad unterschiedene Methoden wirtschaftlicher Expansion angewandt hätten, ferner die generelle Annahme, daß „der Imperialismus" des späten 19. und frühen 20. Jahrhunderts gleichermaßen die Unterwerfung agrarischer wie industriell entwickelter Gebiete auf sein Panier geschrieben hatte, heben Ansätze zur Differenzierung zwischen deutschen, englischen, französischen und russischen imperialistischen Strategien wieder auf. Andererseits vermutet Jindra Eigentümlichkeiten deutscher imperialistischer Politik dort, wo diese durchaus nicht gegeben waren, so etwa im Bereich des Kapitalexports.

Jindras Darstellung der wirtschaftlichen Gesamtentwicklung des Deutschen Reiches zwischen Reichsgründung und Ausbruch des Ersten Weltkrieges leidet beträchtlich unter der rigoros vereinfachenden Annahme eines stetigen und allgemeinen wirtschaftlichen Wachstums. Die zahlreichen Wachstumsstörungen zwischen 1873 und 1896, der Wechsel der wirtschaftlichen Führungssektoren, die ständigen Disproportionalitäten des „sectoral overshooting", die Agrarkrise und die lohnpolitische Entwicklung – um nur einige Faktoren herauszugreifen – werden in seiner Analyse überhaupt nicht oder nur am Rande berücksichtigt. Es liegt auf der Hand, daß auf dieser unzulänglichen empirischen Grundlage nur ein sehr weitmaschiges Erklärungsmuster der Genese des deutschen Imperialismus entwickelt werden kann. So vermag der Autor selbst die in seinem Argumentationszusammenhang zentrale Frage der deutschen Kapitalausfuhr im letzten Viertel des 19. Jahrhunderts deshalb nicht schlüssig zu beantworten, weil er – ohne genauere Kenntnis der Verhältnisse auf dem deutschen Kapitalmarkt – annimmt, daß das Anleihe- und Investitionskapital in diesem Zeitraum im Inland beträchtliche Gewinnspannen erzielte. Diese sachlichen (und logischen) Unstimmigkeiten – die Ausweitung des Kapitalexports hing bekanntlich mit den fehlenden Anlagemöglichkeiten für das mobile Leihkapital auf dem Binnenmarkt nach 1873 zusammen – mindern den Wert der Studie Jindras erheblich; ihre grundsätzlichen Mängel liegen jedoch auf einer anderen Ebene.

Trotz der Feststellung Jindras, daß die wirtschaftliche Entwicklung im Deutschen Reich staatlich-bürokratischen Eingriffen unterlag, erscheint der Prozeß imperialistischer Expansion in seiner Sicht als eine weithin autonome, sich selbstinduktiv fortpflanzende Bewegung. Unter dieser, für

30 Jindra unterscheidet zwischen dem „kolonialen" Typus des englischen Imperialismus, dem französischen „Wucherimperialismus", dem russischen „militärisch-feudalen" und dem deutschen „junker-bourgeoisen" Imperialismus. Diese Charakterisierung stammt bekanntlich von Lenin, doch muß hier angemerkt werden, daß Jindras Ausführungen – auch wenn er sich ständig auf Lenin beruft – hinter dem Argumentationsniveau der Imperialismus-Theorie Lenins zurückbleiben.

eine bestimmte Phase der Marx-Rezeption in den sozialistischen Ländern typischen Voraussetzung des naturgesetzlichen Ablaufs ökonomischer Prozesse entgeht Jindra eine ganze Dimension des Phänomens „deutscher Imperialismus".

Der instrumentelle Charakter imperialistischer Politik im Kaiserreich, der zielbewußte Versuch, das soziale Konfliktpotential des preußisch-deutschen Staates in den sekundären Integrationsmedien nationaler wie imperialer Mythen zu absorbieren und zu entpolitisieren, die Konservierung überkommener Macht- und Sozialstrukturen durch die keineswegs selbsttätige Verschiebung der „Außengrenzen" des gesellschaftlichen Systems – dies sind nur einige Aspekte, die Jindra eine vielschichtigere Interpretation ermöglicht hätten, die jedoch unter der impliziten Voraussetzung, daß die ökonomische Entwicklungsmechanik durch menschliches Tun nicht vermittelt werden kann,[31] außerhalb seines Blickfeldes bleiben mußten.

J. Cesar hat unlängst in einem Beitrag zu den Anfängen der deutschen kolonialen Expansion[32] die bisherigen Ergebnisse der tschechoslowakischen Forschung zur europäischen Imperialismus- und Kolonialgeschichte kritisch beurteilt und einen methodischen Neuanfang gefordert.

Cesar unterscheidet zwischen militärisch-strategisch und ökonomisch motivierten Zielsetzungen der deutschen Kolonialpolitik, bestimmt deren relatives Gewicht gegenüber den europäischen Interessen des Kaiserreiches und gibt ein ausgewogenes, durch die jüngsten Resultate der deutschen Forschung in manchen Punkten nicht unbeeinflußtes Bild der Kolonialpolitik Bismarcks.[33] Besonderes Gewicht legt der Autor auf die Darstellung der Tätigkeit des Kolonialvereins bzw. der Deutschen Kolonialgesellschaft und anderer Organisationen, die den Erwerb von Kolonien propagierten oder Kolonialpolitik betrieben.

Gegenüber Jindras Untersuchung liegt ein Vorzug der Abhandlung Cesars darin, daß hier die kontroversen Auffassungen dargelegt werden, die im Deutschen Reich über Richtung und Ziele der kolonialen Expansion bestanden. Während Jindra die Vorstellung suggeriert, daß die kolonialpolitisch interessierten Kreise auf jeden Platz an der großen Tafel des „imperialistischen Schmauses" (Lenin) gleichermaßen erpicht waren, zeigt Cesar Schwerpunkte, Richtungsänderungen und wechselnde Intensitätsgrade des

---

31 Dieser Annahme entspricht u. a. Jindras unbeirrtes Festhalten an der Automatik des proletarischen Verelendungsprozesses.
32 J. Cesar, Počátky německé koloniální expanze, in: SH 21. 1974, S. 197–219.
33 Der Einfluß der Studie Wehlers über Bismarck und den Imperialismus, die in der Tschechoslowakei ein sehr positives Echo gefunden hat (s. ČSČH 19. 1971, S. 773 f.), reicht bei Cesar bis in einzelne Formulierungen. Wehlers These vom „Sozialimperialismus" übernimmt Cesar freilich nicht, wie überhaupt bei ihm Zurückhaltung gegenüber großen theoretischen Entwürfen und eine gewisse positivistische Selbstbescheidung zu beobachten ist, die für die „normalisierte" tschechoslowakische Historiographie der 70er Jahre insgesamt als typisch gelten darf.

kolonialen Ausbreitungsprozesses, der – so eine These des Autors – zumindest in der Ära Bismarck als abhängige Variable der europäischen Politik des Kaiserreiches betrachtet werden muß: das primäre Interesse Bismarcks an der Aufrechterhaltung einer spezifischen Machtverteilungs- und Bündniskonstellation in Europa bedingte – nach Cesar – eine imperiale Politik des Deutschen Reiches, die in der Auseinandersetzung um die Kolonien eher „Mäßigung" zeigte und die Konfrontation mit den europäischen Konkurrenten vermied.

II. Deutsche Geschichte im 20. Jahrhundert hat die tschechoslowakische historische Literatur nach 1945 weitgehend als Geschichte des Nationalsozialismus verstanden. Einige wenige Ansätze zur Erweiterung des historiographischen Fragehorizonts auf diesem Forschungsgebiet sind bisher folgenlos geblieben.

Daß in dieser starren thematischen Fixierung nicht nur genuines Forschungsinteresse zum Ausdruck kommt, braucht angesichts der geschichtlichen Erfahrungen, die sich für die Tschechoslowakei mit dem Nationalsozialismus verbinden, nicht betont zu werden. Gewiß zeichnete sich um die Mitte der 60er Jahre – wie noch gezeigt werden soll – im theoretischen Verständnis der Faschismus-Problematik ein Wandel ab. Das Urteil über den deutschen Faschismus und dessen konkrete Auswirkungen auf die tschechoslowakische Geschichte blieb hiervon unberührt.[34]

Fundierte Beiträge zur Vorgeschichte der faschistischen Diktatur in Deutschland stehen von tschechoslowakischer Seite noch aus. An den Überblick über die Geschichte der Weimarer Republik von M. Hájek,[35] der nicht mehr als eine populärwissenschaftliche Einführung in das Thema geben will, haben sich vertiefende und wissenschaftlichen Ansprüchen genügende Untersuchungen zur Geschichte des Nationalsozialismus vor 1933,

---

34 Ein Indiz hierfür ist insbesondere auch die – soweit ich sehe – bis heute unveränderte Interpretation der Folgeprobleme, die sich aus der Unterwerfung der böhmischen Länder unter die nationalsozialistische Herrschaft nach 1945 ergaben; hier wäre vor allem die Frage der Vertreibung der Deutschen aus der Tschechoslowakei zu nennen. Als in den Jahren 1968/69 nahezu alle grundlegenden Normen und Bewertungskriterien der tschechoslowakischen Geschichtswissenschaft brüchig geworden waren, blieb die Beurteilung dieses Komplexes – auch wenn dessen Darstellung qualitative Fortschritte verzeichnete – doch offenbar von der gründlichen Revision überkommener Denkmuster ausgenommen. So rief der slowakische Historiker J. Mlynárik, der im November 1967 auf einem wissenschaftlichen Symposion erstmals von der „kollektiven Verantwortung" der Tschechen und Slowaken für die Aussiedlung der Deutschen sprach, den Widerspruch seiner Fachkollegen hervor, die auf die historisch-politische Notwendigkeit dieser Lösung des deutschen Problems hinwiesen. Vgl. V. Pavlíček, Únor a československá revoluce, in: Právník 107. 1968, S. 363–68. Zum „deutschen Problem" in der tschechoslowakischen Geschichte s. vor allem: F. Seibt, Die Deutschen in der tschechoslowakischen Historiographie 1945–1965, in: Bohemia 9. 1969, S. 288–306.
35 M. Hájek, Německo v letech 1918–1939, Prag 1957.

die beim Erscheinen der Darstellung Hájeks gefordert wurden,[36] bisher nicht angeschlossen.[37] Ebenso nimmt der Erste Weltkrieg als ein Schlüsselereignis, das langfristige, für den Aufstieg des Nationalsozialismus entscheidende politische Entwicklungen präjudizierte, auf der Prioritätenskala der tschechoslowakischen Forschung nur einen der unteren Plätze ein.[38] Das Vorfeld des Ersten Weltkrieges ist dagegen intensiver bearbeitet worden. Der Aufsatz von F. Knotek über die innen- und parteipolitischen Verhältnisse im Deutschen Reich, der bis zum Kriegsausbruch reicht,[39] und Z. Jindras Abriß der deutschen Wirtschaftsbeziehungen mit Südosteuropa, der sich in erster Linie mit der wirtschaftlichen Abhängigkeit Österreich-Ungarns vom Deutschen Reich beschäftigt,[40] bieten allerdings methodisch und sachlich kaum Neues. Für den Zeitraum zwischen 1900 und 1914 wäre schließlich noch auf den Beitrag von A. Grobelný hinzuweisen, der die slawische Einwanderung nach Ober- und Niederschlesien und die Einwanderungspolitik der preußischen Behörden gegenüber Polen, Tschechen und osteuropäischen Juden behandelt.[41] Grobelnýs Untersuchung, die im Detail die Zielkonflikte zwischen der restriktiven preußischen Einwanderungs- und Nationalitätenpolitik und den Anstrengungen der schlesischen Industrie zeigt, den Zuzug polnischer und tschechischer Arbeiter aus lohnpolitischen Gründen zu erleichtern, ist ein Beispiel dafür, daß die Regionalforschung sich auch im Hinblick auf die deutsche Geschichte durch relativ größere empirische Genauigkeit und methodische Sorgfalt auszeichnete.[42]

Unter den tschechoslowakischen Arbeiten zur deutschen Geschichte zwischen 1918 und 1933 finden sich zwei Untersuchungen, die exemplarisch den Bedeutungsverlust belegen, den die etablierte Gestalt der marxisti-

36 Vgl. ČSČH 6. 1958, S. 594f.
37 Einen ersten Versuch unternahm K. Kreibich, Jak došlo v Německu k fašismu, Prag 1957. Der Deutsch-Böhme Kreibich, von Haus aus Journalist, zählte vor allem in der Zwischenkriegszeit zu den führenden Theoretikern der Kommunistischen Partei der Tschechoslowakei.
38 Neben den Miszellen von J. Navrátil, Německá listopadová revoluce, in: Dějepis 3. 1956, S. 442–53, und B. Černý, Německo a první světová válka, in: DaS 7. 1965, S. 45, ist zu nennen: Z. Jindra, Über die ökonomischen Grundlagen der „Mitteleuropa"-Ideologie des deutschen Imperialismus, in: Probleme der Ökonomie u. Politik in den Beziehungen zwischen Ost- u. Westeuropa vom 17. Jahrhundert bis zur Gegenwart, Hg. K. Obermann, Berlin 1960, S. 139–62.
39 F. Knotek, K problematice vývoje sjednoceného Německa do první světové války, in: Sborník PI 1. 1961, S. 145–94.
40 Z. Jindra, K otázce pronikání německého imperialismu na jihovýchod v období před rokem 1918, in: Acta UCPH 1961, 2, S. 1–41.
41 A. Grobelný, Imigrace slovanského obyvatelstva do Slezska a politika německé vlády před první světovou válkou, in: SlSb 58. 1960, S. 173–98.
42 Grobelnýs Vorbehalte gegen die in der Zeit übliche Totalisierungsmanier, die den Keim einer historischen Erscheinung sogleich zum Universalphänomen zu erheben pflegte, werden dort erkennbar, wo er ständig danach fragt, wie weit ein partieller empirischer Befund verallgemeinerungsfähig ist.

schen Theorie gerade im historiographischen Bereich im Laufe der 60er Jahre erfahren hat: B. Kučeras Aufsatz über die innenpolitische Krise in Deutschland im Jahre 1923 und die kommunistisch-sozialistischen „Arbeiterregierungen" in Sachsen und Thüringen[43] sowie M. Hájeks Ausführungen zum gleichen Thema im Rahmen seiner Geschichte der Kommunistischen Internationale.[44] Der wesentliche Unterschied zwischen beiden Studien liegt in den Begründungen, die für das Scheitern der Arbeiterregierungen und der SPD-Strategie des bewaffneten Aufstandes angeführt werden. Kučera wiederholt noch einmal die bekannte Interpretation des „deutschen Oktober" durch das EKKI vom Januar 1924 unter der unbestrittenen Voraussetzung, daß die revolutionären Strategien der Komintern zu jeder Zeit den jeweiligen objektiven Gegebenheiten entsprachen. Hájek relativiert den Aussagegehalt der Kominternpolitik in bezug auf die tatsächliche politische Situation in Deutschland durch den Hinweis auf die Instrumentalisierung weltrevolutionärer Strategien in den innersowjetischen Führungskämpfen der Jahre 1923/24. Vor allem bezweifelt er jedoch grundsätzlich die Verallgemeinerungsfähigkeit des Leninismus außerhalb sozialökonomischer Formationen, deren geschichtliche Entwicklung – wie diejenige Rußlands – von wirtschaftlicher Rückständigkeit und mit westeuropäischen Verhältnissen nicht zu vergleichenden politischen Traditionen bestimmt wurde. So glaubt Hájek, daß die Aufstandskonzeption von 1923 als – wie er vermutet – Nachbildung der russischen Konzeption von 1917 eben deshalb nicht praktikabel sein konnte. Hájek teilt insbesondere die Kritik, die Gramsci 1924 am Kurs der Komintern übte: im Rückblick auf den revolutionären Fehlschlag in Deutschland im voraufgegangenen Jahr forderte Gramsci damals bekanntlich für die hochentwickelten kapitalistischen Staaten Mittel- und Westeuropas Strategien gesellschaftlicher Umwälzung, die deren Entwicklungsniveau in Rechnung stellten und nicht dem bolschewistischen Vorbild folgten.[45] Die bei Hájek nicht zu übersehende normative Bindung des Forschungsprozesses an die politischen Ziele der tschechoslowakischen Reformbewegung und deren Forderung nach einem eigenständigen sozialistischen Gesellschaftsmodell steht am Ende eines Prozesses politischer und wissenschaftlicher Selbstreflexion, dessen punktuelle Anfänge schon in der zweiten Hälfte der 50er Jahre zu beobachten sind. Zu den frühen Indizien historiographischer Neubesinnung zählte die von 1957 bis 1959 zwischen A. Teichová und V. Král ausgetragene Kontroverse über die Rolle des ausländischen Kapitals in der Tschechoslowakei vor 1938, die in weiten Teilen um

---

43 B. Kučera, Pokus o vytvoření „dělnické vlády" v Německu (rok 1923), in: SPFFBU 10. 1961, G-5, S. 147–65.
44 M. Hájek, Jednotná fronta. K politické orientaci Komunistické internacionály v letech 1921–1935, Prag 1969, S. 60–78.
45 Ebd., S. 87f.

die Frage des deutschen Anteils am gesamten ausländischen Kapital in der Ersten Republik kreist.[46] Král vertritt gegen Teichová die Auffassung, daß sich das westeuropäische, insbesondere das britische und französische Kapital in der Zwischenkriegszeit allmählich aus der Tschechoslowakei zurückzog, während das deutsche Auslandskapital im gleichen Zeitraum seinen Einfluß in der tschechoslowakischen Republik ausdehnte und schließlich – noch vor dem Münchener Abkommen – den absolut größten Anteil am ausländischen Kapital in der ČSR repräsentierte. Einige Belege für diese These anhand von Nachweisen über die Kapitalzusammensetzung einzelner tschechoslowakischer Unternehmen und die zutreffende Feststellung, daß unmittelbar vor München britisches und französisches Kapital aus der ČSR abgezogen wurde, sind als empirische Absicherung nicht zuletzt deshalb ungenügend, weil dem Erkenntnisansatz Králs ein dogmatischer Reduktionismus zugrunde liegt, der den politischen Phänomenen stets ihr „ökonomisches Äquivalent" zuordnen will: der Prozeß der Einbeziehung der Tschechoslowakei in den nationalsozialistischen Herrschaftsbereich und die Rückzugslinie, auf der sich die britische und französische Außenpolitik angesichts dieser Aggression bewegten, können nicht ohne entsprechende Vorgänge auf dem internationalen Kapitalmarkt gedacht werden.[47]

Dem Nachweis A. Teichovás, daß die These vom „ökonomischen München vor dem politischen München" durch den empirischen Befund nicht bestätigt wird,[48] kommt insofern auch eine nicht geringe methodische Bedeutung zu: die Kritik am abbildtheoretischen Erkenntnisbegriff Králs – auch wenn sie bei Teichová nicht ausdrücklich formuliert wird – leitet bereits zu der Marx-Rezeption über, die wenige Jahre später nicht nur das Dogma der Erkenntnislehre gründlich revidierte.[49]

46 Die wesentlichen Beiträge zu dieser Auseinandersetzung sind: A. Teichová, Příspěvek k poznání zahraničních spojů finančního kapitálu v Československu, in: SVŠP 1. 1957, S. 53–71; dies., Über das Eindringen des deutschen Finanzkapitals in das Wirtschaftsleben der Tschechoslowakei vor dem Münchener Diktat, in: ZfGw 5. 1957, S. 1160–80; dies., K úloze zahraničního kapitálu v československém hospodářství před Mnichovem, in: ČSČH 7. 1959, S. 114–21; V. Král, Recenze A. Teichové, Příspěvek k poznáni zahraničních spojů finančního kapitálu v Československu, in: ČSČH 6. 1958, S. 542–44; ders., K úloze zahraničního kapitálu v Československu před r. 1938, in: ČSČH 7. 1959, S. 473–78, sowie ein Beitrag desselben Autors in dem Sammelband „Kdo zavinil Mnichov", Prag 1959.

47 Dieser ökonomische Reduktionismus bestimmte bis in die 60er Jahre die theoretische Erklärung und praktisch-politische Behandlung des Nationalitätenproblems, insbesondere der slowakischen Frage. Seinen Beitrag hierzu lieferte Král noch 1966 mit der bekannten Rezension des Buches von Husák über den Slowakischen Nationalaufstand.

48 Zusammenfassend jetzt: A. Teichova, An economic background to Munich. International Business and Czechoslovakia 1918–1938, Cambridge 1974.

49 Es ist jedoch bezeichnend, wieviel Raum Kosík in seiner „Dialektik des Konkreten", die maßgebend für die neue Marx-Rezeption in der ČSSR wurde, gerade dem gnoseologischen Aspekt der Marxschen Theorie gewidmet hat. Vgl. K. Kosík, Die Dialektik des Konkreten. Eine Studie zur Problematik des Menschen u. der Welt, Frankfurt 1976[2], S. 26 ff. Das tschechische Original erschien 1963.

In losem Zusammenhang mit dem thematischen Bereich, auf den sich die eben dargestellte Kontroverse bezieht, stehen die Arbeiten R. Olšovskýs über die deutschen Wirtschaftsbeziehungen mit Südosteuropa, die der Autor in einer kleineren Abhandlung für das Jahrzehnt vor dem Ausbruch des Zweiten Weltkrieges und in einer sachlich wie zeitlich breiter angelegten Darstellung untersucht hat.[50]

Olšovský, der an anderer Stelle ebenfalls die oben angeführte und in der tschechoslowakischen Literatur mittlerweile ad acta gelegte These Králs verficht,[51] gibt zumal in der Studie, die das Vorfeld des Zweiten Weltkrieges behandelt, einen guten Überblick über die wirtschaftspolitischen Methoden, deren sich das Dritte Reich bediente, um die südosteuropäischen Agrar- und Mineralmärkte einseitig auf sich zu orientieren und der eigenen Autarkie- und Großraumwirtschaft-Strategie unterzuordnen. Olšovský diskutiert das Instrumentarium dieser Politik – Clearing-Verfahren, Dumping-Methoden, Währungs- und Preismanipulationen im Exportgeschäft, staatliche Subventionierung des Außenhandels usw. – auf dem Hintergrund der deutsch-britischen Marktrivalität im europäischen Südosten. Lange bevor sich die deutsche Forschung dieses Themas annahm, macht Olšovský auf den Konplex des „economic appeasement" in der deutsch-britischen wirtschaftlichen und militärisch-strategischen Auseinandersetzung um den Balkan aufmerksam. Allerdings wird bei ihm nicht deutlich, daß die gegenüber Deutschland inferiore britische Position auf dem Balkan keineswegs vorrangig aus eben dieser Strategie des ökonomischen Appeasement erklärt werden kann. Der machtpolitischen Indienstnahme des deutschen Außenhandels, dem außenwirtschaftlichen Dirigismus, der Unabhängigkeit von Rücksichten auf den einheimischen Steuerzahler und Konsumenten und dem kommerziellen Vabanque der nationalsozialistischen Außenhandelsstrategie hatte Großbritannien nichts oder nur wenig Gleichwertiges entgegenzusetzen. Fehlende staatliche Machtmittel, noch immer nachwirkende freihändlerische Illusionen, kaufmännische Vorsicht und ein strikt an wirtschaftlichen Prinzipien ausgerichtetes Denken setzten den britischen Außenhandel durchaus nicht in den Stand, der Südosteuropa-Offensive des Dritten Reiches wirkungsvoll begegnen zu können.

Wie für die Untersuchungen Olšovskýs so gilt auch für den Aufsatz von M. Hauner über Seerüstung und Flottenbau in der Weimarer Republik,[52] daß

50 R. Olšovský, Pronikání německého imperialismu do jihovýchodní Evropy před druhou světovou válkou, in: PE 9. 1961, S. 213–28; ders. Pronikání německého imperialismu do jihovýchodní Evropy. Období 1890–1940, Prag 1963.
51 R. Olšovský u. a., Přehled hospodářského vývoje Československa v letech 1918–1945, Prag 1961. Daß sich in der tschechoslowakischen wirtschaftsgeschichtlichen Literatur die Auffassung der inzwischen emigrierten A. Teichova uneingeschränkt durchgesetzt hat, zeigt beispielsweise ein Blick in das Hochschul-Lehrbuch von V. Průcha, Hospodářské dějiny Československa v 19. a 20. století, Prag 1974.
52 M. Hauner, Úloha německého námořního zbrojení v období Výmarské republiky, in: ČSČH 10. 1962, S. 178–99.

die Stärken des Autors in der materialnahen Analyse „der Sache selbst"
liegen: die Verbindungslinien, die Hauner vom militärisch-industriellen
zum politischen Bereich zieht, bleiben blaß oder beschränken sich auf die in
ihrer totalen Unbestimmtheit weder richtige noch falsche Feststellung, „der
deutsche Imperialismus" habe die Rüstungspolitik der Weimarer Republik
initiiert und in ihrer weiteren Entwicklung bestimmt.

Hauner führt an den Abschnitt der neuesten deutschen Geschichte heran,
dem die tschechoslowakische Forschung den relativ breitesten Raum widmet. Mit dem Komplex des Nationalsozialismus, der im folgenden behandelt wird, brechen zugleich die tschechoslowakischen Forschungsanstren-
gungen auf dem Gebiet der deutschen Geschichte ab: zur deutschen Geschichte seit 1945 liegen bisher keine historischen Untersuchungen vor.[53]
Zweifellos wird das schon erwähnte Fehlen tschechoslowakischer Darstellungen der Geschichte des Nationalsozialismus vor 1933 nicht durch solche
Arbeiten wettgemacht, die die Frage nach den Ursprüngen des deutschen
Faschismus mit spekulativ-historisierenden Erwägungen über „pränazisti-
sche" Erscheinungsformen in der älteren deutschen Geschichte oder nicht
weniger weit zurückreichenden geistesgeschichtlichen Kausalketten beantworten.[54]

So stellt beispielsweise P. Reimans Skizze[55] die Kontinuität spezifisch deutscher Formen der Kriegführung heraus, die Friedrich den Großen als Ahn-
herren Hitlers erscheinen lassen. K. Hochs Betrachtungen über den Pangermanismus[56] fassen die deutsche Ostkolonisation im Mittelalter und den
Nationalsozialismus als Ausdrucksformen ein und derselben mentalen Dis-
position auf, die auch R. Habřina zum eigentlich verursachenden Kausal-
faktor für die Entstehung des deutschen Faschismus erklärt.[57] Der marxistische Philosoph A. Kolman führt die nationalsozialistische Ideologie in phä-

53 Der Aufsatz von A. Šnejdárek, K otázce rozbití jednoty Německa v období před vznikem
    separátního bonnského „státu", in: ČSČH 3. 1955, S. 30–51, als Beitrag zur Vorgeschichte
    der deutschen Teilung ist in weiten Teilen eine Polemik mit dem Buch von R. Nadolny,
    Völkerrecht u. Deutscher Friede, Hamburg 1949. Nicht zur historischen Fachliteratur
    zähle ich die zahlreichen Beiträge zur sudetendeutschen Problematik in Westdeutschland
    nach 1945, so etwa: A. Šnejdárek, The Beginning of the Sudeten Organizations in Western
    Germany after 1945, in: Historica 8. 1964, S. 235–52. Außer Betracht bleibt hier auch die
    kaum überschaubare tschechoslowakische Literatur, die sich vor allem in den 50er Jahren
    mit der Entwicklung der Bundesrepublik unter dem Titel „westdeutscher Imperialismus
    und Militarismus" beschäftigt hat; auch dort, wo diese Literatur historiographische Quali-
    tät für sich in Anspruch nimmt, erscheint dieser Anspruch nur in sehr engen Grenzen be-
    gründet.
54 Die Vorbehalte gegen diese Interpretationsansätze beziehen sich lediglich auf die im fol-
    genden zitierte Literatur. Daß der Versuch, die Entstehungsgeschichte des Nationalsozia-
    lismus von philosophischen und ideologiekritischen Positionen her zu analysieren, ge-
    winnbringend sein kann, braucht seit Lukács' „Zerstörung der Vernunft" nicht betont zu
    werden.
55 Vgl. Anm. 16.
56 K. Hoch, Pangermanismus, Prag 1946.
57 R. Habřina, Nadčlověk a nadnárod, Prag 1946.

nomenologischer Beschreibung auf Denktraditionen und soziokulturelle Verhaltensmuster zurück, die sich im Ausbreitungsprozeß der Philosophie Fichtes, Schellings, Nietzsches und Schopenhauers herausbildeten.[58] Sieht man einmal von der eher naiven Annahme konstanter anthropologischer Strukturen des „Deutschtums" ab, die alle hier genannten Untersuchungen teilen, so liegen die methodischen Mängel dieser Arbeiten vor allem darin, daß sie weder spezifisch auf die deutschen Verhältnisse bezogene noch generelle Reproduktionsbedingungen von Überlieferung (im weitesten Sinne des Begriffs) angeben können. Ein Jahr nach dem Ende des Zweiten Weltkrieges mag die fehlende Distanz zum Untersuchungsgegenstand manche Mängel der angeführten Darstellungen hinreichend erklären. Zwanzig Jahre später ist K. Litsch in seiner Studie über die historischen Bedingungen der Entstehung des Nationalsozialismus[59] freilich ebensowenig in der Lage, seine politisch-ideologische und philosophische Vorgeschichte des deutschen Faschismus, die er gleichfalls im späten 18. Jahrhundert beginnen läßt, an konkreten gesellschaftlichen Entwicklungsbedingungen festzumachen – wie es einem Marxisten gut anstünde.

Die Frage, unter welchen besonderen ökonomischen und sozialstrukturellen Voraussetzungen sich in Deutschland im 19. Jahrhundert frühzeitig eine „gemischte" politische Kultur ausbilden konnte, in der Elemente der frühbürgerlichen politischen Theorien mit ihrer Betonung der aktiven staatsbürgerlichen Partizipation an demokratisch geregelter Willensbildung gegenüber autoritären Mustern aus dem vorbürgerlichen Traditionsbestand eine untergeordnete Rolle spielten, bleibt bei Litsch ungeklärt. Hinweise auf die Schwäche des Parlamentarismus in Deutschland vor 1918 treffen Symptome eines geschichtlichen Sachverhalts, nicht dessen grundlegende Konstitutionsbedingungen. Überdies wird bei Litsch deutlich, daß der Versuch, die gesellschaftlichen Ursprünge des Nationalsozialismus in einer weit ausgreifenden historischen Retrospektive aufzuzeigen, solange scheitern muß, als über die soziale Massenbasis der faschistischen Bewegung in den 20er und 30er Jahren höchst fragwürdige Vorstellungen bestehen: nach Litsch rekrutierte sich diese aus dem „Lumpenproletariat", der „chauvinistischen Jugend", der „Arbeiteraristokratie", den „arbeitslosen Arbeitern" und der „verschuldeten Bauernschaft."

Wenig Aufschluß über diese Frage der sozialen Grundlagen der nationalsozialistischen Bewegung wie der NSDAP gibt auch die Darstellung von J.

58 A. Kolman, Ideologie německého fašismu, Prag 1946. Die offizielle Interpretation des deutschen Faschismus durch die Kommunistische Partei der Tschechoslowakei wurde in den ersten Nachkriegsjahren erkennbar von der sowjetischen Deutung des Großen Vaterländischen Krieges bestimmt, die den antifaschistischen Kampf der UdSSR mit der allslawischen Sache identifiziert. Vgl. Historické kořeny německého fašismu a boj proti fašistické ideologii, Prag 1946.

59 K. Litsch, K historickým podmínkám vzniku nacismu a vývoji německého parlamentarismu, in: PHS 12. 1966, S. 91–108.

Cesar und B. Černý,[60] die im ganzen eine recht gute Übersicht über die innere Geschichte des Dritten Reiches bietet und ausführlich auf die Kriegsvorbereitungen Hitlers eingeht. Den außenpolitischen Zielsetzungen Hitlers wendet sich V. Moulis zu,[61] der bemüht ist, den unterschiedlichen Stellenwert herauszuarbeiten, den die einzelnen europäischen Staaten in den faschistischen Hegemonial-Konzeptionen besaßen.

Neben diesen beiden Darstellungen gehört noch A. Šnejdáreks Geschichte des Zweiten Weltkrieges, die großes Gewicht auf die Analyse des deutsch-sowjetischen Krieges legt,[62] zu den breiter angelegten tschechoslowakischen Untersuchungen zur Geschichte des Nationalsozialismus nach 1933. Die weniger umfangreichen Beiträge zu diesem Komplex wählen in der Regel eng begrenzte Themen, sind vom verwendeten Material her durchweg gut fundiert[63] und in der Argumentation überzeugend.

Dies gilt auch für die rechtsgeschichtliche Abhandlung von R. Foustka,[64] dessen Interpretation der wichtigsten gesetzgeberischen Maßnahmen von der faschistischen Machtergreifung bis zum Jahre 1935 sich auf die rechtsnormativen Akte konzentriert, die die staatsrechtliche Stellung und die Kompetenzen des Reichstages, des Präsidenten und des Kanzlers zugunsten der Durchsetzung des „Führerprinzips" einschneidend veränderten.

Weniger detaillierte Textexegesen gibt K. Litsch in seiner Übersicht über die auf dem „Rassenprinzip" gründenden Rechtsvorschriften, die zwischen 1933 und 1935 an den deutschen Hochschulen erlassen wurden.[65]

An anderer Stelle hat Litsch den – soweit ich sehe – bisher in der tschechoslowakischen Forschung nicht wiederholten Versuch unternommen, die nationalsozialistische Wirtschaftspolitik eingehender zu analysieren; er beschränkt sich dabei auf den agrarpolitischen Sektor.[66] Ausgangspunkt seiner Überlegungen ist das Agrarprogramm der NSDAP vom 6. März 1930. Anhand der Bestimmungen dieses Programms und der konkreten Resultate nationalsozialistischer Landwirtschaftspolitik zeigt Litsch trefflich die ideologische Hofierung des Bauern einerseits und die äußerst schmale Erfolgsbilanz des Nationalsozialismus im agrarischen Bereich andererseits. Die dürftigen Ergebnisse des Erbhofgesetzes, das Scheitern der Siedlungs-

60 J. Cesar u. B. Černý, Nacismus a Třetí říše, Prag 1963.
61 V. Moulis, Evropa ve stínu Hitlera, Prag 1963.
62 A. Šnejdárek, Dějiny druhé světové války, Prag 1960.
63 Im Hinblick auf die Breite der Quellenbasis nicht nur der Arbeiten zur Geschichte des Nationalsozialismus sollte berücksichtigt werden, daß sich den tschechischen und slowakischen Historikern erst seit 1963/64 die Möglichkeit bot, Archivstudien in der BRD zu betreiben.
64 R. Foustka, Odraz konečného přechodu od buržoasně demokratické formy vlády k fašistické v zákonodárství Německa v letech 1933 až 1935, in: PHS 6. 1960, S. 223–41.
65 K. Litsch, Nacistické rasové právní předpisy na německých vysokých školách v letech 1933–1935, in: Acta UC 1961 – Historia UC 2, S. 141–47.
66 K. Litsch, K fašistickým pokusům upevnit kapitalismus v německém zemědělství, in: PHS 1. 1955, S. 251–75.

und Raumplanungspolitik sowie die weiter zunehmende Verschuldung der Kleinbauern und eines Teils der Mittelbauerschaft sind für Litsch die Kehrseite einer die großagrarischen Interessen, zumal die ostelbischen, letztlich nicht antastenden Politik, welche ideologischen Konflikte zwischen Junkern und NS-Regime auch immer ausgetragen werden mochten.

In die Phase der Geschichte des Dritten Reiches, in der Hitler die Ausgangsstellung für spätere Expansionen bezog, führen R. Kvačeks ausgezeichneter Beitrag über die Besetzung der entmilitarisierten Zone des Rheinlandes[67] und eine Miszelle desselben Autors über die Auseinandersetzung zwischen Hitler und der „Generalsopposition" vor München ein.[68] Kvaček, als Zeithistoriker von Rang durch eine bislang unübertroffene Darstellung der Vorgeschichte des Münchener Abkommens ausgewiesen,[69] sieht in der Rheinland-Besetzung sowohl ein gezieltes Ausnutzen britisch-französischer Gegensätze in der langfristigen Politik gegenüber dem Dritten Reich als auch der innenpolitischen Konstellationen in Frankreich, wo trotz des Abschlusses des französisch-sowjetischen Paktes im Februar 1936 Tendenzen zu einer kompromißbereiten Haltung gegenüber Hitler sichtbar wurden. Kvaček legt überzeugend dar, daß die Rheinland-Besetzung insofern nicht zum auslösenden Moment verstärkter internationaler Anstrengungen werden konnte, Hitler in Schach zu halten, als sie bereits ein fortgeschrittenes Stadium im kontinuierlichen Zerfallsprozeß potentieller Anti-Hitler-Koalitionen bezeichnete. Von daher war ihre Bedeutung als Probemanöver für künftige und weit expansivere Aktionen Hitlers umso größer.

Wie der Aufsatz Kvačeks so lassen auch die Untersuchungen von Z. Konečný und F. Mainuš, die sich mit der Lage der Kriegsgefangenen und Fremdarbeiter im Dritten Reich sowie der nationalsozialistischen Nationalitätenpolitik gegenüber diesen Gruppen beschäftigen,[70] die Tendenzwende der tschechoslowakischen Geschichtswissenschaft um 1963/64 vor allem in der beträchtlichen Erweiterung der Materialbasis deutlich werden.[71] Zugleich ist nicht zu übersehen, daß sich in Studien wie den eben ge-

---

67 R. Kvaček, Německá likvidace demilitarizovaného Porýnského pásma 7. března 1936, in: ČSČH 11. 1963, S. 306–30.
68 R. Kvaček, Generálská opozice proti Hitlerovi a její poměr k Československu v době příprav Mnichova, in: Zápisky 4. 1956, S. 61–66.
69 R. Kvaček, Nad Evropou zataženo, Prag 1966.
70 Z. Konečný u. F. Mainuš, O nové hodnocení válečných zajatců a cizích civilních dělníků v týlu fašistického Německa 1939–1945, in: SPFFBU 12. 1963, C – 10, S. 85–106; dies., Die Nationalitätenpolitik der Nazis gegenüber den Kriegsgefangenen u. Fremdarbeitern, in: SPFFBU 13. 1964, C – 11, S. 157–93.
71 Der Rückzug auf positivistische Positionen, der mit dieser Entwicklung vielfach einherging, gehört zu den typischen Reaktionen der Gesellschaftswissenschaften auf den Stalinismus. Eine glänzende marxistische Kritik an der wissenschaftslogischen Trennung von normativen Werturteilen und deskriptiven Tatsachenfeststellungen bei Kosík, Dialektik des Konkreten, S. 34 ff.

nannten der Zusammenhang zwischen dem durch die traditionellen Faschismus-Definitionen gesetzten theoretischen Rahmen und der empirischen Analyse zu lockern beginnt: weder bei Kvaček noch bei Konečný und Mainuš sind die Festsetzungen des XIII. Plenums des EKKI (1933) und Dimitrovs bekannte Formel[72] richtungsweisend für den Interpretationsansatz.

Zwei Jahre zuvor hatte A. Šnejdárek in seiner Abhandlung über die Widerstandsgruppen um Carl Goerdeler[73] den Geltungsanspruch dieser klassischen Bestimmungen noch einmal erneuert. Erwartungsgemäß weit schärfer als dies in westdeutschen Arbeiten über den Widerstand im Dritten Reich bisher formuliert worden ist, sieht Šnejdárek in den konservativen Widerstandskreisen um den Leipziger Oberbürgermeister „die Reservelinie der imperialistischen Politik der deutschen Monopole", den kaum minder aggressiven Ausdruck eben der gesellschaftlichen Verhältnisse, die den Nationalsozialismus hervorbrachten. Sieht man einmal davon ab, daß Šnejdáreks generelle These, die unterschiedlichen Zielvorstellungen der Widerstandsgruppen im Dritten Reich müßten als Reflex der jeweiligen Klasseninteressen dieser Gruppe aufgefaßt werden, zur Klärung des Sachverhalts nichts beiträgt,[74] dann bleibt im Blick auf Goerdeler soviel richtig: daß dieser und die mit ihm in Verbindung stehenden konservativen Widerstandskreise kaum mehr als eine gemäßigte Variante des traditionellen deutschen Reichspatriotismus darstellten.

Der sowjet-marxistische Faschismusbegriff geriet in der tschechoslowakischen Geschichtswissenschaft ins Schußfeld offener Kritik, als sich Zweifel an der Angemessenheit kommunistischer Strategien im Vorfeld der Münchener Ereignisse regten. Angesichts der äußeren und inneren Bedrohung der ČSR seit den frühen 30er Jahren mußte zumal, so schien es nun, die kommunistische These vom „Sozialfaschismus" und die Abgrenzung von der Sozialdemokratie die Möglichkeit begrenzen, dieser Bedrohung eine breite demokratische Front entgegenzustellen.[75] Die Revision der historiographischen Beurteilung der Tschechoslowakischen Sozialdemokratie, die von diesem Aspekt ihren Ausgang nahm, warf nun auch ein neues Licht auf

---

72 Eine Zusammenstellung der einschlägigen Theoreme bei I. Fetscher, Faschismus u. Nationalsozialismus. Zur Kritik des sowjet-marxistischen Faschismusbegriffes, in: PVS 3. 1962, S. 42–63.

73 A. Šnejdárek, Tak zvaná německá buržoazní opozice proti hitlerovskému fašismu až do puče 20. července 1944 a její politický vůdce Carl Goerdeler, in: ČSČH 9. 1961, S. 807–31.

74 Vgl. dazu den Sammelband: Der deutsche Widerstand gegen Hitler. Vier historisch-kritische Studien von H. Graml, H. Mommsen, H. Reinhardt und E. Wolf, Hg. W. Schmitthenner u. H. Buchheim, Köln 1966.

75 Vgl. L. Niklíček, Vztah KSČ k Československé sociálně demokratické straně dělnické v letech 1932–1933, in: K dějinám Československé sociální demokracie. Přehled 68/3, Prag 1968, S. 83–151.

die deutsche Sozialdemokratie um 1933, insbesondere auf die Einheits-
front-Konzeption ihres linken Flügels.[76]
Es gibt zumindest einen Hinweis darauf, daß die Auflösung der orthodoxen
Faschismus-Theorie zugleich neue forschungsstrategische Überlegungen
zur Geschichte des Nationalsozialismus hervorrief. B. Loewensteins Thesen „Zur Problematik des deutschen Antidemokratismus",[77] vielleicht der
originellste Beitrag, den die tschechoslowakische Forschung zur deutschen
Geschichte bisher beisteuerte, sind freilich für die weitere Entwicklung der
historischen Forschung folgenlos geblieben.[78]
Loewensteins Studie, die den Untertitel „Sozialpsychologische und ideologische Voraussetzungen für den Sieg des Nationalsozialismus in Deutschland" trägt, nimmt die Diskussion über die geschichtlichen Entstehungsbedingungen des Nationalsozialismus wieder auf, grenzt sich jedoch von den
einschlägigen Erklärungsmustern, einschließlich des orthodox-marxistischen, entschieden ab. Loewenstein interessiert die Genese des deutschen
Faschismus als Frage nach den Bedingungen, unter denen in entwickelten
kapitalistischen Industriegesellschaften irrational-regressive Bedeutungs-
gehalte dominierenden und zerstörerischen Einfluß erlangen können.
Loewenstein hat kein speziell an den deutschen Verhältnissen orientiertes
kapitalistisches Ablaufmodell vor Augen; seine Bemerkungen über die gesellschaftlichen Voraussetzungen von „Rationalitätskrisen" gründen auf
allgemeinen Kategorien des kapitalistischen Systems.
Loewenstein unterscheidet im gesellschaftlichen Reproduktionsprozeß
zwischen „funktioneller" und „substantieller" Rationalität, eine Differenz,
die – wie seine Argumentation zeigt – dem Dualismus von Arbeit und Interaktion bei Habermas entspricht: erstere konstituiert die Sub-Systeme
zweckrationalen oder instrumentalen Handelns (Organisation des wirtschaftlichen Verkehrs, Verwaltung usw.), letztere den institutionellen
Rahmen der Gesellschaft und die soziokulturelle Lebenswelt.
Loewenstein beobachtet an der Entwicklung der deutschen Gesellschaft im
19. und 20. Jahrhundert eine fortschreitende Auszehrung bürgerlich-kultu-
reller und -politischer Motivationsmuster, in denen die Elemente frühbür-
gerlicher Rationalität (Naturrecht, demokratische politische Teilhaberech-
te) entkräftet und durch vorkapitalistische Weltbilder ersetzt werden.
Diese Erosion ist für Loewenstein – wenn ich verstreute Bemerkungen
hierzu richtig interpretiere – Folge der immer weiteren Ausdehnung der Systeme zweckrationalen Handelns, der Zunahme staatlich-bürokratischer
und szientistisch-technischer Verfügungsgewalt: die Modelle funktionaler
Rationalität dringen in die soziokulturelle Sphäre ein und höhlen den Vor-

76 E. Vlčková, Koncepce jednotné fronty levých socialistů Německa a Rakouska po nástupu
    nacismu (1933–34), in: ČSČH 17. 1969, S. 19–42.
77 Historica 11. 1965, S. 121–76.
78 Der angekündigte zweite Teil der Studie Loewensteins ist, soweit ich sehe, nicht erschie-
    nen. Seit 1969 hat Loewenstein keine Möglichkeit mehr, als Historiker tätig zu sein.

rat an reflexionsfähigen Normen aus. Dieser Prozeß kognitiver „Entleerung" und schwindender „Realitätstüchtigkeit" fördert die Bereitschaft zur Mythenbildung und das Entstehen irrationaler Verhaltenssyndrome, auf die sich die „Sekundärkulte" des Faschismus gründen. Dies ist – um die Gedankenfülle dieser Studie auf eine knappe Formel zu bringen – der Kern der Überlegungen Loewensteins. Zweifellos bewegen sie sich auf einer Abstraktionsebene, die für die Bestimmung des Phänomens „deutscher Faschismus" in vieler Hinsicht enger gefaßt werden müßte. Wie manche andere Untersuchung, die in der Aufbruchsphase der tschechoslowakischen Geschichtswissenschaft entstand, bezeichnet freilich auch Loewensteins Beitrag weniger ein Resultat als vielmehr einen Problemanstoß.

Abkürzungsverzeichnis

Acta UC	Acta Universitatis Carolinae
Acta UCIUM	Acta Universitatis Carolinae Iuridica Monographia
Acta UCPH	Acta Universitatis Carolinae Philosophica et Historica
Acta UCPHM	Acta Universitatis Carolinae Philosophica et Historica Monographia
CSP	Canadian Slavonic Papers
ČČH	Český časopis historický
ČNM	Časopis Národního musea
ČsČH	Československý časopis historický
Dějepis	Dějepis ve škole
DaS	Dějiny a současnost
FČ	Filosofický časopis
NM	Nová mysl
PE	Politická ekonomie
PVS	Politische Vierteljahresschrift
PHS	Právněhistorické studie
Přehled	Přehled vědecké a pedagogické práce kateder marxismu-leninismu
PKSČ	Příspěvky k dějinám KSČ
Rozpravy ČSAV	Rozpravy Československé akademie věd
SH	Sborník historický
Sborník PI	Sborník Pedagogického institutu v Praze
SHSD	Sborník pro hospodářské a sociální dějiny
SPFFBU	Sborník prací filosofické fakulty brněnské university
SVŠP	Sborník Vysoké školy pedagogické
SlSb	Slezský sborník
VaŽ	Věda a život
VPZM	Vědecké práce Zemědělského muzea
VjZG	Vierteljahrshefte für Zeitgeschichte
Zápisky	Zápisky katedry československých dějin
ZfGw	Zeitschrift für Geschichtswissenschaft

Wege zur Sozialgeschichte der Arbeiterschaft und Arbeiterbewegung

Regional- und lokalgeschichtliche Forschungen (1945–1975) zur deutschen Arbeiterbewegung bis 1914

von Klaus Tenfelde

I. Die regional- und lokalgeschichtliche Forschung zur deutschen Arbeiterbewegung ist seit einigen Jahren unter gewandelten Sichtweisen und Fragestellungen in eine neue Phase getreten. Sie blickt, anders als weite Bereiche der allgemeinen Sozialgeschichtsschreibung in Deutschland, auf eine vergleichsweise reiche, im Bereich der gewerkschaftlichen Verbandsgeschichte ähnlich motivierte Tradition zurück: auf das Bemühen jener älteren Arbeiterführer und Redakteure der Arbeiterbewegungspresse, ihr Engagement für die Sache in Aufzeichnungen niederzulegen und die junge Bewegung durch das Nachzeichnen ihrer Geschichte zu stärken. Lokalkolorit, Informationsfülle und Verfasserprofil dieser älteren, oft gewichtigen Darstellungen sind für die moderne Arbeiterbewegungsforschung auch deshalb unentbehrlich, weil in ihnen auf einen organisationsinternen Quellenfundus zurückgegriffen wird, der heute gewöhnlich nicht mehr zugänglich ist. Erinnert sei vor allem an die großen Werke von *Eduard Bernstein* über die Berliner, von *Heinrich Laufenberg* über die Hamburger und von *Theodor Müller* über die Breslauer Arbeiterbewegung – Bücher, deren Quellenreichtum, Argumentationsbreite und Darstellungsform ihre Autoren vielfach wirkungsvoll gegenüber mancher – bei allen Verdiensten um die Klärung von Einzelfragen – Verengung der Blickfelder seit Beginn fachwissenschaftlicher Bemühungen um den Gegenstand auszeichnet.[1]
Der Strom dieser älteren Darstellungen ist seit dem Zweiten Weltkrieg versiegt. Ihre Wirkungsabsicht klingt heute allenfalls rudimentär in der breitgestreuten Jubiläums- und Festschriftenliteratur nach, die von traditions-

---

1 Wegen der genannten Gründe und der gelegentlich erschwerten Greifbarkeit dieser Werke entspricht deren Nachdruck dem Forschungsbedürfnis: E. Bernstein, Die Geschichte der Berliner Arbeiter-Bewegung, 3 Bde., Berlin 1907–10, Nachdruck (= ND) Glashütten i. T. 1972; H. Laufenberg, Geschichte der Arbeiterbewegung in Hamburg, Altona u. Umgegend, 2 Bde., Hamburg 1911/31, ND Bonn-Bad Godesberg 1977; Th. Müller, Die Geschichte der Breslauer Sozialdemokratie, 2 Teile, Breslau 1925, ND Glashütten i. T. 1972; vgl. ferner unten Anm. 185 sowie G. Gärtner, Die Nürnberger Arbeiterbewegung 1868–1908, Nürnberg o. J. [1908], ND Bonn-Bad Godesberg 1977. Das Nachdruckprogramm einiger hierauf spezialisierter Verlage umfaßt auch Neuausgaben der älteren Arbeiterpresse und ältere allgemeine Titel (vgl. unten Anm. 96, 107). Die Auslieferung des Nachdruckprogramms des Verlags D. Auvermann ist jüngst weitgehend vom Verlag J. H. W. Dietz Nachf., Berlin/Bonn-Bad Godesberg, übernommen worden und

bewußten sozialdemokratischen Ortsvereinen oder gewerkschaftlichen
Ortsverbänden gepflegt wird und deren Informationswert meistens gering
ist.[2] Es kennzeichnet gleichwohl die Breite und die Gestaltungsmöglichkei-
ten dieses Genres, wenn sich seiner auch Sachkenner der Arbeiterbewe-
gungs- und jeweiligen Lokalgeschichte annehmen.[3] Hierin können, wie
Georg Eckerts leider unvollendete Darstellung der Braunschweiger Sozialdemokratie oder auch eine jüngst erschienene Geschichte der Osnabrücker
SPD zeigen,[4] die Grenzen zur „strengen" Wissenschaft überschritten werden.

Die wissenschaftliche Erforschung der regionalen Arbeiterbewegung und
ihrer Gesamtgeschichte ist auch nach dem Zweiten Weltkrieg zunächst nur
schleppend vorangeschritten.[5] Nicht zuletzt unter dem Eindruck eines Aufschwungs in der allgemeinen und regionalen Parteiengeschichtsschreibung[6]

wird künftig in der von D. Dowe hrsg. Reihe „Reprints zur Sozialgeschichte" ergänzt (vgl.
Gesamtkatalog „Reprints zur Sozialgeschichte" 1977/78); zuletzt erschien: Hermann
Müller, Die Organisationen der Lithographen, Steindrucker und verwandter Berufe, Erster einziger Bd. Berlin 1917, ND Berlin/Bonn 1978. – Der Verf. dankt den Verlagen, die
durch Buchexemplare zum Zustandekommen dieses Forschungsberichts beigetragen haben.

2 Das Urteil stützt sich auf eine Durchsicht der einschlägigen Titelaufnahmen in der Bibliothek der Friedrich-Ebert-Stiftung, Bonn-Bad Godesberg. Eine Untersuchung der Festschriftenliteratur der Arbeiterbewegung (unter Einschluß ihrer nichtsozialistischen Vereine und Verbände) könnte wichtige Bereiche des Selbstverständnisses gerade auf der unteren Organisationsebene offenlegen.

3 Vgl. u. a. C. Paulmann, Die Sozialdemokratie in Bremen 1864–1964, Bremen 1964; [H.
Pelger], Aufbruch 1864/1890. Geschichte der Sozialdemokratischen Partei Duisburgs,
Bd. I (mehr nicht erschienen), Duisburg o. J. [1964]; F. Osterroth, 100 Jahre Sozialdemokratie in Schleswig-Holstein, o. O. o. J. [Kiel 1964]; F. Neuland, Proletarier u. Bürger. Arbeiterbewegung u. radikale Demokratie 1848 in Frankfurt am Main, Frankfurt 1973; J.
Schadt, Die Anfänge sozialdemokratischer Kommunalpolitik in Pforzheim vor dem ersten
Weltkrieg, o. O. o. J. [Pforzheim 1975]; von gewerkschaftlicher Seite neben Neuland auch:
1901–1976. 75 Jahre Arbeiterbewegung, mit einem Beitrag von W. Glässner. Dokumentation der IG Metall, Verwaltungsstelle Waiblingen, Waiblingen 1976. Als jüngstes Bsp.
vgl. H. W. Loew u. K. Schönhoven (Hg.), Würzburgs Sozialdemokraten. Vom Arbeiterverein zur Sozialdemokratischen Volkspartei 1868–1978, Würzburg 1978.

4 G. Eckert, 100 Jahre Braunschweiger Sozialdemokratie. I. Teil: Von den Anfängen bis
zum Jahre 1890, Hannover 1965; W. v. Kampen u. T. Westphalen (Hg.), 100 Jahre SPD in
Osnabrück 1875–1975. Ausgewählte Kapitel zur Geschichte der Arbeiterbewegung in
Osnabrück, Osnabrück 1975.

5 Zu den bedeutenderen, noch heute unentbehrlichen Untersuchungen der 50er Jahre gehören u. a.: U. Böttcher, Anfänge u. Entwicklung der Arbeiterbewegung in Bremen von
der Revolution 1848 bis zur Aufhebung des Sozialistengesetzes 1890, Bremen 1953; J.
Schult, Die Hamburger Arbeiterbewegung als Kulturfaktor, Hamburg 1954; H. Schlemmer, Die Rolle der Sozialdemokratie in den Landtagen Badens u. Württembergs u. ihr
Einfluß auf die Entwicklung der Gesamtpartei zwischen 1890 und 1914, phil. Diss. Freiburg i. B. 1953, Ms.; E. Schneider, Die Anfänge der sozialistischen Arbeiterbewegung in
der Rheinpfalz 1864–1899, phil. Diss. Mainz 1956, Ms.

6 Im folgenden bleiben Studien der regionalen Parteienforschung, insbesondere jene der
Braubach-Schule mit ihren detaillierten Informationen auch zur Entwicklung der Arbeiterbewegung, ausgeschlossen; vgl. K. Müller, Das Rheinland als Gegenstand der histori-

dürften entscheidende Impulse von der Untersuchung *Gerhard A. Ritters* über Sozialdemokratie und Freie Gewerkschaften in den 1890er Jahren ausgegangen sein[7] – einer Studie, in der die Regionalität von Partei- und Gewerkschaftsentwicklung im sozialhistorischen Ursachenfeld erkannt und unter Nutzung der bis dahin vorliegenden regionalgeschichtlichen Informationen für die Gesamtinterpretation fruchtbar gemacht wurde. Unter den Motiven, aus denen sich fortan die regionale Arbeiterbewegungsforschung in der Bundesrepublik entfaltete,[8] dürfte ein mit der zunehmenden aktuellen Bedeutung der SPD gewachsenes Interesse an ihrer Geschichte eine vorrangige, freilich nicht immer eindeutige, erst in den Vorworten zu jüngeren Arbeiten vermehrt artikulierte Rolle spielen. Solches Interesse kann bis zu der naiven Absicht gedeihen, die Lehren der Geschichte kurzschlüssig für die politische Praxis der Jungsozialisten zu er-

schen Wahlsoziologie, zuletzt in: O. Büsch u. a. (Hg.), Wählerbewegung in der deutschen Geschichte. Analysen und Berichte zu den Reichstagswahlen 1871–1933, Berlin 1978, S. 393–408.

7   G. A. Ritter, Die Arbeiterbewegung im Wilhelminischen Reich. Die Sozialdemokratische Partei u. die Freien Gewerkschaften 1890–1900, Berlin 1963², vgl. S. 9, 67–78, 128–34.

8   Die regionalgeschichtliche Literatur zur Arbeiterbewegung wird für den Zeitraum bis 1863 am besten durch die Bibliographie von D. Dowe erfaßt: Bibliographie zur Geschichte der deutschen Arbeiterbewegung, sozialistischen u. kommunistischen Bewegung von den Anfängen bis 1863 unter Berücksichtigung der politischen, wirtschaftlichen u. sozialen Rahmenbedingungen (Berichtszeitraum 1945–1971/1975), Bonn-Bad Godesberg 1976; s. auch D. Emig u. R. Zimmermann, Arbeiterbewegung in Deutschland. Ein Dissertationsverzeichnis, in: Internationale wissenschaftliche Korrespondenz zur Geschichte der deutschen Arbeiterbewegung (= IWK) 13. 1977, S. 271–467, 306–09, 314–16, 334 f. Das Schrifttum wird seit 1976 durch die laufende Bibliographie zur Geschichte der deutschen Arbeiterbewegung, Hg. Bibliothek des Archivs der sozialen Demokratie (Friedrich-Ebert-Stiftung), Jg. 1 ff. (1976 ff.), erfaßt. Eine Aufarbeitung der „bibliographischen Lücke" zwischen der frühen Bibliographierung der Arbeiterbewegung (Stammhammer) und den neueren Bibliographien wäre dringend erwünscht; für die selbständig erschienene, vor allem gewerkschaftsgeschichtliche Literatur ist hilfreich: Literaturverzeichnis zur Gewerkschaftsgeschichte, zusammengestellt von J. Eikelmann, Düsseldorf 1977; verwiesen sei auch auf die Rezensionsteile bes. in der IWK und im Archiv für Sozialgeschichte (= AFS). Eine Bibliographie des 1945–1975 erschienenen Schrifttums über den Zeitraum 1863–1914 mit ausführlichem regionalgeschichtlichen Teil befindet sich in Vorbereitung (von G. A. Ritter u. K. Tenfelde). Zur allgemeinen Wirtschafts- und Sozialgeschichte vgl. H.-U. Wehler, Bibliographie zur modernen deutschen Sozialgeschichte (18.–20. Jahrhundert), Göttingen 1976; ders., Bibliographie zur modernen deutschen Wirtschaftsgeschichte (18.–20. Jahrhundert), Göttingen 1976. Zur Bibliographierung in der DDR s. u. Anm. 18. An regionalgeschichtlichen Sammelrezensionen zur Arbeiterbewegung liegen vor: G. Kotowski, Zur Geschichte der Arbeiterbewegung in Mittel- u. Ostdeutschland. Ein Literaturbericht, in: Jahrbuch für die Geschichte Mittel- u. Ostdeutschlands 8. 1959, S. 409–70; U. Ratz, Zur Sozialgeschichte der deutschen Arbeiterbewegung. Lokal- u. Regionalstudien, in: Neue Politische Literatur 15. 1970, S. 343–53; sowie bes.: P. Steinbach. Neuere Arbeiten zur industrialisierungshistorischen Regionalgeschichte, in: Hessisches Jahrbuch für Landesgeschichte 24. 1974, S. 270–99; ders., Regionale Parteigeschichte, historische Wahlforschung u. moderne Landesgeschichte. Bemerkungen zu einigen Neuerscheinungen, in: ebd. 26. 1976, S. 200–66.

schließen.[9] Ohne Zweifel wird jedoch die Suche nach einem geeigneten Dissertationsthema vielfach von der pragmatischen Überlegung geleitet, auf übersichtliche, vorwiegend dem administrativen Bereich zuzuordnende Quellengruppen möglichst sogar im bekannten Milieu der eigenen Heimat zurückgreifen und dieses Material entlang den durch die allgemeine Literatur aufgeworfenen Problemen interpretieren zu können; Regionalgeschichte ist, so gesehen, ein Untersuchungsbereich par excellence. Die staatlichen und städtischen Archive überliefern eine Fülle behördlichen Schrifttums, aus dem sich bei sorgfältiger Quellenkritik die Entwicklung der Sozialdemokratie – weniger der Gewerkschaften, deren Erforschung auch aus diesem Grund nachhinkt – bis in den Ersten Weltkrieg im allgemeinen detailliert rekonstruieren läßt.[10] Daß diese Quellengruppen Problemstellung, Gliederung und Interpretation nachhaltig antizipieren, steht dabei auf einem anderen Blatt. Jedenfalls hat sich, wie weiter unten darzulegen ist, die regionale Arbeiterbewegungsforschung nicht immer von den methodischen Anregungen inspirieren lassen, wie sie seit den 1950er Jahren etwa von den Vormärz- und Frühindustrialisierungsforschungen *Werner Conzes, Wolfram Fischers* und anderer[11] ausgegangen sind; vielmehr stand die Tendenz im Vordergrund, Arbeiterbewegungsgeschichte entlang den eher orthodoxen methodischen Vorgaben der Parteienforschung auf die Geschichte der Organisationen, Programme und Ideologien unter einer auf Ereignisabläufe konzentrierten Blickrichtung zu reduzieren.[12] So ist zwar das Wort vom gesellschaftsgeschichtlichen „Paradigmenwechsel"[13] in

9 Vgl. M. Christ-Gmelin, Die württembergische Sozialdemokratie 1890–1914. Ein Beitrag zur Geschichte des Reformismus u. Revisionismus in der deutschen Sozialdemokratie, Diss. Stuttgart 1976, S. 10–22. Es heißt dort, nur der Aufbau einer Gegenkultur durch die Sozialdemokratie, der während des Kaiserreichs nicht erreicht worden sei, erlaube durch kulturelle Sonderung systemüberwindende Reformen, wie sie von den Jungsozialisten gefordert würden.
10 Verwiesen sei auf die regelmäßige Berichterstattung über regionale Archivalien in der IWK. In der DDR sind zahlreiche „Spezialinventare" einzelner Archive zur Geschichte der Arbeiterbewegung erschienen; vgl. etwa für Leipzig die Hinweise in: Sächsische Heimatblätter (= SH) 20. 1974, S. 116f.
11 S. statt vieler Zitate: W. Conze (Hg.), Staat u. Gesellschaft im deutschen Vormärz 1815–1848, Stuttgart 1970²; W. Fischer u. G. Bajor (Hg.), Die Soziale Frage. Neuere Studien zur Lage der Fabrikarbeiter in den Frühphasen der Industrialisierung, Stuttgart 1967; W. Fischer, Wirtschaft u. Gesellschaft im Zeitalter der Industrialisierung. Aufsätze, Studien, Vorträge, Göttingen 1972; ders. (Hg.), Wirtschafts- u. sozialgeschichtliche Probleme der frühen Industrialisierung, Berlin 1968.
12 Vgl. bes.: E. J. Hobsbawm, Labor History and Ideology, in: Journal of Social History 7. 1973/74, S. 371–81.
13 Vgl. T. S. Kuhn, Die Struktur wissenschaftlicher Revolutionen, Frankfurt 1973, S. 119–27; ders., Die Entstehung des Neuen. Studien zur Struktur der Wissenschaftsgeschichte, Frankfurt 1977, S. 389–420; H.-U. Wehler, Kritik u. kritische Antikritik, in: Historische Zeitschrift (= HZ) 225. 1977, S. 347–84, 363–65; ders., Vorüberlegungen zu einer modernen deutschen Gesellschaftsgeschichte, in: D. Stegmann u. a. (Hg.), Industrielle Gesellschaft u. politisches System. Beiträge zur politischen Sozialgeschichte. Fs. f. F. Fischer, Bonn 1978, S. 3–20.

der jüngsten sozialgeschichtlichen Forschung, wie unten näher ausgeführt wird, im Rückblick auf die erwähnte Frühindustrialisierungsforschung zu relativieren; dennoch scheint sich bei gleichzeitigen entsprechenden Akzentuierungen in den Nachbardisziplinen der Sozialgeschichte heute die Erkenntnis durchgesetzt zu haben, daß Arbeiterbewegungsgeschichte untrennbarer Bestandteil der Wirtschafts- und Sozialgeschichte seit Beginn der Industrialisierung ist, mithin, und hierin liegen die wesentlichsten Konsequenzen für die regionalgeschichtliche Forschung, eine sorgfältige Aufarbeitung der Geschichte von Struktur, Lage und Verhalten der Arbeiterschaft erfordert.

Von einer institutionellen Förderung der regionalen Arbeiterbewegungshistoriographie kann in der Bundesrepublik bisher allenfalls mittelbar, etwa im Hinblick auf die Veröffentlichungspraxis der Friedrich-Ebert-Stiftung,[14] die Rede sein. Anders dagegen in der DDR. Schon im „Zwickauer Plan" von 1952 wurde die Belebung der revolutionären und demokratischen Traditionen durch gezielte regionalgeschichtliche Forschung gefordert; in dieselbe Richtung zielten gleichzeitige Maßnahmen zur Reorganisation der Denkmalspflege, der Museen und Archive.[15] Mit der Einrichtung von Parteikommissionen der SED zur Erforschung der örtlichen Arbeiterbewegung, die sich entlang der 1952 geschaffenen Ebene der Bezirksverwaltungen über eigene Kreiskommissionen bis hin zu örtlichen Kommissionen der Partei gliederten, erhielt die regionale Arbeiterbewegungsforschung seit 1954 ein festes institutionelles Gerüst. Programm und Zusammensetzung dieser Kommissionen signalisierten die beabsichtigte Wirkung: Parteifunktionäre und Arbeiterveteranen arbeiteten seither zusammen mit Berufshistorikern, Lehrern und heimatforschenden Amateuren[16] an der Verwirklichung der Parteitagsbeschlüsse und eigens entworfener Perspektivpläne. Anfangs galt die Tätigkeit der Veröffentlichung von Erlebnisberichten, Chroniken, Quellen und Studien vor allem zu den frühen Phasen regionaler Arbeiterbewegung; ein zentraler Perspektivplan von 1967, den die Bezirks- und Kreiskommissionen ihrerseits in eigene Pläne umzusetzen hatten, sollte dann die „Konzentration der Kräfte" für die neuen Forschungsschwerpunkte 1917–1945 und seit 1945 / Geschichte der

14 In der „Schriftenreihe des Forschungsinstituts der Friedrich-Ebert-Stiftung. B. Historisch-politische Schriften" sind die unten Anm. 47, 97, 107, 114, 118, 123, 135 (Bergmann), 142, 155 f., 187; 212 zitierten Untersuchungen erschienen.
15 Ausführlich: K. Czok, Zu den Entwicklungsetappen der marxistischen Regionalgeschichtsforschung in der DDR, in: Jahrbuch für Regionalgeschichte (= JR) 1. 1965, S. 9–24, 11 f.; s. auch SH 17. 1971, S. 143; über Arbeiterbewegungs-Museen z. B. Beiträge zur Geschichte der Arbeiterbewegung (= BZG) 1. 1959, S. 836–39 (Leipzig) und 5. 1963, S. 697–703.
16 Vgl. BZG 4. 1962, S. 750, sowie die „Richtlinien zur Tätigkeit der Kommissionen zur Erforschung der Geschichte der örtlichen Arbeiterbewegung", beschlossen vom Sekretariat des ZK der SED am 22. 8. 1962, gedruckt in: BZG 7. 1965, Sonderheft Geschichte der örtlichen Arbeiterbewegung, S. 124–27.

DDR ermöglichen.[17] Entsprechend verschob sich der Schwerpunkt der Publikationen, die inzwischen einen kaum noch bibliographierbaren Umfang erreicht haben, in der leitenden Zeitschrift, den „Beiträgen zur Geschichte der (deutschen) Arbeiterbewegung", den regionalgeschichtlichen Zeitschriften und Verlagsveröffentlichungen.[18] Mit Kritik an der Qualität der Publikationen ist gelegentlich nicht gespart worden. Man sah auf die „richtige" Anwendung des historischen Materialismus durch gründliche Prüfung der Arbeiten „im Kollektiv"; wo Methode und Parteilichkeit nicht den Erwartungen entsprachen, konnten sogar bereits erschienene Publikationen zurückgezogen werden.[19] Wegen solcher Mängel wurde die ideologische Führungstätigkeit der Parteiinstitute für die Kommissionen durch theoretisch-methodologische Veröffentlichungen,[20] zahlreiche Konferenzen[21]

17 H. Meusel, Probleme der Ausarbeitung u. der Verwirklichung des zweiten zentralen Perspektivplans zur Erforschung u. Darstellung der regionalen Geschichte der Arbeiterbewegung durch die Geschichtskommissionen der SED, in: BZG 13. 1971, S. 846–50. Dieser 2. Perspektivplan sah seit 1971 „bilanzierte Planungsaufgaben" unter Konzentration auf wenige Projekte über den Zeitraum 1945–1952 vor. Die regionalgeschichtlichen Veröffentlichungen unter der Rubrik „Zur Geschichte der örtlichen Arbeiterbewegung" sind in den BZG seit Beginn der 70er Jahre merklich zurückgegangen und gelten heute ganz überwiegend der Geschichte der SED; H.-J. Krusch hat 1974 versucht, das offenbar erlahmende Interesse zu beleben: Für einen weiteren Aufschwung der Arbeit der Geschichtskommissionen der SED, in: BZG 16. 1974, S. 125–33.

18 In den Jahren 1957–1960 erschienen in der DDR 239 selbständige Veröffentlichungen zur örtlichen Arbeiterbewegung; bis 1962 waren insgesamt ca. 450, bis 1963 nahezu 485 erschienen; 1969 wurde die Gesamtzahl der selbständigen Veröffentlichungen hierzu in der DDR seit 1945 mit über 800 angegeben und die Anzahl der allmonatlichen Zeitschriften- und Presseartikel auf 100 geschätzt. Nach BZG 2. 1960, S. 589; 4. 1962, S. 139; 5. 1963, S. 315; 7. 1965, Sonderheft örtliche Arbeiterbewegung, S. 4; 11. 1969, S. 863. Wohl angesichts solchen Umfangs wurde die anfänglich regelmäßige Bibliographie in den BZG 1962–1966 durch Literaturberichte abgelöst (bes. von H. Maur; z. B. BZG, Sonderheft örtliche Arbeiterbewegung, S. 199–217). H. Maur steuerte auch Bibliographien zur Methodik regionalgeschichtlicher Untersuchungen bei: vgl. Eichsfelder Heimathefte, Worbis, 10. 1970, S. 323–32; sowie Letopis 19. 1972, S. 105–13. In einer Rezension BZG 10. 1968, S. 743, stellte Maur fest, daß für die regionale Arbeiterbewegung „eine lückenlose Bibliographierung noch nicht gewährleistet ist" – hieran dürfte sich bis heute wenig geändert haben. Als Beispiel reicher Behandlung in der regionalgeschichtlichen Zeitschriftenliteratur vgl. etwa Geschichte u. Gegenwart des Bezirkes Cottbus (Niederlausitzer Studien) H. 1 ff. (1967 ff.); s. auch den Überblick von H. Freundlich, BZG 11. 1969, S. 502–06. Derzeit enthält die regelmäßige Bibliographie der BZG kaum noch kleinere regionalgeschichtliche Titel; vgl. jedoch jüngst den Literaturbericht von H. Meusel u. a., Zur Geschichte der örtlichen Arbeiterbewegung, in: BZG 20. 1978, S. 428–41.

19 Vgl. H. Voßke, in: BZG 2. 1960, S. 590. Zu den Mängelrügen gehörten: Unkenntnis der Parteitagsbeschlüsse und Nichtbeachtung der führenden Rolle der Partei; isolierte Forschungstätigkeit nach altem heimatgeschichtlichen Vorbild; unzureichende Planung und Führung; subjektive Betrachtungsweisen, Dilettantismus u. a. m.; vgl. u. a. BZG 4. 1962, S. 144, 745 f.; SH 19. 1973, S. 195. Diese Mängel mögen erklären, weshalb dieses umfangreiche Schrifttum mit Ausnahme vieler Dissertationen, schließt man aus dem Erfolg von Fernleihebestellungen, in westdeutschen Bibliotheken kaum greifbar ist.

20 Bes.: H. Maur u. W. Wimmer, Die theoretisch-wissenschaftliche Grundlage der Arbeit der örtlichen Kommissionen verbessern, in: BZG 4. 1962, S. 139–49; H. Gemkow, Unsere na-

und gezielte Vergabe großer Forschungsaufträge[22] verstärkt. Vordringlich-
ste Aufgabe sollte die „geschichtspropagandistische" Wirkung auf die Bevölkerung entlang der in Parteitagsbeschlüssen formulierten marxistisch-
leninistischen Orthodoxie sein. Das hieß vor allem: Bereicherung des mar-
xistisch-leninistischen Geschichtsbilds, Entwicklung des sozialistischen
Bewußtseins und Auseinandersetzung mit den Positionen der sogenannten
bürgerlich-imperialistischen Historiographie.[23] Regionale Arbeiterbewegungshistoriographie wurde so „ein wichtiges, unentbehrliches Instrument
im ideologischen Kampf der Partei",[24] „auf" den sie zu „orientieren" war.
Die Tätigkeit dieser im doppelten Sinn parteilichen Forschungskommissio-
nen wirkte sich sogar auf die überkommenen Disziplinen der Regionalgeschichte aus. Schon bald wurde die Betriebsgeschichtsschreibung als eigener Forschungszweig vorangetrieben; daneben traten Bemühungen, die ältere Heimat- und Landesgeschichte sowie die Stadtgeschichtsforschung auf
neuen ideologischen Fundamenten zu reorganisieren, so daß die regionale
Arbeiterbewegungsgeschichte auch in diesem Rahmen forcierte Pflege
fand.[25] Ähnlich verschob sich der Schwerpunkt der universitären Forschung, indem zahlreiche Diplomarbeiten und Dissertationen im engen
Kontakt mit den Parteikommissionen angeregt und abgeschlossen wurden.[26]

Mag auch das Übergewicht der so geschaffenen Literatur dem Zeitraum
nach 1917 gelten, so ist ohne Zweifel vor allem mit den verstreuten Quel-

tionale Grundkonzeption und die Aufgaben der Heimathistoriker, in: SH 6. 1960, S.
431–39.
21 Vgl. u. a. BZG 3. 1961, S. 115 f.; 4. 1962, S. 753–55; 11. 1969, S. 861–71.
22 Vgl. BZG 6. 1964, S. 937–39; 7. 1965, Sonderheft örtliche Arbeiterbewegung, S. 6 f.
23 Über die erzieherische Wirkung s. z. B. K. Karstedt, in: BZG 6. 1964, S. 696–98; H. Meusel, in: ebd. 13. 1971, S. 846–50; H. Maur u. W. Quitt, Der Beitrag der Geschichtskommissionen der Partei zur klassenmäßigen Erziehung der Jugend, in: ebd. 10. 1968, S. 121–27.
24 Maur u. Wimmer, S. 139; s. auch die „Richtlinien" von 1962 (Anm. 16).
25 Vgl. H. Mohr u. E. Hühns (Hg.), Einführung in die Heimatgeschichte, Berlin (Ost) 1959,
S. 7–10, 288 f.; K. Czok, Zu Problemen der deutschen Landesgeschichte, in: Wissenschaftliche Zeitschrift (= WZ) der Karl-Marx-Universität Leipzig, Gesellschafts- u. sprachwis-
senschaftliche Reihe (= G-Reihe), 10. 1961, S. 513–26; ders., Entwicklungsetappen;
Gemkow, Geschichtskonzeption; sowie J. Schildhauer, Forschungen zur pommerschen
Geschichte, in: WZ Greifswald G-Reihe 16. 1967, S. 1–13, bes. 5–9; zur Stadtgeschichte s.
Zeitschrift für Geschichtswissenschaft (= ZfG) 24. 1976, S. 1437–39. Mit dem mutmaß-
lich auch hinter der neueren westdeutschen Sozialgeschichte – einem in der DDR verpön-
ten Begriff – versteckten „Sozialdemokratismus" als einer „Variante imperialistischer Politik" setzt sich unter Bezug auf die Regionalgeschichte W. Gutsche auseinander: Die Regionalgeschichte als Teil der Geschichte des deutschen Volkes u. der Weltgeschichte u.
ihre Rolle bei der Entwicklung u. Festigung des sozialistischen Staatsbewußtseins, in: SH
19. 1973, S. 193–98.
26 Vgl. etwa M. Polzin, in: Unsere Zeit 1. 1961, S. 193–201. Anläßlich der öffentlichen Verteidigung einer Diss. über die KPD 1945/46 hieß es (BZG 6. 1964, S. 135), es werde auf
diese Weise versucht, „einen größeren Kreis von an der Geschichte interessierten Menschen in die Geschichtspropaganda einzubeziehen, als es bisher an Hochschulen und Universitäten der Fall ist."

lenpublikationen und durch Dissertationen ein reiches Material örtlicher und regionaler Archive auch für die Frühzeit der Arbeiterbewegung, die Phase ihrer ausnahmerechtlichen Unterdrückung und die Jahrzehnte ihrer Konsolidierung im Wilhelminischen Deutschland aufbereitet worden[27] – Material allerdings, das z. T. aufgrund des Quellenbefunds, mehr aber infolge jener ermüdenden Einförmigkeit der unter der ideologischen Führungsarbeit der Parteikader erzwungenen Fragestellungen über die Regionen hinweg ähnliche Züge aufweist. Schon aus dem Gleichklang der Einleitungen spricht der Tenor einer streng gescheitelten Literatur.[28] Sozialgeschichte dient kaum mehr als zur Hintergrundinformation in plakativen Eingangskapiteln: ein paar Beispiele für Löhne, Preise und Wohnungen, etwas Globales nach dem Vorbild Jürgen Kuczynskis. Neben der sorgfältigen Materialaufbereitung lag der Gewinn dieser Untersuchungen, hierin dem bisher überwiegenden Teil entsprechender westdeutscher Publikationen ganz ähnlich, in der detaillierten regionalen Organisationsgeschichte, der Schilderung einer sich unter dem Druck der Herrschenden entfaltenden Arbeiterbewegung und insbesondere ihrer ideologischen Formierung, ihrer Entwicklung hin zur und weg von der „richtigen" Lehre.

Allerdings ist auch in der DDR wiederholt auf den Wert präziser regionalgeschichtlicher Fragestellungen etwa für die Kenntnis des Prozesses der

27 S. etwa die Anhänge der folgenden Studien: O. Rückert, Zur Geschichte der Arbeiterbewegung im Reichstagswahlkreis Potsdam-Spandau-Osthavelland (1871–1917) unter bes. Berücksichtigung der Tätigkeit Karl Liebknechts, 3 Teile, Potsdam 1965 (T 3); W. Mader, Zur Magdeburger Arbeiterbewegung in den Jahren 1890–1900, phil. Diss. Halle 1968; W. Grossert, Die Entwicklung der Arbeiterklasse, ihrer Lage u. ihres Kampfes in Anhalt bis 1871, phil. Diss. Halle 1970; G. Pardemann, Zur Geschichte der Arbeiterbewegung im Reichstagswahlkreis Niederbarnim (1871–1910) unter bes. Berücksichtigung des Reichstagsabgeordneten Arthur Stadthagen, phil. Diss. (2 Teile) Potsdam 1970. Zur weiteren Bibliographierung vgl. Emig u. Zimmermann (Anm. 8).
28 Vgl. Pardemann, S. 2–4; Rückert, S. 7 f.; Mader, S. 1 f.; E. Mörl, Der Aufschwung der Arbeiterbewegung u. ihre revolutionären Aktionen im Gebiet Wurzen-Grimma-Oschatz in den Jahren 1902–1907, phil. Diss. Leipzig 1965, S. 2–4, 7–10; H. Bursian, Die Magdeburger Arbeiterbewegung 1863–1878. Ihre Organisation u. Tätigkeit, phil. Diss. (2 Teile) Halle 1968, „Vorbemerkungen". Bereits J. Rößler, Zur Lage der Berliner Arbeiter u. ihrer sozialistischen Bewegung vom Gründerkrach bis zu den Reichstagswahlen im Jahre 1881, wirtschaftswiss. Diss. (Ms.) o. O. o. J. [Berlin (Ost) 1956], hat die Ausklammerung wichtiger ökonomischer Bereiche mit pragmatischen Gründen erklärt. Wichtige und kennzeichnende, z. T. vom Gegenstand bestimmten Akzentuierungen finden sich vermehrt in neueren Arbeiten; vgl. Grossert, S. III-VIII („Elementare Arbeiterbewegung"), sowie M. Schmidt, Organisationsformen u. Bewußtseinsentwicklung der Dresdner Sozialdemokratie in den Jahren 1881–1891. Ein regionalgeschichtlicher Beitrag zur Herausbildung der sozialistischen Massenpartei, Diss. Potsdam 1968. Impulse hierzu gingen auch von betriebs- und branchengeschichtlichen Studien aus; vgl. zum Bergbau: W. Döhler, Die ökonomische Lage der Zwickauer Bergarbeiter im vorigen Jahrhundert, Leipzig 1963; W. Robbe, Die Knappschaftsfessel von Mansfeld, Berlin (Ost) 1958; M. Plötz, Zur Geschichte der Lage u. des Kampfes der Bergarbeiter im niederschlesischen Steinkohlenrevier (1868–1902), Diss. Freiberg 1971 (leider ohne Ausschöpfung der vorhandenen Quellen).

Klassenbildung hingewiesen worden. „Alle Seiten der Arbeiterbewegung gilt es zu erfassen", so hieß es 1965 über die regionalgeschichtliche Forschung[29] – darunter verstanden wurde jedoch: „ihre ideologische und theoretische Entwicklung, ihre massenpolitische und kulturelle Arbeit, ihre Bündnispolitik".[30] Entsprechend ließ sich der „Gegenstand der Geschichte der regionalen Arbeiterbewegung" bestimmen als

„die Geschichte des unter den besonderen regionalen Gegebenheiten organisierten und ausgetragenen Kampfes der Arbeiterklasse gegen Ausbeutung und Unterdrückung, für die Errichtung der sozialistischen Gesellschaft. Es ist insbesondere die Geschichte der regionalen Organisationen der revolutionären Partei der Arbeiterklasse, der konkreten Verwirklichung ihres Programms, ihrer Organisationsprinzipien, ihrer Strategie und Taktik, ihrer Arbeit unter den Massen und ihres schöpferischen Beitrages zur Weiterentwicklung der revolutionären Theorie und Praxis in den einzelnen geschichtlichen Etappen in Wechselbeziehung und -wirkung zur Geschichte der nationalen Arbeiterbewegung und zur National- und Regionalgeschichte."[31]

Indessen spricht mancher Überdruß an solcherart bequemen Denkfiguren aus Überlegungen, die z. T. unter dem Einfluß polnischer Historiker seit den 1960er Jahren im Kreis um das „Jahrbuch für Wirtschaftsgeschichte" über die „Struktur der Arbeiterklasse" angestellt worden sind.[32] Nach einer Reihe von betriebs- und branchengeschichtlichen Untersuchungen hat sich in jüngster Zeit vor allem *Hartmut Zwahr,* dessen Forschungen zunächst der sorbischen Volksbewegung galten und der heute als der profilierteste Vertreter einer neuen Sozialgeschichte von Arbeiterschaft und Arbeiterbewegung in der DDR gelten darf, statt orthodoxer Organisations- und Ideologiegeschichte um die Erforschung der „ökonomischen, sozialen und politischen Konstitution der Arbeiterklasse" verdient gemacht und hiermit die Forderung nach Lokal- und Regionalstudien zwecks komparativer Ansätze und Typisierung regional abweichender Strukturbedingungen[33] verbunden; von ihm selbst stammt eine bedeutende Untersuchung über die Sozialgeschichte der Leipziger Unterschichten.[34]

29 H. Maur, Die Geschichte der örtlichen Arbeiterbewegung zielstrebig, kontinuierlich u. umfassend erforschen, in: BZG 7. 1965, Sonderheft örtliche Arbeiterbewegung, S. 3–14, 5; s. auch Czok, Entwicklungsetappen, S. 24.
30 Maur, S. 5.
31 W. Mader, Zum Gegenstand der Geschichte der regionalen Arbeiterbewegung, in: WZ TH Magdeburg 12. 1968, S. 75–77, 77.
32 Vgl. die Problemaufrisse von J. Zarnowski u. S. Kowalska, in: Jahrbuch für Wirtschaftsgeschichte (= JWG) 1964/IV, S. 173 ff., sowie J. Kuczynski, ebd. 1965/IV, S. 284; zu den zentralen Fragestellungen solcher Strukturforschung bes. H. Zwahr, Zur Strukturanalyse der sich konstituierenden deutschen Arbeiterklasse, in: BZG 18. 1976, S. 605–28, 605–12. Leider entziehen sich die Arbeiten der polnischen Historikerin A. Zarnowska aus sprachlichen Gründen meiner Kenntnis; vgl. aber La famille et le statut familial des ouvriers et des domestiques dans le Royaume de Pologne au déclin du XIXe siècle, in: Acta Poloniae Historica 35. 1977, S. 113–44.
33 H. Zwahr, Die Entwicklung proletarischer Gemeinschaftsbeziehungen im Prozeß der sozialen Konstituierung der deutschen Arbeiterklasse, in: Jahrbuch für Geschichte (=JG) 13. 1975, S. 203–41, 241; vgl. ders., Zur Konstituierung des Proletariats als Klasse. Struk-

Will man hierin Anfänge eines der westdeutschen Entwicklung ähnlichen Paradigmenwechsels erkennen, dann ist Arbeiterbewegungsgeschichte heute quer zu den wissenschaftspolitischen Grenzmarken vorrangig als je veränderliches Resultat eines darzustellenden Prozesses: der wirtschaftlichen, sozialen und politischen Umwälzungen im Verlauf der Industrialisierung zu begreifen. Hierin eingebettet, gewinnt Arbeiterbewegungsgeschichte im wesentlichen erst mit der stabilen ideologisch-organisatorischen (gewerkschaftlichen und parteipolitischen) Konstitution eine eigenständige, auf Gesellschaft und Politik rückwirkende Dimension, die die Anwendung politikgeschichtlicher Methoden erfordert.[35] Nicht etwa, daß diese Sichtweise je völlig aus dem Selbstverständnis und methodischen Rüstzeug der Arbeiterbewegungsforschung verschwunden wäre; aber die – aus welchen Gründen immer – langjährige Dominanz parteien- und politikgeschichtlicher Fragestellungen bei zugleich gering entwickelter sozialgeschichtlicher Industrialisierungsforschung hat die erklärenden Zusammenhänge zwischen beidem vernachlässigen lassen, während in der DDR die politische Instrumentalisierung der Geschichtsschreibung und deren

turuntersuchung über das Leipziger Proletariat während der industriellen Revolution, in: H. Bartel u. E. Engelberg (Hg.), Die großpreußisch-militaristische Reichsgründung 1871, Bd. 1, Berlin (Ost) 1971, S. 501–51; ders., Die Struktur des sich als Klasse konstituierenden deutschen Proletariats als Gegenstand der historischen Forschung, in: E. Engelberg (Hg.), Probleme der marxistischen Geschichtswissenschaft. Beiträge zu ihrer Theorie und Methode, Berlin (Ost) 1972 u. Lizenzausg. Köln 1972, S. 235–69. Anstelle Zwahrs referierte jüngst auf dem VI. Historiker-Kongreß der DDR aus für Außenstehende kaum einsehbaren Gründen Ernst Engelberg über die Forschungsproblematik; vgl. ders., Zur Forschung über Entstehung, Struktur und Entwicklung des Proletariats, in: BZG 20. 1978, S. 362–68.

34 H. Zwahr, Zur Konstituierung des Proletariats als Klasse. Strukturuntersuchung über das Leipziger Proletariat während der industriellen Revolution, phil. Diss. B Leipzig 1974. Es ist nur schwer verständlich, daß diese wichtige Arbeit noch nicht gedruckt vorliegt. Zwahr selbst greift nicht so sehr auf die breite DDR-Literatur zur Organisations- und Ideologiegeschichte der regionalen Arbeiterbewegung (vgl. Anm. 27 f.), als vielmehr auf stadtgeschichtliche Untersuchungen zur Entwicklung der Arbeiterschaft während der Industrialisierung zurück (vgl. Strukturanalyse, S. 611), darunter bes. R. Strauß, Die Lage u. Bewegung der Chemnitzer Arbeiter in der ersten Hälfte des 19. Jhs., Berlin (Ost) 1960; J. Nitsche, Die wirtschaftliche u. soziale Lage der arbeitenden Klassen in Berlin von 1800–1830, wirtschaftswiss. Diss. Berlin (Ost) 1965. Unter dem methodischen Einfluß Zwahrs steht R. Kabus, Die Konstituierung des Görlitzer Proletariats im Verlauf der industriellen Revolution. Ein Beitrag zur Geschichte der ökonomischen, sozialen u. politisch-ideologischen Formierung der deutschen Arbeiterklasse, histor. Diss. Leipzig 1974 (vgl. S. 6. Die Druckfassung in den Beiträgen zur Geschichte der Görlitzer Arbeiterbewegung, Bd. 5, Görlitz 1975, war mir nicht zugänglich.). – Interesse auch wegen der sozialgeschichtlichen Besinnung älterer Historiker in der DDR unter gewandelten Verhältnissen verdient E. Neuss, Entstehung u. Entwicklung der Klasse der besitzlosen Lohnarbeiter in Halle, Berlin (Ost) 1958.

35 Damit dürfte die Zeit um 1890 die wichtigste Zäsur insbesondere der regionalen Arbeiterbewegungsforschung bilden. Die relative Autonomie von Verbands- gegenüber Arbeiterinteressen hat etwa G. Briefs hervorgehoben: Revierbildung u. provinziale Streuung der Industrie, in: Archiv für Sozialwissenschaft u. Sozialpolitik 67. 1932, S. 29–52, 34.

methodische Lähmung zu ganz ähnlichen Konsequenzen führten. So sind heute, auch wenn vielfach zur Legitimation neuer Vorhaben anderes zu hören ist, weite Bereiche der Organisations- und Ideologiegeschichte der Arbeiterbewegung jedenfalls im Vergleich mit der nichtsozialistischen Parteien- und Verbandsgeschichte ereignisgeschichtlich gut erforscht, ohne daß die Fakten und Abläufe zugleich hinreichend im Umfeld wirtschaftlicher, sozialer und politischer Ursachenbündel erklärt worden wären. Eine Reihe neuerer Akzentverlagerungen signalisiert, daß dieses Erklärungsdefizit zunehmend realisiert wird: Unverkennbar ist der Trend zu einer modernen, auf Industrialisierung und Urbanisierung konzentrierten Stadtgeschichte;[36] in manchen Bereichen der jüngeren Landesgeschichte wird das Erkenntnisinteresse zunehmend auf die regionalen Ursprünge der Industrialisierung in Deutschland gerichtet;[37] statt jener älteren, festschriftartigen Unternehmensgeschichte konzentriert sich die Forschung neuerdings auf weitgreifende betriebs- und belegschaftsgeschichtliche Untersuchungen;[38] auch die moderne Volkskunde bemüht sich seit einigen Jahren, unter anderem durch innovations- und diffusionstheoretische Überlegungen auch zur Volkskultur der Unterschichten ihr vorindustrielles Syndrom zu überwinden.[39] Wie sehr damit die potentiellen Quellenreservoirs und das Spektrum methodischer Zugriffe ausgeweitet werden, ist weiter unten aufzuzeigen.

Im Hinblick auf die regionale Arbeiterbewegungsforschung veranlassen diese Überlegungen zur Neubesinnung darüber, was Regionalität als Konstituens des Forschungsgegenstands eigentlich bedeutet. Allzu selbstverständlich ist in der weit überwiegenden Mehrzahl der vorliegenden Regionalstudien Regionalität administrativ verstanden worden[40] – ein Vorgehen, das sich allein aus der angenommenen Quellenlage und dem bequemen Zu-

---

36 Vgl. W. Köllmann, Sozialgeschichte der Stadt Barmen im 19. Jh., Tübingen 1960; jüngst: K. Blaschke, Landesgeschichte u. Stadtgeschichte, in: Informationen zur modernen Stadtgeschichte 2. 1976, S. 1–5; A. Macfarlane, History, anthropology and the study of communities, in: Social History 2. 1977, S. 631–52; J. Reulecke (Hg.), Die deutsche Stadt im Industriezeitalter. Beiträge zur modernen deutschen Stadtgeschichte, Wuppertal 1978; für die DDR s. E. Papke, in: ZfG 24. 1976, S. 1437–39.

37 Vgl. W. Zorn, Ein Jahrhundert deutsche Industrialisierungsgeschichte. Ein Beitrag zur vergleichenden Landesgeschichte, in: Blätter für deutsche Landesgeschichte (= BDL) 108. 1972, S. 122–34; E. Maschke, Industrialisierungsgeschichte u. Landesgeschichte, in: BDL 103. 1967, S. 71–84; sowie die Anm. 8 zit. Berichte von P. Steinbach.

38 Vgl. L. Rothert, Umwelt u. Arbeitsverhältnisse von Ruhrbergleuten in der 2. Hälfte des 19. Jhs., dargestellt an den Zechen Hannover u. Hannibal in Bochum, Münster 1976; bes. H. Schomerus. Die Arbeiter der Maschinenfabrik Esslingen. Forschungen zur Lage der Arbeiterschaft im 19. Jh., Stuttgart 1977; zuletzt R. Vetterli, Industriearbeit, Arbeiterbewußtsein und gewerkschaftliche Organisation. Dargestellt am Beispiel der Georg Fischer AG (1890–1930), Göttingen 1978.

39 Vgl. neben den einflußreichen Studien R. Brauns (s. Anm. 161) bes. G. Wiegelmann (Hg.), Kultureller Wandel im 19. Jh., Göttingen 1973; sowie unten Anm. 221.

40 Vgl. bes. die Anm. 27 f. zit. Schriften, z. B. Grossert, S. I. Die Darstellung innerhalb von Wahlkreisgrenzen entspricht einzig der Kampforientierung der SPD, nicht der Gewerk-

gang zu den Quellen rechtfertigt. Nur in seltenen Fällen, so besonders bei stadtgeschichtlichen Untersuchungen zur Arbeiterbewegung, ist der administrative Quellenbefund mit den aus sozialgeschichtlicher Sicht zu bestimmenden gewerbe- und industrieräumlichen Begrenzungen identisch. Blickt man nun auf die Trägerschichten vor allem der frühen Arbeiterbewegung (bis etwa 1875), so kompliziert sich dieser Umstand. Die Protestdisposition vormärzlicher Unterschichten, darunter der heimgewerblichen Textilarbeiter, der Land- und der Eisenbahnbauarbeiter[41] hat in ihrer je unterschiedlichen, im letzteren Fall nachgerade beiläufigen Regionalität, obwohl zweifellos Arbeiter„bewegung" im eigentlichen Sinn, in den gewerkschaftlichen Verbänden und Arbeiterparteien kaum Spuren hinterlassen. Die Kontinuität der Trägerschichten manifestiert sich vielmehr, sieht man vom Einfluß der Intellektuellen einmal ab, von den Auslandsvereinen bis zu den lassalleanischen Gemeinden der 1860er Jahre in bestimmten handwerklichen Gewerben,[42] die mit wenigen Ausnahmen überall, in den Mittel- und Großstädten jedoch in großer Zahl anzutreffen sind. So erweisen sich die frühindustriellen Gewerbezentren und -landschaften, darunter etwa das Bergische Land, vor allem dann zugleich als Zentren der frühen Arbeiterbewegung, wenn einer trotz größerer Betriebe im Kern handwerklich strukturierten Arbeiterschaft aufgrund der betrieblichen und gesellschaftlichen Daseinsbedingungen in der Region über längere Zeiträume hinweg schichtenspezifische Erfahrungen und Lernprozesse ermöglicht werden.

Es muß demgegenüber daran erinnert werden, daß es der organisierten Arbeiterbewegung im wesentlichen erst um die und nach der Jahrhundertwende gelang, die neuen, seit der Jahrhundertmitte entstandenen, schwerindustriellen Erwerbsregionen, die Industrielandschaften im modernen Verständnis, zu „erobern". Industrialisierung in Deutschland ist, was die sozialgeschichtlichen Forschungsstrategien entscheidend bestimmen sollte,[43] bis in die Jahrzehnte vor dem Ersten Weltkrieg ein regionales Phänomen. Die Entwicklung verschiedener, nach bestimmten Leitindustrien strukturierter, besonders im Blick auf die älteren Gewerberegionen

schaften und schon gar nicht den wirtschaftlich-sozialen Bedingungen für die Entfaltung der Arbeiterbewegung.

41 Vgl. unten Anm. 92.   ·

42 Vgl. hierzu die gerade hierin sozialgeschichtlich operierende Studie von W. Schieder, Anfänge der deutschen Arbeiterbewegung. Die Auslandsvereine im Jahrzehnt nach der Julirevolution von 1830, Stuttgart 1963, S. 82–89, 93–110, 125–32.

43 Vgl. Anm. 37 sowie A. Timm, Technologische Kriterien bei der Entwicklung von Industrielandschaften, in: BDL 108. 1972, S. 135–42; W. Köllmann, Zur Bedeutung der Regionalgeschichte im Rahmen struktur- u. sozialgeschichtlicher Konzeptionen, in: AFS 15. 1975, S. 43–50; von wirtschaftsgeschichtlicher Seite bes.: D. Petzina, Materialien zum sozialen und wirtschaftlichen Strukturwandel in Deutschland seit dem Ende des 19. Jahrhunderts, in: Vierteljahreshefte für Zeitgeschichte 17. 1969, S. 308–38, 309; K. Borchardt, Die Industrielle Revolution in Deutschland 1750–1914, in: C. M. Cipolla u. K. Borchardt (Hg.), Europäische Wirtschaftsgeschichte, Bd. 4, Stuttgart 1977, S. 135–202,

ungleichzeitiger Industrielandschaften[44] zwingt hinsichtlich der Entstehung
der Arbeiterschaft zur präzisen räumlichen Abgrenzung, zur Erarbeitung
der raumtypischen Strukturmerkmale in Siedlung, Bevölkerung und Industrie und zur Analyse raumspezifischer gewerbestruktureller, demographischer, konjunktureller und politischer Prozesse – Betrachtungsweisen und
Arbeitsverfahren, für die der interregionale Vergleich nachgerade konsti-
tutiv ist und die zu einer Typologie räumlich-gewerblicher Industrialisie-
rungsverläufe leiten sollten.[45] Raum und Gewerbe sind, das sollten diese
notwendig kurzen Bemerkungen zeigen, bis in die Hochindustrialisierungsphase vor dem Ersten Weltkrieg unterschiedliche und wechselnde,
einander verändernde Strukturdominanten von maßgeblich prägender
Kraft in der Arbeiterschaftsgeschichte.

Gewerbe- und Industrielandschaften haben sich in Deutschland nicht innerhalb der, freilich auch nicht unbeeinflußt von den überkommenen historisch-politischen Landschaften entwickelt. In der Organisationsgeschichte
der Arbeiterbewegung haben erstere allenfalls in den gewerkschaftlichen
Verbänden eine größere, letztere dagegen, denkt man an die gegen Ende
der 1880er Jahre entstehende Bezirksgliederung oder auch an die älteren
Agitationsbezirke, in der sozialdemokratischen Partei eine entscheidende
Rolle gespielt. Aber gerade *vor* der „Organisationsschwelle" finden sich

passim, bes. S. 138, 171, 184 f.; ders., Wirtschaftliches Wachstum u. Wechsellagen
1800–1914, in: H. Aubin u. W. Zorn (Hg.), Handbuch der deutschen Wirtschafts- u. Sozialgeschichte, Bd. 2, Stuttgart 1976, S. 198–275, 230–32.
44 Vgl. bereits W. Kähler, Die Bildung von Industriebezirken u. ihre Probleme, Leipzig 1912;
Briefs (Anm. 35), S. 29–41. Neben den älteren Beiträgen zur Standorttheorie sind die
wichtigsten Untersuchungen über die Abgrenzung von Agrar- und Industrieräumen sowie
über die Kriterien zur Bestimmung von Industrieräumen der historischen Geographie zu
danken; vgl. allgemein E. Otremba, Allgemeine Agrar- u. Industriegeographie, Stuttgart
1953, S. 188–91, 298–306 u. ö.; sowie G. Voppel, Wesen u. Entwicklung der deutschen
Industrielandschaften im 19. u. 20. Jh., in: Geographische Rundschau 11. 1959, S.
93–102; zuletzt die Beiträge in K. Hottes (Hg.), Industriegeographie, Darmstadt 1976;
vgl. auch den Forschungsbericht von K. Fehn, Stand u. Aufgaben der Historischen
Geographie, in: BDL 111. 1975, S. 31–53. – Von Bedeutung für die regionale Arbeiterbewegungsforschung ist, daß sich die Wirtschaftsgeschichte mit fundierten Beiträgen der
regionalen Einkommensdifferenzierung in Deutschland im 19. Jh. zugewandt hat; vgl.
nach den Arbeiten von K. Borchardt u. H. Hesse: J. H. Müller u. S. Geisenberger, Die Ein-
kommensstruktur in verschiedenen deutschen Ländern 1871–1913, Berlin 1972, aufgrund der Einkommensteuerstatistik. – Ursachen und Ungleichzeitigkeit regionalen wirtschaftlichen Wachstums analysiert neuerdings F. B. Tipton, Regional Variations in the
Economic Development of Germany during the 19th Century, Middletown, Conn. 1976.
In dem statistischen Standardwerk von W. G. Hoffmann u. a., Das Wachstum der deutschen Wirtschaft seit der Mitte des 19. Jhs., Berlin 1965, wird leider durchgängig auf regionale Wachstumsdifferenzierung zugunsten aggregierter Daten verzichtet, so daß entsprechendes Material stets den zeitgenössischen statistischen Veröffentlichungen zu entnehmen ist.
45 Vgl. Maschke (Anm. 37), S. 79, sowie bes. W. Fischer, „Stadien u. Typen" der Industrialisierung in Deutschland. Zum Problem ihrer regionalen Differenzierung, in: ders., Wirtschaft u. Gesellschaft (Anm. 11), S. 464–73.

Spuren und Nachwirkungen der älteren, vornapoleonischen Territorial-
staatlichkeit wie auch der im 19. Jahrhundert neu entstandenen politischen
Landschaften in Arbeiterschaft und Arbeiterbewegung; Spuren einer je eigenen „Synthese von politisch-konfessioneller Haltung und landschaftli-
cher Bindung",[46] wie sie etwa im Ruhrgebiet binnenräumliche Verhaltens-
differenzierungen und Fraktionierungen in der Arbeiterschaft hinterlassen
haben;[47] Einflüsse also, die vom Industrialisierungsgeschehen überrollt
wurden und doch zugleich, oft genug unterschwellig, fortdauerten und Sonderformen, eigene Ausprägungen eines Typs von Arbeiterbewegung hervorbrachten. Darüber hinaus sind die im allgemeinen landschaftsgebunde-
nen vorindustriellen Siedlungs- und Rechtsformen nicht nur lange Zeit
maßgebliche Verhaltensorientierungen geblieben; sie haben zugleich die
Ausgangs- und Entwicklungsbedingungen der modernen Industrie unterschiedlich nach Zeitpunkt und Tempo ihrer Durchsetzung bestimmt.[48]
Schließlich förderten oder hemmten unterschiedliche landschaftlich-politi-
sche Verfassungsstrukturen, Rechtsordnungen und gewerberechtliche
Voraussetzungen die Entstehung der Arbeiterbewegung; erinnert sei an die
südwestdeutsche Verfassungsliberalität und an die Gesetzgebung zum
Koalitions-, Versammlungs- und Vereinsrecht, auch an die z. B. unter dem
Sozialistengesetz landschaftlich abweichende Handhabung gesetzten
Rechts. Blickt man auf die verhaltensbestimmenden Grundzüge und Entwicklungsbedingungen, so überlappen landschaftsgebundene und gewer-
beräumliche Einflüsse einander, wirken aufeinander, schaffen und verändern ein oft auch widersprüchliches Bedingungsgefüge, in dem sich freilich
je später, je mehr die landschaftlichen zugunsten der gewerberäumlichen
Einflüsse verlieren.

Ein letzter, schon der Eigendynamik einer sich entfaltenden Arbeiterbewegung zuzuordnender Faktor von raumbildender Wirkung sei an dieser
Stelle angesprochen: die sozialdemokratischen Hochburgen, die oft bereits
im Rahmen der eingangs erwähnten, älteren Lokalgeschichte der Arbeiterbewegung dargestellt worden sind. Mag hier auch der Zufall der Ausbrei-

---

46 H. Gollwitzer, Die politische Landschaft in der deutschen Geschichte des 19. u. 20. Jhs.
   Eine Skizze zum deutschen Regionalismus, In: Zeitschrift für bayerische Landesgeschichte
   27. 1964, S. 523–52, 535, vgl. 530, 541; s. auch K. G. Faber, Was ist eine Geschichtsland-
   schaft?, in: Fs. Ludwig Petry, T. 1, Wiesbaden 1968, S. 1–28, bes. 24 f. Beide zum Verständnis des deutschen Regionalismus unentbehrlichen Studien sind von H. Wagner,
   Strukturen u. Typen deutscher Länder. Eine Untersuchung über den Regionalismus in
   Deutschland, in: Politische Vierteljahrsschrift 10. 1969, S. 80–98, mit Nachteil übersehen
   worden.
47 Hierzu: K. Tenfelde, Sozialgeschichte der Bergarbeiterschaft an der Ruhr im 19. Jh.,
   Bonn-Bad Godesberg 1977, passim u. S. 575 f.
48 In dem sozialgeschichtlich angelegten Vergleich zwischen den Arbeiterbewegungen Rem-
   scheids und Hamborns von E. Lucas, Zwei Formen des Radikalismus in der deutschen Arbeiterbewegung, Frankfurt 1976, werden trotz vieler einsichtiger Überlegungen diese Fragen nicht ausreichend anhand der möglichen Quellen berücksichtigt.

tung etwa der lassalleanischen Agitation mitgewirkt haben, so ist doch unverkennbar, daß eine aus der Kontinuität kämpferischer Auseinandersetzungen und stabiler Organisationsgerüste gespeiste Tradition in der örtlich-regionalen Arbeiterbewegung deren aktuellen Einfluß jeweils potenzierte. Festgefügte, über Jahrzehnte verankerte Netze formeller und informeller schichtenspezifischer Kommunikation erleichtern den Vorgang politischer Sozialisation spätestens in der zweiten Generation, unter den Kindern jener Arbeiter, die selbst den Umbruch der Daseinsverhältnisse am stärksten erfahren haben. Solche Hochburgen haben für die gewerkschaftliche und Parteiorganisation, für Agitation und Presse die Funktion von Zentralorten eingenommen, während sich das Geflecht der Organisation in neuen, oft größeren Industrieorten etwa des Ruhrgebiets bei scheinbar günstigen Ausgangsbedingungen nur zögernd entfaltete.

II. Sieht man von wenigen jüngsten Ausnahmen ab, so ist die Forderung nach einer umfassenden Sozialgeschichte der Arbeiterschaft als Erklärungshintergrund für Konfliktlagen, Organisierung und Theoriebildung bisher einzig im Bereich der *Vormärz- und Frühindustrialisierungsgeschichte* ernstgenommen und wiederholt in die Tat umgesetzt worden. Es sei an dieser Stelle daran erinnert, daß die neuerlich vielbeschworene Forderung nach einer Sozialgeschichte als Gesamtgeschichte seit Beginn des technisch-industriellen Zeitalters frühzeitig nach dem Zweiten Weltkrieg erhoben wurde und während der 1950er und 1960er Jahre in Studien zur regionalen Wirtschafts- und Sozialgeschichte und besonders zur Geschichte des Vormärz als der Inkubationsphase einer neuen industriellen Daseinsordnung, zur Entwicklung von Staat und Gesellschaft in den Staaten des Deutschen Bundes Niederschlag fand.[49] Die Geschichte der „unterständischen" Schichten: der Landarbeiter und handwerklichen Gewerbe sowie der frühen Fabrikarbeiterschaft unter dem Einfluß von Bevölkerungsexplosion, Bauernbefreiung, Zunftauflösung und gewerblicher Umschichtung fand darin besondere Aufmerksamkeit. Freilich ist „Arbeiterbewegung" für die Vormärzforschung kein Phänomen, das sich an der Kontinuität stabiler Organisationen oder in einer einheitlichen Theorieentwicklung verfolgen ließe; das Wort war in den 1840er Jahren kaum geboren, und in der Frühzeit hafteten ihm, je nach politischem Standort, vielfach wertnegative Bedeutungen an[50] – gleichwohl bezeichnet „Bewegung" in glücklicher

49 Vgl. Anm. 11. W. Conze hat in einem 1960 verfaßten Rückblick auf die Forschungssituation in den ersten Jahren nach 1945 daran erinnert, daß für den von O. Brunner und O. Hintze beeinflußten Kreis jüngerer Göttinger Historiker Sozialgeschichte „nicht mehr Beschreibung einer vom Politischen abstrahierten ‚Gesellschaft'" nach älterem sektorwissenschaftlichen Verständnis bedeutet habe; vgl. Vorwort zu W. Köllmann (Anm. 36).

50 Vgl. H. Mommsen, Arbeiterbewegung, in: C. D. Kernig (Hg.), Sowjetsystem u. demokratische Gesellschaft, Bd. 1, Freiburg 1966, Spp. 274–314, 274 f.; W. Conze, Arbeiter, in: O. Brunner u. a.. (Hg.), Geschichtliche Grundbegriffe, Bd. 1, Stuttgart 1972, S. 216–42, 229 f.

Weise jene vormärztypischen Keimformen der Artikulation und Organisation, die sich seit den 1860er Jahren verfestigen sollten.

Die beeindruckende Quellensammlung von *Carl Jantke* und *Dietrich Hilger* über den vormärzlichen Pauperismus[51] zeigt, mit welcher Sensibilität die Veränderungen des gesellschaftlichen Gefüges von der zeitgenössischen Kritik – ob in ihren ständisch-konservativen oder linksliberalen Varianten – registriert wurden. Das Schaudern vor herandrohendem Unheil verband sich mit Klagen über Luxus und Verelendung, Maßlosigkeit und Entsittlichung, aber auch bereits mit scharfsinnigen Analysen über die Ursachen solcher Zustände in ländlichen Regionen, unter heimgewerblichen Textilarbeitern oder Eisenbahnbauarbeitern. Diese Quellensammlung, deren Themenspektrum einmal über den Vormärz hinaus in die Jahrzehnte zunehmender Verfestigung kritischer Positionen verfolgt werden sollte, dürfte zusammen mit den z. T. quantitativ angelegten Studien W. Conzes[52] und W. Köllmanns[53] nach wie vor zu den für das Verständnis der Frühgeschichte der Arbeiterschaft unentbehrlichen Veröffentlichungen gehören.

Als bedeutendste regionalgeschichtliche Untersuchung, die sich von der Pauperismusdiskussion inspiriert zeigt, soll hier an *Friedrich Seidels* „Soziale Frage in der deutschen Geschichte"[54] erinnert werden. Es mag aus heutiger, gelegentlich übereilter Sicht den Bildungstraditionen einer älteren Historikergeneration entsprechen, wenn das Thema in den Eingangskapiteln anhand der kulturkritischen Erörterungen eines J. Huizinga oder H. Freyer eingekreist und über Bevölkerungsentwicklung oder moderne Technik recht global berichtet wird, aber hinter die gewonnenen Einsichten sind manche Nachfolger zurückgefallen – so etwa, wenn am Pauperismusproblem illustriert wird, daß im 19. Jahrhundert „eine neue Form von Ge-

51 Die Eigentumslosen. Der deutsche Pauperismus u. die Emanzipationskrise in Darstellungen u. Deutungen der zeitgenössischen Literatur, Freiburg 1965. Vgl. auch C. Jantke, Der Vierte Stand. Die gestaltenden Kräfte der deutschen Arbeiterbewegung im 19. Jh., Freiburg 1955; J. Kuczynski, Bürgerliche u. halbfeudale Literatur aus den Jahren 1800 bis 1847 zur Lage der Arbeiter. Eine Chrestomathie, Berlin (Ost) 1960; sowie die Schriften W. Abels u. a., Der Pauperismus in Deutschland am Vorabend der industriellen Revolution, Dortmund 1966. – Der folgende Literaturüberblick ist forschungsgeschichtlich angelegt und soll zu einer genaueren Bestimmung von Erkenntnisgegenstand und Methoden regionaler Arbeiterbewegungsforschung führen; eine „Sammelrezension" ist nicht beabsichtigt.

52 Vom „Pöbel" zum „Proletariat". Sozialgeschichtliche Voraussetzungen für den Sozialismus in Deutschland, (z. B.) in: H.-U. Wehler (Hg.), Moderne deutsche Sozialgeschichte, Köln 1970³, S. 111–36, 481–84.

53 Bevölkerung u. Arbeitskräftepotential in Deutschland 1815–1865. Ein Beitrag zur Analyse der Problematik des Pauperismus, (z. B.) in: ders., Bevölkerung in der industriellen Revolution, Göttingen 1974, S. 61–98, 267–71.

54 Die Soziale Frage in der deutschen Geschichte. Mit besonderer Berücksichtigung des ehemaligen Fürstentums Waldeck-Pyrmont. Ein lehrgeschichtlicher Überblick, Wiesbaden 1964, vgl. S. 5, 258–75.

schichte" Raum greift, in deren „Unübersichtlichkeit" dem Historiker Zeit gelassen werden müsse, „im Hause einer neuen Methodik sich einzurichten",[55] um schließlich zu einer ganzheitlichen Betrachtung der modernen Welt fern von fachwissenschaftlicher Selbstbeschränkung zu gelangen. An anderer Stelle betont Seidel, wie fruchtbar für die sozialgeschichtliche Forschung das Studium gerade jener Duodez-Territorien sein kann, die im politischen Kräftespiel der Zeit, und deshalb in deren Historiographie, allenfalls eine periphere Rolle gespielt haben, und lenkt den Blick auf die Frage nach Entstehung und Ausbruch sozialer Konflikte als der entscheidenden Kontrollinstanz dafür, ob auch in kleineren Territorien „Nährboden" genug für „Aufklärung und Vernunftrecht, Freiheitsdrang und bürgerliches Emanzipationsstreben" vorhanden war.[56]

Seidel verwendet viel Mühe auf die zugleich differenzierende und zusammenfassende Erörterung der traditionellen Agrarstruktur unter dem Einfluß der Bauernbefreiung und untermauert auf diese Weise die eigentliche Darstellung der Verfassungs- und Sozialgeschichte im Fürstentum Waldeck-Pyrmont, dessen Sozialstruktur im ausgehenden 18. und frühen 19. Jahrhundert vor dem Hintergrund der politischen und dynastischen Verhältnisse, der Finanz- und Verwaltungsgeschichte, der ländlichen Krisen und Konjunkturen erörtert wird. Die Studie steuert darin auf eine sozialgeschichtliche Grundlegung der Waldeckschen Unruhen nach der Julirevolution und während der Ereignisse 1848/49 hin – ein Aspekt, in dem sie neuerdings detailliert durch *Manfred Bullicks* Wahl- und Verfassungsgeschichte des benachbarten Kurhessen 1830–1848/49 ergänzt wird.[57]

Als Untersuchungen kleinerer ländlicher Territorien unter dem Einfluß von Agrarreformen und früher Industrialisierung lassen sich Seidels umfassendem Versuch am ehesten zwei neue Bücher von *Peter Steinbach* und *Uwe Ziegler* zur Seite stellen. Während Steinbachs[58] Studie über das Füstentum Lippe allerdings auf die Jahrzehnte nach der Reichgründung konzentriert ist und daher weiter unten kurz erörtert werden soll, beschränkt sich Ziegler[59] leider auf die zumeist additive Ausbreitung der Ver-

---

55 Ebd., S. 17, 19f.
56 Ebd., S. 129; der von Seidel in diesem Zusammenhang zit. methodische Bezug verdient, wegen seiner Vorläuferrolle festgehalten zu werden (S. 130 Anm. 1): „Schon im allgemeinen gibt es keine dringlichere Aufgabe für wirtschaftsgeschichtliches Forschen und Denken, als die beiden Ketten der wirtschaftlichen Tatsachen, die der Sozialökonom als ein in sich zusammenhängendes Ganzes sieht, und der politisch-kulturellen Tatsachen, die dem Historiker vertraut sind, in möglichst enge und durchgehende Beziehung zueinander zu bringen". C. Brinkmann, Wirtschafts- u. Sozialgeschichte, Göttingen 1953, S. 108.
57 Staat u. Gesellschaft im hessischen Vormärz. Wahlrecht, Wahlen u. öffentliche Meinung in Kurhessen 1830–1848, Köln 1972.
58 Vgl. unten Anm. 175.
59 Verwaltungs-, Wirtschafts- u. Sozialstruktur Hohenzollerns im 19. Jh., Sigmaringen 1976. Vgl. als weitere Studie ländlicher Unterschichten: J. A. Klocke, Wirtschaftliche Entwicklung und soziale Lage der Unterschichten in Ostwestfalen von 1830–1850, Diss. Bochum 1972.

fassungs- und Verwaltungsgeschichte, der Bevölkerungsverhältnisse, der
Wirtschaft und – vor allem – der Agrarreformen und ihrer Folgen in beiden
Hohenzollern bzw. im Regierungsbezirk Sigmaringen bis zum Ende des 19.
Jahrhunderts, so daß die ländliche Arbeiterschaft in ihren Lebensverhält-
nissen kaum in Erscheinung tritt. Dagegen schreitet *Jürg Bielmanns*[60] Untersuchung über die Lebensverhältnisse im Schweizer Kanton Uri während
des 18. und frühen 19. Jahrhunderts von einer Schilderung der staatlichen
und kirchlichen Zustände über die Analyse der Bevölkerungsbewegung zur
Darstellung von Agrarwirtschaft, Handel und Verkehr voran und schließt
auch, inspiriert von den „Annales"-Vertretern einer Totalgeschichte ländlicher Regionen, klimatologische Erörterungen ein. Bielmann gelangt über
eine Gegenüberstellung von Preisen und Löhnen und die richtungweisende
Darstellung der Ernährungsverhältnisse zu dem Urteil, daß die durchschnittliche ländliche Familie „bei bescheidenen Ansprüchen und unter
günstigen Voraussetzungen" ihren Lebensaufwand zwar ausreichend be-
streiten konnte, unter dem Einfluß der großen Daseinserschütterungen
durch Mißernten, Kriege und persönliche Schicksalsschläge jedoch der
Armut anheimfiel.[61] Eine Schichtungsanalyse am Schluß des Buches zeigt,
daß einer großen, stets von Armut bedrohten Unterschicht eine nur wenig
zur Mittelschicht hin differenzierte, im Zeitablauf mächtiger gewordene
Oberschicht der wenigen hohen Beamten, der gebildeten und besitzenden
Familien gegenüberstand.

Schichtungsanalysen oder zumindest Analysen über die Herkunft, Zusammensetzung und Lage der Unterschichten stehen auch im Mittelpunkt einer
Reihe neuerer lokalhistorischer Untersuchungen über den Vormärz und
darüber hinaus, die allesamt mehr oder weniger, direkt oder mittelbar von
der methodisch die Wege ebnenden Studie *Wolfgang Köllmanns* über
Barmen während der Industrialisierung beeinflußt sind – einer Studie, die
wiederum dem Conze-Kreis entstammt und weithin der Vormärz- und
Frühindustrialisierungsforschung verpflichtet ist.[62] Köllmann hatte die
Darstellung von Wirtschaft und Bevölkerung in einer Analyse von „Berufsgliederung und soziale[r] Schichtung" zusammenfließen lassen und vor
dem Hintergrund der zeitgenössischen Diskussion um die Soziale Frage die
frühen Auseinandersetzungen im Verteilungskampf, das kulturelle Leben
und die politische Willensbildung von den Anfängen bis zum Kriegsausbruch 1914 geschildert. Einige dieser Ansätze sind, stets unter Verzicht auf
die umfassende stadt- und industrialisierungsgeschichtliche Perspektive, in
ortsgeschichtlichen Monographien thematisiert worden, in denen wiederum die Pauperismusdiskussion mit der Frage nach der Entwicklung des
Lebensstandards in den frühen Phasen der Industrialisierung im Vordergrund steht.

60 Die Lebensverhältnisse im Urnerland während des 18. u. zu Beginn des 19. Jhs., Stuttgart
    1972.
61 Ebd., S. 191.   62 S. Anm. 36.

Hier ist zunächst die konzentrierte Studie von *Antje Kraus* über die Hamburger Unterschichten, d. h. jene Gruppen, die „dicht über dem Existenzminimum in äußerster Bedürftigkeit eine Kümmerform menschlichen Daseins lebten"[63] zu nennen. Ausgehend von einer möglichst präzisen Statistik der Bevölkerungsstruktur und -bewegung anhand der Umschreibelisten des Bürgermilitärs sowie einer Darstellung der Nexusverhältnisse (Bürgerrechtsinhaber, Schutzverwandte und Fremde) und der Armenpflege, werden hier die Lebensverhältnisse der „arbeitenden Klassen als Schicht der potentiellen Armen" untersucht. Dabei erweist sich die Gegenüberstellung der Lohnentwicklung mit zeitgenössischen Haushaltsberechnungen und Preisstatistiken als ein der Quellenlage besonders angemessenes, für die frühe Stadtgeschichte während der Industrialisierung fruchtbares Verfahren. Im Ergebnis zeigt sich, daß die Mehrheit der den arbeitenden Klassen zugerechneten Bevölkerungsschichten bestenfalls „von der Hand in den Mund" zu leben vermochte, also stets am Rand der Armut stand; der Vergleich des zur dürftigen Existenzerhaltung erforderlichen Mindesteinkommens mit den nach den Steuerstatistiken von 1831, 1847/48 und 1867 besteuerten Einkommen ergibt das düstere Bild, daß in Hamburg mindestens 60 % der Bevölkerung in äußerst kargen, weitere 20 % in knappen wirtschaftlichen Verhältnissen lebten.[64]

Weitergehende Fragen wie jene, ob nicht auch „ein Wandel der Bedürfnisse dazu geführt hat, daß die Dürftigkeit der Lebensführung subjektiv stärker empfunden" wurde,[65] müssen hier wegen der Lückenhaftigkeit der Quellen ausgeklammert werden; ähnliches gilt offenbar für den Versuch eines Sozialprofils der städtischen Bevölkerung, wobei die Lebensverhältnisse bürgerlicher Schichten, näher ausgeführt, das düstere Bild der potentiell Armen wirksam illustriert hätten. Dies geschieht ebenfalls nur bedingt in der Veröffentlichung von *Peter Kühn* zur Geschichte der Mannheimer Unterschichten[66] – einer Quellensammlung allerdings, in der der durchaus materialreiche tabellarische Teil durch magere „beschreibende" Teile zu einem Steinbruch von Zahlen mißrät, in dem sich bedienen kann, wer will, zu welchem Zweck auch immer. Es kann kaum ausreichen, lückenhafte Quellen durch eine Fülle unaufbereiteten peripheren Materials von zweifelhafter Relevanz zu ersetzen und es so beim „Fliegenbeinezählen" zu belassen; die Quellen der „vorstatistischen" Zeit verlangen nach vorsichtiger Quellenkritik und nach einem analytischen Konzept, das hier kaum in der Gliederung der Arbeit und jedenfalls nicht in dem fragmentarisch von

---

63 Die Unterschichten Hamburgs in der ersten Hälfte des 19. Jahrhunderts. Entstehung, Struktur u. Lebensverhältnisse. Eine historisch-statistische Untersuchung, Stuttgart 1965, S. 3.

64 S. ebd., S. 67, 76, 78.

65 Ebd., S. 7.

66 Materialien zu einer Geschichte der Mannheimer Unterschichten in der Zeit von 1835–1862 (1871), Bern 1974.

216 Klaus Tenfelde

Köllmann geborgten „Schichtmodell der Mannheimer Unterschichten" erscheint.[67] Anders dagegen die Studie von *Heinz Krümmer* über Konstanz,[68] die sich begrifflich dem Berliner Forschungsprojekt zur Geschichte der Frühindustrialisierung anlehnt[69] und nach bewährtem Muster Bevölkerungsentwicklung und Wirtschaftsgeschichte zu einer Schichtungsanalyse verbindet, in der materielle Lebenshaltung und schichtspezifische Bewußtseinsformen gegenübergestellt werden; anders auch *Martin Schaffners* Untersuchung der „Lebensformen" der Basler Arbeiterbevölkerung,[70] wo zwar auf Erörterungen der städtischen Sozialstruktur verzichtet, methodisch-inhaltlicher Gewinn dagegen aus der Gegenüberstellung der Situation textilindustrieller Arbeiter im Betrieb und in der Familie gezogen wird. Schaffner endet mit einer Untersuchung von „Arbeiter und Kirche", deren Tenor „Unkirchlichkeit" freilich nicht vorschnell auf andere Regionen übertragen und jedenfalls an dem religiösen Verhalten nichtproletarischer Schichten relativiert werden sollte.

Schichtungsanalyse in der Phase der Frühindustrialisierung: Zu diesem grundlegenden Thema bedarf es zunächst genauer regionalstatistischer Erhebungen über Bevölkerung und Gewerbestruktur. Hierin sind in den letzten Jahren, nach der Wirtschaftskarte der Rheinlande[71] um 1820 und verstreuten landesgeschichtlichen Bemühungen,[72] durch die von der Deutschen Forschungsgemeinschaft getragenen, von der Berliner Historischen Kommission unter der Leitung von *Otto Büsch*[73] soeben abgeschlossenen

67 Vgl. ebd., S. 84–86.
68 Die Wirtschafts- u. Sozialstruktur von Konstanz in der Zeit von 1806 bis 1850, Sigmaringen 1973.
69 Vgl. folgenden Absatz.
70 Die Basler Arbeiterbevölkerung im 19. Jh. Beiträge zur Geschichte ihrer Lebensformen, Basel 1972. Schaffners Arbeit wurde wie jene von Bielmann (Anm. 60) von M. Mattmüller angeregt.
71 Vgl. die Veröffentlichungen von W. Zorn u. a., Die wirtschaftliche Struktur der Rheinprovinz um 1820, in: Vierteljahrsschrift für Sozial- u. Wirtschaftsgeschichte (= VSWG) 54. 1967, S. 289–324, 477–80; sowie H. Hahn u. W. Zorn, Historische Wirtschaftskarte der Rheinlande um 1820, Bonn 1973.
72 Besondere Erwähnung verdienen die jüngsten verstreuten Veröffentlichungen von S. Reekers über die gewerbliche Wirtschaft Westfalens um 1800, s.: Westfälische Forschungen 17. 1964–23. 1971 sowie Beiträge zur Geschichte Dortmunds u. der Grafschaft Mark 67. 1971, S. 141–64; zuletzt: Westfälische Forschungen 26. 1974, S 60–83.
73 O. Büsch, Industrialisierung u. Gewerbe im Raum Berlin/Brandenburg 1800–1850. Eine empirische Untersuchung zur gewerblichen Wirtschaft einer hauptstadtgebundenen Wirtschaftsregion in frühindustrieller Zeit. Mit einer Statistik u. einer thematischen Karte zum Jahr 1849, Berlin 1971; ders. (Hg.), Industrialisierung u. Gewerbe im Raum Berlin/Brandenburg, Bd. II: Die Zeit um 1800/Die Zeit um 1875 [Textbeiträge: O. Büsch u. W. Scharfe; Karten im Anhang: Gewerbe in Brandenburg 1800 und 1875], Berlin 1977; ders. (Hg.), Untersuchungen zur Geschichte der frühen Industrialisierung vornehmlich im Wirtschaftsraum Berlin/Brandenburg, Berlin 1971. Zur Problematik der Schichtungs- und Klassenanalyse s. jüngst den sehr überblickshaften Versuch von G. Hardach, Klassen u. Schichten in Deutschland 1848–1970. Probleme einer historischen Sozialstrukturanalyse, in: Geschichte und Gesellschaft (= GG) 3. 1977, S. 503–24.

Quellenstudien zur Geschichte der Industrialisierung im Raum Berlin/Brandenburg 1800–1875 bedeutsame Fortschritte erzielt worden. In seiner Habilitationsschrift von 1969 hat Büsch, angefangen von den frühen statistisch-topographischen Landesaufnahmen auf Kreis-, Regierungsbezirks- und Provinzebene seit 1800 bis zu den in der Forschung immer noch zu wenig beachteten „Tabellen und amtlichen Nachrichten"[74] von 1849, das für den Vormärz verfügbare Material gesammelt und quellenkritisch[75] kommentiert; 1977 wurde dieser Band in einer weiteren Veröffentlichung unter Mitarbeit von *Wolfgang Scharfe* bis zu der ersten umfassenden, freilich noch lückenhaften Gewerbestatistik des Deutschen Reichs (1875) fortgesetzt. Hier bliebe aus statistikgeschichtlicher Sicht anzumerken, daß die kreisweise angelegte Zollvereinsstatistik von 1861 trotz ihrer großen Mängel vielfach für die regionale Arbeiterbewegungsforschung sehr brauchbare Daten enthält und, wo sie von den Landräten veröffentlicht wurde,[76] darüber hinaus zahlreiche weitere, fortan ähnlich in den Kommunalstatistiken fortgesetzte Informationen zu den Bevölkerungsverhältnissen, darunter Zu- und Abwanderung,[77] aber auch über einzelne Betriebe und zur Entwicklung des Vereinswesens versammelt. – In der Darstellungsform konzentriert sich die Berlin-Brandenburgische Gewerbegeschichte auf diachrone, durch sorgfältige Gewerbekarten für 1800, 1849 und 1875 gestützte Strukturvergleiche; in den Techniken der Datenagglomeration

---

74 Vollständige Zitate bei O. Büsch, Industrialisierung u. Geschichtswissenschaft. Ein Beitrag zur Thematik u. Methodologie der historischen Industrialisierungsforschung, Berlin 1969; vgl. ebd., S. 151 ff. sowie zur Entstehungsgeschichte, Gliederung usw. ders., Industrialisierung u. Gewerbe (1971), S. 152–212. Erwähnt sei, daß ein lange Zeit geradezu als sozialgeschichtliches Standardwerk über die Revolution 1848/49 geltendes Buch wie R. Stadelmann, Soziale u. politische Geschichte der Revolution von 1848, München 1970, völlig ohne diese wertvolle Quelle auskommt. Sie wurde bisher u. a. von K. H. Kaufhold, Das preußische Handwerk in der Zeit der Frühindustrialisierung. Eine Untersuchung nach den Preußischen Gewerbetabellen 1815–1858, in: W. Fischer (Hg.), Beiträge zu Wirtschaftswachstum u. Wirtschaftsstruktur im 16. u. 19. Jh., Berlin 1971, S. 169–93, sowie von dems., Entstehung, Entwicklung u. Gliederung der gewerblichen Arbeiterschaft in Nordwestdeutschland 1800–1875, in: H. Kellenbenz (Hg.), Wirtschaftspolitik u. Arbeitsmarkt, München 1974, S. 69–85, und von K. Tenfelde, Arbeiterschaft, Arbeitsmarkt u. Kommunikationsstrukturen im Ruhrgebiet in den 50er Jahren des 19. Jahrhunderts, in: AFS 16. 1976, S. 1–59, 7–10, genutzt. Die Nachfolgeveröffentlichungen der „Tabellen" im dreijährigen Abstand während der 1850er Jahre sind weniger ergiebig. Ein ND der „Tabellen" von 1848 ist im Rahmen des Anm. 1 genannten Reprint-Programms vorgesehen.
75 Vgl. die entsprechenden Passagen in den Anm. 73 f. genannten Veröffentlichungen von Büsch, darunter seinen Beitrag in: Untersuchungen, S. 3–105, der „Industrialisierung und Gewerbe" [Bd. 1] entnommen ist.
76 Vgl. allein für das Ruhrgebiet die recht zahlreichen Veröffentlichungen, zit. bei Tenfelde, Sozialgeschichte, S. 648–52.
77 Hierzu jüngst bes. D. Langewiesche, Wanderungsbewegungen in der Hochindustrialisierungsperiode. Regionale, interstädtische u. innerstädtische Mobilität in Deutschland 1880–1914, in: VSWG 64. 1977, S. 1–40, unter Verwendung entsprechender Quellen.

Klaus Tenfelde

werden z. T. neue Wege erprobt. Allerdings läßt die große Quellennähe unter Konzentration auf die gewerbestatistischen Erhebungsjahre, wenn auch das Wirtschaftswachstum damit großräumig erfaßt werden kann, die etwa für die Konfliktgeschichte der Arbeiterschaft zentrale, vor allem gewerblich zu differenzierende Wachstumsdynamik in Krisen und Konjunkturen doch in den Hintergrund treten. Dagegen mag der weitgehende, jedoch nur durch umfassende konzeptionelle Vorgaben aufzuhebende Verzicht auf den typisierenden landesgeschichtlichen Vergleich der Gewerbeentwicklung durch die Intention des Gesamtwerks kompensiert werden, als „Nachschlagewerk" insbesondere der Nationalökonomie und der Soziologie „anhand des ausgebreiteten empirischen Materials zu einer Nachprüfung ihrer Theorien, Thesen und Modelle" zu dienen.[78]

Aus dem begleitenden Aufsatzband über die Industrialisierungsgeschichte im Raum Berlin/Brandenburg dürften für die regionale Arbeiterschafts- und Arbeiterbewegungsgeschichte insbesondere die Beiträge von *Jürgen Bergmann, Günter Liebchen* und *Dieter Bergmann* von Interesse sein. J. Bergmanns inzwischen durch eine eigene Buchveröffentlichung erhärtete Studie[79] konzentriert sich auf die Verhaltensformen und Wertbezüge des Alten Handwerks und erarbeitet die Grundzüge seiner Entwicklung in den Phasen der Frühindustrialisierung, wobei entlang den Forschungen von W. Fischer und in Übereinstimmung auch mit anderen Studien[80] der älteren globalen Niedergangsthese mindestens aus statistischer Sicht widersprochen wird – dies bleibt im Blick auf die Trägerschichten der frühen Arbeiterbewegung eine bisher allzu wenig herangezogene Beobachtung. D. Bergmann gibt z. T. auf der Grundlage der Untersuchungen von L. Baar und G. Ziese[81] einen Überblick zur Berliner Arbeiterbewegung von den frühen Arbeitskonflikten, dem Arbeiterbildungsverein und der Gemeinde des Bundes der Gerechten zur Entwicklung der Arbeiterbewegung in den Revolutionsjahren. G. Liebchen widmet sich den Lebensbedingungen der Berliner Unterschichten am Beispiel der mit der Bevölkerungsentwicklung konfrontierten Wohnsituation;[82] diese Studie hat inzwischen einen weniger

78 Büsch, Industrialisierung u. Gewerbe [Bd. 1], S. XI; Bd. 2, S. VII.
79 Untersuchungen, S. 225–69: Das „Alte Handwerk" im Übergang. Zum Wandel von Struktur u. Funktion des Handwerks im Berliner Wirtschaftsraum in vor- u. frühindustrieller Zeit; J. Bergmann, Das Berliner Handwerk in den Frühphasen der Industrialisierung, Berlin 1973.
80 Vgl. Anm. 11 sowie u. a.: A. Noll, Sozio-ökonomischer Strukturwandel des Handwerks in der zweiten Phase der Industrialisierung unter bes. Berücksichtigung der Regierungsbezirke Arnsberg u. Münster, Göttingen 1975.
81 Bes. L. Baar, Die Berliner Industrie in der industriellen Revolution, Berlin (Ost) 1966; G. Ziese, Über die Anfänge der Arbeiterbewegung in Berlin, in: BZG 7. 1965, Sonderheft örtliche Arbeiterbewegung, S. 140–56; D. Bergmann, Die Berliner Arbeiterschaft in Vormärz u. Revolution 1830–1850. Eine Trägerschicht der beginnenden Industrialisierung als neue Kraft in der Politik, in: Untersuchungen, S. 455–511.
82 Untersuchungen, S. 270–314: Zu den Lebensbedingungen der unteren Schichten im Berlin des Vormärz. Eine Betrachtung an Hand von Mietpreisentwicklung u. Wohnverhältnis-

präzisen, eigenwillig auf die Frage nach der „Leistungsfähigkeit" der Marxschen „Arbeits-Werttheorie zur Erklärung des Prozesses der Stadtentwicklung" konzentrierten Nachfolger in *Horant Fassbinders*[83] Darstellung der
Berliner Arbeiterviertel gefunden. Diese und die im selben Verlag erschienene Veröffentlichung von *Hans-Jürgen-Nörnberg* und *Dirk Schubert,*[84] in
der reichhaltiges Material durch Hausgrundrisse und zeitgenössische Ab-
bildungen illustriert wird, versuchen Längsschnitte zur Entwicklung des
Wohnungsbaus für Arbeiter, so daß die Informationsdichte, der Quellenlage entsprechend, erst in den Jahrzehnten des Kaiserreichs zunimmt.
Dis bisherigen Hinweise auf Ergebnisse der Frühindustrialisierungsforschung können deren inhaltliches Spektrum so wenig wie ihre methodische
Fruchtbarkeit für eine sozialgeschichtliche Interpretation der Frühgeschichte der Arbeiterbewegung ausreichend behandeln. Es sollten einige
Wege aufgewiesen werden, die zu den Quellen regionalgeschichtlicher Arbeiterbewegungsforschung unter der Perspektive sozialen Wandels und sozialen Konflikts führen – Wege, die unter anderem jene strapaziöse Frage
nach dem „Beginn" der deutschen Arbeiterbewegung[85] nicht etwa aus den
Anfängen organisatorisch-ideologischer Formierung, sondern aus der Ungleichzeitigkeit und Verschiedenartigkeit des regionalen Strukturwandels
klären helfen. Ohne Zweifel hat sich die Vormärzforschung inzwischen
deutlich in den zahlreichen jüngeren, hier nicht im einzelnen zu referieren-
den regional- und lokalgeschichtlichen Buchveröffentlichungen und Aufsätzen über Vereinsbewegung und Rolle der Arbeiterschaft in der Revolution 1848/49 niedergeschlagen. Sie hat, freilich unter einem den Prozessen
der Verelendung und Klassenbildung verpflichteten Erkenntnisinteresse
und mit eigenen methodischen Akzenten, auch in der DDR-Forschung gelegentlich fern vom dogmatischen Korsett jener Arbeiterbewegungs-
Kommissionen einen festen Platz eingenommen; *Karl Obermann* hat
hierzu in jüngerer Zeit bedeutende Arbeiten vorgelegt,[86] und der frühe
Einfluß *Jürgen Kuczynskis* wird in richtungweisenden Werken wie jenem

---

sen; vgl. hierzu auch W. Treue, Haus u. Wohnung im 19. Jh., in: W. Artelt u. a. (Hg.), Städ-
te-, Wohnungs- u. Kleidungshygiene des 19. Jhs. in Deutschland, Stuttgart 1969, S. 34–51,
sowie L. Niethammer u. F. Brüggemeier, Wie wohnten die Arbeiter im Kaiserreich?, in:
AFS 16. 1976, S. 61–134.

83 Berliner Arbeiterviertel 1800–1918. Mit einem Beitrag von I. Krai, Westberlin 1975.
84 Massenwohnungsbau in Hamburg. Materialien zur Entstehung u. Veränderung Hamburger Arbeiterwohnungen u. -siedlungen 1800–1967, Westberlin 1975.
85 S. u. a. W. Conze, Der Beginn der deutschen Arbeiterbewegung, (leicht gekürzt) in: G. A.
Ritter (Hg.), Die deutschen Parteien vor 1914, Köln 1973, S. 331–41; H. Lademacher, Zu
den Anfängen der deutschen Sozialdemokratie 1863–1878. Probleme ihrer Geschichtsschreibung, in: International Review of Social History 4. 1959, S. 239–60, 367–93, wo S.
242 u. ö. der parteiengeschichtliche Ausgangspunkt, der für die überwiegende Mehrzahl
der regionalgeschichtlichen Untersuchungen über den Zeitraum seit den 1860er Jahren
maßgebend ist, skizziert wird.
86 Vgl. die Studien über die Krisen der 1840er Jahre, in: JWG 1972/I, S. 135–81; 1973/III, S.
143–74; sowie in: JG 7. 1972, S. 141–74.

von *Rudolph Strauß* über die Chemnitzer Arbeiter im Vormärz[87] sichtbar. Die Vormärzforschung erteilte schließlich, dies konnte bereits an einigen der vorgestellten Untersuchungen gezeigt werden (Seidel, Bullick, Köllmann u. a.), der jüngeren historischen Konfliktforschung wesentliche Impulse.

Berücksichtigt man die, seit den entsprechenden Studien Ralf Dahrendorfs, weithin anerkannte konstitutive Funktion sozialer Konflikte für den gesellschaftlichen Wandel im allgemeinen sowie für die Interessenfindung und Organisation der Arbeiterschaft im besonderen, so darf die historische Streikforschung, anders als in der Geschichte der Arbeiterbewegungen westlicher Industriestaaten, in Deutschland als ein weithin unbestelltes Feld gelten. Selbst die Phase gesicherter statistischer Erkenntnisse seit den 1890er Jahren böte nach der wegweisenden Studie von *Hartmut Kaelble* und *Heinrich Volkmann*[88] Raum für weitere Forschungen. Das Datendefizit der vorhergehenden Jahrzehnte ist insbesondere durch die neues Material erschließenden Studien über sozialen Protest von *Richard H. Tilly* und *Heinrich Volkmann* mit Erfolg für die vormärzlichen Jahrzehnte aufgefüllt worden;[89] um eine Streikstatistik seit den 1860er Jahren bemüht sich seit einiger Zeit die DDR-Forschung, die sich neben anderem in der Untersuchung ländlicher Protestformen, so zuletzt mit der Quellensammlung von *Hans Hübner* und *Heinz Kathe* über die ostelbischen Landarbeiter,[90] große Verdienste erworben hat. Es fehlt jedoch, trotz einiger Untersuchungen über gewerblich-regionale Streiks,[91] an lage- und bewußtseinsbezogenen

87 Die Lage u. Bewegung der Chemnitzer Arbeiter in der ersten Hälfte des 19. Jhs. (vgl. o. Anm. 34). Zu dem umfassenden Werk Kuczynskis vgl. mit genauen Angaben die Sammelbesprechung in AFS 14. 1974, S. 471–542.
88 Konjunktur u. Streik während des Übergangs zum organisierten Kapitalismus in Deutschland, in: Zeitschrift für Wirtschafts- u. Sozialwissenschaften 92. 1972, S. 513–44; zuletzt: H. Volkmann, Modernisierung des Arbeitskampfes? Zum Formwandel von Streik u. Aussperrung in Deutschland 1864–1975, in: H. Kaelble u. a., Probleme der Modernisierung in Deutschland. Sozialhistorische Studien zum 19. u. 20. Jh., Opladen 1978, S. 110–70; s. auch den Überblick von D. Schneider, Der Streik. Begriff u. Geschichte, in: ders. (Hg.), Zur Theorie u. Praxis des Streiks, Frankfurt 1971, S. 7–96; sowie K. Wiedemann, Streik u. Streikdrohung, Herford 1971.
89 Vgl. C., L. u. R. Tilly, The Rebellious Century 1830–1930, London 1975, S. 191–324, sowie die Beiträge in GG 3. 1977, H. 2: „Sozialer Protest"; ferner H. Volkmann, Soziale Innovation u. Systemstabilität am Beispiel der Krise von 1830–1832 in Deutschland, in: O. Neuloh (Hg.), Soziale Innovation u. sozialer Konflikt, Göttingen 1977, S. 41–68.
90 Lage und Kampf der Landarbeiter im ostelbischen Preußen (Vom Anfang des 19. Jahrhunderts bis zur Novemberrevolution 1918/19), Vaduz/Liechtenstein 1977; vgl. auch H. Bleiber, Zwischen Reform u. Revolution: Lage u. Kämpfe der schlesischen Bauern u. Landarbeiter im Vormärz 1840–1847, Berlin (Ost) 1966. Zur Streikforschung s. W. Steglich, Eine Streiktabelle für Deutschland 1864–1880, in: JWG 1960/II, S. 247–82; W. Strenz u. H. Thümmler, Zur Problematik der Erarbeitung von Streikkarten, ebd. 1974/II, S. 179–99.
91 Vgl. u. a. H. Kral, Streik auf den Helligen. Die gewerkschaftlichen Kämpfe der deutschen Werftarbeiter vor dem Ersten Weltkrieg, Berlin (Ost) 1964; H. Seidel, Streikkämpfe der

Konfliktstudien anhand einer identifizierten Gruppe potentiell Streikender über längere Zeiträume hinweg, um Zusammenhänge zwischen Löhnen und Preisen, Betrieb und Familie, Bewußtsein, Kommunikation und Konflikt typisierend zu klären – eine Aufgabe, die vorrangig der regionalen und lokalen Arbeiterbewegungsforschung und Sozialgeschichte zufallen muß. Streiks, die in solcher Forschung als Sonderformen sozialer Konflikte zu begreifen wären, sind zwar in der eingangs erwähnten, älteren Verbands- und Regionalgeschichtsschreibung so sehr wie in jüngeren, unten aufzugreifenden Studien berücksichtigt, jedoch einseitig dem Prozeß der organisatorisch-ideologischen Konstitution der Arbeiterschaft zugeordnet worden. Wo dies nicht der Fall ist wie in *Wilhelm Wortmanns* Studie über die Auseinandersetzungen der Eisenbahnbauarbeiter in Westfalen 1844 bis 1847[92] oder auch in *Wolfgang Köllmanns* Quellensammlung über die Streiks der Wuppertaler Färbergesellen 1848–1857, in denen freilich frühe Ansätze zur gewerkschaftlichen Organisation bereits eine erhebliche Rolle spielen,[93] stehen dagegen Fragen wie jene nach den Streikursachen und typischen Streikverläufen im Vordergrund; Fragen also, die sozialgeschichtliche Antworten verlangen. Während dabei Wortmanns Untersuchung trotz ausführlicher Erörterungen über die Zusammensetzung, Arbeits- und Lebensverhältnisse der Eisenbahnbauarbeiter und ihre Unruhen auch im Spiegel der zeitgenössischen Presse in einem recht isolierten, nur durch gewerbeübergreifende Vergleiche aufzubrechenden Rahmen verbleibt, dürfte Köllmanns Quellensammlung, berücksichtigt man den gewerberegionalen Hintergrund, weithin repräsentativ für Konfliktverlauf und -organisation in dieser Phase sein.

Noch *Wolfgang Schieders* grundlegende Untersuchung ordnet sich in die Vormärzforschung ein, indem sie die Auslandsvereine deutscher Handwerker[94] in ihrer organisatorischen Entwicklung unter dem Einfluß einer Reihe von Arbeiterführern und frühsozialistischen Theoriegebilden als zeittypischen Ausdruck der Diaspora-Situation dieser Vereine begreift. Der Erkenntnisgegenstand schließt Erörterungen, die, über die Sozialstatistik der Vereine und die Herkunft ihrer Trägerschichten hinaus, zur vormärzlichen Sozialgeschichte Stellung bezögen, weitgehend aus; darstel-

mittel- u. ostdeutschen Braunkohlenbergarbeiter von 1890–1914, Leipzig 1964; Plötz (Anm. 28).

92 Eisenbahnbauarbeiter im Vormärz. Sozialgeschichtliche Untersuchung der Bauarbeiter der Köln-Mindener Eisenbahn in Minden-Ravensberg 1844–1847, Köln 1972. Zur frühen Streikgeschichte immer noch unentbehrlich: E. Todt u. H. Radandt, Zur Frühgeschichte der deutschen Gewerkschaftsbewegung 1800–1849, Berlin (Ost) 1950; E. Todt, Die gewerkschaftliche Betätigung in Deutschland von 1850 bis 1859, Berlin (Ost) 1950.

93 Wuppertaler Färbergesellen-Innung u. Färbergesellen-Streiks 1848–1857. Akten zur Frühgeschichte der Arbeiterbewegung in Deutschland, Wiesbaden 1962; zum Hintergrund s. ders., Barmen, S. 183–97.

94 Vgl. oben Anm. 42.

lungstechnisch verläßt Schieder hingegen die überkommenen Erzählformen und stellt neben der Strukturuntersuchung eine kritische Analyse der Theorieeinflüsse in den Mittelpunkt der Untersuchung. Wie hier, wird auch in der ähnlich grundlegenden Arbeit von *Frolinde Balser*,[95] die sich zeitlich dem 1924 erstmals erschienenen Buch von *Max Quarck*[96] über die Arbeiterverbrüderung 1848/49 anschließt, eine Fülle neuen Materials erarbeitet und, so bei Balser in einem eigenen Textband, veröffentlicht. In Balsers Buch werden zahllose, für die örtliche Frühgeschichte der Arbeiterbewegung bedeutsame Details gesammelt, regionale Verbindungen erörtert – darunter besonders die württembergische Arbeiterverbrüderung – und die großen Fragen über die Rolle der Arbeiterbewegung in der Revolution ausgebreitet: der Zusammenhang gewerkschaftlicher und politischer Ziele in der Programmatik und die Organisationsformen der Arbeiterverbrüderung; die Maßnahmen obrigkeitlicher Repression bis hin zur Einschränkung der Vereinsfreiheit durch die reaktionären Vereinsgesetze und zum Bundesbeschluß von 1854 unter Konzentration auf Entwicklungen in Preußen, Sachsen, Bayern und Württemberg; schließlich die Verbindungen und Differenzen zum Bund der Kommunisten unter der Führung von Marx. In letzterem dürfte das Buch am meisten Widerspruch erfahren haben; zwar wird der gewerkschaftliche Charakter der Arbeiterverbrüderung und ihre Nähe zur demokratischen Bewegung in republikanischen und Grundrechtsforderungen gründlich erarbeitet, andererseits bleiben revolutionäre Züge unterbewertet. Wie schon bei Schieder, liegt jedoch ein Vorzug der Untersuchung in der ausführlichen Würdigung biographischer Details; Balser stellt schließlich in ihren Schlußkapiteln die Kontinuitätsfrage während der 1850er Jahre in den Vordergrund.

Wenn auch einleitend in diesem Werk Bezug auf sozialgeschichtliche Forschungsperspektiven nach Werner Conze oder gar Fernand Braudel genommen wird und das Argumentationsmuster der Vorgehensweise von Schieder ähnelt, werden solche Überlegungen doch in keiner Weise in dem Buch fruchtbar gemacht. Gewiß setzt schon die spät- und nachrevolutionäre Situation solcher Sichtweise Grenzen; die Arbeiterverbrüderung entfaltete ihr Innenleben, und Details über Lage und Konfliktlatenz der Arbeiterschaft auszubreiten, hätte eine Fülle von Problemen aufgeworfen; dennoch bleibt der Verzicht auf letzteres, denkt man an die Ausführungen zur „Organisationsbefähigung der deutschen Arbeiter", bedauerlich. Etwas anders verfahren die beiden zentralen Untersuchungen über die Parallelorganisation während der Revolution, den Bund der Kommunisten: *Dieter*

---

95 Sozial-Demokratie 1848/49–1863. Die erste deutsche Arbeiterorganisation „Allgemeine deutsche Arbeiterverbrüderung" nach der Revolution, Text- u. Quellenbd., Stuttgart 1965².

96 Die erste deutsche Arbeiterbewegung. Geschichte der Arbeiterverbrüderung 1848/49, Leipzig 1924, ND Glashütten i. T. 1970.

Dowe leitet seine Studie über die Arbeiterbewegung in der Rheinprovinz[97] mit einer regionalen Konfliktgeschichte ein und konzentriert sich auf die vormärzlichen sozialistischen Regungen unter dem Einfluß deutscher Sozialisten wie Moses Heß und Karl Grün, auf Vereinsgründungen und Presseorgane im liberaleren Westen des Bundesgebiets. Im Mittelpunkt des Buchs steht, unter Seitenblicken auf benachbarte Vereine, die Entwicklung des Kölner Arbeitervereins während der Revolution und unter dem Einfluß von Karl Marx' taktischen Wandlungen. Im Vergleich mit dieser außerordentlich sorgfältigen regionalgeschichtlichen Arbeit ist *Ernst Schraeplers* zusammenfassende Darstellung der frühen Arbeiterbewegung bis 1853[98] weniger detailkonzentriert; hier wird die Entwicklung der Auslandsvereine bis zum Kommunistenbund und dessen Wirksamkeit vor allem im Rheinland und sein Ende nach herkömmlichen Fragestellungen nacherzählt; die vorausgestellte, die Massenarmut und das Pauperismusproblem aufgreifende Einleitung bleibt ohne analytischen Bezug zum Generalthema. Gleichwohl darf mit dieser Publikation, bezieht man die teilweise bedeutenden DDR-Forschungen in das Urteil ein, der Kenntnisstand über die Arbeiterverbrüderung und den Kommunistenbund bis zu beider Unterdrückung, vielleicht mit Ausnahme der Fraktion Schapper-Willich im Londoner Arbeiterverein und deren Einflüsse, als im ganzen befriedigend gelten.

Die vor allem seit F. Balsers Untersuchung vielbemühte Frage nach der Kontinuität der Arbeiterbewegung in der Reaktionsphase bis zum Wiederaufleben politischer Organisationen der Arbeiterschaft zu Beginn der 1860er Jahre ist offenkundig ein Scheinproblem und als solches nur aus überwiegend organisationsgeschichtlicher Sichtweise verständlich.[99] Nicht nur, daß an vielen Orten Arbeitervereine bis in die Mitte der 1850er Jahre und länger fortexistieren konnten, daß Arbeiter vielfach zu äußerlich unpolitischen Vereinsgründungen griffen und darin – ganz analog der Phase des Sozialistengesetzes, wie überhaupt die 1850er Jahre die Situation unter dem Ausnahmerecht seit 1878, so in der Ergänzung der „Peitsche" durch sozialpolitische „Zuckerbrote", in mancher Hinsicht vorweggenommen haben – mehr oder weniger formalisierte Beziehungen untereinander beibehielten; nicht nur, daß eine Reihe von personellen Verbindungen, wie u. a. das Beispiel des 48ers Wilhelm Liebknecht, aber auch vieler regionaler Arbeiterführer, zeigt, z. T. über eine kurze Emigrationsspanne und in manchen Auslandsvereinen überdauerten; daß schließlich die Ideen der Revo-

---

97 Aktion u. Organisation. Arbeiterbewegung, sozialistische u. kommunistische Bewegung in der preußischen Rheinprovinz 1820–1852, Hannover 1970.

98 Handwerkerbünde u. Arbeitervereine 1830–1853. Die politische Tätigkeit deutscher Sozialisten von Wilhelm Weitling bis Karl Marx, Berlin 1972.

99 Vgl. u. a. für die Rheinprovinz: J. Schindlmayr-Reyle, Die Arbeiterbewegung in der Rheinprovinz 1850–1862, Diss. Köln 1969.

lution, daß demokratisch-republikanisches Denken und die Aufgabe nationaler Einigung, ganz zu schweigen von der Entwicklungsgeschichte des Marxismus, gerade in der Arbeiterschaft wachblieben. Viel bedeutsamer ist darüber hinaus, daß gerade seit den 1850er Jahren durch die wirtschaftliche und soziale Entwicklung in den meisten Gewerberegionen die Bedingungen fortdauernder Interessenartikulation, in der Revolution vorweggenommen, im eigentlichen Sinne hergestellt wurden. So wird man während der 1850er Jahre erstmals von einer konjunkturzyklischen Streikwelle sprechen können, die sich vielfach in mehr oder weniger stabilen gewerkschaftlichen Vereinsgründungen niederschlug; man wird neben der Bedeutung der Arbeiterbildungsvereine[100] vermehrt den Geflechten von Beziehungen untereinander im Betrieb und in der Wohnumgebung beispielsweise anhand der Entstehung von Beerdigungs- und Unterstützungskassen, Gesang- und Geselligkeitsvereinen nachgehen müssen. *Shlomo Na'aman*[101] verlangt denn auch, die Kontinuitätsfrage zuerst auf lokaler Ebene zu untersuchen und verweist auf die Übereinstimmung des Verbreitungsmusters der Arbeiterbewegung von 1848/49 mit jenem von 1862/63; seine Unterscheidung regionaler Vereinsstrukturen in der rheinischen Klubbewegung, der norddeutschen Kongreßbewegung und süddeutschen Konföderationsform trifft einen unterschwellig fortwirkenden Kern des späteren überregionalen Organisationsgefüges. Na'aman hat inzwischen eine bedeutende, für die frühe Organisations- und Ideengeschichte unentbehrliche und durch zahllose regionale Bezüge illustrierte Dokumentation über die Konstituierung der deutschen Arbeiterbewegung 1862/63 vorgelegt,[102] in der die Verfestigung der Vereinslandschaften aus einer Vielzahl von abgedruckten Stücken insbesondere der zeitgenössischen Lokal- und Regionalpresse sichtbar wird. Na'aman, der diese Dokumentation nunmehr durch eine Quellensammlung über den für die Herausbildung der Eisenacher Sozialdemokratie entscheidenden 5. Vereinstag des Verbands deutscher Arbeitervereine in Nürnberg ergänzt hat[103] und der als der zur Zeit genaueste Kenner dieser Phase der doppelpoligen organisatorischen Konstitution der Sozialdemokratie gelten muß, vertritt freilich, vor allem in

100 Hierzu K. Birker, Die deutschen Arbeiterbildungsvereine 1840–1870, Berlin 1973.
101 Demokratische u. soziale Impulse in der Frühgeschichte der deutschen Arbeiterbewegung der Jahre 1862/63, Wiesbaden 1969; vgl. S. 18–26.
102 Unter Mitwirkung von H. P. Harstick: Die Konstituierung der deutschen Arbeiterbewegung 1862/63. Darstellung u. Dokumentation, Assen 1975. Wie diese Quellensammlung, ist auch die Neuauflage der marxistischen Standarddarstellung zur Organisations- und Ideologiegeschichte der Arbeiterbewegung von D. Fricke durch ein Ortsregister für die regionalgeschichtliche Forschung erschlossen: Die deutsche Arbeiterbewegung 1869 bis 1914. Ein Handbuch über ihre Organisation u. Tätigkeit im Klassenkampf, Berlin (Ost) 1976.
103 Von der Arbeiterbewegung zur Arbeiterpartei. Der Fünfte Vereinstag der Deutschen Arbeitervereine zu Nürnberg im Jahre 1868. Eine Dokumentation, Berlin 1976.

der Einleitung zur erstgenannten Quellensammlung,[104] trotz deutlicher Akzentuierung der Arbeiterbewegung als sozialer Bewegung nicht einen im eigentlichen Sinne sozialgeschichtlichen Ansatz, der ihn über die detaillierte ereignisgeschichtliche Schilderung der „Bewegungsjahre" 1862/63 hinaus u. a. zu einer präziseren Analyse der Entstehungsbedingungen in den „Aktivregionen"[105] der frühen Arbeiterbewegung veranlassen müßte. Vielmehr verrät die durchweg begleitende Kritik an der Position und dem Verhalten linksliberaler Einflüsse gegenüber den Organisationsbestrebungen wenig Gespür für den Prozeß der Differenzierung alternativer Chancen der Emanzipation, wie sie in der Gewerkschaftsbewegung bald darauf virulent wurden, und tendiert zudem zu jener einschichtigen, von DDR-Historikern monopolisierten Interpretation vom „Verrat" des Linksliberalismus an der Arbeiterbewegung seit den Ereignissen von 1848/49.[106] Weit fruchtbarer erscheint, daß Na'aman die Doppelpoligkeit gleichsam als Strukturprinzip im Prozeß der Konstitution in den Vordergrund stellt – eine Feststellung, die sowohl die älteren Erscheinungsformen der Arbeiterbewegung als auch ihr weit späteres Aufbrechen trifft und die einmal als These etwa den Flügelkämpfen seit den 1880er Jahren unterstellt werden sollte.

Die Arbeiterbewegung als soziale, demokratische und nationale Bewegung und ihre von *Gustav Mayer* so pointiert hervorgehobene „Trennung" von der bürgerlichen Demokratie[107] in den 1860er Jahren, dies sind zugleich die leitenden Fragen regionalgeschichtlicher Untersuchungen, die, auf das „Gründungsjahr" 1863 fixiert,[108] das Schicksal der frühen Arbeiterorganisationen in der Auseinandersetzung mit dem Liberalismus, den Konkurrenzkämpfen zwischen Lassalleanern und Eisenachern und den massiven staatlichen Gegenmaßnahmen besonders seit der Reichsgründung zum Gegenstand haben. Im Überblick drücken sich in allen Studien die je verschiedenen Vereinslandschaften der Frühphase aus, indem in Norddeutschland der Schwerpunkt gewöhnlich auf der Entwicklung der Lassal-

---

104 Vgl. Ergänzungen und Kritik von T. Offermann, in: AFS 16. 1976, S. 546–61; U. Engelhardt, in: HZ 223. 1976, S. 466–69; s. auch W. Carr, in: Economic History Review 91. 1976, S. 870–73.

105 Vgl. Steinbach, unten Anm. 175, S. 4 u. ö.

106 Vgl. etwa G. Fesser, Linksliberalismus u. Arbeiterbewegung. Die Stellung der Deutschen Fortschrittspartei zur Arbeiterbewegung 1861–1866, Berlin (Ost) 1976, S. 87, 106, 115–20 u. ö.

107 Die Trennung der proletarischen von der bürgerlichen Demokratie in Deutschland, 1863–1870, in: ders., Radikalismus, Sozialismus u. bürgerliche Demokratie, Hg. H.-U. Wehler, Frankfurt 1969, S. 108–94. Andere Arbeiten von G. Mayer über Lassalle und die deutsche Arbeiterbewegung in den 1860er Jahren vgl. jetzt in: Arbeiterbewegung u. Obrigkeitsstaat, Hg. H.-U. Wehler, Bonn-Bad Godesberg 1972; nachgedruckt wurde auch: G. Mayer, Johann Baptist v. Schweitzer u. die Sozialdemokratie. Ein Beitrag zur Geschichte der deutschen Arbeiterbewegung, Jena 1909, ND Glashütten i. T. 1970.

108 Kritisch hierzu z. B. Na'aman, Konstituierung, S. 3 f.; s. auch oben Anm. 85 sowie G. A. Ritter, Arbeiterbewegung, Parteien u. Parlamentarismus, Göttingen 1976, S. 321.

leaner und dem Einfluß der Eisenacher bei, nach dem Scheitern der Kongreßbewegung, stark zentralistischen Grundströmungen liegt, während in süddeutschen Studien bürgerlich-liberale Einflüsse lange maßgeblich erscheinen und in der Organisationsgeschichte föderative Tendenzen (Vereinsbewegung) im Vordergrund stehen. *Georg Eckert*[109] hat am Beispiel der „Hochburg" Braunschweig die Konversion des überzeugten Lassalleaners Wilhelm Bracke zum Eisenacher unter dem Eindruck der Diktatur Schweitzers im ADAV, was Braunschweig die Bedeutung des ersten Vororts der neuen Sozialdemokratischen Arbeiter-Partei eintrug, dargestellt. *Volkmar Regling*[110] verfolgt die Agitation und Ausbreitung der Lassalleaner in Schleswig-Holstein, zeigt ihre vergeblichen Bemühungen unter der nordschleswigschen Arbeiterschaft auf und wendet sich den Auswirkungen der repressiven Handhabung des Vereinsgesetzes bis hin zur Schließung des Berliner ADAV im Juni 1874 zu. Wie hier, werden die Auswirkungen des Reichsgründungskrieges auf die Arbeiterbewegung, aber auch die gewerkschaftlichen und genossenschaftlichen Organisationsbestrebungen und Arbeitskämpfe in der Studie von *Ulrich Böttcher* über Bremen[111] ausführlich gewürdigt. Auch in Bremen traten die Eisenacher gegenüber den Lassalleanern wenig hervor, und in Oldenburg gerieten die vielfach vom Bürgertum beeinflußten Arbeiterbildungsvereine erst gegen Ende der 1860er Jahre unter den Einfluß sozialistischer Ideen aus den ADAV-Zentralen Hamburg und Bremen.[112] Sachsen war hingegen das Ausbreitungszentrum der Eisenacher,[113] während die Rheinprovinz, wie *Heinrich Karl Schmitz* am Beispiel Düsseldorf zeigt,[114] nach wie vor weithin in der Hand der Lassalleaner blieb, mochten die organisatorischen und ideologischen Schwächen der Bewegung auch nach der Reichsgründung und in der Auseinandersetzung um die Gewerkschaftsfrage deutlich zu Tage treten.

In Süddeutschland sahen die Probleme anders aus. Die Forschung verfügt hier seit einiger Zeit über mehrere methodisch ausgreifende, präzise gearbeitete Monographien, deren Entstehung wiederum überwiegend den Anregungen Werner Conzes zu danken ist; insgesamt konnte dadurch ein au-

109 Vgl. Anm. 4.
110 Die Anfänge des Sozialismus in Schleswig-Holstein, Neumünster 1965; vgl. auch G. Trautmann, Liberalismus, Arbeiterbewegung u. Staat in Hamburg u. Schleswig-Holstein 1862–69, in: AFS 15. 1975, S. 51 ff.
111 Vgl. oben Anm. 5.
112 Vgl. P. K. Schwarz, Nationale u. soziale Bewegung in Oldenburg im Jahrzehnt vor der Reichsgründung, Diss. Münster 1969; s. auch I. Dunger, Wilhelmshaven 1870–1914. Staats-, Kommunal- u. Parteipolitik im Jadegebiet zwischen Reichsgründung u. Erstem Weltkrieg, (Diss. Hamburg) Wilhelmshaven-Rüstersiel 1961, S. 101 ff.
113 Vgl. u. a. G. Benser, Die Herausbildung der Eisenacher Partei. Eine Untersuchung über die Entwicklung der Arbeiterbewegung im sächsischen Textilindustriegebiet Glauchau-Meerane, Berlin (Ost) 1956.
114 Anfänge u. Entwicklung der Arbeiterbewegung im Raum Düsseldorf. Die Arbeiterbewegung in Düsseldorf 1859–1878 u. ihre Auswirkungen im linken Niederrheingebiet, Hannover 1968.

ßerordentlich differenziertes Bild der Frühgeschichte der Arbeiterbewegung entfaltet werden. Daß etwa die Frage nach der organisatorischen Kontinuität während der 1850er Jahre von Ort zu Ort verschieden zu beantworten ist, zeigt ein Vergleich der kleinen, gleichwohl genauen Studie von *Klaus Schönhoven*[115] über die Würzburger Arbeiterbewegung mit den Untersuchungen von *W. Fischer* über Fürth[116] und, vor allem, von *Hugo Eckert* über Nürnberg,[117] während *Wolfgang Schmierer*[118] in Württemberg gar eine weitgehende Übereinstimmung der Vereinsnetze der Revolutionszeit und der 1860er Jahre feststellen kann. Vor allem H. Eckert, dessen Titelformulierung „Liberal- oder Sozialdemokratie" gleichsam programmatisch die Jahrzehnte konkurrierender Strömungen in der Frühgeschichte der Arbeiterbewegung des Nürnberg-Fürther Raums umgreift, wendet, hierin die bereits vorgestellte Arbeit von Regling noch übertreffend, viel Mühe auf die Erfassung der wirtschaftlichen, rechtlichen und sozialen Entwicklung der städtischen Arbeiterschaft und verbessert nicht nur in diesem Punkt den bisher auf die inzwischen nachgedruckte Chronik *Georg Gärtners*[119] angewiesenen Kenntnisstand erheblich; Eckert schließt fortwährend Bezüge auf die besondere bayerische Rechts- und Sozialordnung ein, verortet die Nürnberger im Zusammenhang der bayerischen Arbeiterbewegung[120] und dringt darin zu typisierenden Vergleichen vor, die den Sonderbedingungen im stark industrialisierenden Nürnberger Raum gerecht werden wollen. Aber nicht nur in methodischer Hinsicht, auch im Blick auf die Ergebnisse ragt diese Arbeit aus der sonstigen Regionalhistoriographie dieser Zeit hervor. So versucht Eckert, die skizzierte grundlegende These G. Mayers zwar nicht zu widerlegen, aber doch für Nürnberg dahingehend zu differenzieren, daß für den Prozeß der Loslösung von Arbeiterbewegung und Bürgertum die liberaldemokratische weit eher als die sozialistische Bewegung verantwortlich zu machen ist – im Vergleich mit anderen Städten wird damit deutlich, wie wechselseitig dieser Vorgang angelegt war. Gleichwohl bedeuteten, wie gerade die Gewerkschaftsgeschichte zeigt, die Behauptung der sozialdemokratischen Strömungen in der Arbeiterschaft, die allerorten das Vertrauen in die Tauglichkeit der Fortschrittspartei für

---

115 Zwischen Revolution u. Sozialistengesetz. Die Anfänge der Würzburger Arbeiterbewegung 1848 bis 1878, Würzburg 1976.
116 Die Fürther Arbeiterbewegung von ihren Anfängen bis 1870, Diss. Erlangen-Nürnberg 1965.
117 Liberal- oder Sozialdemokratie. Frühgeschichte der Nürnberger Arbeiterbewegung, Stuttgart 1968.
118 Von der Arbeiterbildung zur Arbeiterpolitik. Die Anfänge der Arbeiterbewegung in Württemberg 1862/63–1878, Hannover 1970.
119 Vgl. Anm. 1.
120 Die Arbeit von H. Hirschfelder, Die bayerische Sozialdemokratie 1864–1914, Diss. Erlangen-Nürnberg 1975, war mir noch nicht zugänglich. Für die bayerische Rheinpfalz s. Schneider (Anm. 5), zu Augsburg Fischer (u. Anm. 169); s. auch F. Schade, Kurt Eisner u. die bayerische Sozialdemokratie, Hannover 1961.

die Lösung der sozialen Probleme verlor, sowie die an den Wahlen bis 1877 ablesbare Ausbreitung der Partei nicht etwa den Untergang der liberalen Arbeiterbewegung, die vielmehr im südwestdeutschen Raum,[121] aber auch in Nürnberg, noch auf lange Zeit z. T. ein Schattendasein neben der Sozialdemokratie führte. Überhaupt bedarf, dies zeigen Studien wie jene von H. Eckert oder auch *Jörg Schadts* Untersuchung über Baden,[122] die Frühgeschichte der Gewerkschaften als Motor der politischen Konstitution weitaus stärkerer Berücksichtigung; ohne Zweifel war „die unmittelbare Erfahrung sozialer Konflikte der entscheidende Faktor proletarischer Parteibildung in Deutschland",[123] und die umgekehrte, allzu stark auf die Gründungsgeschichte des ADAV abhebende These, in Deutschland sei die Konstitution der proletarischen Partei jener der Gewerkschaften vorausgegangen, wird gerade von der süddeutschen Regionalgeschichtsforschung widerlegt. Die bisher wesentlich unter dem Aspekt der Geburtshelferdienste der deutschen Arbeiterparteien und des Liberalismus für die Gewerkschaftsbewegung betrachteten Unterschiede der deutschen zur englischen Arbeiterbewegung sollten anhand dieser Ergebnisse neu überdacht werden.[124] Zugleich zeigt die regionale Arbeiterbewegungsgeschichte, mehr und anders als jene der konkurrierenden überregionalen Arbeiterparteien und vielfach fern von deren Kämpfen um Einfluß und Ideologie, wie sich das Spektrum der verfügbaren Antworten auf die ungelösten Probleme einer menschenwürdigen Existenz der Arbeiterschaft, ihrer Integration und Partizipation, unter dem vorwärtstreibenden Druck offener und latenter Konflikte mehr und mehr verengte.[125]

121 Für Württemberg s. Schmierer, S. 21, 151, 175 u. ö.; für Baden s. K. Birker, Die badischen Arbeiterbildungsvereine vor dem Ersten Weltkrieg, in: IWK 18. 1973, S. 1–22; für Nürnberg stellt H. Eckert, S. 132–42 u. ö., mit dem Deutschen Arbeiterbund und dem Volksbildungsverein die weitere Entwicklung der während des 5. Vereinstages der Deutschen Arbeitervereine abgespaltenen Minderheit detailliert dar; vgl. auch Na'aman, Arbeiterbewegung, S. 58 f.
122 Die Sozialdemokratische Partei in Baden. Von den Anfängen bis zur Jahrhundertwende (1868–1900), Hannover 1971, vgl. S. 31–34, 195; H. Eckert, S. 302 (Statistik der älteren gewerkschaftsähnlichen Vereinigungen), sowie S. 243–47.
123 W. Schieder, Das Scheitern des bürgerlichen Radikalismus u. die sozialistische Parteibildung in Deutschland, in: H. Mommsen (Hg.), Sozialdemokratie zwischen Klassenbewegung u. Volkspartei, Frankfurt 1974, S. 17–34, 18.
124 Vgl. jetzt: U. Engelhardt, „Nur vereinigt sind wir stark". Die Anfänge der deutschen Gewerkschaftsbewegung 1862/63 bis 1869/70, 2 Bde., Stuttgart 1977.
125 Diese Stellungnahme soll auch als Kritik an Studien wie der eben erschienenen Diss. von C. Stephan, „Genossen, wir dürfen uns nicht von der Geduld hinreißen lassen!" Aus der Urgeschichte der Sozialdemokratie 1862–1878, Frankfurt 1977, verstanden werden. Mögen die vielfach provozierenden Thesen über die frühe Ideologiegeschichte der Arbeiterbewegung in diesem Buch z. T. überdenkenswert erscheinen, so bleibt die Darstellung und Kritik von Haltungen zu theoretischen Problemen durchweg und trotz eines auch mit regionalgeschichtlichen Studien angereicherten Literaturverzeichnisses abgelöst von der sozialen und politischen Wirklichkeit, um deren Erforschung sich die hier verfolgte Literaturgattung Verdienste erworben hat. Ähnliches gilt für die Arbeit von D. Lehnert, Re-

Besonderes Interesse verdienen auch die Untersuchungen zur Frühgeschichte der südwestdeutschen Sozialdemokratie. Schadt hält sich eng an die Organisationsgeschichte als das, wie unzulässig eingeengt wird, „Gehäuse, in dem sich die politische Willensbildung vollzieht".[126] In diesem Rahmen erfahren Parteiführung und Mitgliederstruktur, Agitation, Presse und Organisationsformen bis zum Ende des Jahrhunderts eine detaillierte Erörterung. Reformerische, auf evolutionäre Veränderung der bestehenden Gesellschaft gerichtete Grundströmungen in Politik und programmatischen Äußerungen überwogen schon in den 1870er Jahren und wurden nach dem Ende des Sozialistengesetzes insbesondere im Bereich der Kommunalpolitik, der Schadt zu Recht Beachtung schenkt, in einer Politik der kleinen Schritte fortgesetzt. Die Isolation der Partei hat daher, wie auch eine Reihe von Stichwahlbündnissen zu Reichstagswahlen zeigt, nie das in nördlichen Regionen des Reichs gewohnte Ausmaß erreicht.

Im Falle Württembergs sieht sich die Arbeiterbewegungsforschung seit kurzem in einer besonders glücklichen Lage, die zu einem Hinweis Veranlassung gibt: In keiner der in diesem Bericht erwähnten Regionalstudien zur Arbeiterbewegung seit der Revolution, freilich auch nicht in den vorliegenden zusammenfassenden Darstellungen, findet die soziale und politische Entwicklung der mit den Trägergruppen korrespondierenden gesellschaftlichen Schichten ausreichende Würdigung. Bedenkt man, daß die lokale und regionale Formierung und die Umschichtungen in der Unternehmerschaft das Konfliktverhalten der abhängig Beschäftigten und die Gewerkschaftsentwicklung – die Forderung einer Zusammenschau von gewerkschaftlicher und politischer Arbeiterbewegung ist, wie dies schon unmittelbarste Quellenaussagen erzwingen, gemeinhin verwirklicht worden – in starkem Maße bestimmte, daß ferner der Prozeß wechselseitiger Trennung von Arbeiterschaft und Bürgertum, zu dessen genauer Erfassung es nur in der Regionalforschung ausreichend präzise zu verwirklichender Struktur- und Schichtungsanalysen bedarf, gerade auch durch Umschichtungen und Umorientierungen innerhalb des Bürgertums vorangetrieben worden ist, daß schließlich Problemfragen wie jene nach der Integration der Arbeiterschaft kaum eine isolierte Betrachtung der je an solcher Integration beteiligten Schichten, Verbände und Institutionen rechtfertigen dürften, so erweist sich dieser Hinweis als von weitreichender methodischer, inhaltlicher und darstellungstechnischer Konsequenz. Für Württemberg hat nun die aus den wirtschaftlichen und sozialen Voraussetzungen begriffene Entwicklung des Bürgertums zwischen Revolution und Reichsgründung durch *Dieter Langewiesche* eine herausragende Würdigung gefunden.[127]

form u. Revolution in den Strategiediskussionen der klassischen Sozialdemokratie, Bonn-Bad Godesberg 1977.
126 S. 16.
127 Liberalismus u. Demokratie in Württemberg zwischen Revolution u. Reichsgründung, Düsseldorf 1974.

Langewiesche vermag sich insoweit an die Untersuchung Schmierers anzu-
schließen, als auf eine Darstellung der dort behandelten Beziehungen zwischen Arbeiterbildungsvereinen und Fortschritts- sowie Volkspartei[128]
verzichtet, jedoch ein zentraler Aspekt dieses Problems neben der gegenüber Schmierer weitaus umfassenderen Deutung der regionalen Industrialisierungsgeschichte gleichsam nachgeliefert wird: die Entwicklung der
Diskussion und Funktion der sozialen Frage im Bürgertum vom Vormärz –
an den Hungerkrawallen von 1847 kann die schon in vorrevolutionärer Zeit
erhebliche Bereitschaft von Teilen des Bürgertums zum „Arrangement mit
den alten Mächten" nachgewiesen werden[129] – bis zur Reichsgründungszeit. Hierin bleiben ideengeschichtliche Ausschweifungen zugunsten systematischer Rekurse auf Sozialschichtung, ökonomische und nationale In-
teressenlagen des Bürgertums auch neben dessen Parteiorganisationen
ausgespart; gerade in der „Verklammerung von wirtschaftlich-sozialer und
politisch-organisatorischer Entwicklung"[130] wird der methodische Grund-
gedanke und, nebenbei, die Chance landesgeschichtlicher Industrialisie-
rungs- und Arbeiterbewegungsforschung präzisiert. So läßt sich zeigen, daß
die soziale Frage in den beiden nachrevolutionären Jahrzehnten ihre „in-
nerbürgerliche Sprengkraft"[131] verlor und Demokraten wie auch Liberale
gleichermaßen um die Arbeiterbildungsvereine bemüht blieben, jedoch mit
unterschiedlicher, in ihren Kontinuitätslinien auf die Revolutionsjahre zu-
rückweisender Nuancierung – Unterschiede, die in der Haltung der
Volkspartei und der Deutschen Partei zum Sozialistengesetz 1878 deutlich
aufbrachen.
Die bei Langewiesche überzeugende Trennschärfe und analytische Kraft
der Darstellung wird in keinem Fall von den chronologischen Anschlußstu-
dien, jener von *Maja Christ-Gmelin* über die württembergische Sozialdemokratie[132] und, neuerdings, von *James Clark Hunt* über die Volkspartei[133]
wieder erreicht. Auch *Albrecht Eckhardts* Untersuchung über die Arbeiterbewegung im Großherzogtum Hessen[134] bleibt eng der Organisationsgeschichte verbunden und gelangt daher nicht zu typisierenden Ansätzen ähnlich der Arbeit von H. Eckert, bietet jedoch eine Fülle von Informationen

128 Vgl. Schmierer, S. 93–104.
129 Langewiesche, S. 94.
130 Ebd. S. 15.
131 Ebd. S. 446.
132 Vgl. Anm. 9. – In dem Buch von S. Schoch, Soziale Bewegung sowie Formen sozialen u.
     sozialpolitischen Denkens u. Handelns in Württemberg 1770–1870, Stuttgart 1975, wer-
     den trotz des Titels insbesondere gewerbestrukturelle Entwicklungen verfolgt; auch das
     Vereinswesen findet ausführliche Würdigung.
133 The People's Party in Württemberg and Southern Germany, 1890–1914. The Possibili-
     ties of Democratic Politics, Stuttgart 1975. Grundlegend bleibt: K. Simon, Die württem-
     bergischen Demokraten. Ihre Stellung u. Arbeit im Partei- u. Verfassungssystem in
     Württemberg u. im Deutschen Reich 1890–1920, Stuttgart 1969.
134 Arbeiterbewegung u. Sozialdemokratie im Großherzogtum Hessen 1860–1900. Sonder-
     druck aus: Archiv für hessische Geschichte u. Altertumskunde NF 34. 1976, S. 171–493.

vor allem über die regionalen Parteiführer, darunter Philipp Müller, Wilhelm Blos und andere. Durchaus ähnlich materialreich sind die vorliegenden Regionalstudien über die Entwicklung der Arbeiterbewegung unter dem Sozialistengesetz 1878–90, unter denen *Günter Bergmann* das Gebiet des rechtsrheinischen Regierungsbezirks Düsseldorf untersucht.[135] Schadt und Eckhardt schließen diesen Untersuchungszeitraum ein, während *Georg Eckert* schon 1961 eine leider ebenfalls unvollendete, sehr materialreiche Arbeit über die Braunschweiger Sozialdemokratie unter dem Sozialistengesetz vorgelegt hat.[136] Ähnliche Darstellungen sind in der DDR über Chemnitz, Leipzig und andere Orte erschienen.[137] Interesse verdient auch *Jürgen Jensens* Monographie über die Hamburger Presse unter dem Sozialistengesetz.[138] Vor allem diese zeitlich eng begrenzten Untersuchungen bleiben dem überwiegend benutzten Material staatlicher Archive weithin auch in der Sichtweise verpflichtet: Im Vordergrund stehen ausführliche, über die Regionen hinweg ähnliche Erörterungen über die Verbotssituation Ende 1878 und das Schicksal der Arbeiterführer und Vereine, über die Jahre der „Kirchhofsruhe" bis zum Wiedereinsetzen vor allem der gewerkschaftlichen Bewegung in Gestalt von lokalen Fachvereinen ab etwa 1881, über deren Wachstum und überregionale Zusammenschlüsse unter den bestehenden rechtlichen Bedingungen, über die weiterhin unbehinderte Arbeit der Reichstagsfraktion, die feststellbaren örtlichen und regionalen Geheimverbindungen und die Rolle des offiziellen Parteiorgans, über ideologische Klärungsprozesse und den Wiederaufschwung der Arbeiterbewegung in Fachvereinen und ersten Wahlvereinen gegen Ende des Ausnahmerechts. Der regionale Vergleich zeigt Unterschiede und Schattierungen in der Handhabung des Gesetzes, wenngleich auch in dieser Zeit die Vereinsgesetze die maßgeblichen Repressionsinstrumente geblieben sind; die

135 Das Sozialistengesetz im rechtsrheinischen Industriegebiet. Ein Beitrag zur Auseinandersetzung zwischen Staat u. Sozialdemokratie im Wuppertal u. im Bergischen Land 1878–1890, Hannover 1970. Als zusammenfassende Darstellung s. V. L. Lidtke, The Outlawed Party. Social Democracy in Germany 1878–1890, Princeton 1966; K.-A. Hellfaier, Die deutsche Sozialdemokratie während des Sozialistengesetzes 1878–1890, Berlin (Ost) 1958; über die parlamentarischen Vorgänge s. W. Pack, Das parlamentarische Ringen um das Sozialistengesetz Bismarcks 1871–1890, Düsseldorf 1961; Studien zu besonderen Aspekten wurden in der DDR u. a. von E. Engelberg, H. Bartel, A. Förster, W. Schröder, G. Seeber und H. Wolter vorgelegt. Für Rechtsprechung und Polizeipraxis bleiben zentral: D. Fricke, Bismarcks Prätorianer, Berlin (Ost) 1962; L. Stern (Hg.), Der Kampf der deutschen Sozialdemokratie in der Zeit des Sozialistengesetzes 1878–1890, 2 Bde., Berlin (Ost) 1956; R. Höhn (Hg.), Die vaterlandslosen Gesellen, Bd. 1, Köln 1964.
136 Die Braunschweiger Arbeiterbewegung unter dem Sozialistengesetz, 1. Teil: 1878–1884, Braunschweig 1961.
137 R. Strauß u. K. Finsterbusch, Die Chemnitzer Arbeiterbewegung unter dem Sozialistengesetz, Berlin (Ost) 1954; F. Staude, Sie waren stärker. Der Kampf der Leipziger Sozialdemokratie in der Zeit des Sozialistengesetzes 1878–1890, Leipzig 1969.
138 Presse u. politische Polizei. Hamburgs Zeitungen unter dem Sozialistengesetz 1878–1890, Hannover 1966, s. auch G. Rückel, Die Fränkische Tagespost. Geschichte einer Parteizeitung, Nürnberg 1964.

Phase der sogenannten „milden Praxis" etwa in der Mitte der 1880er Jahre war beispielsweise regional sehr unterschiedlich ausgeprägt. Leider ist die Darstellung des Sozialistengesetzes in allen diesen Studien bisher isoliert geblieben, so daß dessen Einordnung in den Zusammenhang der krisenhaften Erschütterungen des Wirtschaftslebens, der bedrückenden sozialen Lage der Arbeiterschaft mindestens zum Ende der 1870er Jahre und der innenpolitischen Krisenstrategien zumeist nicht einmal gestreift wird.[139] Auch biographische Beiträge über einzelne Arbeiterführer bieten, wie Eckhardts Studie über Hessen zeigt, vielfach Anlaß zu regionalgeschichtlichen Rekursen. Das gilt naturgemäß weniger für die prominenten Persönlichkeiten wie Lassalle, Bebel, Liebknecht, Schweitzer[140] oder auch Motteler und Hasselmann[141] aus der Gruppe der älteren Parteiführer. Über regionale Führungsgruppen und -personen wird das Material freilich immer nur sehr lückenhaft verfügbar sein. Neuere Biographien liegen inzwischen über zwei der schillerndsten Arbeiterführer vor, die bereits einer jüngeren Generation angehören: *Wilhelm Ribhegge* untersucht die Entwicklung des führenden Funktionärs der Maurergewerkschaft, August Winnig, gerade auch in dessen innergewerkschaftlichem Aufstieg, so daß ausführliche regionalgeschichtliche Exkurse über Winnigs Wirksamkeit als Leiter einer Gelsenkirchener Bezirksstelle des Maurerverbands, später als Redakteur des „Grundstein" in Hamburg eingeschoben werden.[142] Ausführungen wie jene über die Gewerkschaftspresse bei Ribhegge kontrastieren zu *Paul Mayers* für die Geschichte der Parteipresse unentbehrliche Biographie Bruno Schoenlanks,[143] die zugleich mit der Veröffentlichung von Schoenlanks Tagebuchaufzeichnungen zahlreiche lokalgeschichtliche Informationen über dessen Wirken in München zusammen mit Louis Viereck, in Nürnberg mit Karl Grillenberger, in Berlin als Mitarbeiter am Zentralorgan der Partei, schließlich in Leipzig seit 1894 als Chefredakteur der „Leipziger Volkszeitung" enthält.

An den weit ausgreifenden Fragestellungen und Ergebnissen insbesondere der süddeutschen Regionalhistoriographie der Konstitutionsphase gemes-

---

139 Vgl. bes. H. Rosenberg, Große Depression u. Bismarckzeit. Wirtschaftsablauf, Gesellschaft u. Politik in Mitteleuropa, Berlin 1967, S. 205–27.

140 Zuletzt erschienen neben dem ND von G. Mayers Schweitzer-Biographie (Anm. 107) vor allem S. Na'aman, Lassalle, Hannover 1970; W. Tschubinski, Wilhelm Liebknecht. Eine Biographie, Berlin (Ost) 1973; F. W. Weiterhaus, Wilhelm Liebknecht. Das unruhige Leben eines Sozialdemokraten. Eine Biographie, Gütersloh 1976.

141 Vgl. G. Bers, Wilhelm Hasselmann 1844–1916. Sozialrevolutionärer Agitator u. Abgeordneter des Deutschen Reichstages, Köln 1973; F. Pospiech, Julius Motteler, der „rote Feldpostmeister". Mit Marx, Engels, Bebel u. Liebknecht Schöpfer u. Gestalter der deutschen u. internationalen Arbeiterbewegung, Esslingen 1977.

142 August Winnig. Eine historische Persönlichkeitsanalyse, Bonn-Bad Godesberg 1973, vgl. S. 50–3, 65–8, 83 f.

143 Bruno Schoenlank 1859–1901. Reformer der sozialdemokratischen Tagespresse, Hannover 1971.

sen, erscheint der Stand der regionalen Arbeiterbewegungsforschung für die Jahrzehnte vom Ende des Sozialistengesetzes bis zum Ausbruch des Weltkriegs weniger zufriedenstellend; ohne Zweifel hält hier die DDR-Historiographie einen deutlichen Vorsprung.[144] Zudem wird, mit wenigen, abschließend zu behandelnden Ausnahmen, die Repressionsgeschichte des Sozialistengesetzes nach 1890 überwiegend in einer Organisationsgeschichte der Partei auf regionaler Ebene fortgesetzt; nur in bedeutenderen Studien wird, darin der unzureichenden Kenntnis der Gewerkschaftsgeschichte nach der Jahrhundertwende entsprechend,[145] dieser Bereich berücksichtigt, und Erörterungen über die Sozialgeschichte der Arbeiterschaft in der Phase der Hochindustrialisierung entfallen gar völlig – trotz einer gerade für diesen Zeitraum durchaus befriedigenden, in zahllosen statistischen und beschreibenden Veröffentlichungen der mit Arbeiterstatistik befaßten Reichs- und Landesämter und Kommunen, der Gewerkschaften, der nationalökonomischen Zeitschriftenliteratur und Publikationen etwa des Vereins für Socialpolitik verfügbaren Quellenlage. Inspiriert durch die Parteienforschung und durch herausragende Untersuchungen wie jene *Thomas Nipperdeys*,[146] behandeln regionalgeschichtliche Studien nach 1890 vor allem die Organisations- und die Wahlgeschichte der Sozialdemokratie unter Einschluß ihrer Flügelkämpfe. Mögen sie darin auch jenem

144 Vgl. Anm. 27 (Rückert, Mader, Pardemann), 28 (Mörl); ferner K.-H. Jahnke, Die Geschichte der revolutionären Arbeiterbewegung in Stralsund von ihren Anfängen bis zur Gründung der SED (1891–1946), Diss. Greifswald 1960, Ms.; G. Hauthal, Der Kampf der Arbeiterbewegung gegen Militarismus u. Imperialismus im Land Sachsen-Altenburg 1890–1917, Diss. Potsdam 1974; R. Mende, Die Entwicklung der sozialdemokratischen Partei im Regierungsbezirk Halle-Merseburg u. der Kampf der Arbeiterklasse gegen die imperialistische Innen- u. Außenpolitik 1900–1909, Diss. Halle 1975; M. Polzin, Grundlagen u. Geschichte der Maikundgebung von 1890–1918 in Rostock. Ein heimatgeschichtlicher Beitrag, speziell zur Erforschung der Maitradition der Arbeiterbewegung, Diss. Rostock 1958.

145 Neben den bedeutenderen jüngeren Verbandsgeschichten von G. Beier, K. G. Werner und F. Opel u. D. Schneider ist hervorzuheben: H. O. Vetter (Hg.), Vom Sozialistengesetz zur Mitbestimmung. Zum 100. Geburtstag von Hans Böckler, Köln 1975. Die durchaus zahlreichen „kleinen" Gewerkschaftsgeschichten (zuletzt: F. Deppe u. a. [Hg.], Geschichte der dt. Gewerkschaftsbewegung, Köln 1977) schließen sich der von H. G. Varain (Freie Gewerkschaften, Sozialdemokratie u. Staat. Die Politik der Generalkommission unter der Führung Carl Legiens [1890–1920], Düsseldorf 1956) angelegten Sichtweise „von oben" weitgehend an. Aus der DDR s. bes.: W. Ettelt u. H.-D. Krause, Der Kampf um eine marxistische Gewerkschaftspolitik in der deutschen Arbeiterbewegung 1868 bis 1878, Berlin (Ost) 1975; W. Schröder, Partei u. Gewerkschaften. Die Gewerkschaftsbewegung in der Konzeption der revolutionären Sozialdemokratie 1868/69 bis 1893, Berlin (Ost) 1975, sowie die ältere Arbeit dess., Klassenkämpfe u. Gewerkschaftseinheit. Die Herausbildung u. Konstituierung der gesamtnationalen deutschen Gewerkschaftsbewegung u. der Generalkommission der Gewerkschaften Deutschlands, Berlin (Ost) 1965.

146 Die Organisation der dt. Parteien vor 1918, Düsseldorf 1961; bes. einflußreich ferner: W. Conze, Wahlsoziologie u. Parteigeschichte, zuletzt in: Büsch u. a. (Hg.; s. Anm. 6), S. 111–18.

vielgenannten „Organisationspatriotismus" der Partei nach innen[147] und
ihrer Orientierung an Wahlerfolgen nach außen entsprechen, so bleiben
gleichwohl Kernprobleme der Arbeiterbewegung dieser Phase unberück-
sichtigt: der Wandel in der Zusammensetzung ihrer Trägerschichten und
ihr Eindringen in „junge" Industrieregionen, das mit der Stabilität und dem
Wachstum der Organisationen stets problematischere Verhältnis zwischen
Wähler- und Mitgliederwillen auf der einen, Partei- und Gewerkschaftspolitik auf der anderen Seite, die Frage der Realisation neuer, vom technischen und wirtschaftsorganisatorischen Wandel dieser Jahrzehnte geschaf-
fener Strukturbedingungen für Arbeitskampf, Organisation und Politik.

Nicht zufällig steht in der Regionalgeschichte des Zeitraums seit 1890 die
Behandlung westdeutscher Regionen im Vordergrund, und die Untersu-
chungsräume orientieren sich an den Organisationsräumen der Sozialdemokratie. Noch für die beiden ersten Jahrzehnte des Kaiserreichs hat *Klaus
Peschke* eine leider stark im Örtlichen verhaftete Wahlkreisuntersuchung
über Altena-Iserlohn vorgelegt;[148] *Ralph Lützenkirchen* liefert am Beispiel
des Wahlkreises Dortmund-Hörde eine detaillierte, quantitativ gut abgesi-
cherte Analyse der regionalen Parteiorganisation im Zusammenhang mit
der Sozialschichtung der örtlichen Erwerbsbevölkerung und der Parteimitgliedschaft.[149] Über die obere Rheinprovinz liegen neuerdings zwei Doku-
mentationen vor, die das Verdienst beanspruchen können, erstmals der
mittleren Ebene der Parteiorganisation gebührende Aufmerksamkeit zu
schenken: *Günter Bers* und *Michael Klöcker* haben mit den durch weitere
Quellen und eine ausführliche Einleitung ergänzten Berichten des Kölner
Regierungspräsidenten in den Jahren 1890 bis 1895 über die Arbeiterbewegung eine für das Archivgut dieser Zeit repräsentative, in ganz ähnlicher
Form für die regionalgeschichtliche Forschung in anderen Regierungsbe-
zirken verfügbare Quellengruppe veröffentlicht.[150] G. Bers hat ferner die
Berichte des Agitationskomitees für die obere Rheinprovinz und die Protokolle der Bezirksparteitage in einer bis 1918 ausgelegten Edition bisher
bis 1905 herausgegeben[151] und den leider recht unübersichtlichen Abdruck
durch wertvolle biographische Notizen über regionale Arbeiterführer er-

147 Hierzu bes. D. Groh, Negative Integration u. revolutionärer Attentismus. Die deutsche
    Sozialdemokratie am Vorabend des Ersten Weltkrieges, Frankfurt 1973, passim, z. B. S.
    59.
148 Die Bedeutung der liberalen Parteien u. der Sozialdemokratie für das politische Leben im
    Wahlkreis Altena-Iserlohn von der Reichsgründung 1871 bis zum Jahre 1890, Altena
    1973.
149 Der sozialdemokratische Verein für den Reichstagswahlkreis Dortmund-Hörde. Ein
    Beitrag zur Parteiengeschichte, Dortmund 1970.
150 Die sozialdemokratische Arbeiterbewegung im Kölner Raum 1890–1895, Wentorf
    1976.
151 Die Sozialdemokratische Partei im Agitationsbezirk obere Rheinprovinz 1897–1918.
    Rechenschaftsberichte u. Parteitagsprotokolle, T. 1 (1897–1905), Köln 1973. T. 2 ist m.
    W., obwohl für 1975 angekündigt, bisher nicht erschienen.

gänzt. Aus der Geschichte des Ruhrgebiets ist bisher allein die Bergarbei-
terbewegung gewürdigt worden;[152] erste Breschen auch für die Wilhelminische Zeit schlägt ein von *Jürgen Reulecke*[153] herausgegebener Sammelband, in dem *Dieter Dowe, Hans-Otto Hemmer, Albin Gladen, Kurt Koszyk*
und *Klaus J. Mattheier* die Jahre, bis zum Kriegsausbruch teils durch Über-
blicksstudien (Dowe und Koszyk), teils durch Berücksichtigung der Berg-
arbeiterbewegung (Hemmer und Gladen) und der wirtschaftsfriedlichen
Arbeiterbewegung (Mattheier[154]) abhandeln. Schließlich hat *Dieter W.
Buse* das Wirken Friedrich Eberts in seinem Wahlkreis Elberfeld-Barmen
seit 1910 durch Polizei- und Versammlungsberichte, Flugblätter und Pres-
seberichte dokumentiert.[155]
Eberts innerparteilicher Werdegang findet ebenfalls in *Karl-Ernst Morings*[156] detaillierter Untersuchung der Sozialdemokratie in Bremen unter
dem programmatischen Untertitel „Reformismus und Radikalismus" gebührende Würdigung. Auch Moring hält sich eng an die vom organisatorischen Rahmen der Partei gegebenen Untersuchungsbedingungen und stellt
die Herausbildung und gegenseitige Verschiebung der ideologischen
Grundströmungen (Reformismus, Radikalismus und Linksradikalismus),
wie sie sich im Wechsel der Führerpersönlichkeiten dokumentierten, in den
Vordergrund. Das Verdienst dieser Studie liegt neben dem Umstand, die
Parteigeschichte in Bremen vervollständigt[157] und eine der ehemals lassalleanischen, radikalen Hochburgen gewürdigt zu haben, vor allem in der
Untersuchung dieser Grundströmungen in Beziehung zu den Kristallisa-
tionskernen lokaler Parteiorganisation und -politik: zu Gewerkschaften
und Kulturorganisationen, Bürgerschafts- und Reichstagswahlen, Füh-
rungspersönlichkeiten, Presse und innerparteilicher Entscheidungsbildung.

152 Vgl. K. Hartmann, Der Weg zur gewerkschaftlichen Organisation. Bergarbeiterbewe-
     gung u. kapitalistischer Bergbau im Ruhrgebiet, 1851–1889, München 1977, sowie Ten-
     felde, Sozialgeschichte; nach 1890 s. zur Organisations- bzw. Ideologiegeschichte: M. J.
     Koch, Die Bergarbeiterbewegung im Ruhrgebiet zur Zeit Wilhelms II. (1889–1914),
     Düsseldorf 1954; J. Fritsch, Eindringen u. Ausbreitung des Revisionismus im deutschen
     Bergarbeiterverband (bis 1914), Leipzig 1967. Über Streiks s. W. Köllmann u. A. Gladen
     (Hg.), Der Bergarbeiterstreik von 1889 u. die Gründung des „Alten Verbandes" in aus-
     gewählten Dokumenten der Zeit, Bochum 1969; D. Fricke, Der Ruhrbergarbeiterstreik
     von 1905, Berlin (Ost) 1955; D. Rosenberg, The Ruhr Coal Strike and the Prussian Mi-
     ning Law of 1905: A Social and Political Conflict of Working Class Aspirations and Indu-
     strial Authoritarianism, Diss. Los Angeles 1971.
153 Arbeiterbewegung an Rhein u. Ruhr. Beiträge zur Geschichte der Arbeiterbewegung in
     Rheinland-Westfalen, Wuppertal 1974.
154 Vgl. auch ders., Die Gelben. Nationale Arbeiter zwischen Wirtschaftsfrieden u. Streik,
     Düsseldorf 1973.
155 Parteiorganisation u. Wahlkreisvertretung. Eine Dokumentation über Friedrich Ebert u.
     seinen Reichstagswahlkreis Elberfeld-Barmen 1910–1918, Bonn-Bad Godesberg 1975.
156 Die Sozialdemokratische Partei in Bremen 1890–1914. Reformismus u. Radikalismus in
     der Sozialdemokratischen Partei Bremens, Hannover 1968.
157 Vgl. Anm. 3 (Paulmann) u. 5 (Böttcher).

Untersuchungen wie jene von Moring zeigen, in welchem Maße die Arbeiterbewegung nach 1890, auch wenn sich in den eigenen Reihen kritische Stimmen hiergegen erhoben, durch ihre weitgegliederte Wirksamkeit in gewerkschaftlichen Ortsverbänden, Arbeitersekretariaten und Gewerkschaftskartellen, durch die Partei und ihr nahestehende Organisationen in das kommunale Leben hineinwuchs und, hierin zwar stets durch kommunale Wahlrechte und polizeilich-administrative Bekämpfung eingeschränkt, direkt oder mittelbar die Stadtentwicklung mitgestaltete. Fragt man daher einmal umgekehrt, ob diesem Umstand in der neueren Stadtgeschichtsschreibung angemessen Rechnung getragen wird, so wird die Antwort im Hinblick auf die Stadtgeschichte in der DDR uneingeschränkt positiv ausfallen. Durchaus mit Recht bezieht etwa die von *Gitta Günther* und *Lothar Wallraf* herausgegebene, umfängliche und reich bebilderte Geschichte der Stadt Weimar[158] schon für die „klassische" Entwicklungsperiode den kritischen Blick auf die Lebensverhältnisse der ärmeren Schichten fern vom höfischen und künstlerischen Glanz ein. Wenn die für den Zeitraum von 1830 bis 1917 – die Periodisierung entspricht hier wie stets dem verbindlichen DDR-„Geschichtsbild" – in diesem Band von *Ulrich Heß,* einem wiederholt durch Forschungen zur Arbeiterbewegung ausgewiesenen Historiker, verantwortete Darstellung auch die traditionellen Kategorien der Stadtgeschichte wie die Verkehrs- und Baugeschichte, die Kunst- und Kulturgeschichte nicht vernachlässigt, so stehen doch Erörterungen der städtischen Sozialstruktur und Herrschaftsverhältnisse im Vordergrund und münden in eine Betrachtung der politischen Gruppierungen, vor allem der Arbeiterbewegung.[159] – In der Bundesrepublik, wo die Stadtgeschichte lange Zeit nach älterem Vorbild den Prozeß der spätmittelalterlichen Stadtwerdung in den Vordergrund gestellt hat, hat eine nach dem Vorbild W. Köllmanns dem Zeitalter der Industrialisierung zugewandte Stadtforschung, die rechtmäßig mit dem Etikett „Sozialgeschichte" versehen werden könnte, erst seit einigen Jahren eingesetzt. So hat Köllmanns Schüler *Siegfried Quandt* eine weit in vorindustrielle Jahrzehnte zurückgreifende Sozialgeschichte der Kleinstadt Langenberg bis 1914 vorgelegt,[160] in der wiederum Wirtschafts- und Bevölkerungsgeschichte zu einer Analyse des Wandels der örtlichen Erwerbsstruktur und Sozialschichtung verbunden werden. Das anhand der Steuerstatistik erhärtete Ergebnis, wonach im Untersuchungsgebiet schon seit den 1860er Jahren eine zahlenmäßig sehr schmale Oberschicht einer auf um 90 % zu beziffernden Unterschicht gegenüber stand, deren Grenzen zur Mittelschicht (ca. 10 %) flie-

158 Geschichte der Stadt Weimar, Weimar 1976².
159 Vgl. ebd., S. 425–32, 457–66.
160 Sozialgeschichte der Stadt Langenberg u. der Landgemeinde Hardenberg-Neviges unter bes. Berücksichtigung der Periode 1850 bis 1914, Neustadt a. d. Aisch 1971. Vgl. auch F. Mogs, Die sozialgeschichtliche Entwicklung der Stadt Oberhausen (Rhld.) zwischen 1850 und 1933, Diss. Köln 1956; s. ferner Anm. 161.

ßend blieben, dürfte für industrialisierende Kleinstädte in der zweiten Hälfte des 19. Jahrhunderts durchaus typisch sein. Quandt schließt seine Untersuchung nach bewährtem Vorbild mit einer Konflikt- und Organisationsgeschichte im kommunalen Rahmen, die die Formierung der liberalen, konservativen und katholischen Parteien einschließt und in der Entwicklung der Arbeiterbewegung im Vergleich mit den benachbarten, zu den frühen sozialdemokratischen Aktivregionen zählenden Großstädten eine deutliche Phasenverschiebung im Sinne verspäteter Organisationsbildung konstatiert.

In einer letzten hier zu erwähnenden Gruppe von Lokaldarstellungen zur Arbeiterbewegung sind neben der genannten modernen Stadtgeschichte Einflüsse der Frühindustrialisierungsforschung ebenso wie Ansätze einer umfassenderen Neuorientierung erkennbar, in der sich neuere deutsche Arbeiten durchaus mit einigen Untersuchungen jüngerer englischsprachiger, durch die Sozialgeschichtsschreibung E. P. Thompsons, S. Thernstroms oder E. J. Hobsbawms geprägter Historiker über die örtliche Arbeiterbewegungsgeschichte[161] vergleichen lassen. So zeigt sich zwar *Christian Müller* in seiner Studie der Arbeitskonflikte und Arbeiterorganisationen in Baden/Schweiz[162] von sozialwissenschaftlicher Theorienbildung wenig angeregt, macht sich aber gleichwohl das Vorbild von Erich Gruners „Die Arbeiter in der Schweiz im 19. Jahrhundert"[163] zu eigen und widmet dem Verhalten der Unternehmerseite im Verteilungskampf gebührende Aufmerksamkeit. Während hier wie bei Quandt die Arbeiterbewegung einer

---

161 Vgl. u. a. E. C. McCreary, Essen 1860–1914. A Case Study of the Impact of Industrialization on German Community Life, Diss. Yale Univ. 1963, Ms.; D. Wuerth, The Politics and Sociology of Organized Labor in a Middle-Sized German Town: Göppingen 1910–1919, Diss. Univ. of Wisconsin 1974; J. D. Hunley, Society and Politics in the Düsseldorf Area, 1867–1878, Diss. Univ. of Virginia 1973 (vgl. den Beitrag des Verf. in Societas 4. 1974, S. 131–49); noch nicht zugänglich waren mir: M. Nolan, The Socialist Movement in Düsseldorf, 1890–1914, Diss. Columbia Univ. 1975; K. Stein, The Labor Movement in Lübeck 1866–1914: The Development of a Reformist Social Democratic Party, Diss. Columbia Univ. 1976; D. F. Crew, Industry and Community in Bochum: The Social History of a German Town, 1860–1914, Diss. Cornell Univ. 1972 (vgl. die Beiträge des Verf. in Journal of Social History 7. 1973, S. 51–74, sowie GG 1. 1975, S. 99–120). – Starke Einflüsse auf die englischsprachige Literatur sind von S. Thernstrom, Poverty and Progress. Social Mobility in a Nineteenth Century City, Cambridge/Mass. 1964, ausgegangen; s. auch ders. u. R. Sennet (Hg.), Nineteenth-Century Cities. Essays in New Urban History, New Haven 1969. Rezipiert werden ferner, auch in der deutschsprachigen Literatur: E. J. Hobsbawm, Labouring Men. Studies in the History of Labour, N. Y. 1964, sowie bes. E. P. Thompson, The Making of the English Working Class, London 1972 (zuerst 1963). Aus der deutschsprachigen Literatur sind einflußreich: Gruner (s. Anm. 163) und R. Braun, Industrialisierung u. Volksleben, Zürich 1960; ders., Sozialer u. kultureller Wandel in einem ländlichen Industriegebiet (Zürcher Oberland) unter Einwirkung des Maschinen- u. Fabrikwesens im 19. u. 20. Jh., ebd. 1965.
162 Arbeiterbewegung u. Unternehmerpolitik in der aufstrebenden Industriestadt Baden nach der Gründung der Firma Brown-Boveri 1891–1914, Baden 1974.
163 Bern 1968.

industriellen Kleinstadt behandelt wird, erarbeitet *Adelheid von Saldern*
am Beispiel Göttingens die – gleichfalls verspätete – Entwicklung der Arbeiterorganisationen in einer nicht-industriellen Mittelstadt.[164] Hier verdient die sorgfältige Differenzierung der, im Vergleich mit Langenberg, relativ kleineren städtischen Unterschicht nach Statusmerkmalen (Gelern-
te/Ungelernte und angesehene Berufe; Besitzende; Zuwanderer, Einpend-
ler und Wanderarme; Lohnhöhen; Arbeitsplatz; Schlafgänger und Fami-
lienväter[165]) besondere Aufmerksamkeit. Der Wert dieser Studie erhöht
sich, weil in ihr der Vorgang der kommunalen Eingliederung der Arbeiterschaft, der sonst in lokalgeschichtlichen Untersuchungen oft nur am Rande
behandelt wird, den zentralen Erkenntnisgegenstand bildet und deshalb
viel Mühe darauf verwendet wird, Chancen und Ebenen solcher Eingliederung den rechtlichen und administrativen Bedingungen kommunaler
Selbstverwaltung in Hannover/Preußen einzubetten. Unglücklich im Hinblick auf dieses Ziel ist, daß sich die Göttinger Sozialdemokratie, anders als
die Arbeiterbewegung vieler süddeutscher Regionen, trotz reformistischer
Grundtendenz der Kommunalpolitik wenig aufgeschlossen erwies.
Wiederum einer Anregung Werner Conzes ist *Willi Breunigs* Dissertation
über die Arbeiterbewegung in Ludwigshafen zu danken.[166] Erstmals wird
hier der Prozeß der Interessenfindung in der Arbeiterschaft einer jungen,
der chemischen Industrie verfolgt, und das Ergebnis bestätigt bisherige
Annahmen über die Trägerschicht der frühen Arbeiterbewegung: Auch in
Ludwigshafen stützte sich die Arbeiterbewegung anfangs „fast ausschließlich"[167] auf gelernte Handwerker; erst nach der Jahrhundertwende gelang
dem Fabrikarbeiterverband, für dessen wenig bekannte Geschichte diese
Studie Bausteine liefert, der Einbruch in die Gruppe der ungelernten Arbeiter. Deren Verhalten mit Begriffen wie „Apathie" oder „Lethargie" zu
beschreiben,[168] dürfte freilich den gerade unter Ungelernten ungemein
komplizierten Vorgang der Bewußtseinsbildung kaum ausreichend treffen;

---

164 Vom Einwohner zum Bürger. Zur Emanzipation der städtischen Unterschicht Göttin-
     gens 1890–1920. Eine sozial- u. kommunalhistorische Untersuchung, Berlin 1973. Bei
     Saldern wie auch in der sonstigen neueren Arbeiterbewegungsliteratur werden die Kern-
     thesen von M. Vester, Die Entstehung des Proletariats als Lernprozeß. Die Entstehung
     antikapitalistischer Theorie u. Praxis in England 1792–1848, Frankfurt 1970, aufge-
     nommen. Hierzu sei bemerkt, daß 1. der Prozeß der Bewußtseinsbildung in Lernzyklen
     der frühen englischen Arbeiterbewegung in der Frühphase (Chartismus) mit Erfolg un-
     terstellt werden kann, in der deutschen Arbeiterbewegungsforschung jedoch als globales
     Interpretationsmodell kaum greifen dürfte und besser begrenzten Vorgängen, etwa den
     Streikwellen 1868–1872 oder 1889/90 appliziert werden sollte, und das 2. Vesters Studie
     sich in ihrem historischen Teil ausschließlich auf einige wenige zentrale Werke der Se-
     kundärliteratur stützt.
165 Vgl. v. Saldern, S. 209–22.
166 Soziale Verhältnisse der Arbeiterschaft u. sozialistische Arbeiterbewegung in Ludwigs-
     hafen am Rhein 1869–1919, Ludwigshafen 1976.
167 Ebd., S. 650.
168 Ebd., S. 651, 655 u. ö.

überhaupt gelingt es Breunig nicht, trotz beachtlicher Ausführungen über die sozialen Verhältnisse am Ort, in Betrieb und Familie, diese in der Frage nach der Bedeutung der maßgeblichen verhaltensbestimmenden Erfahrungsräume und Strukturmerkmale täglichen Daseins für den Prozeß stabiler Interessenvertretung und politischer Willensartikulation auszuwerten. Gerade dieser entscheidende Erklärungszusammenhang wird dagegen in der jüngst erschienenen, herausragenden Studie von *Ilse Fischer* über Arbeiterbewegung und Industrialisierung in Augsburg in den Vordergrund gerückt.[169]

Fischer sieht sich sozialgeschichtlicher Forschung nicht im Sinne sektorwissenschaftlicher Spezialisierung, sondern ausgehend von der Forderung Jürgen Kockas verpflichtet, daß die „Dominanz sozialökonomischer Faktoren im gesamtgeschichtlichen Prozeß" seit Beginn der Industrialisierung in Abkehr von isolierten parteien-, politik- oder ideengeschichtlichen Sichtweisen eine „sozialökonomische Interpretation der allgemeinen Geschichte" erzwinge.[170] Auf die Lokalgeschichte projiziert, heißt dies nicht nur, Industrialisierung als Fundamentalprozeß am Beispiel der Unterschichten darzustellen und darin die Chance zur präzisen Instrumentalisierung des Quellenbefunds für Denken und Verhalten, Aktion und Organisation wahrzunehmen, sondern zugleich, die Dynamik und Wechselseitigkeit sozialen Wandels in seiner Wirkung auf das städtische Daseinsgefüge, auf kommunale Bindungen und Beziehungen sichtbar zu machen. Unternehmerschaft und mittelständische Schichten, darunter die „neue" Angestelltenschaft, sind deshalb gemeinsam mit der Arbeiterschaft Erkenntnisfelder einer integriert verstandenen städtischen Sozialgeschichte; hier aufzuspürende, eigenständige Entwicklungen sind fortwährend auf die Geschichte der anfänglich relativ inaktiven Unterschichten rückzukoppeln, um die wachsende Disproportionalität des Gesamtgefüges, um Ungleichheit und Konfliktträchtigkeit des Systems zu erkennen und zu erklären.

Für die Sozialgeschichte kommt der Argumentation mittels quantitativer Daten größere Beweiskraft zu; gerade in kleinräumigen Untersuchungen sind solche Daten vielfach ohne komplizierte mathematische Operationen unmittelbar oder über einfache Relativierung evident. Fischer schreitet den Bereich der verfügbaren bevölkerungsgeschichtlichen, gewerbestrukturellen und wachstumsgeschichtlichen Daten bis hin zu Preisreihen, Angaben

---

169 Industrialisierung, sozialer Konflikt u. politische Willensbildung in der Stadtgemeinde. Ein Beitrag zur Sozialgeschichte Augsburgs 1840–1914, Augsburg 1977.
170 Vgl. ebd., S. 17; Zitat: J. Kocka, Theorieprobleme der Sozial- u. Wirtschaftsgeschichte. Begriffe, Tendenzen u. Funktionen in West u. Ost, in: H.-U. Wehler (Hg.), Geschichte u. Soziologie, Köln 1972, S. 309; vgl. jetzt, mit einer erwünschten Präzisierung des Begriffs „Gesellschaftsgeschichte", ders., Sozialgeschichte. Begriff – Entwicklung – Probleme, Göttingen 1977, S. 98 f., sowie zum „Paradigmenwechsel" (s. auch Anm. 13) ebd., S. 67–70, mit einer anschließenden Würdigung der mit dem Namen W. Conzes verbundenen „Strukturgeschichte".

über Löhne in verschiedenen Gewerben, über Arbeitszeit, Haushalt und vieles andere sorgsam ab, und allein das Kapitel über „Berufsgliederung und Sozialstruktur"[171] zeigt, welche grundlegenden Erkenntnisse die kleinräumige Auswertung der auch neben den reichsoffiziellen Zählungen überlieferten Berufsstatistik vermitteln kann, wobei der Zunahme der Frauenarbeit besondere Aufmerksamkeit zukommt. Mehr als die Hälfte der Arbeit beschäftigt sich mit der Wirtschafts- und Bevölkerungsentwicklung Augsburgs und der Urbanisierung der Stadtregion sowie mit der sinnvoll um die Pole Betrieb und Lebenshaltung geordneten Lage der Arbeiterschaft; als Bezugsgruppe wird wiederholt auf die Angestelltenschaft verwiesen.[172] Die Frühgeschichte der Arbeiterbewegung gehört in den Rahmen der politischen Willensbildung auf kommunaler Ebene, so daß, analog zur Schichtendifferenzierung im sozialökonomischen Teil der Untersuchung, der Prozeß schichtenspezifischer Interessenartikulation im Zusammenhang des kommunalen Parteiengefüges dargestellt werden kann. Auch hinsichtlich der Ausbreitung und Mitgliederstruktur der Freien, Hirsch-Dunckerschen und christlichen Gewerkschaften seit den 1890er Jahren wird das verfügbare statistische Material sorgsam aufbereitet; allerdings läßt die nachgeordnete Darstellung von Arbeitskämpfen diese weniger in ihrer für die Frühgeschichte der Arbeiterbewegung bedeutenden Funktion als Organisationsstimulans als vielmehr als Ausdruck geordneter Interessenpolitik erscheinen. Insgesamt dürfte für die trotz wichtiger Vorläufer – ganz im Einklang mit den erwähnten Bemerkungen Wolfgang Schieders wird betont, daß dem ADAV in Augsburg „noch keine echte Identifikation" der Arbeiterschaft mit den Zielen der Arbeiterbewegung gelang[173] – recht späte Ausbreitung der Augsburger Arbeiterbewegung das Übergewicht der örtlichen Textilindustrie in frühen Industrialisierungsphasen verantwortlich sein; erst seit den 1880er Jahren wurden mit der Expansion der Metallindustrie tragfähige erwerbsstrukturelle Bedingungen für das Aufblühen der Arbeiterorganisationen geschaffen. Hiermit verknüpft, hat die starke Position der örtlichen Unternehmerschaft den Aufbau einer antisozialistischen Front wirtschaftsfriedlicher Kräfte erlaubt, die durch große Organisationserfolge zur Verschärfung der sozialen Auseinandersetzungen führte und die Augsburger Sozialdemokratie, anders als die bayerische Landespartei, in radikales Fahrwasser leitete.

Lokal- und regionalgeschichtliche Untersuchungen zur Arbeiterbewegung in der Phase der Hochindustrialisierung, an denen es weithin fehlt, dürften aus der Studie von Ilse Fischer wertvolle methodische Anregungen entnehmen. Freilich sind auch andere Ansätze denkbar; etwa verfolgt *Lawrence Schofer* die Geschichte der oberschlesischen Industriearbeiter-

---

171 Fischer, S. 87–99.
172 Vgl. ebd., S. 152–55, 175–81.
173 Ebd., S. 393.

schaft,[174] der amerikanischen Forschungstradition der „Industrial relations" verpflichtet, anhand des analytischen Rahmens eines Geflechts von arbeitsmarktpolitischen Beziehungen. In den Intentionen der Untersuchung Fischers vergleichbar, jedoch stärker einer modernen landesgeschichtlichen Forschung verbunden, hat schließlich *Peter Steinbach* mit seinem Buch über das Fürstentum Lippe den Mentalitätswandel einer verspätet industrialisierenden Randregion in den Vordergrund gerückt.[175] Steinbach sieht mit Recht in der sozialen, politischen und konfessionellen Differenzierung des Vereinswesens, dessen lokale Geschichte auch in Studien zur Arbeiterbewegung stärker beachtet werden sollte, einen Ausdruck nicht nur der gesellschaftlichen Umschichtung als Industrialisierungsfolge, sondern auch, grundsätzlicher, der gesellschaftlichen Reorganisation nach der Auflösung des ständischen Sozialgefüges. Das als Vorarbeit einer historischen Wahlanalyse verstandene Buch widmet sich gleichfalls detailliert den Anfängen gewerkschaftlicher Interessenartikulation.

Einen letzten wichtigen Impuls hat die regionale Arbeiterbewegungsforschung in jüngster Zeit aus der Sicht solcher Studien empfangen, die sich vorrangig als Analyse der Entwicklung der Arbeiterschaft während des Ersten Weltkriegs mit dem Ziel einer sozialhistorischen Grundlegung der Revolution von 1918 verstanden haben, sich gleichwohl aber zur ausführlichen Rekonstruktion der Vorkriegsverhältnisse aus demselben Erkenntnisinteresse veranlaßt sahen. Große Aufmerksamkeit gilt dabei naturgemäß dem Reflex der Julikrise und dem August 1914 in der örtlichen Arbeiterbewegung, und in der Tat sollte dem „Augusterlebnis" der deutschen Arbeiterbewegung[176] gerade auf lokal/regionaler Ebene vermehrt nachgegangen werden, um auch die psychologische Qualität des Stimmungsumschwungs präziser umgreifen zu können. Die kleine Edition von *Günter Bers* über die Kölner Sozialdemokratie 1914[177] geht hierauf leider überhaupt nicht ein, während *Klaus-Dieter Schwarz* in seiner Studie über Nürnberg die Haltung der Bevölkerung in der Julikrise analysiert, in seiner Vor-

---

174 The Formation of a Modern Labor Force. Upper Silesia, 1865–1914, Berkeley 1975; vgl. hierzu AFS 17. 1977, S. 642–46.

175 Steinbachs Marburger Diss. von 1973, die auch Lemgo 1976 erschienen ist, sollte in der erweiterten, als Bd. 7 in den Histor. u. pädagog. Studien erschienenen Fassung benutzt werden: Industrialisierung u. Sozialsystem im Fürstentum Lippe. Zum Verhältnis von Gesellschaftsstruktur u. Sozialverhalten einer verspätet industrialisierten Region im 19. Jh., Berlin 1976; vgl. zusammenfassend ders., Voraussetzungen u. Folgen der Industrialisierung im Fürstentum Lippe, in: Lippische Mitteilungen 44. 1975, S. 125–59.

176 Vgl. H. Wachenheim, Die deutsche Arbeiterbewegung 1844 bis 1914, Frankfurt 1971, S. 584–602; Groh (Anm. 147), S. 653–727, in durchweg überzeugender Interpretation; S. Miller, Burgfrieden u. Klassenkampf. Die deutsche Sozialdemokratie im Ersten Weltkrieg, Düsseldorf 1974, S. 31–74.

177 Die Kölner Sozialdemokratie im Jahre 1914, Wentorf b. Hamburg 1974. Bers bringt einleitend S. 6 f. eine interessante Tabelle der Berufsstruktur der Kölner Sozialdemokratie 1913.

geschichte jedoch, hier auf die erwähnten Darstellungen von Gärtner und H. Eckert[178] z. T. zurückgreifend, insbesondere die Wirksamkeit Adolf Brauns in seinen Nürnberger Jahren in den Vordergrund stellt und dem zunehmenden Einfluß der Sozialdemokratie im kommunalen Rahmen am Beispiel der Bürgermeisterwahl 1913 nachgeht.[179] Anders verfährt *Volker Ullrich* in seiner umfänglichen, an Laufenberg[180] anschließenden Untersuchung über die Hamburger Arbeiterbewegung bis zu den Revolutionsmonaten 1918/19.[181] Hier wird unter Bearbeitung eines breitgestreuten, vielfach quantitativen Materials versucht, schon die Vorkriegs-Arbeiterbewegung in einen breiten sozialökonomischen Erklärrahmen einzubetten, um die Lage der Arbeiterschaft während des Kriegs, ihre Konflikte und innerorganisatorischen Auseinandersetzungen vor dem Hintergrund der radikal gewandelten Vorkriegsverhältnisse zu verstehen und damit zur Erklärung der frühen oppositionellen Strömungen innerhalb der Arbeiterbewegung beizutragen.

III. Obwohl dies für die weitere Forschung zur regionalen Arbeiterbewegung hilfreich sein könnte, empfiehlt sich angesichts mancher auch hier vernachlässigter, meist älterer Untersuchungen, lokaler Festschriften und insbesondere der umfangreichen Aufsatzliteratur, aber auch im Blick auf die geschilderten Schwierigkeiten einer genauen Erfassung der ausufernden DDR-Literatur nicht, an dieser Stelle einen regionalen Überblick zu geben, der die „weißen Flecken" auf der Landkarte der Arbeiterbewegungsforschung sichtbar machen könnte. Ergänzend sei vielmehr auf *Hartmut D. Soells* Untersuchung der Elsaß-Lothringischen Arbeiterbewegung während dessen Reichszugehörigkeit[182] sowie auf *Wilhelm Matulls* Veröffentlichungen zur oberschlesischen, ost- und westpreußischen Arbeiterbewegung,[183] schließlich auf *Otto Heikes* Buch über die deutsche Arbeiterbewegung in Polen[184] hingewiesen. Die Geschichte der vielfach mit der deutschen Arbeiterbewegung verknüpften und besonders in der süddeutschen Sozialdemokratie nach dem Zweiten Weltkrieg noch eine Rolle spielenden sudetendeutschen Sozialdemokratie wird im Anschluß an *Emil Strauß'* ältere, inzwischen nachgedruckte Darstellung der böhmischen Ar-

178 Vgl. Anm. 1 u. 117.
179 Weltkrieg u. Revolution in Nürnberg. Ein Beitrag zur Geschichte der deutschen Arbeiterbewegung, Stuttgart 1971.
180 Vgl. Anm. 1; Ullrich kritisiert zurecht die weiterhin für Hamburg vorliegende Darstellung von J. Schult, Geschichte der Hamburger Arbeiter 1890–1914, Hannover 1967.
181 Die Hamburger Arbeiterbewegung vom Vorabend des Ersten Weltkrieges bis zur Revolution 1918/19, 2 Bde., Hamburg 1976.
182 Die sozialdemokratische Arbeiterbewegung im Reichsland Elsaß-Lothringen 1871–1918. Diss. Heidelberg 1963.
183 Zuletzt: Ostdeutschlands Arbeiterbewegung. Abriß ihrer Geschichte, Leistung u. Opfer, Würzburg 1973.
184 Die deutsche Arbeiterbewegung in Polen (1835–1945), Dortmund 1969.

beiterbewegung[185] heute besonders vom Seliger-Archiv in Stuttgart gepflegt; dessen Arbeit galt freilich in jüngerer Zeit, besonders mit einem Buch von *Martin K. Bachstein*, [186] der sudetendeutschen Arbeiterbewegung während der Weimarer Republik. Überhaupt spiegelt die Regionalgeschichtsschreibung zur Arbeiterbewegung nach 1918[187] nicht entfernt den Kenntnisstand, der für die Vorkriegszeit, vor allem die Jahrzehnte bis 1890, inzwischen erreicht worden ist. – Wünschenswert für künftige Forschungsvorhaben erscheint allerdings, den Vorsprung der süddeutschen Regionalhistoriographie z. T. auch für die Jahre nach 1890 durch entsprechende Studien über norddeutsche Regionen und auch Hochburgen wie Hannover, ferner durch eine räumlich ausgreifende Untersuchung der Arbeiterbewegung im Gebiet Frankfurt-Offenbach[188] aufzuholen; wünschenswert ist ferner, die Forschungsschwerpunkte künftig auf die Phase der Hochindustrialisierung bzw. des „Organisierten Kapitalismus" zu verlagern und hierin die insbesondere von H. Eckert und I. Fischer, aber auch von A. v. Saldern vorgeschlagenen, typisierend-vergleichenden Verfahrensweisen für unterschiedlich strukturierte Städte und Regionen voranzutreiben. Neben den nach wie vor für weitere Forschung offenen jüngeren, schwerindustriellen Industrielandschaften Ostdeutschlands, in deren Bearbeitung die

---

185 Die Entstehung der deutschböhmischen Arbeiterbewegung (Geschichte der deutschen Sozialdemokratie Böhmens bis 1888), Prag 1925; Von Hainfeld bis zum Weltkriege. Geschichte der deutschen Sozialdemokratie Böhmens, 2. Bd. (1889–1914), Prag 1926. Nachgedruckt u. d. Titel: Geschichte der deutschen Sozialdemokratie Böhmens, 2 Bde., Glashütten i. T. 1970.

186 Wenzel Jaksch u. die sudetendeutsche Sozialdemokratie, München 1974; vgl. ferner F. Prinz, Beneš, Jaksch u. die Sudetendeutschen, Stuttgart 1975; sowie E. Jaurnig, Sozialdemokratie u. Revanchismus, Berlin (Ost) 1968, und den illustrierten Überblick: Weg – Leistung – Schicksal. Geschichte der sudetendeutschen Arbeiterbewegung in Wort u. Bild, Stuttgart 1972.

187 Vgl. die sämtlich in der Schriftenreihe des Forschungsinstituts der Friedrich-Ebert-Stiftung erschienenen Titel: F.-W. Witt, Die Hamburger Sozialdemokratie in der Weimarer Republik. Unter bes. Berücksichtigung der Jahre 1929/30–1933, Hannover 1971; K. T. Schmitz, Opposition im Landtag. Merkmale oppositionellen Verhaltens in Länderparlamenten am Beispiel der SPD in Rheinland-Pfalz 1951–1963, Hannover 1971; W. Behr, Sozialdemokratie u. Konvervatismus. Ein empirischer u. theoretischer Beitrag zur regionalen Parteianalyse am Beispiel der Geschichte u. Nachkriegsentwicklung Bayerns, Hannover 1969; sowie F. Moraw, Die Parole der „Einheit" u. die Sozialdemokratie. Zur parteiorganisatorischen u. gesellschaftspolitischen Orientierung der SPD in der Periode der Illegalität u. in der ersten Phase der Nachkriegszeit 1933–1948, Bonn-Bad Godesberg 1973; s. ferner u. a. J. Stehling, Weimarer Koalition u. SPD in Baden. Ein Beitrag zur Geschichte der Partei- u. Kulturpolitik in der Weimarer Republik, Frankfurt 1976, sowie die von J. Schadt hrsg. Dokumentation: Die Tätigkeitsberichte des Landesvorstands der Sozialdemokratischen Partei Badens 1914–1932, Stuttgart 1977.

188 Auf diese Lücke verweist insbes. Na'aman, Konstituierung (Anm. 102), S. 8, 634; bisher liegen vor: Zwischen Römer u. Revolution. 1869–1969. Hundert Jahre Sozialdemokraten in Frankfurt a. M., Bearb. D. Schneider, Frankfurt 1969, sowie die ältere, unvollendete Darstellung von G. Kaul, Geschichte der Sozialdemokratie in Offenbach, 1. T.: Entstehung u. Entwicklung des Offenbacher Abendblatts, Offenbach 1925.

inzwischen angeschwollene polnischsprachige Literatur einzubeziehen ist und Schwierigkeiten in der Quellenforschung zu erwarten sind, des Ruhrgebiets, der Saarregion und der aufstrebenden süddeutschen Industriegebiete sollten auch industrielle Randregionen, kleine und mittlere Industrieorte in ländlicher Umgebung und monoindustriell geprägte Industriestädte vermehrt Berücksichtigung finden, um das überwiegend von der Arbeiterbewegung in den Aktivregionen geprägte Bild Schritt für Schritt zu relativieren.

Lokal- und regionalgeschichtliche Untersuchungen zur Arbeiterbewegung werden auch künftig nicht nur ein beliebtes Dissertationsthema, sondern in erster Linie ein Forschungsdesiderat mit dem Ziel bleiben, Zusammenhänge zwischen Industrialisierung, sozialem Wandel und sozialer Bewegung zu präzisieren und wesentliche Problemfelder der organisierten Arbeiterbewegung „von unten" zu erhellen,[189] ohne daß mit ermüdender Beharrlichkeit die „großen Fragen"[190] der politischen Arbeiterbewegungsgeschichte gleichsam hinunterprojiziert würden. Zu den Erkenntniszielen solcher Regionalforschung muß vielmehr, wie dies in der Frühindustrialisierungsforschung und einigen neueren Monographien angestrebt wird, zunächst die örtliche Sozialgeschichte gehören, um aus den demographischen und wachstumsgeschichtlichen Entwicklungen im Zusammenhang mit der örtlichen Rechts- und Sozialverfassung die Strukturmerkmale proletarischen Daseins im Industrialisierungsverlauf zu gewinnen. Dieses Verfahren darf nicht in der Formulierung grobliniger Einleitungen erstarren, sondern muß Ausgangspunkt und integrierter Bestandteil der Arbeiterbewegungsgeschichte sein; die Annahme vom Vorrang sozialökonomischer Erklärungsansätze für die Interpretation der allgemeinen Geschichte seit Beginn der Industrialisierung – was seit kurzem als gesellschaftsgeschichtlicher Paradigmenwechsel apostrophiert wird, umschreibt im wesentlichen die methodischen Konsequenzen aus solcher Einsicht – zwingt vielmehr auch darstellungstechnisch zur Offenlegung der Erklärungszusammenhänge – sei es voranschreitend in aufbauender Argumentation, sei es rückkoppelnd in Wiederaufnahme von Zwischenergebnissen und durch das Sichtbarmachen von Querverbindungen. Nicht etwa hängt hier „Alles mit Allem" irgendwie zusammen;[191] historische Wirklichkeit von Arbeiterschaft im Industrialisierungsverlauf konstituiert sich vielmehr aus mehr oder weniger gewichti-

---

189 Vgl. R. Wheeler, Quantitative Methoden u. die Geschichte der Arbeiterbewegung, in: IWK 10. 1974, S. 40–51; zuletzt bes. Zwahr (Anm. 33), sowie Köllmann, Regionalgeschichte, S. 45.
190 Ihnen widmen sich u. a. die neueren Forschungsberichte von D. Geary, The German Labour Movement 1848–1919, in: European Studies Review 6. 1976, S. 297–330, und J. Droz, Historiographie d'un siècle de social-démocratie allemande, in: Le mouvement social 95. 1976, S. 3–23.
191 Vgl. H.-U. Wehler, Modernisierungstheorie u. Geschichte, Göttingen 1975, S. 25–27, 42 f.; s. auch Steinbach, Regionale Parteigeschichte, S. 209.

gen, über Orte und Regionen hinweg vielfach schattierten, in ihren Grund-
linien freilich wiederkehrenden Voraussetzungen, deren jeweilige Bestim-
mungsursachen in ihrer Rangfolge aufzuzeigen sind. Ein zusätzliches Ord-
nungsinstrument erwächst aus der vom Erkenntnisinteresse „Arbeiterbewegung" diktierten, auch aus arbeitsökonomischen Gründen unabdingba-
ren Isolation je verschiedener Wirklichkeitsbereiche.

Ohne daß diese Vorgehensweise stets angemessen gerechtfertigt würde, hat
sich die Annahme einer wahrscheinlichen Rangordnung der Bestimmungs-
ursachen in den vorliegenden, sozialgeschichtlich operierenden Studien zur
regionalen Arbeiterbewegung zu einem entsprechenden Argumentationsmuster verfestigt, in dem von den siedlungsgeographischen und landschaftlichen Voraussetzungen zur räumlichen Verwaltungs- und Verfassungsgeschichte, zu Erwerbsstruktur und wirtschaftlichem Wachstum vorangeschritten wird. In Arbeiten über spätere Zeiträume wird hierin den vielfach
fortwirkenden vorindustriellen Ordnungskategorien nicht ausreichend
nachgegangen.[192] In fortschreitender Argumentation lassen sich Erwerbsstruktur und Bevölkerungsentwicklung unter Vorwegnahme von Ergebnissen der Einkommensuntersuchung zu Schichtungsmodellen verbinden, in
denen auf Herkunft und Status, auf horizontale und vertikale Mobilität
Rücksicht zu nehmen ist. Die diachrone Schichtungsanalyse schafft ein pro-
zessuales Grundmuster, in dessen Rahmen sich die wiederum aus vorweg-
genommenen Erkenntnissen über die Trägerschicht der Arbeiterbewegung
legitimierte Argumentation auf die Schilderung der Lage der Arbeiterschaft im engeren Sinne konzentriert, die mit Recht einen Darstellungskern
bildet. Hier empfiehlt sich die Anordnung nach Daseinsbereichen – Betrieb, Familie, Kommune – und deren Gewichtung im Hinblick auf ihre Relevanz für das Verhalten der Betroffenen.[193] Während den weithin verhaltensbestimmenden, den wesentlichsten Kern neuer Wertbezüge stiftenden
Verhältnissen am Arbeitsplatz, z. T. bedingt durch das methodische Problem, die Merkmale verschiedener Branchen zu einem Gesamtbild zu vereinen, immer noch zu wenig Aufmerksamkeit gewidmet wird, findet die
Lebenshaltung der Unterschichten in Studien wie jenen von H. Eckert, Saldern, Breunig und Fischer ausreichende Berücksichtigung oder bildet gar,
wie bei Kraus, das eigentliche Erkenntnisziel. Dies hängt einmal mit der für
diesen Bereich wenn nicht guten, so doch im Vergleich mit Arbeits- und
familiären Verhältnissen besseren Quellenlage zusammen; eine Rolle spielt
auch die Auseinandersetzung mit jenem in der DDR-Forschung, vor allem
von J. Kuczynski,[194] zum zentralen Verhaltensmaßstab hypostasierten
Verelendungstheorem, das sich u. a. in einer ausufernden Reallohndiskus-

192 Vgl. R. Vierhaus (Hg.), Der Adel vor der Revolution, Göttingen 1971, S. 7; Wehler, Mo-
     dernisierungstheorie, S. 41.
193 Vgl. Tenfelde, Sozialgeschichte, S. 23 f.
194 Vgl. Die Theorie der Lage der Arbeiter, Berlin (Ost) 1968, S. 57 f.

sion niedergeschlagen hat.[195] Dabei erscheint fraglich, ob nicht für Lokal-
und Regionaluntersuchungen der umständliche Prozeß der Reallohn-
berechnung,[196] auch wegen der zweifelhaften Bedeutung des zumeist
recht abstrakten Ergebnisses für das Verhalten der Betroffenen, zugunsten einfacherer Verfahren, etwa der Kornlohnberechnung,[197] anhand
der schon für die Frühzeit verfügbaren Preisreihen oder der Haushaltsana-
lyse vermieden werden sollte, wobei letztere den Vorzug hat, unter Ergänzung durch die Armen- oder auch Sparkassenstatistik[198] Einblicke in die
„Lebensweise" der Unterschichten, in Ernährung, Kleidung und anderes
zu vermitteln.[199]

Die Frage nach dem Bewußtsein der Arbeiter gehört angesichts des Fehlens
von Selbstaussagen[200] zu den Kernproblemen der regionalen Arbeiterbewegungsgeschichte. Methodisch sollte deshalb sowohl von Sekundärphä-
nomenen, etwa nachgewiesenem Verhalten[201] am Arbeitsplatz, im Verein,

195 Vgl. etwa G. A. Ritter, Sozialdemokratie u. Sozialgeschichte 1909–1914 (d. i. Besprechung von Groh, Anm. 147) in: AFS 17. 1977, S. 458–66, S. 462 m. ausführlicher Literatur.
196 Vgl. etwa Hunley (Anm. 161), Anhang sowie S. 120 f., 134 f., 272 u. ö.
197 Um die Erarbeitung dieses Verfahrens haben sich W. Abel und seine Göttinger Schüler
verdient gemacht; vgl. z. B. D. Saalfeld, Handwerkereinkommen in Deutschland vom
ausgehenden 18. bis zur Mitte des 19. Jhs., Göttingen 1970.
198 Vgl. zuletzt: B. Balkenhol, Armut u. Arbeitslosigkeit in der Industrialisierung – dargestellt am Beispiel Düsseldorfs, Düsseldorf 1976.
199 Vgl. bes. die Studien von H. J. Teuteberg: ders. u. G. Wiegelmann, Der Wandel der Nah-
rungsgewohnheiten unter dem Einfluß der Industrialisierung, Göttingen 1972; sowie
ders., in: E. Heischkel-Artelt (Hg.), Ernährung u. Ernährungslehre im 19. Jh., Göttingen
1976, S. 205–87. Als Überblick der Quellen und Literatur s. K. Tenfelde, Arbeiterhaus-
halt u. Arbeiterbewegung 1850–1914, in: Sozialwissenschaftliche Informationen für Un-
terricht u. Studium 6. 1977, S. 160–65, 185–87.
200 Dieser in der Forschung zurecht beklagte Umstand hat in jüngster Zeit die Untersuchung
von Arbeitermemoiren in den Vordergrund treten lassen; vgl. U. Münchow, Frühe deutsche Arbeiterautobiographie, Berlin (Ost) 1973; G. Bollenbeck, Zur Theorie u. Geschichte der frühen Arbeiterlebenserinnerungen, Kronberg/Ts. 1976, dessen Bibliographie sich um zahlreiche Titel ergänzen ließe. Eine systematische Bearbeitung der Arbeiterpresse könnte weiteres Material zutage bringen; hingewiesen sei auch auf die in den
Akten vielfach überlieferte Gattung der Beschwerdeschriften bis hin zu Immediateinga-
ben, die gewöhnlich zur Bearbeitung an die Mittel- und Unterbehörden weitergegeben
wurden.
201 Vorliegende systematische Ansätze der psychologischen und soziologischen Verhaltensforschung lassen sich kaum für die aus der Quellensituation gegebenen Probleme historischer Forschung operationalisieren; vgl. u. a. G. C. Homans, Elementarformen sozialen
Verhaltens, Köln 1968; G. Scherhorn, Methodologische Grundlagen der sozialökonomischen Verhaltensforschung, Köln 1961; W. J. McGuire, The Nature of Attitudes and At-
titude Change, in: G. Lindzey u. E. Aronson (Hg.), Handbook of Social Psychology, Bd.
3, Reading/Mass. 1969², S. 136–314; W. R. Heinz u. P. Schöber (Hg.), Theorien kollektiven Verhaltens. Beiträge zur Analyse sozialer Protestaktionen u. Bewegungen, 2 Bde.,
Darmstadt 1972; s. auch A. Nitschke, Ziele u. Methoden historischer Verhaltensforschung, in: HZ 218. 1974, Beiheft 3, S. 75–97; sowie, leider ohne Studien zum schichten-
spezifischen Verhaltenswandel, ders. (Hg.), Verhaltenswandel in der Industriellen Revolution. Beiträge zur Sozialgeschichte, Stuttgart 1975.

in sozialen Auseinandersetzungen, als auch von der Formulierung von Hypothesen auf der Grundlage der mit Struktur und Lage der Arbeiterschaft geschaffenen Voraussetzungen ausgegangen werden. Tatsächlich wird in den vorliegenden Studien aus Konfliktereignissen vielfach auf Konfliktlatenz und ein entsprechendes Kollektivbewußtsein geschlossen, während Hypothesenbildung ein weniger verbreitetes Verfahren ist. Zur Verdichtung und Klärung von Wirklichkeitsbezügen geeignete Hilfsmittel sind in der Forschung wiederholt erarbeitet worden: Man denke an sozialhistorische Modellformulierungen wie die Trennung von Staat und Gesellschaft und den Zerfall des Ganzen Hauses, an von Schichtungsanalysen abzugrenzende Hypothesen der Klassenbildung und an lerntheoretische Ansätze, an strukturelle Differenzierung, Rückständigkeit und Ungleichzeitigkeit. Hilfreich zur Klärung des Vorgangs kollektiver Bewußtwerdung, in dem der Einfluß konjunktur- und krisenpsychologischer Erscheinungen zu beachten ist, könnten auch kommunikationstheoretische Annahmen sein. So ist, ausgehend von der Theorie der Zentralen Orte, in der historischen Geographie wiederholt auf die Bedeutung räumlich abgegrenzter Kommunikationsnetze verwiesen worden,[202] in denen Identifikationsprozesse ablaufen. Der Wandel kommunikativer Bindungen und Beziehungen läßt sich im Alltag proletarischen Daseins vielfach nachweisen: in arbeitsprozessualen Gruppenbildungen, Herrschafts- und Entscheidungssträngen; im Strukturwandel der Familie, in Wohnumgebung und Vereinswesen; im Dorf und in der Stadt unter dem Einfluß der Urbanisierung.[203]

202 Vgl. T. Hägerstrand, Aspekte räumlicher Struktur von sozialen Kommunikationsnetzen u. der Informationsausbreitung, in: D. Bartels (Hg.), Wirtschafts- u. Sozialgeographie, Köln 1970, S. 367–79; ferner Hottes (Anm. 47) sowie M. Mitterauer, Das Problem der zentralen Orte als sozial- u. wirtschaftshistorische Forschungsaufgabe, in: VSWG 58. 1971, S. 433–67, 442 über die „weitgehende Vernachlässigung der von räumlichen Faktoren bedingten Gruppenbildung in der sozialgeschichtlichen Forschung", s. S. 446: „Die innere Bindung an den Mittelpunkt des Lebensraums ist für die Gruppensolidarität von großer Bedeutung, ja sie wird mitunter überhaupt zur bestimmenden Komponente des Zusammengehörigkeitsgefühls". In der Arbeiterbewegungsforschung hat Steinbach wiederholt auf den Wandel des Beziehungsgefüges sozialer Gruppen hingewiesen; vgl. Anm. 175, passim, sowie ders., Politische Partizipationsforschung, in: Kaelble u. a. (Anm. 88), S. 171–234; vgl. auch Tenfelde, Arbeiterschaft, S. 39 ff. Zentral für das Gemeinte ist H. Zwahrs Untersuchung von Leipziger Taufpatenregistern, s. Entwicklung, S. 206 f., 214: „In den proletarischen Berufs- und Tätigkeitsgruppen" erfolgte „die intensivste Begegnung der Arbeiter"; S. 231 über „Annäherung und Sich-Zusammenfinden gelernter und ungelernter Lohnarbeiter in Produktion, Wohngebiet und Familie als wichtiger Voraussetzung für ihren gemeinsamen Kampf in der revolutionären Arbeiterbewegung"; S. 234 über „neue stabile Gemeinschaftsbeziehungen". Die Bedeutung des Vereinswesens für diesen Prozeß illustriert H. Schwedt, Kulturstile kleiner Gemeinden, Tübingen 1968, S. 64–86.

203 Hingewiesen sei auf mehrere von K. Bosl angeregte Untersuchungen über den Mentalitätswandel der bayerischen ländlichen Unterschichten, die allerdings manche begrifflichen Unklarheiten bergen („Kleiner Mann" u. a.); vgl. etwa F. M. Phayer, Religion u. das Gewöhnliche Volk in Bayern in der Zeit von 1750–1850, München 1970; sowie W. K. Blessing, Zur Analyse politischer Mentalität u. Ideologie der Unterschichten im 19. Jh.,

Auch die frühen Artikulations- und Konfliktformen erlauben Rückschlüsse
auf Wert- und Verhaltensorientierungen, wobei der Streik gewöhnlich bereits verfestigte, z. T. formalisierte kommunikative Beziehungen voraussetzt. Latentes oder verdecktes Konfliktverhalten läßt sich an der Krimina-
litätsrate, an Alkoholismus oder Fluktuation nachweisen, und zu jedem
dieser Phänomene sind im lokalen und regionalen Bereich zumeist Quellen
überliefert, die, etwa in der seit den 1880er Jahren vorliegenden Kriminal-
statistik, im überregionalen Rahmen einen insoweit nicht mehr aussage-
kräftigen Agglomerationsgrad erreichen. In der stimulierenden Wirkung
kollektiver sozialer Proteste für das Organisationsverhalten findet sich zudem ein entscheidender Erklärungszusammenhang zwischen Interessenfindung und Organisation, der in der frühen Gewerkschaftsgeschichte vielfach variiert auftritt und wiederum nur auf lokaler Ebene ausreichend präzisiert werden kann, während überregional nur noch der Zusammenhang
von Konjunktur-, Streik- und Organisationswellen sichtbar bleibt.[204] Die
Verknüpfung von Konflikt und Organisation manifestiert sich schließlich in
bedeutenden Loyalitätskonflikten, in denen Verhaltensalternativen und
Irrwege sichtbar werden – Alternativen, die zur Fraktionierung des Kon-
fliktpotentials, zur erschwerten Einsicht in systemadäquate Handlungsstra-
tegien geführt haben.
Derartige Fragestellungen versprechen insbesondere für die Jahrzehnte in-
stabiler Organisationsformen, durchweg für die Phase liberalkapitalisti-
scher Wirtschaftsorganisation bis etwa 1890, Erfolge. Spätestens von diesem Zeitpunkt an stellt sich die Frage, ob und in welcher Form Parteien-
und Verbandsgeschichte „in eigenem Recht" betrieben werden kann. Was
hier für überregionale Darstellungen zu gelten scheint: die tendenzielle
Verselbständigung politischer Entscheidungsprozesse auf der Ebene der
Interaktion von Parteien und Verbänden, bedarf schon im Blick auf Verfas-
sungsrecht und -wirklichkeit im konstitutionellen Kaiserreich vorsichtiger
Einschränkung – um wieviel mehr blieben Sozialdemokratie und Gewerkschaften, von der Teilhabe am politischen Entscheidungsprozeß weitgehend ausgeschlossen, bei aller eigenen Dynamik etwa im Bereich der pro-
grammatisch-ideologischen Auseinandersetzungen in Ausbreitung und
Mitgliederverhalten mehr oder weniger mittelbar dem neuerlichen Strukturwandel der Hochindustrialisierungsphase verbunden. Dessen Auswir-

in: Zeitschrift für bayerische Landesgeschichte 34. 1971, S. 768–817, und Blessings ungewöhnlich materialreiche Diss., Der mentale Einfluß des Staates u. der Kirchen auf die
„kleinen Leute" in Bayern zwischen alteuropäischer u. moderner Struktur. Ein Beitrag
zur mentalité-Entwicklung im 19. Jh., München 1975, Ms. demn. gedruckt. Vgl. ferner B.
Weber, Sozialräumliche Entwicklung des „Siegerlandes" seit der Mitte des 19. Jhs. So-
zialgeographische Untersuchungen unter bes. Berücksichtigung der Veränderung sozialer Kommunikationsnetze (Heiratsverflechtungen), Bonn 1977, sowie bes. B. Rabe, Der
sozialdemokratische Charakter. Drei Generationen aktiver Parteimitglieder in einem
Arbeiterviertel, Frankfurt 1978.
204 Vgl. Ritter, Arbeiterbewegung (Anm. 108), S. 56, 71–4.

kungen anhand einer „micro social history"[205] der Städte und Regionen zu verfolgen, gehört daher zu den vordringlichsten Aufgaben regionaler Arbeiterbewegungsforschung. Auch hier muß, im Blick auf Prozesse der Bewußtwerdung, der Stabilisierung und Destabilisierung der Arbeiterschaft im konjunkturellen und strukturellen Wandel[206] ebenso wie den Fraktionierungen im Organisationsreservoir (Ungelernte/Gelernte; Unorganisierte/Organisierte; Frauen- und Kinderarbeit; Ansässige und Zuwanderer, Besitzende und Nichtbesitzende; überkommene und neue Loyalitäten, darunter vor allem Freizeit und Konsumverhalten) besondere Aufmerksamkeit gewidmet werden. Nur am Rande sei erwähnt, daß das empirische Forschungsdefizit der bisher vorliegenden Stellungnahmen zur Theorie des Organisierten Kapitalismus aus dieser Perspektive wirksam aufgefüllt werden könnte.

Ohne die Verdienste konventioneller Organisations- und Ideologiegeschichte nach dem Beispiel Morings oder Lützenkirchens hinwegdeuten zu wollen, sei doch hervorgehoben, daß auch in diesen Bereichen Lokal- und Regionalstudien Chancen nicht nur der Rückkoppelung, sondern der integrierten Darstellung im Rahmen des örtlichen Sozialgefüges bieten. Bekannt ist durch Untersuchungen wie jene von Moring, daß die innerparteilichen Flügelkämpfe zwar vor allem die Führungsgruppen und Parteitage beschäftigten, aber auch in den sozialdemokratischen Ortsvereinen, weniger freilich in gewerkschaftlichen Zahlstellen, Widerhall fanden – anders übrigens in Göttingen, wie von Saldern zeigt. Den Alltag der Organisationen bestimmten allerdings – neben örtlichen Problemlagen und regelmäßigen parteiorganisatorischen Formalitäten – auch die Bedürfnisse der Mitgliedschaften nach Bildung und Geselligkeit, wie die Ausbreitung der zahllosen, mehr oder weniger angegliederten Freizeit- und Kulturorganisationen nach der Jahrhundertwende nachdrücklich beweist.

Rückkoppelung und integrierte Darstellung – solche Darstellungstechniken werfen Probleme der Gliederung und Materialpräsentation auf. Längst verbreitet ist in der Regionalforschung beispielsweise das Verfahren, den Text durch teils erklärende, teils veranschaulichende Anhänge zu entlasten; solcherart ergänzende Argumentation durch Statistik und Quellentext erscheint auch im Hinblick auf das didaktische Interesse der Regionalforschung[207] sinnvoll. Schwieriger sind die darstellungstechnischen Probleme, die sich aus dem Vorrang interdisziplinärer, vergleichender und quantitativer Verfahrensweisen ergeben. Sturkturorientierte Sozialgeschichte gibt der Darstellung solcher Prozesse Vorrang, die sich stets nur

205 Macfarlane (Anm. 36), S. 631, 637, 639.
206 Vgl. G. D. Feldman, Socio-economic Structures in the Industrial Sector and Revolutionary Potentialities 1917–22, in: C. L. Bertrand, Revolutionary Situations in Europe: 1917–1922: Germany, Italy, Austria-Hungary, Montréal 1977, S. 159–168.
207 Vgl. H.-O. Regenhardt, Möglichkeiten regionaler Sozialgeschichte in der Sekundarstufe, in: Sozialgeschichte in der Schule, Bonn 1975, S. 27–51.

bedingt in Ereignisabläufen manifestiert haben, so daß die herkömmliche Erzählform nur in Ausschnitten noch greift; das Ineinander von Struktur und Zeit ist prinzipiell unanschaulich. Gleichwohl sollte, wo immer Ereignisabläufe zu Partialerklärungen herangezogen werden können und müssen, die Erzählform genutzt werden. Diagramme und Schaubilder sind vielfach angemessene Mittel zur Veranschaulichung komplizierter Zusammenhänge. Systematische Vor- und Rückgriffe erweisen sich vor allem in der Darstellung von Bereichen wie der Unternehmergeschichte erforderlich. – Ein grobes Mißverständnis ist allerdings, die Strukturorientierung der modernen Sozialgeschichte mit der Klage zu bedauern, nicht mehr der Mensch in seinem Werden und Vergehen stünde im Mittelpunkt der Geschichte.[208] Um wen sonst als den Menschen bleibt die Erforschung von Arbeit, Haushalt und Familie bemüht – freilich um Menschen, denen Herrschaft und Entscheidung im politischen Rahmen zeitlebens versagt blieb.

Als wesentliches Problem der allgemeinen Arbeiterbewegungsforschung soll abschließend die Vermittlung des regionalgeschichtlichen Kenntnisstands in eine – ungeschriebene – Geschichte von Arbeiterschaft und Arbeiterbewegung in Deutschland erörtert werden. Fragt man zunächst, ob und in welcher Form die Ergebnisse regionalgeschichtlicher Untersuchungen in Gesamtdarstellungen oder Monographien vor allem über ideologiegeschichtliche Probleme Eingang gefunden haben, so fällt die Antwort mit Abstrichen negativ aus. Offenbar verläuft der Informationsfluß vorwiegend umgekehrt: Es ist die Regionalgeschichte, die Problemanregungen aus überregional angelegten Darstellungen empfangen hat. Dies gilt noch am wenigsten für Gesamtdarstellungen und Monographien über die Frühgeschichte der Arbeiterbewegung und die Phase ihrer ausnahmerechtlichen Unterdrückung; hier zwingt bereits der Überlieferungsstand zur Abstützung und Kenntnisbereicherung durch die regionalgeschichtliche Forschung, soweit zentrale organisations- und ideologiegeschichtliche Quellen fehlen oder Lücken aufweisen. Auch die schärfer ausgeprägte regionale Konzentration der frühen Arbeiterbewegung hat, etwa für die Revolutionszeit durch F. Balser, zur detaillierten Auswertung regionaler und lokaler Archivalien veranlaßt. Na'aman ist in seinen Forschungen bis zu typisierenden, allerdings sozialgeschichtlich kaum gestützten regionalen Vergleichen vorgedrungen, und auch in dem weithin narrativ angelegten, dem Auf und Ab der frühen Organisationen zugewandten Überblick von *Richard W. Reichard*[209] wird vor allem die ältere Regionalgeschichtsschreibung der Arbeiterbewegung immer wieder herangezogen. Ähnliches gilt für die vorliegenden Zusammenfassungen der ausnahmerechtlichen Zeit.

208 Vgl. J. Fest, Noch einmal: Abschied von der Geschichte, in: Frankfurter Allgemeine Zeitung 287/10. 12. 1977, Beilage.
209 Crippled From Birth. German Social Democracy 1844–1870, Ames 1969.

Anders nun die wilhelminischen Jahrzehnte. Mit Ausnahme der Untersuchungen von G. A. Ritter und, neuerdings, Klaus Saul[210] sind die bisherigen Darstellungen von Partei und Gewerkschaften nahezu ausschließlich den Auseinandersetzungen innerhalb der Führungsgruppen der Arbeiterbewegung und ihrer komplizierten innenpolitischen Position, den organisatorischen und programmatischen Problemen verpflichtet; selbst die älteren regionalgeschichtlichen Werke werden nur sehr unzureichend herangezogen.[211] Die Konzentration auf spitzenorientierte Fragestellungen hat gar eine „Haltung zu" – Historiographie produziert, mit der freilich, denkt man an Untersuchungen wie jene von *Hans-Christoph Schröder* über „Sozialismus und Imperialismus"[212] oder *Peter Lösches* Buch über den „Bolschewismus im Urteil der deutschen Sozialdemokratie",[213] zentrale Räume des politischen Selbstverständnisses in der Arbeiterbewegung in methodisch mustergültiger Form abgeschritten werden. Themenbedingt, weist allein *Hans-Ulrich Wehlers* Studie über „Sozialdemokratie und Nationalstaat"[214] regionale Bezüge auf, während *Karl Christ* die Bildungspolitik der Sozialdemokratie allzu konzentriert aus der Sicht der vom Mannheimer Parteitag 1906 beschlossenen Leitsätze betrachtet. Christ verweist allerdings auf das Fehlen vorbereitender regionaler und lokaler Untersuchungen über die Bildungsarbeit der Partei,[215] und in der Tat gilt diese Feststellung in besonderem Maße auch für von der neueren Forschung wiederholt aufgeworfene Fragen wie jene nach den Wegen und Formen der Integration der Arbeiterschaft in Staat und Gesellschaft, dem Einfluß der Parteiführung und der widerstreitenden ideologischen Positionen auf das Denken und Verhalten von Mitgliedern und Anhängern, dem proletarischen Alltag und der kulturellen Entfaltung der Arbeiterschaft. Es sei versucht, einige u. E. zentrale Problemfelder abzustecken, in denen die Regionalforschung vor allem für

---

210 Staat, Industrie, Arbeiterbewegung im Kaiserreich. Zur Innen- u. Außenpolitik [richtig: Sozialpolitik] des Wilhelminischen Deutschland 1903–1914, Düsseldorf 1974.
211 Vgl. etwa C. E. Schorske, German Social Democracy 1905–1917. The Development of the Great Schism, N. Y. 1972, S. 340 f.; sowie die Kritik bei Ritter, Sozialdemokratie, S. 464 f.
212 Sozialismus u. Imperialismus. Die Auseinandersetzung der deutschen Sozialdemokratie mit dem Imperialismusproblem u. der „Weltpolitik" vor 1914, T. 1, Bonn-Bad Godesberg 1977²; vgl. ders., Sozialistische Imperialismusdeutung. Studien zu ihrer Geschichte, Göttingen 1975.
213 Der Bolschewismus im Urteil der deutschen Sozialdemokratie 1903–1920, Berlin 1967.
214 Sozialdemokratie u. Nationalstaat. Nationalitätenfragen in Deutschland 1840–1914, Göttingen 1974².
215 Sozialdemokratie u. Volkserziehung. Die Bedeutung des Mannheimer Parteitags der SPD im Jahre 1906 für die Entwicklung der Bildungspolitik u. Pädagogik der deutschen Arbeiterbewegung vor dem Ersten Weltkrieg, Bern 1975. Im wesentlichen auf „Haltungen" beschränkt sich auch: P. Domann, Sozialdemokratie u. Kaisertum unter Wilhelm II. Die Auseinandersetzung der Partei mit dem monarchischen System, seinen gesellschafts- u. verfassungspolitischen Voraussetzungen, Wiesbaden 1974; vgl. ferner Anm. 125.

die Jahrzehnte von 1890 bis 1914 wesentliche Erkenntnisse zu einer Sozialgeschichte von Arbeiterschaft und Arbeiterbewegung beitragen könnte:
1. In der Regionalforschung können Methoden und Darstellungstechniken erprobt werden, die in Gesamtdarstellungen zu neuen Ergebnissen führen. Dies gilt insbesondere für den Umgang mit quantitativen Quellen und für die in der neueren Landesgeschichte zunehmend realisierte Notwendigkeit interdisziplinärer Vorgehensweisen im Hinblick auf die hier mehrfach hervorgehobene Vermittlungsproblematik von Sozialgeschichte und Organisations- und Ideologiegeschichte. In Gesamtdarstellungen wäre zudem die Reichweite und Widerspruchsfreiheit regionalhistorisch erfolgreich angewandter Modelle und Theorien über Ereignisabläufe und erklärende Zusammenhänge zu prüfen. Manche der auf diese Weise regionalhistorisch gewonnenen Erkenntnisse, etwa über differenziertes Gruppenverhalten, soziale Ungleichheit, horizontale und vertikale Mobilität und vieles andere lassen sich makrohistorisch aufgrund der Datenqualität und der vielfach zweifelhaften Repräsentativität der Quellen kaum noch mit erwünschter Präzision formulieren.

2. Regionalforschung bleibt deshalb unentbehrlich für die Erhebung und Aufbereitung sonst kaum verfügbarer Quellen und Informationen, die der Gesamtdarstellung auf allen Ebenen Problemformulierungen, Theorievorschläge und Erkenntnisse zuführen. Erst auf diese Weise läßt sich der Mikrokosmos proletarischen Daseins in seinen unzähligen Varianten in eine Gesamtinterpretation einbringen, um zur schlüssigen Beantwortung einer Reihe von bisher überwiegend theoretisch diskutierten oder perspektivisch von der Organisationsspitze her gesehenen Fragen zu gelangen. Dies gilt unter anderem für folgende Bereiche:

3. Die Konfliktgeschichte auch neben den Arbeitskämpfen – eine Einengung auf Streiks als die geregelte Form industriellen Konfliktaustrags müßte die Skala potentieller Konfliktlagen verschleiern und trüge nicht der regionalhistorisch möglichen Erkenntnisvielfalt Rechnung – läßt auf regional-lokaler Ebene eigene Kontinuität erkennen, die den agglomerierten Daten der Streikstatistik nicht mehr zu entnehmen ist. Während bisher in der Forschung Auseinandersetzungen von nationaler Resonanz im Vordergrund gestanden haben – man denke nur an die großen Streiks der Ruhrbergleute –, verdienen gerade die unzähligen kleineren, fast alltäglichen Auseinandersetzungen am Arbeitsplatz und im Betrieb, im Vereinswesen und kommunalen Rahmen vermehrt Interesse. Hierzu zählen auch die Formen des Konfliktaustrags durch dessen schrittweise Institutionalisierung in Gestalt von Gewerkschaftskartellen und Arbeiterausschüssen sowie die konfliktkanalisierende, in diesem Sinne eminent zivilisatorische Wirksamkeit der organisierten Arbeiterbewegung. Ähnlich detaillierte Erforschung verlangt, will man die vorhandene Wirklichkeit von Integration und Emanzipation erkennen, die rechtliche und gesellschaftliche Isolation der Arbeiterschaft angesichts anhaltender behördlicher Willkürakte, par-

teiischer Rechtsprechung und latenter Existenzgefährdung der Arbeiterorganisationen.

4. Über innerorganisatorische Vorgänge in der Gewerkschaftsbewegung unter Bezug auf Konjunkturen, Krisen und Konflikte und die hierdurch veranlaßten Strukturveränderungen zeigt sich die Forschung wenig informiert, während entsprechende Fragen in der Parteigeschichte nach den Studien Nipperdeys und anderer immerhin bei Schadt, Lützenkirchen und Moring in vielen lokalen Details erörtert werden. Freilich wären die Wahlkampforientierung der Partei und ihr selbstbeschränkender Organisationspatriotismus, wie dies global insbesondere von Dieter Groh erarbeitet worden ist,[216] in ihren Ursachen und Auswirkungen auf der unteren und mittleren Ebene der Parteiorganisation und in Abgrenzung zum gewerkschaftlichen Selbstverständnis erst noch nachzuweisen.

5. Die gewiß hochbedeutsamen und insbesondere für die verfassungspolitische Situation der Arbeiterbewegung kennzeichnenden Flügelbildungen in Partei und Gewerkschaften sollten künftig weniger aus dem Wortschwall von Theorien und Haltungen verstanden und von der letztlich einengenden historiographischen Auseinandersetzung mit oftmals zweifelhaften ex post-„Wahrheiten" befreit werden. Das Aufsuchen der „reinen" Lehre, die endlose Diskussion über Strategie und Taktik anhand eines entsprechenden Quellenrepertoires führt letztlich immer zu denselben Grundpositionen zurück und leistet damit nichts, es sei denn einen Beitrag zur pseudohistorischen Legitimation aktuell-politischer Standorte. Nicht zufällig sind im Hinblick auf die Flügelbildungen zentrale Fragen wie jene nach den regional-landschaftlichen und gewerbestrukturellen Ursachen für gegensätzliche Positionen innerhalb der Arbeiterbewegung und nach der Resonanz der großen Diskussionen in Mitglied- und Anhängerschaft sowie nach dem Zusammenhang von gesellschaftlicher Isolation und Ideologieentwicklung bisher nur kursorisch behandelt worden, und es ist wiederum die Regionalforschung, die solche Kenntnismängel schrittweise abbauen könnte.

6. Auch in dieser Blickrichtung bleibt die bisher jedenfalls in der Bundesrepublik, sieht man von Göttingen (von Saldern) und Südwestdeutschland (Schlemmer, Christ-Gmelin) ab, stark vernachlässigte[217] Erforschung der sozialdemokratischen Kommunal- und Landtagspolitik ein dringendes De-

---

216 Vgl. Anm. 147.
217 Vgl. bes. die von A. v. Saldern (Die Gemeinde in Theorie u. Praxis der deutschen Arbeiterorganisationen 1863–1920. Ein Überblick, in: IWK 12. 1976, S. 295–352, 349 ff.) formulierten kommunalpolitischen Forschungsperspektiven, die insbesondere für die Regionalforschung gelten. Ergänzend zur süddeutschen Landtagspolitik vgl. J. Thiel, Die Großblockpolitik der Nationalliberalen Partei Badens 1905 bis 1914. Ein Beitrag zur Zusammenarbeit von Liberalismus u. Sozialdemokratie in der Spätphase des Wilhelminischen Deutschlands, Stuttgart 1976; W. Albrecht, Landtag u. Regierung in Bayern am Vorabend der Revolution von 1918. Studien zur gesellschaftlichen u. staatlichen Entwicklung Deutschlands von 1912–1918, Berlin 1968.

siderat. Landschaftliche Einflüsse wie der süddeutsche Reformismus von Baden über Württemberg nach Bayern haben, denkt man nur an das Problem der Budgetbewilligung, zu tiefen Zerwürfnissen in der Gesamtpartei geführt; ebenso dürfte die Kommunalpolitik zu den bedeutsamsten Ebenen der freilich überaus zögernden, in Preußen insoweit gar weitgehend ausgebliebenen Integration der Arbeiterschaft in politische Entscheidungsprozesse gehören.

7. Die Regionalforschung sollte klären helfen, inwieweit der von Na'aman als „urwüchsig"[218] angesehene Internationalismus der Arbeiterbewegung tatsächlich in der Arbeiterschaft verwurzelt und in welchem Umfang hierfür die frühe Entstehungsgeschichte der deutschen Arbeiterbewegung in den Auslandsvereinen und zugleich ihre international gleichartigen Entstehungs- und Entwicklungsbedingungen verantwortlich waren. Auch die neueren Darstellungen über die I. und II. Internationale, darunter von deutscher Seite *Julius Braunthals* großes Werk,[219] widmen sich ausschließlich der organisatorischen Entfaltung und den politischen und ideologischen Problemen der Internationalen; völlig unerforscht blieben bisher beispielsweise die internationalen Zusammenschlüsse der Gewerkschaften.

8. Der proletarische Alltag zwischen Arbeitsplatz, Familie und Freizeit läßt sich nur durch regionale und lokale Studien in erwünschtem Detail erforschen.[220] Widersprüche zwischen überkommenen und neuen Wertorientierungen in der Familie, in Kirche und Gesellschaft haben das Verhalten der Arbeiterschaft, darunter besonders der Unorganisierten, der Arbeiterbewegung Fernstehenden, entscheidend beeinflußt. Dies gilt auch für die nach der Jahrhundertwende aufbrechenden, neuen Loyalitäten der Arbeiter als Konsumenten und für die hier entstehende Gefährdung von Solidarität, die von der Sozialdemokratie noch vor Ausbruch des Weltkriegs durch Bildung von Käufervereinigungen aufzufangen versucht wurde. In diesem Bereich wie

9. im Blick auf die kulturelle Entfaltung der Arbeiterschaft sollten von der Regionalforschung die Ergebnisse auch der älteren Volkskunde aufgegriffen werden. Weniger in den kulturtheoretischen Ansätzen der Partei, sondern vielmehr in ihrer konkreten Bildungs- und Kulturarbeit läßt sich unter anderem der Integrationshypothese nachgehen. „Arbeiterkultur" darf dabei nicht auf die Tätigkeit der Kulturorganisationen der Arbeiterbewegung eingeengt werden, sondern muß Gebärden und Gewohnheiten, Bildung

218 Konstituierung, S. 15; vgl. auch Gutsche (Anm. 25), S. 196.
219 Geschichte der Internationale, Bd. 1, Bonn-Bad Godesberg 1974²; Bd. 2, ebd. 1974²; Bd. 3, Hannover 1971.
220 Vgl. zuletzt den Versuch von S. Reck, Arbeiter nach der Arbeit. Sozialhistorische Studie zu den Wandlungen des Arbeiteralltags, Lahn-Gießen 1977; s. ferner den vorwiegend dem Ruhrgebiet gewidmeten Sammelbd. v. J. Reulecke u. W. Weber (Hg.), Fabrik, Familie, Feierabend. Beiträge zur Sozialgeschichte des Alltags im Industriezeitalter, Wuppertal 1978.

und Volkskunst, Lektüre, Musik und Theater umfassen. Zwar liegen hierzu seit einigen Jahren bemerkenswerte Einzelstudien auch unter regionaler Konzentration vor, und ein Schwerpunkt hat der Geschichte des Arbeiterliedes, des Arbeitertheaters und mit *Frank Trommlers* jüngster Studie der sozialistischen Literatur als eigener Gattung[221] gegolten, aber die Brücke zu einer Volkskunde der Unterschichten ist bisher nicht überschritten worden.[222]

10. Regionale Arbeiterbewegungsforschung sollte auf längere Sicht eine regional-landschaftliche und branchenspezifische Typologie proletarischer Verhaltensweisen, Organisations- und Aktionsformen ermöglichen. Eine solche Typologie scheint schon heute für die Konstitutionsphase unter Einschluß der Revolutionsjahre 1848/49 denkbar, birgt doch die regionalgeschichtliche Aufsatzliteratur neben dem selbständigen Schrifttum einen gelegentlich flächendeckenden Kenntnisstand.[223] Auch die Zeit des Sozialistengesetzes sollte unter typisierendem Vergleich zusammenfassend dargestellt werden. Besondere Ergebnisse lassen sich von einer einstweilen kaum zu verwirklichenden, vor allem in der gewerkschaftlichen Verbandsorganisation und in regionalen Varianten abzustützenden Typologie der deutschen Arbeiterbewegung vor dem Ersten Weltkrieg erwarten.

Für die Regionalforschung umschließt diese Perspektive erneut die Forderung nach in stärkerem Maße vergleichenden Fragestellungen – unabhängig von anderen Ansätzen und Erkenntniszielen, denen sie sich in der Erforschung der Arbeiterbewegung während des Weltkriegs und in der Weimarer Republik zu widmen hätte. Wie dies mit den Studien von Schwarz und Ullrich angedeutet wurde, wird die Regionalforschung nach 1914 aus anderen Blickrichtungen auch die regionale Entwicklung der Vorkriegssozialdemokratie einschließen; gleichwohl stellt sich das Problem ihrer Methoden und Quellen unter gewandelten verfassungspolitischen und gesellschaftlichen Verhältnissen neu.

---

221 Sozialistische Literatur in Deutschland. Ein historischer Überblick, Stuttgart 1976; s. auch die Anthologie von B. Witte (Hg.), Deutsche Arbeiterliteratur von den Anfängen bis 1914, Stuttgart 1977; sowie statt vieler weiterer Zitate Heft 2/3 des Jg. 13. 1978 des Journal of Contemporary History über „Workers' Culture". An regionalen Spezialuntersuchungen liegen u. a. vor: Schult (Anm. 5); H.-J. Schäfer, Die sozialistische Arbeiterbildung in Leipzig 1890–1914, Leipzig 1961.

222 Vgl. bes. den Literaturbericht von D. Kramer, Geschichte der Arbeiterbewegung u. Volkskultur, in: Zeitschrift für Volkskunde 73. 1977, S. 246–61; ferner P. Nedo, Volkskunde u. Regionalgeschichte, in: JR 1. 1965, S. 44–48.

223 Vgl. etwa für die Revolution 1918/19: E. Kittel, Novemberumsturz 1918. Bemerkungen zu einer vergleichenden Revolutionsgeschichte der deutschen Länder, in: BDL 104. 1968, S. 42–108. Eine internationale Typologie der Arbeiterbewegung formuliert Mommsen (Anm. 50); vgl. ferner Anm. 45.

Die Geschichte des deutschen Militärs von 1860 bis 1945

Ein Bericht über die Forschungslage (1945–1975)

von Michael Geyer

Thema und Gegenstand der Militärgeschichte liegen für die Mehrzahl der Historiker auf der Hand: Militärgeschichte ist die Geschichte der militärischen Organisation und ihrer gesellschaftlichen Form, des Korps, deren Funktionen und Aufgaben, ferner des Verhältnisses von Militärinstitut zu ziviler Politik und Gesellschaft – einschließlich der besonderen Beziehungen zur (Rüstungs-)Industrie – und der gegenseitigen Beeinflussungs- und Kontrollmechanismen, wobei letzteres Ausgangspunkt für die Militarismus-Diskussion war und ist. Innerhalb dieser schematischen Beschreibung des Gegenstandes wurden die wesentlichen Differenzen bei der Einschätzung des Militärs und des Militarismus ausgetragen. Sie bezogen sich zum einen auf das zulässige bzw. notwendige gesellschaftliche und politische Spektrum, das bei der Analyse des Beziehungsgefüges von Militär und zivilem Leben zu berücksichtigen ist, zum anderen – in der marxistischen Diskussion – auf die Frage der Gesetzmäßigkeit von militärischen Deformationen (militärische Gewalt im Innern, Ideologie, Rüstungswettlauf) in der kapitalistischen Klassengesellschaft.[1]

Ohne die Grundsätzlichkeit dieser Differenzen hinwegdiskutieren zu wollen, scheint ihnen doch eines gemeinsam: Beide Auffassungen gehen von einem möglichen „normalen" Verhältnis der Institution Militär zu Politik und Gesellschaft aus und begreifen demgemäß die Unterwerfung des politischen, wirtschaftlichen und gesellschaftlichen Lebens unter das Militär als eine nicht notwendige (nach marxistischer Theorie aber gesetzmäßige) Anomalie. Beiden gemeinsam ist ferner die mehr oder minder offengelegte Bestimmung des „Normalen": Die Instrumentalisierung der öffentlichen Gewalt, die Monopolisierung der Gewalt in der militärischen Organisation und die Absonderung des professionellen Korps vom zivilen Leben. Man kann argumentieren, daß damit die entscheidenden Kategorien für das im

---

1 V. R. Berghahn (Hg.), Militarismus, Köln 1975. Aufgrund der Raumbegrenzung enthält der Anmerkungsteil nur die Literatur, die für den Argumentationsgang unentbehrlich war. Bibliographische Hilfsmittel zur Militärgeschichte finden sich in den Militärgeschichtlichen Mitteilungen (= MGM) 1. 1967 ff. (ab 17. 1975 mit der Beilage „War and Society Newsletter") und in der Zeitschrift für Militärgeschichte (= ZfM) 1. 1962 ff. (seit 1972: Militärgeschichte). Militärsoziologische Literatur in: Journal of Political and Military Sociology 1. 1972 ff. und Armed Forces and Society. Interdisciplinary Journal 1. 1974 ff. – Dieser Bericht konnte dank eines Stipendiums des Instituts für europäische Geschichte fertiggestellt werden.

18. und 19. Jahrhundert sich herausbildende europäische Militär genannt sind. Gemeinsam ist beiden Auffassungen ferner, daß dritte Kräfte, der preußisch-deutsche Geist, die feudale Tradition der Junker oder die Klassengesellschaft des Kapitalismus, ein mögliches ausbalanciertes Verhältnis von Militär und Politik/Gesellschaft zerstört hätten.[2] Die These, daß eine solche Balance überhaupt nicht möglich sei, die in ihrer optimistischen Variante Spencer und andere Soziologen des 19. Jahrhunderts, in ihrer pessimistischen Variante die überwiegende Zahl der Pazifisten vertreten haben, fand kaum Anklang.[3] Neuerdings hat sich von historischer Seite Berghahn im Gefolge von Senghaas gegen diese Auffassung gewandt und argumentiert, daß die Verträglichkeit von „Business-State" und „War-State" inzwischen hinlänglich bewiesen sei. Dem ist auf dieser Ebene kaum etwas hinzuzufügen.[4]

Dennoch bleibt ein Rest von Unbehagen angesichts der von Berghahn vorgeschlagenen glatten Lösung. Danach soll für die deutsche Geschichte speziell des Kaiserreichs, im weiteren Sinne wohl aber auch für die Militärgeschichte bis 1945, der Vorrang des junkerlichen, agrarkapitalistischen Elements gelten, während man für die Zeit nach 1945 speziell für Westdeutschland, aber auch für die gesamte westliche Welt die ältere sozialistische Militärtheorie ansetzen könne.

Das wirft zunächst einmal die Frage auf, ob die am Beispiel einer agrarkapitalistischen Gesellschaft entwickelten Theorien (es sei denn, man leugne den realen Bezug der sozialistischen Theorien) ohne weiteres auf einen „hochentwickelte(n) technologische(n) Industrialismus"[5] angewandt werden können. Mehr noch stellt sich das von Lüdtke kurz thematisierte und am Beispiel Preußens umrissene Problem der Rolle und Funktion „außerökonomischer" Gewalt im Kapitalismus.[6] Krieg und militärische Gewalt

---

2 Eine neuere Untersuchung, die sich längsschnittartig der Frage des „modernen" Militärs und der inneren und äußeren Dynamik des Wandels des Militärs widmet, gibt es seit G. Ritter, Staatskunst u. Kriegshandwerk, 4 Bde., München 1954–68 nicht mehr. Die militärsoziologische Literatur erschöpft sich bisher in der Theoretisierung der (unzureichenden) historischen Literatur und kommt zu entsprechend problematischen Ergebnissen: J. v. Doorn, The Soldier and Social Change, Beverly Hills 1975. Als Beispiele für die drei Auffassungen: T. Taylor, Sword and Swastika. The Wehrmacht in the Third Reich, London 1953; G. A. Craig, The Politics of the Prussian Army 1640–1945, Oxford 1955, dt. Düsseldorf 1960; G. Förster u. a., Der preußisch-deutsche Generalstab, Berlin 1966; zusammenfassend W. Sauer, Die politische Geschichte der deutschen Armee u. das Problem des Militarismus, in: Politische Vierteljahresschrift 6. 1965, S. 341–53.
3 Kurze Zusammenfassung bei L. v. Friedeburg, Zum Verhältnis von Militär u. Gesellschaft in der Bundesrepublik, in: G. Picht (Hg.), Studien zur politischen u. gesellschaftlichen Situation der Bundeswehr, Bd. 2, Witten 1966, S. 10ff. F. K. Scheer, Die deutsche Friedensgesellschaft 1892–1933. Organisation, Ideologie, politische Ziele, phil. Diss. Bochum 1974.
4 Berghahn, Militarismus, S. 23 ff.
5 Ebd., S. 23.
6 A. Lüdtke, Militärstaat u. Festungspraxis, in: Berghahn, Militarismus, S. 164–85.

sind danach außerökonomische Tatbestände, die zwar interessenmäßig instrumentalisiert werden können, aber nicht restlos in (ökonomischen) Interessen aufgehen. Dieser Zusammenhang ist weder theoretisch noch praktisch für den gesamten Zeitraum eingehend untersucht worden.

Schließlich muß sich das Unbehagen daran entzünden, daß das Militär selber in der historischen Militärdiskussion – auch bei Berghahn – dem Prozeß gesellschaftlicher, politischer und industrieller Veränderungen enthoben wird, bzw. daß die für den Zeitraum 1860–1945 entscheidende dynamische Komponente der Industrialisierung angeblich nur von außen, von der zivilen Gesellschaft her, auf das Militär eindrang. Das Militär wird damit zu einer statischen Institution, dessen grundsätzliche Erscheinungsform unveränderbar und einer historisch dynamischen Betrachtungsweise unzugänglich ist. Diese Auffassung ist umso merkwürdiger, als bereits Mehring für die Einigungskriege festgestellt hat, daß der Krieg zur Industrie wurde, zu einer Industrie allerdings, die Werte vernichtet, nicht produziert.[7]

Diesem Gedanken soll im folgenden mit dem Ziel nachgegangen werden, den dynamischen Komponenten der Industrialisierung der Kriegführung[8] und der damit einhergehenden Funktions- und Rollenänderung des Militärs als außerökonomischer, „staatlicher" Gewaltorganisation nachzuspüren. Denn hier scheint das Desiderat der militärgeschichtlichen Literatur zu liegen, das nur aufgrund der immensen Schwierigkeiten einer adäquaten Theorie über die Funktion des Staates einerseits und aus der Distanz des preußisch-deutschen Militärs zur Industrialisierung andererseits verständlich wird. Die Einsicht in die historischen Dimensionen der Veränderung des Militärs könnte im engeren Sinne heuristisch wirken, d. h. neue Fragen erschließen, besonders aber die durch die Macht des Faktischen (und der Ideologie) etablierten Denkmuster lockern, ferner anregen, das Problem militärischer Gewalt und Kontrolle neu und grundsätzlich aufzugreifen.

I. *Die Folgen der Industrialisierung der Kriegführung.*

1. Instrumentalisierung militärischer Gewalt: Es dürfte außer Zweifel stehen, daß bestimmte Formen der Gewaltanwendung mit Massenvernichtungswaffen zwar denkbar, aber selbstmörderisch sind. Militärische Gewaltanwendung ist – zumindest was bestimmte Waffenkategorien angeht – seit dem Zweiten Weltkrieg in eine Sackgasse geraten. Das ist mehr als eine Fehlentwicklung der gegenwärtigen Militärdoktrin(en)[9] und mehr – wie

---

7 F. Mehring, Gesammelte Schriften, Bd. 8, Zur Kriegsgeschichte u. Militärfrage, Berlin 1967, S. 3.

8 Mangels neuerer Untersuchungen, die mehr sind als Spezialstudien, soll im folgenden dieser Begriff nicht näher differenziert werden. Als Ergebnis des gesamten Berichts stellt sich aber heraus, daß die Erforschung der Phasen der Industrialisierung der Kriegführung aufbauend auf der älteren Literatur, zu der so berühmte Namen wie Engels, Sombart, Weber, Redlich usw. erheblich beigetragen haben, Priorität in der Militärgeschichte beigemessen werden müßte.

9 So zuletzt F. O. Miksche, Vom Kriegsbild, Stuttgart 1976.

verschiedene Militärs seit einem Jahrhundert argumentieren – als der übliche pazifistische Aufschrei bei jeder neuen Waffenentwicklung. Einer der Vordersätze moderner Kriegführung, der von Clausewitz abstrakt erkannt und in den Militärorganisationen verwirklicht wurde, nämlich die Instrumentalisierung der Kriegführung durch militärische Organisationen scheint umgestoßen. Bis zum hoffentlich zu verhindernden Gegenbeweis muß man argumentieren, daß es politische Zwecke gibt (auf welcher Interessenbasis sie auch immer entstehen), die mit militärischen Mitteln nicht erreichbar sind, da die Anwendung dieser Mittel die Zwecke mitzerstören würde. Für die meisten Militäranalytiker ist dieses Dilemma das typische Problem der Kriegführung im Atomzeitalter. Das trifft nur teilweise zu; denn 1945 begann keine neue Ära, sondern eher fand der Prozeß der Entgrenzung der Gewaltanwendung aus dem politisch-instrumentalen Gebrauch ein Ende – nicht deshalb, weil wie in den Befreiungskriegen revolutionäre Zielsetzungen neue Kräfte freisetzten und rationale Kriegskalküle hinweggefegt wurden, sondern weil die unkontrollierte technologische und industrielle Weiterentwicklung von Vernichtungsmitteln selbst revolutionierend auf die Kriegführung und die Kriegführenden zurückschlug.[10]

Die Schwierigkeiten bei der konkret historisch-politischen Bestimmung dieses Prozesses bestehen darin, daß zwei unterschiedliche Entwicklungslinien zusammengeführt werden müssen. Zum einen handelt es sich um das gewißermaßen objektive Problem der schrittweisen Aufhebung des Zweck-Mittel-Kalküls im Gefolge der fortschreitenden Waffen- und Mobilisierungstechnik. Es war und ist abhängig von nur langfristig manipulierbaren Faktoren wie Größe eines Landes, Bevölkerungsdichte, aber auch Industriepotential. Zum anderen war die Bestimmung des machtpolitischen und instrumentellen Kriegskalküls immer schon ein gesellschaftlich vermittelter Vorgang.

Letzteres wurde bezeichnender Weise von Moltke, dem „ersten Heerführer des industriellen Zeitalters", in aller Schärfe gesehen. Er forderte – um seine Thesen knapp zusammenzufassen –, daß Kriege kurz und schlagartig geführt werden müßten, da die Gefahr bestände, daß mit der Massenkriegführung die gesellschaftlichen Verhältnisse derart aufgewühlt würden (in dem doppelten Sinne der Unterbrechung des bürgerlichen Lebens und der Revolutionsgefahr), daß eine Rückkehr zum gesellschaftlichen Status quo ante nicht mehr möglich sei. Krieg und Revolution gehörten vom Anfang der modernen, aber insbesondere der industrialisierten Form der Kriegführung an aufs engste zusammen, ohne daß dieses Thema bisher hinreichend durch die historische Forschung verfolgt worden wäre. Anknüpfend an frühe Schriften Engels heben marxistische Historiker hervor, daß bei der

---

10 H. Speier, Social Order and the Risk of War, N. Y. 1952; ders. u. H. Kähler, War in Our Times, N. Y. 1940; für die Zwischenkriegszeit M. Geyer, Aufrüstung oder Sicherheit. Reichswehr u. die Krise der Machtpolitik 1924–1936, phil. Diss. Freiburg 1976.

Aufhebung der gesellschaftlichen Widersprüche in einem Lande die Grenzen der Kriegführung entscheidend hinausgeschoben werden könnten.[11] Nun ist allerdings zu betonen, daß bereits Moltke – wie im übrigen auch Engels – nicht allein die Revolutionsgefahr bzw. -möglichkeit sah, d. h. die Auswirkungen des Krieges auf eine Klassengesellschaft. Moltkes Ausführungen betrafen auch und gerade die Unterbrechung des bürgerlichen Lebens. Damit sprach er den äußerst schwierigen Komplex der objektiven Grenzen militärischer Gewaltanwendung an. Es gibt offensichtlich (je nach Land variable) Obergrenzen der Kriegführung – derart vage muß man bleiben, da es genaue historische Untersuchungen nur in Ansätzen gibt, obwohl gerade der totale Krieg des 20. Jahrhunderts solche erforderte –, die dann erreicht sind, wenn die (zivile) Reproduktion des gesellschaftlichen Lebens nicht mehr neben dem Krieg gewährleistet ist. Militärische Gewaltanwendung verliert dann ihren direkten instrumentalen Charakter für die zivile Gesellschaft.[12] Vorbereitung, Androhung und Anwendung von Gewalt entwickeln ihre eigene Dynamik. Sie formen die Gesellschaft über die Klassengrenzen hinweg zu einer militarisierten Gesellschaft. „Wehrstaat" und „Kasernengesellschaft"[13] sind gleichermaßen Symptome dieser Entwicklung und Indikatoren dafür, daß nicht die Extremform atomarer Kriegführung dem instrumentalen Gebrauch des Militärs ein Ende gesetzt hat. Die europäischen Großmächte scheinen im Ersten Weltkrieg diese Schwelle überschritten zu haben. Es wäre deshalb äußerst aufschlußreich, aus der vergleichenden Perspektive die Bewältigung dieser neuen Form der Gewaltvorbereitung und -anwendung und ihrer Konsequenzen zu untersuchen. Für Deutschland hat Hillgruber z. B. darauf hingewiesen, daß im Ersten Weltkrieg eine tiefgreifende Veränderung der Kriegszielvorstellungen zu beobachten sei. Mit der Eroberung und Ausbeutung eines Ostimperiums sollten primär die Kosten der Kriegführung minimiert und abgewälzt und

11 Mehring, S. 2 ff.; H. Helmert u. K. Schmiedel, Zur Kriegspolitik u. Strategie des preußischen Generalstabes 1870/71 u. der Entstehung des deutschen Kaiserreiches, in: H. Bartel u. E. Engelberg (Hg.), Die großpreußisch-militaristische Reichsgründung 1871, Bd. 2, Berlin 1971, S. 74 ff.; J. L. Wallach, Die Kriegslehre von Friedrich Engels, Frankfurt 1968; W. Wette, Kriegstheorien deutscher Sozialisten, Stuttgart 1971.
12 A. Morsomme, Anatomie de la guerre totale, Brüssel 1971.
13 Faßt man die Begrifflichkeit nicht zu eng (totaler Krieg, totale Mobilmachung), so würde eine vergleichende Untersuchung wohl zu dem Ergebnis kommen, daß die Forderung nach gesamtgesellschaftlicher Mobilisierung keineswegs auf Deutschland beschränkt war. Auf diesem Hintergrund könnte dann immer noch die „durch bestimmte historische Traditionen bedingte schichtenspezifische Anfälligkeit des deutschen Bildungsbürgertums für eine autoritär, historische, antidemokratische Gesellschafts- und Staatspolitik" abgehoben werden. H.-U. Wehler, Absoluter u. totaler Krieg. Von Clausewitz bis Ludendorff, zuletzt in: U. v. Gersdorff (Hg.), Geschichte u. Militärgeschichte, Frankfurt 1974, S. 273 ff.; H. D. Lasswell, The Garrison State, in: American Journal of Sociology 46. 1941, S. 455–68; ders., The Garrison State Hypothesis Today, in: S. P. Huntington (Hg.), Changing Patterns of Military Politics, N. Y. 1962, S. 51 ff.; D. Senghaas, Die formierte Gesellschaft. Zu H. D. Lasswells Kasernenstaats-Modell, in: Atomzeitalter, Sept. 1965, S. 272–75.

zukünftige Kriege ermöglicht werden. Im Unterschied zu den liberal-impe-rialistischen Konzeptionen scheinen bei diesen Plänen primär außeröko-nomische Erwägungen entscheidend gewesen zu sein, in die allerdings öko-nomische Interessen einflossen.[14]
Englands Beispiel ist in verschiedener Hinsicht noch aufschlußreicher. Die Crux der englischen Sicherheitspolitik der 1930er Jahre lag nicht allein in der Überforderung durch das Empire, sondern in dem umrissenen doppel-ten Problem: Man mußte einerseits fürchten, daß der gesellschaftliche Sta-tus quo durch einen Krieg revolutioniert werden würde. Zum anderen stan-den die britischen Politiker vor dem Dilemma, daß ein Rüstungswettlauf mit Deutschland die zur Verfügung stehenden gesellschaftlichen Ressour-cen überfordert hätte, wenn nicht die internen gesellschaftlichen und öko-nomischen Strukturen militarisiert wurden. Der gewählte Ausweg aus dem Dilemma machte dann die Zwickmühle englischer Politik vollends deutlich. Um gegen das Dritte Reich die politische Unabhängigkeit zu wahren, mußte die finanzielle und ökonomische Abhängigkeit von den USA in Kauf genommen werden. Die Bewahrung der Unabhängigkeit war nicht, wie R. Meyers meinte, eine selbstverständliche Möglichkeit, wenn man nur die mi-litärischen Mittel entsprechend einrichtete, sondern sie war gerade eine wohlverstandene Unmöglichkeit, die von konservativer Seite so lange wie möglich zu umgehen versucht wurde.[15]
2. Die Monopolisierung der Gewalt im Staate gilt als eine der fundamenta-len Erscheinungen der Neuzeit überhaupt. Die Regulierung physischer Gewaltanwendung in Armeen, die Disziplinierung von Offizieren und Mannschaften, die Aussonderung des Heeres aus dem (zivilen und bürger-lichen) Verkehr, das waren Kennzeichen der Organisation der Gewalt von oben.[16] Die revolutionäre Alternative: die Organisation der Gewalt durch die Bürger selber, die Doppelung seiner Rollen in Wirtschaftssubjekt und Soldat blieb in Preußen auch in der Heeresreform immer dem Anspruch der Organisation der Gewalt von oben untergeordnet. Man hat weitgehend übereinstimmend argumentiert, daß es sich bei der Heeresreform in Preu-ßen um eine Verbreiterung des stehenden Heeres und um eine Ausweitung der Rekrutierungsbasis gehandelt habe, nicht aber – und das wäre das ei-gentlich revolutionäre gewesen – um eine Selbstorganisation des Volkes in Waffen.[17]

14 A. Hillgruber, Deutschland in der Vorgeschichte der beiden Weltkriege, Göttingen 1967.
15 M. Howard, The Continental Commitment. The Dilemma of the British Defence Policy in the Era of the World Wars, London 1972; R. Meyers, Britische Sicherheitspolitik 1934–1938, Düsseldorf 1976.
16 G. Oestreich, Strukturprobleme des europäischen Absolutismus, zuletzt in: ders., Geist u. Gestalt des frühmodernen Staates, Berlin 1969, S. 179–97.
17 W. Hahlweg, Preußische Reformzeit u. revolutionärer Krieg, Berlin 1962; H. Stübig, Ar-mee u. Nation. Die pädagogisch-politischen Motive der preußischen Heeresreform 1807–1814, Frankfurt 1971; H. Herbell, Der Staatsbürger in Uniform 1789–1961, Berlin

Das hat sich entscheidend für die deutsche Militärgeschichte ausgewirkt, in der Vorbereitung und Anwendung von Gewalt überhaupt nur noch staatlich organisiert vorstellbar wurde. Diese vermeintliche Selbstverständlichkeit verstellt den Blick für die besondere Konstruktion Preußen-Deutschlands und der preußisch-deutschen Armee. Die Konzentration auf Untersuchungen über die organisierte Gewalt von oben ließ allzuleicht vergessen, daß eine derartige Analyse bereits ein geklärtes Verhältnis von staatlicher Gewaltorganisation und gesellschaftlicher Macht voraussetzt, das in dem Zeitraum weder konstant, noch eindeutig, noch normativ gesetzt, und das zudem nicht neutral war, sondern bereits gesellschaftliche Gewaltverhältnisse voraussetzte. Bei der Gesamtbetrachtung des Zeitraums bietet sich ein eher merkwürdiges Bild:

Lüdtke hat für Preußen ansatzweise das Verhältnis von staatlicher und gesellschaftlicher Gewalt untersucht und auf den hohen Grad der Verstaatlichung der öffentlichen Gewalt in Preußen hingewiesen, den er aus der spezifischen Form der agrarkapitalistischen Entwicklung Preußens erklärt. Sein Aufsatz steht insofern in einer älteren Denktradition, als er die private und gesellschaftliche Organisation von Gewalt als eigenständige Kategorie bürgerlicher Emanzipation nur am Rande erwähnt und insbesondere den zentralen Bereich bürgerlicher Gewalt, die Verfügung über Menschen und Sachen, (vorläufig nur) abstrakt einbezieht.[18]

Nach den gewaltsamen Unruhen des Pauperismus, aber auch angesichts der offenen Militarisierung nach 1918 muß auffallen, daß der Zeitraum 1870–1914, der das deutsche Militär und die Militärgeschichte im entscheidenden Maße prägte, durch einen zwar hohen Grad an Repression und Militanz, aber ein relativ geringes Maß an offener Militarisierung der gesellschaftlichen Gewaltverhältnisse gekennzeichnet war. Gewalt und Gegengewalt – so konnte man thesenhaft zuspitzen – wurden im Übergang vom Agrar- zum Industriekapitalismus privatisiert und wesentlich in Form von Wirtschaftskämpfen ausgetragen, selbst wenn man den hohen Grad an staatlicher Reglementierung der ungleichen gesellschaftlichen Verhältnisse und die permanente Drohfunktion des Militärs berücksichtigt.[19] Erst die

1969; G. Brückner, Der Bürger als Bürgersoldat, phil. Diss. Bonn 1968; hervorragend D. Porch, Army and Revolution. France 1815–1848, London 1974.

18 Lüdtke, Festungsstaat; E. Obermann, Vom preußischen zum deutschen Militarismus, phil. Diss. Heidelberg 1950.

19 C. Tilly u. a., The Rebellious Century 1830–1930, Cambridge, Mass. 1975; H. Boldt, Rechsstaat u. Ausnahmezustand. Eine Studie über den Belagerungszustand als Ausnahmezustand des bürgerlichen Rechtsstaates des 19. Jahrhunderts, Berlin 1967; zur politischen Drohfunktion des Belagerungszustandes M. Stürmer, Staatsstreichgedanken im Bismarckreich, in: Historische Zeitschrift 209. 1969, S. 566–615. Eine genaue Untersuchung aller Repressionsmechanismen (staatlicher, juristischer, ökonomischer, gesellschaftlicher, privater u. militärischer Art) und ihrer relativen Bedeutung steht bisher noch aus. Vgl. aber K. Saul, Staat, Industrie u. Arbeiterbewegung im Kaiserreich, Düsseldorf 1974; H.-U. Wehler, Das deutsche Kaiserreich, 1871–1914, Göttingen 1975.

Organisierung des Kapitalismus, die zunehmende Vermachtung der Produktion, die einen Höhepunkt und zugleich eine Sonderform in der Kriegswirtschaft erreichte, scheint zu einer steigenden „Polizierung" der Gewaltverhältnisse geführt zu haben, ohne zunächst noch eine offene Militarisierung der Gewaltverhältnisse nach sich zu ziehen. Die Militarismus-Analysen des Kaiserreichs übersehen allzuoft, daß zwar sehr viel bramarbasiert, aber sehr wenig geschossen wurde.[20] Der zivile Militarismus des Kaiserreichs konnte noch auf den staatlichen (aber nicht-militärischen) Eingriff zur Wahrung und Sicherung gesellschaftlicher Machtverhältnisse bauen. Gerade deshalb – so könnte man postulieren – gewann er einen weitgehend ideologisch-manipulativen Charakter. Massenstreikdebatte, vermehrter Einsatz von Polizei und Militär bei öffentlichen Ausschreitungen und Streiks, die zunehmend gewaltsamen Charakter annahmen, verweisen auf Ansätze einer Neu-Organisation der Gewalt von unten. Sie blieben jedoch im Kaiserreich unorganisiert und auf terroristische und anarchistische Akte beschränkt, die von sozialistischer Seite als kleinbürgerlich und lumpenproletarisch gebrandmarkt wurden und von staatlicher Seite kriminalisiert werden konnten.[21]

Die offene Militarisierung der (kraft der Monopolisierung der Industrie und der Expansion des Staates) längst nicht mehr privaten Gewaltverhältnisse ist ein Phänomen der Weimarer Republik, das keinesfalls einlinig erklärt werden kann.[22] Hier ist der Zusammenhang von Militär und Massenmilitarisierung auch insofern interessant, als das Gewaltmonopol des Staates in Gefahr geriet, und zwar in dem doppelten Sinne, daß die Reichswehr zwischen den militarisierten gesellschaftlichen Blöcken zu zerbrechen drohte, und daß paramilitärische (gesellschaftliche) Organisationen wie Stahlhelm, SA, RFB ansetzten, quasi-staatliche Kompetenzen zu übernehmen oder versuchten, staatliche Gewalt zu ersetzen.[23]

20 Angesichts der Permanenz der Bürgerkriege im 20. Jahrhundert wäre es wohl angebracht, die entsprechenden Thesen über das Kaiserreich ohne Apologie zu prüfen. I. Kende, Twenty-Five Years of Local War, in: Journal of Peace Research 8. 1971, S. 5–22.

21 Vgl. die Vermutungen bei M. Geyer u. A. Lüdtke, Krisenmanagement u. Protest im organisierten Monopol-Kapitalismus, in: Sozialwissenschaftliche Informationen 4. 1975, S. 12–23; W. Huber u. J. Schwerdtfeger (Hg.), Frieden, Gewalt, Sozialismus. Studien zur Geschichte der sozialistischen Arbeiterbewegung, Stuttgart 1976.

22 Die Weimarer Republik als ‚Bürgerkriegsstaat' wurde trotz ausführlicher organisatorischer und politischer Untersuchungen über die Wehrverbände, trotz erster Einblicke in die Staatsschutzpraxis und trotz der weitgehenden Klärung des Verhältnisses von Revolution und Konterrevolution zwischen 1918 u. 1924 bisher noch kaum entdeckt. Für Österreich: G. Botz, Gewalt in der Politik. Attentate, Putschversuche, Unruhen in Österreich 1918–1934, München 1976; demn. E. Rosenhaft, Terror and Self-defence in Policy and Practice of the KPD 1929–1933, phil. Diss. Cambridge (1977).

23 Beides bestimmte die politische Taktik der Reichswehr in hohem Maße, was von H. Meier-Welcker, Seeckt, Frankfurt 1967 und F. Forstmeier, Zur Rolle der Marine im Kapp-Putsch, in: Fs. F. Ruge, Bonn 1975, S. 51–81 übersehen wird.

Letzteres läßt sich aus der historischen Situation des 100 000-Mann-Heeres nur unzureichend erklären. Mit der Ausweitung der Wehrpflicht und der Abhängigkeit von der zivilen Güterproduktion im Ersten Weltkrieg wurde das Militär direkt (d. h. nicht mehr über den Umweg der staatlichen Herrschaftssicherung, also für dritte Zwecke) in die gesellschaftlichen Konflikte hineingezogen. Die Angliederung von paramilitärischen Formationen wie TENO, Luftschutz, Bahnschutz, Postschutz, Heimatschutz erweiterte das Spektrum staatlicher Gewaltorganisation. Ferner ging mit der Sozialisierung der Gefahr eine für die Monopolisierung der Gewalt entscheidende Differenzierung zwischen Militär und Nichtmilitär verloren: das Risiko getötet, verwundet oder verkrüppelt zu werden lag nicht mehr einseitig beim Militär, sondern bei der gesamten Gesellschaft. Und schließlich führte die Expansion des Militärs (bzw. der „Notwendigkeiten" der Kriegführung) zu einer virtuellen Auflösung des Militärs als Kampfverband.

Der Sinn der Monopolisierung der Gewalt, die Ausgliederung der physischen Gewaltanwendung aus dem zivil konstituierten gesellschaftlichen Verkehr ging verloren. Wo Kriege nicht mehr neben, sondern nur noch mit der gesamten Gesellschaft gefochten werden können, steht die Bestimmung des militärischen Gewaltmonopols erneut zur Debatte. Ein internationaler Vergleich würde mit Sicherheit erweisen, daß seit dem Ersten Weltkrieg diese Frage in allen industrialisierten Ländern in der einen oder anderen Weise wieder aufgeworfen wurde, wenn auch die blutige Lösung dieses Problems (1934, 1944) speziell aus den deutschen Verhältnissen erklärt werden muß.

Die Auflösung des eindeutig zuordnungsfähigen Monopols der Gewalt unter dem Druck der Expansion militärischer Aufgaben und ihrer Diffusion in die gesamte Gesellschaft und andererseits der Spezialisierung bei der Vorbereitung und Anwendung von organisierter Gewalt ist eine Charakteristik der militärischen Entwicklung zwischen 1860 und 1945. Sie ist ein Ergebnis der schrittweisen und verzögerten Industrialisierung der Kriegführung und der schließlichen „Industrialisierung" des Militärs. Die gesellschaftlichen Folgen dieser Industrialisierung der Kriegführung sind die Auflösung der Monopolisierbarkeit organisierter staatlicher Gewalt in einer speziellen Organisation.[24] Hier liegt die *eine* Grenze der liberalen Theorien über die Zuordnung von Militär und Politik.

Die Diffusion militärischer Aufgaben vollzieht sich über die Klassengrenzen hinweg. Die Kriegführung und deren Vorbereitung erfaßt (allerdings in unterschiedlicher Weise) die gesamte Gesellschaft. Mit der Überwindung der Klassengegensätze löst sich also das Problem der Militarisierung nicht auf, sondern stellt sich in dem Anspruch auf funktionale Organisation der zivilen Gesellschaft nach militärischen Bedürfnissen erneut und ebenso

---

24 Diesen Hypothesen soll ausführlich in M. Geyer, Militarismus, Rüstung u. Landesverteidigung (1977) nachgegangen werden.

dringlich. Hier liegen die entscheidenden Probleme einer sozialistischen Militärtheorie.[25] Spencers Unterscheidung zwischen „War-State" und „Business-State" hat sich zwar als obsolet erwiesen. Unter den genannten Umständen ist aber die Herausarbeitung des Unterschieds zwischen einer militarisierten und einer zivilen Gesellschaft nötiger denn je.

3. Schrittweise Professionalisierung des Offizierkorps und Monopolisierung der Gewalt bedingen sich gegenseitig. Unter Professionalisierung wird gemeinhin zweierlei verstanden: die soziale Differenzierung des Militärs als Beruf von der nicht-militärischen (ob adligen oder bürgerlichen) Gesellschaft aufgrund eines speziellen Wissens über die Anwendung von Gewalt; zweitens die Herausbildung eines speziellen intern regulierten Verhaltens und Normenkodex, der die gesellschaftlichen Außenbeziehungen der einzelnen Offiziere als Teil eines Korps regelt. Diese doppelte Bedeutung des Begriffs wird nicht immer mit der nötigen Klarheit gesehen.[26] Meist steht allein die zweite Bedeutung im Blickfeld der Untersuchungen. Das ist ein Ergebnis der Tradition liberaler Militarismuskritik, die sich gegen die soziale Abschirmung der militärischen Profession wandte, gleichzeitig aber eine funktionsadäquate Professionalisierung in der Hoffnung befürwortete, daß das kontrollierte Regime der Fachleute gesellschaftlich neutral, effizient und politisch nützlich sei.[27]

Die Umrisse des Vorgangs der Professionalisierung[28] sind weitgehend bekannt. Er besteht in der in Deutschland bis 1945 nie vollendeten beruflichen Ausdifferenzierung zu einem elitären Verband eigener Qualität, da im Zweifelsfall – eindeutig bis 1918 – die soziale Rückbindung aufgrund der junkerlich-monarchisch-militärischen Allianz stärker war, als die vielleicht universell feststellbare Eigendynamik des militärisch-professionellen Konservatismus. Bereits im Ersten Weltkrieg und dann besonders in der Reichswehr läßt sich allerdings eine Differenzierung insofern feststellen, als die Rechtfertigung des Korps immer häufiger nicht mehr im Bezug auf seine soziale Rolle, sondern im Bezug auf seine funktionale Qualität (Hüter der Sicherheit) geschah.

So wird man wiederum sehr vorsichtig bei der Postulierung von Kontinuitäten sein müssen. Die professionellen Privilegien des Kaiserreichs scheinen

25 E. Jahn, Kommunismus – und was nun. Zur Bürokratisierung und Militarisierung des Systems der Nationalstaaten, Reinbek 1974. D. Senghaas, Rüstung u. Militarismus, Frankfurt 1972.

26 Für die deutsche Geschichte vor allem Craig; Standardwerke der Militärsoziologen von v. Doorn u. ders. (Hg.), Military Professions and Military Regimes, Den Haag 1969; M. Janowitz, The Professional Soldier, Glencoe, Ill. 1960; als kritischer Ansatz B. Abrahamsson, Military Professionalization and Political Power, Beverly Hills 1972.

27 Zum Beispiel F. C. Endres, Soziologische Struktur u. die entsprechenden Ideologien des deutschen Offizierkorps vor dem Weltkriege, in: Archiv für Sozialwissenschaft 68. 1927, S. 282–319.

28 Craig; M. Messerschmidt, Werden u. Prägung des deutschen Offizierkorps, in: Offiziere im Bild von Dokumenten aus drei Jahrhunderten, Stuttgart 1964; K. Demeter, Das deutsche Offizierkorps in Gesellschaft u. Staat 1650–1945, Frankfurt 1962².

weniger auf dem speziellen Wissen des Militärs, als auf der spezifischen Herkunft zu beruhen, während in der Weimarer Republik sich dies trotz eines weiter steigenden Adelsanteils umgekehrt hat.[29]

Die Doppelbödigkeit des preußisch-deutschen Professionalismus zeigte sich zum ersten Mal zwischen 1850 und 1870: Unter dem Druck der Industrialisierung der Gesellschaft wurden die Konturen der gesellschaftlichen Außenbeziehungen immer schärfer gezogen und als Korrelat dazu die Binnenregelungen des Ehren- und Verhaltenskodex immer elaborater und genauer gefaßt. Die zweite gleichzeitig zu beobachtende Tendenz wurde weniger deutlich gesehen: Sie bestand in der Ausweitung der Organisationsmacht und des Einflusses des Generalstabs aufgrund der zunehmend komplizierten Beherrschung des militärischen Apparates. Sie war damit direkt (Eisenbahn, Artillerie) oder indirekt (Bewegung und Koordination von Massenarmeen) Ergebnis der langsam und verzögert einsetzenden Industrialisierung der Kriegführung des Militärs.[30]

Diese innermilitärische Herausbildung eines eigenen militärischen Wissens hatte ihre eigene Entwicklung: Mit der zunehmenden funktionalen Differenzierung des Militärs aufgrund der wachsenden Komplexität des militärischen Apparates und – seit dem Ersten Weltkrieg – verstärkt aufgrund der Hereinnahme ziviler Fähigkeiten in das Militär, schwand auch die militärische Basis der Profession als für jeden Offizier erfahrbare Größe, nämlich das gemeinsame Wissen über die Anwendung von Gewalt.[31] Die professionelle Einheit konnte nur noch abstrakt, bzw. ideologisch, oder in gemeinsamen Verhaltens- und Sozialnormen, nicht mehr aber durch die tägliche Arbeit erhalten werden.

Dieser Prozeß kam im Ersten Weltkrieg zum Durchbruch,[32] zu einem Zeitpunkt also, als die preußisch-deutsche Sonderform der sozialen Rückbindung des Offizierkorps an den Adel in dem Maß ins Wanken kam, in dem die sozialen Privilegien des Adels zurückgedrängt wurden. In der Zwi-

29 Eine bloße Herkunftsanalyse nützt gerade für die Reichswehr solange nichts, als nicht gleichzeitig die sich wandelnde soziale, wirtschaftliche und politische Lage des Adels und die sich ändernden militärischen Rollen und das veränderte Sozialverhalten berücksichtigt werden. Vgl. z. B. L. W. Muncy, The Junker in the Prussian Administration under William II, 1888–1914, (1944) N. Y. 1970.

30 Messerschmidt, Offizierkorps, S. 76 ff.; Helmert, Kriegspolitik; ders., Militärsystem u. Streitkräfte im Deutschen Bund am Vorabend des preußisch-österreichischen Krieges von 1866, Berlin 1964.

31 Historische Untersuchungen über die sich verändernden ‚Arbeits‘-bedingungen im Militär fehlen. Für die Gegenwart J. v. Heiseler, Militär u. Technik, in: Picht, S. 66–158.

32 Leider brechen die meisten Arbeiten über die Sozialgeschichte des Militärs 1914 ab, obwohl gerade eine Sozialgeschichte des Militärs im Kriege die in der wilhelminischen Ära zurückgedrängten Probleme offenlegen würde und vor allem unabdingbare Voraussetzung für die Geschichte der Reichswehr, der Wehrverbände und der Frontsoldatenideologie in der Weimarer Republik wäre. Illustrative Einzelheiten dazu bei J. Dülffer, Weimar, Hitler u. die Marine, Düsseldorf 1973; K. W. Bird, Officers and the Republic, phil. Diss. Duke University, Durham, N. C. 1971.

schenkriegszeit hat man es also nicht nur mit einer gesellschaftlichen, sondern auch mit einer militärischen Krise des Korps zu tun, die sich längst vor 1914, eben in der Industrialisierung von Militär und Gesellschaft anbahnte, aber erst im Ersten Weltkrieg nicht mehr zurückgedrängt werden konnte. Die Versuche einer Rekonstruktion des Offizierkorps in der Weimarer Republik, die bisher nur sehr oberflächlich untersucht wurden, und die Auflösungserscheinungen im Dritten Reich wären gerade unter diesem Aspekt der Doppelkrise zu untersuchen.[33]

Statt von einem einheitlichen Prozeß der Professionalisierung des Militärs zu sprechen, wird man sehr viel genauer nach der sozialen und auch – da bisher stark vernachlässigt – nach der innermilitärischen Rolle und Funktion der Herausbildung gemeinsamer Verhaltensformen aufgrund militärischer Sozialisation und gemeinsamer Ideologien fragen müssen. Sie waren keinesfalls konstant wie das eine Untersuchung der Erscheinungsformen des Korps und dessen Ideologien nahelegen mag.[34]

Die Professionalisierung des Militärs sei eine wesentliche Voraussetzung der Kontrolle, ist eine Hauptthese der liberalen Militärtheorie.[35] Für Deutschland wird diese These häufig negativ gefaßt: Wenn das preußisch-deutsche Militär sich aus der sozialen Bindung an den Adel bzw. der preußisch-deutschen Tradition überhaupt gelöst hätte, und wenn eine wirkliche Kontrolle des Reichstages über das Fachmilitär etabliert worden wäre (zunächst gegen die monarchische Kommandogewalt und dann gegen den Staat im Staate, der Reichswehr), dann gäbe es ein Problem des deutschen Militarismus nicht. Militarismus wird also doppelt aus der fehlenden Kontrollmöglichkeit und aus der Abweichung (preußisch-deutsche Tradition, geheime Aufrüstung) von dem professionellen Muster erklärt.

Nun wäre es verwegen, die Stimmigkeit dieser These abzustreiten. Doch sind einige Anmerkungen zu dieser Interpretation zu machen: Die Kontrollmöglichkeiten über die Militärbudgets waren bis 1918 äußerst gering und bis 1928 durch das Problem der Geheimrüstung[36] belastet. Es war ei-

---

33 So wäre provokativ zu fragen, ob das Offizierkorps der Reichswehr nicht nur am politischen System der Weimarer Republik, sondern auch an der militärischen Wirklichkeit vorbei rekonstruiert wurde mit der Folge, daß die Keime der Auflösung bereits im Offizierkorps steckten, bevor es durch die beschleunigte Heeresvermehrung ab 1934 – wie es heißt – „verwässert" wurde.

34 Das ist die Täuschung, der Demeter unterlag. M. D. Feld, The Military Self-Image in a Technological Environment, in: M. Janowitz (Hg.), The New Military, N. Y. 1964, S. 159–81; ders., Professionalism. Nationalism and the Alienation of the Military, in: J. v. Doorn, Armed Forces and Society, Den Haag 1968, S. 55–70; P. Abrams, The Late Profession of Arms. Ambiguous Goals and Deteriorating Means in Britain, in: Archives Européennes de Sociologie 6. 1965, S. 238–61 untersuchen Formen der Radikalisierung des Militärs.

35 S. P. Huntington, Power, Expertise and the Military Profession, in: K. S. Lynn (Hg.), The Professions in America, Boston 1965.

36 Grundlegend zur Problematik nach wie vor W. Sauer, in: K. D. Bracher, Die Auflösung

nes der entscheidenden demokratischen Anliegen, sie auszuweiten. Doch ergeben die wenigen Hinweise auf das Kontrollverfahren des Reichstages seit 1874 eher das Bild, daß selbst die vorhandenen Kontrollmöglichkeiten nicht systematisch ausgenutzt wurden. Dabei spielt bei den bürgerlichen Parteien ein sich wandelndes Maß an Übereinstimmung eine wichtige Rolle.

Daneben wirkte sich aber auch die Immunisierung der Haushalte durch die Fachleute aus. Die geheime Aufrüstung war ein Extremfall der Abkapselung des Haushalts durch die professionellen Vertreter. Nicht allein das Problem der fehlenden Kontrollmöglichkeiten also, sondern die Identität von militärischen und zivilen Interessen und die mangelnde Durchbrechung des professionellen Wissensmonopols bestimmten die deutsche Militärgeschichte jenseits des Kampfes um die Erweiterung oder Einengung der Kontrollmöglichkeiten. Eine genauere Untersuchung dieses Themas steht allerdings noch aus.

Die mit dem Konzept der Professionalisierung verknüpfte Idee, die Militärs auf ihren Bereich zu begrenzen und diesen Bereich als kompaktes Ganzes zu kontrollieren und einzusetzen, erweist sich bei näherem Hinsehen als gegenstandslos. Vorbereitung, Androhung und Anwendung von Gewalt ist nicht die ideale ,,black box", die durch politische und gesellschaftliche Interessen beliebig funktionalisiert werden konnte.

Von Seiten der kritischen Militärgeschichte wurde vor allem gefragt, ob die Interessen den Meinungsbildungsprozeß der ganzen Gesellschaft reflektieren oder in welcher Form sie sich entlang von Klassengegensätzen konstituieren: Der organisierte Militärapparat tendiere dazu, ungleiche Verhältnisse zu konservieren.[37]

Weniger beachtet wurde dabei, daß die Trennung von politischer Interessenbildung und funktionaler militärischer Ausführung der Interessen mit der fortschreitenden Industrialisierung der Kriegführung selbst zur Fiktion wurde. Militärische Vorbereitung von Gewalt und militärischer Einsatz setzen selbst unübersehbare ökonomische und gesellschaftliche Daten, die nicht beliebig ökonomischen Einzelinteressen nachgeordnet werden können.[38] Solange an der Trennbarkeit von militärischer Gewalt und zivilem Verkehr und der Instrumentalisierbarkeit der ersteren durch die letzteren festgehalten wird, verkennt man gerade die entscheidenden historischen und politischen Probleme der industrialisierten Kriegführung, durch die das Militär vom Agenten gesellschaftlicher Einzelinteressen zum gesamtgesell-

---

der Weimarer Republik, Villingen 1964[4]; F. L. Carsten, Reichswehr u. Republik, Köln 1965[2].

37 Hier setzt etwa die Kriegszieldiskussion ein. Zusammenfassend jetzt K. Hildebrand, Imperialismus, Wettrüsten u. Kriegsausbruch 1914, in: Neue Politische Literatur 20. 1975, S. 160–94 u. 339–64.

38 Vorbildlich A. Marwick, Britain in the Century of Total War, London 1968.

schaftlich agierenden Teil des Staatsapparates wurde.[39] Ebensowenig wie die Staatstätigkeit im Organisierten Kapitalismus mit frühliberalen Theorien erklärt werden kann, wird man die militärische Tätigkeit mit vorindustriellen Kategorien erfassen können.

4. Eine letzte Bemerkung betrifft ein weiteres Phänomen industrialisierter Kriegführung: Die Expansion des Militärs in potentiell alle gesellschaftlichen, wirtschaftlichen und politischen Bereiche in Erfüllung der gestellten Aufgabe: Vorbereitung und Anwendung von Gewalt.[40]

In einem 1974 erschienenen Reader mit dem Thema „Geschichte und Militärgeschichte"[41] gibt die Herausgeberin einen Überblick über die vielfältigen Interessengebiete der Militärgeschichte. Sie stellt insbesondere die immense Auffächerung dieses Gebiets heraus, die die alten Formen der Institutionen- oder gar Kriegsgeschichte längst hinter sich gelassen hat. Organisatorische, soziale, ökonomische, ideologische Fragestellungen ranken sich um das Institut Militär. Dieses wurde zum heuristischen Bezugspunkt oder zur Quellenbasis für eine Fülle unkoordinierter Einzeluntersuchungen, die potentiell alle gesellschaftlichen und politischen Lebensbereiche betreffen können. Militärgeschichte ist heute nicht mehr Fachdisziplin am Rande der allgemeinen Geschichte, sondern nähert sich rapide – wenn auch uneingestanden und ohne die nötigen Konsequenzen daraus zu ziehen – einer allgemeinen Geschichte aus spezifischem Blickwinkel.

Der Trend zu Themen wie „War and Society" reflektiert die reale Entwicklung des Militärs im 20. Jahrhundert. Im Zeitalter totaler Kriege läßt sich Militärgeschichte nur noch unter Verlust der Realitätsnähe als Geschichte des Instituts Militär schreiben, obwohl diese noch einen beachtlichen Rückhalt in Fach- und Truppenzeitschriften und in dem neuerdings wieder zu beobachtenden, beängstigenden Boom nostalgischer Bücher über Feuerwaffen, Panzer und Kriegserlebnisse hat. Man könnte argumentieren, daß diese neue Welle gegenüber der Vergangenheit eine weitere Dimension besitzt. Die Soldaten- und Militärideologie spielt nicht nur dem zivilen Leben eine falsche Heroik vor, sondern dient gerade auch der militärischen Sehnsucht nach einer heilen (professionellen, heroischen) militärischen Welt, in der das Militär als kämpfende Einheit noch vorstellbar war. Sie wird zum Substitut für die verlorene Einheitlichkeit der militärischen Or-

---

39 In diesem Punkt fügt sich die militärgeschichtliche Fragestellung in die neuere Diskussion über die Funktion und die relative Selbständigkeit des Staatsapparates ein.

40 Diese genuine Expansion des Militärs ist zu unterscheiden von der Rollenexpansion des Militärs in zivile Bereiche, um dort Ersatzfunktionen, die von der zivilen Gesellschaft nicht wahrgenommen werden (können), auszuüben. M. Lissak, Modernization and Role Expansion of the Military in Developing Countries, in: Comparative Studies in Society and History 9. 1967, S. 233–55; die einleuchtendste Kritik der Vorstellung von einer Modernisierung durch das Militär bei B. Tibi, Militär u. Sozialismus in der Dritten Welt, Frankfurt 1967; nicht immer klar genug differenzierend A. Lüdtke, Militärregime, in: Staatslexikon, Bd. 10, Freiburg 1970, S. 663 ff.

41 U. v. Gersdorff (Hg.), Geschichte u. Militärgeschichte, Frankfurt 1974.

ganisation, an der dennoch – man müßte näher untersuchen, warum – festgehalten wird. Für die Lage der Militärgeschichte ist also zu konstatieren, daß sie ihres zentralen Gegenstands in dem Maß verlustig ging, in dem militärische Gewaltanwendung zu einer unmittelbar gesamtgesellschaftlichen Tätigkeit bzw. einem gesamtgesellschaftlichen Leiden wurde. Eine Einengung des Untersuchungsgegenstands auf das Militär wäre im klassischen Sinne ideologisch, da sie nicht allein die Frage nach den Interessen bei der militärischen Gewaltvorbereitung nicht stellt, sondern in ihrer Beschränkung auf das militärische Institut die Wirklichkeit unzureichend widerspiegelt.

Es hieße allerdings die neueren Entwicklungen der Militärgeschichte verkennen, wenn man in einer derartigen Einengung des Gegenstands das gegenwärtige Kardinalproblem sehen würde. Spätestens seit der verunglückten Gründung einer Wehrwissenschaft in der Zwischenkriegszeit[42] muß man die Akzente anders setzen. Die Gefahren liegen heute in einer fraktionierten und amorphen, der militärischen Expansion folgenden Ausdehnung der Militärgeschichte und einer sich abzeichnenden Militärwissenschaft,[43] der Segmentierung von Politik, Gesellschaft und Ökonomie in einen militärischen und zivilen Bereich und der kritiklosen Annahme des Faktums der Expansion. Ein führender amerikanischer Militärsoziologe umschrieb diesen Vorgang sehr vage mit dem Begriff des „unanticipated militarism".[44] Er besteht – was die historische Forschung anlangt – (noch) in dem weitgehenden Unvermögen, Ursachen, Formen und Folgen der ausgeweiteten militärischen Tätigkeit anders als in einzelnen militärisch-zivilen „linkages" zu analysieren. Bestenfalls stehen dahinter erkannte und thematisierte Schwierigkeiten, diese neuen Phänome theoretisch und praktisch in den Griff zu bekommen,[45] da die klassischen Militär- und Militarismustheorien liberaler und sozialistischer Provenienz entweder von der Aussonderbarkeit des militärischen Apparates aus dem gesellschaftlichen Verkehr ausgehen oder – soweit sie sich auf das Konzept des „Volks in Waffen" stützen – den Bürger als Subjekt der Kriegführung, nicht aber als

---

42 R. Wohlfeil, Wehr-, Kriegs- u. Militärgeschichte, in: v. Gersdorff, S. 165–76; ferner W. Wette, Friedensforschung, Militärgeschichtsforschung, Geschichtswissenschaft. Aspekte einer Kooperation, in: Aus Politik u. Zeitgeschichte 7/1974; R. Brühl, Militärgeschichte u. Kriegspolitik. Zur Militärgeschichtsschreibung des preußisch-deutschen Generalstabes 1816–1945, Berlin 1973.

43 Über das gebrochene Verhältnis von Militär und Wissenschaft K. v. Schubert, Zum Verhältnis von Militär u. Wissenschaft in der BRD, in: Aus Politik u. Zeitgeschichte 44. 1972, S. 1–11; eine eigene Militärwissenschaft wird sporadisch von den Wehrexperten der CDU/CSU gefordert (Wörner, Zimmermann).

44 M. Janowitz, The Military in the Development of New Nations, Chicago 1974; Klarer schon bei A. Vagts, A History of Militarism, N. Y. 1939, obwohl seine Unterscheidung von militarism und einem military way hier verworfen wurde.

45 M. Medick, Das Konzept des ‚Military-Industrial Complex‘ und das Problem einer Theorie demokratischer Kontrolle, in: Berghahn, Militarismus, S. 347–77; P. A. C. Koistinnen, The ‚MIC‘ in Historical Perspective, in: BHR 41. 1967, S. 378–403.

Objekt einer Kriegsmaschinerie erkennen. Schlechtestenfalls schlägt un-
verhüllt das Postulat der Wehrwissenschaften durch, daß die neueren Formen militärischer Gewaltanwendung eine Militarisierung der Gesellschaft
entsprechend den militärischen Bedürfnissen (und seien sie auch in einem
zivil-militärischen Entscheidungsprozeß formuliert) verlangen, und daß die
eigentliche Tragödie des Militärs in der Einschränkung seiner Möglichkeiten liege.[46]

Einzelstudien, die sich punktuell mit militärisch-sozialen, militärisch-wirt-
schaftlichen und militärisch-politischen Fragestellungen beschäftigen,
übersehen zu oft diese entscheidende Dimension der Veränderung des Militärs und der Gewaltanwendung: Die Vergesellschaftung der Gewaltanwendung wurde von verschiedenen Seiten angegangen, nicht aber als einheitlicher Grundzug interpretiert. Diese Vergesellschaftung der Gewaltanwendung aufgrund der Industrialisierung der Kriegführung, d. h. die
nach militärischen Bedürfnissen (aber nicht unbedingt vom Militär) gesteu-
erte Einbeziehung der gesamten Bevölkerung und der volkswirtschaftlichen Kapazitäten mit dem Ziel organisierter und geplanter Gewaltvorbereitung, -androhung und -anwendung, und die gleichzeitige Sozialisierung
der Gefahr, d. h. die Ausweitung des Leidens an der Gewalt auf die gesamte
Bevölkerung, müßte aber der zentrale Gegenstand der modernen Militärgeschichte sein.

Der Bürger als Objekt des Militärs oder des Militärstaats ist natürlich das
klassische Thema der Militarismusdiskussion überhaupt. Doch die Akzente
haben sich unter dem Druck der Industrialisierung der Kriegführung entscheidend gewandelt. Konnte man im 19. Jahrhundert hoffen, durch strikte
Kontrolle, durch Aussonderung des Militärs und durch Gewaltorganisation
von unten den Militärstand zu neutralisieren und den Militärstaat zu zivili-
sieren, so ergibt sich heute das Problem der Militarisierung aus dem dem
Militär aufgegebenen Auftrag der Vorbereitung und Anwendung von Gewalt selbst. Eine Lösung dieses Dilemmas kann nicht mehr durch eine Militärtheorie – die historischen Grenzen der Militarismustheorien liegen darin, daß sie im entscheidenden Maß Militärtheorien waren –, sondern nur
durch die Erkennung und den Abbau von Gewalt und gewaltsamer Verhältnisse im nationalen und internationalen Verkehr geschehen.[47]

Um die beiden Leitmotive dieser kurzen Bemerkungen zu der Instrumentalisierung des Militärs, der Monopolisierung der Gewalt, der Professionalisierung des Offizierkorps und der Expansion des Militärs zusammenzufas-

46 So durchgehend etwa die apologetische Militärgeschichtsschreibung; zuletzt auch D. Ir-
   ving, Die Tragödie der deutschen Luftwaffe. Aus den Akten u. Erinnerungen von Feld-
   marschall Milch, Frankfurt 1970.
47 Hier besteht die unmittelbare, von der Sache her geforderte Brücke zur Friedens- und
   Konfliktforschung; Senghaas, Militarismus; Wette, Friedensforschung; thematische Überschneidungen werden leicht ersichtlich aus G. Scharffenorth u. W. Huber, Neue Bibliographie zur Friedensforschung, Frankfurt 1971.

sen: Die erste Überlegung ergab sich aus dem Versuch, zum einen die neuere Militärgeschichte des 20. Jahrhunderts mit derjenigen des 19. Jahrhunderts in Verbindung zu setzen und zum anderen eine tragfähige Grundlage für internationale Vergleiche des Militärs zu finden, wie ihn Herzfeld bereits 1956 gefordert hat.[48] Die deutsche Militärgeschichtsschreibung sieht fast übereinstimmend diese Kontinuität in der preußisch-deutschen Sonderform des Militärs, die zwischen 1860 und 1914 ausreifte und durch die junkerlich-monarchische Bindung des Militärs gekennzeichnet war. Diese Sonderform ist nicht zu leugnen, doch ist die Annahme statisch und geht davon aus, daß die Industrialisierung nur die Gesellschaft betraf und – um das Militär gleichsam herumging. In der Tat bestätigt aber ein Blick in Moltkes Werke – und Franz Mehring hat ihn getan –, daß nicht allein die Industrialisierung von Wirtschaft und Gesellschaft, sondern gerade auch die etappenweise und in ihrem Charakter noch weitgehend zu klärende Industrialisierung der Kriegführung (und damit auch des Militärs) eine entscheidende Triebkraft der militärischen Entwicklung war – sowohl was die internen Zustände im Militärinstitut, als auch das Verhältnis von Militär zu Politik, Wirtschaft und Gesellschaft angeht. Sie sorgte für den dynamischen Prozeß der Veränderung der Kriegführung, dem sich das Militär durch Verweigerung zwar entziehen konnte, der aber nichtsdestoweniger real war und im Fall Deutschlands Militär und Gesellschaft spätestens 1914/15 mit katastrophalen Folgen einholte. Um ein umfassendes und adäquates Bild der Militärgeschichte und eine tragfähige Grundlage für den längst fälligen internationalen Vergleich zu gewinnen, wird man also die gleichzeitig erfolgende dynamische Entwicklung in Gesellschaft *und* Militär und die Möglichkeiten der Verweigerung bzw. der Rezeption und die Formen der Verarbeitung dieses Prozesses in den Mittelpunkt stellen müssen. Darin liegt die „Kontinuität" der Militärgeschichte zwischen 1860 und 1945.

Industriekapitalistische Entwicklung produzierte Macht- und Gewaltverhältnisse, in denen das Militär als außerökonomische Gewalt der Stabilisierung und der Expansion wirkt. Hier wurde bewußt der Makel aufgenommen, diesen Aspekt nur am Rande zu thematisieren; denn mit wenigen Ausnahmen liegt das Problem einer gesellschaftlichen Militärgeschichte darin, daß das Militär – um zuzuspitzen – an gesellschaftliche Gewaltverhältnisse instrumental oder agentenförmig angehängt wird.[49] Man kommt – um es paradox zu formulieren – zu einem Militarismus ohne Militär vor allem deshalb, weil Gewaltanwendung selber gegen alle Absicht als statisch

---

48 H. Herzfeld, Zur neueren Literatur über das Heeresproblem in der deutschen Geschichte, in: Vierteljahreshefte für Zeitgeschichte 4. 1965, S. 361–86.

49 Zuletzt etwa mit – gerade deshalb – unzureichenden Ergebnissen E. W. Hansen, Wehrwirtschaft in der Weimarer Republik. Studie zum Verhältnis zwischen Militär u. Industrie in Deutschland 1923–1932, phil. Diss. Hamburg 1974 (erscheint voraussichtlich 1977); H. Sachs, Rüstungspolitik u. Rüstungsindustrie am Ende der Weimarer Republik, Magisterarbeit Fachbereich Geschichtswissenschaften Marburg 1975.

und unveränderbar angesehen und mit Hilfe „vorindustrieller" Kategorien erfaßt wird. Eine ganze Geschichte des Militärs würde auf der Grundlage der politischen und gesellschaftlichen Folgen der Industrialisierung und der Organisierung und Monopolisierung des industriellen Systems die Parallelen, Verbindungen und Abhängigkeiten zu der dynamischen Veränderung der Rollen, Funktionen, Aufgaben und Machtbereiche des Militärs als Organisatoren gesellschaftlicher Gewalt erklären müssen. Davon ist allerdings die Militärgeschichte, trotz wichtiger Neuansätze, die im folgenden summiert werden sollen, theoretisch und praktisch noch weit entfernt.

II. *Militärgeschichte als Sozialgeschichte.* Militärgeschichte als Sozialgeschichte wird für gewöhnlich sehr eng definiert. Ausgehend von einer bereits etablierten, abgeschlossenen Organisation bzw. einer insularen Subkultur des Militärs werden Formen der Organisation, ihrer sozialen Bedingungen, Attitüden, Selbsteinschätzung und Ideologie, ferner Fremdeinschätzung und schließlich mittelbare und unmittelbare Wege der Beeinflussung der Gesellschaft durch das Militär untersucht.[50] Sozialgeschichtliche Ansätze dieser Art sind relativ neu. Im Gefolge der Kriegsverbrecherprozesse in Nürnberg und des umkämpften Aufbaus der Bundeswehr war weder das Material noch das politische Interesse vorhanden, derartige Themen zu untersuchen. Im Vordergrund standen die politischen Taten des Militärs, die Verschwörung der Offiziere gegen die Erste Republik, sei sie nun aus dem Machtstreben von Einzelpersonen (Ludendorff, Schleicher) oder von Gruppen (Generalstab, OKW, Militärkabinett) oder aus der Politik der preußischen Armee im allgemeinen abgeleitet, oder schließlich mit Hilfe einer Agententheorie erklärt. Das umfangreiche apologetische Schrifttum beschäftigte sich demgemäß mit der Entschuldigung und Verteidigung von Einzelpersonen oder ganzen Gruppen (OKH) und argumentierte, daß das hochbefähigte Offizierkorps Spielball dämonischer Kräfte oder unglücklicher Umstände bei der Erfüllung seiner „natürlichen" Aufgaben gewesen sei. Hubatschs Geschichte des Admiralstabs unterscheidet sich in diesem Punkt kaum von den Arbeiten Görlitz' und Erfurths über den Generalstab.[51] Die doppelte Krise des nationalliberalen Geschichtsbildes und der akademischen Geschichtsschreibung zu Beginn der 1960er Jahre sorgte dafür, daß die Interessenschwerpunkte von der Zwischenkriegszeit auf das kaiser-

---

50 So programmatisch H. Rumschöttel, Das Bayerische Offizierkorps 1866–1914, Berlin 1973, S. 286; derartige Untersuchungen können auf eine zeitgenössische Tradition zurückgreifen. Vgl. E. Assmus, Die publizistische Diskussion um den Militarismus 1850–1900, phil. Diss. 1951.

51 W. Hubatsch, Die Ära Tirpitz, Göttingen 1955; ders., Der Admiralstab u. die obersten Marinebehörden in Deutschland, Frankfurt 1958; Generalfeldmarschall Keitel, Verbrecher oder Offizier?, Hg. W. Görlitz, Göttingen 1961; W. Ehrfurth, Die Geschichte des deutschen Generalstabes 1918–1945, Göttingen 1957.

liche Deutschland verschoben, die hohe Politik in – die gesamte wilhelminische Politik umfassende – Herrschaftsanalysen aufgelöst, die gesellschaftlichen Widersprüche und Interessen als Agentien wilhelminischer Politik betont und Arbeiten über die Konditionierung der Gesellschaft für den Krieg und die Funktion von Rüstung in Politik und Wirtschaft aufgegriffen wurden. Die gleichzeitige Hereinnahme methodisch neuer Forschungsansätze veränderten und erweiterten den Untersuchungshorizont und die Methoden der Geschichtsschreibung, deren Forschungsgegenstand das Militär im engeren Sinne war. Thesen über die Funktion des Militärs als Instrument der Herrschaftsstabilisierung nach innen und nach außen, die gesellschaftliche Rolle des Militärs bei der Feudalisierung des Bürgertums konnten auf dieser allgemeingeschichtlichen Grundlage wieder formuliert werden. Die Geschichte des Militärs wurde – zumindest für die wilhelminische Ära und mit den oben gemachten Einschränkungen – Teil der Industrialisierungsgeschichte Deutschlands und ihrer sozialen Folgen und Zwänge.

In Deutschland wurde der Kampf um die Heeresreformvorlage (1860–1867) zu einem der entscheidenden Wendepunkte für die politische und militärische Entwicklung. Canis, Helmert, Craig, Messerschmidt und Gruner,[52] um nur einige Arbeiten zu nennen, stellen die militärischen und politischen Grundlagen des Heeres- und Verfassungskonflikts ausführlich und in der Sache erstaunlich einig dar. Als neuralgischer Punkt gilt nach wie vor, daß sich in der Reformvorlage reaktionäre, politische und soziale Ziele mit zeitgemäßen militärtechnischen und militärorganisatorischen Neuerungen (sieht man einmal von der 3- statt 2jährigen Wehrpflicht ab) überlappten.

Messerschmidt hat diesen scheinbaren Widerspruch wohl am klarsten und eindeutigsten aufgelöst, als er darauf hinwies, daß Bismarck und die Militärs die Heeresreform als Instrument benutzten, um – wie bereits Droysen befand – „den Riß zwischen Kammer und Ministerium oder weiter zwischen dem Ministerium und dem Prinzregenten unheilbar zu machen"[53] und damit das Militär als rocher de bronce der junkerlich-monarchistischen Partei der Kontrolle des Parlaments zu entziehen. Die Exemption des strategischen Machtfaktors Militär war das Ziel Bismarcks, der die extrakonstitutionelle Stellung des Militärs absicherte und damit den Grund für die „systematische(n) Aushöhlung der Verfassung"[54] legte. Bismarck war im Ver

52 K. Canis, Die politische Taktik führender preußischer Militärs 1858–1866, in: Bartel u. Engelberg, Bd. 1, S. 118–56; H. Helmert, Der preußische Generalstab in der Vorbereitung des Krieges gegen Frankreich zwischen 1866 u. 1870, in: ebd., S. 157–201; Craig, S. 136 ff.; M. Messerschmidt, Die Armee in Staat u. Gesellschaft – Die Bismarckzeit, in: M. Stürmer (Hg.), Das kaiserliche Deutschland, Düsseldorf 1974, S. 89–118; W. Gruner, Das Bayerische Heer 1825–1864, Boppard 1972.
53 S. Bahne, Vor dem Konflikt. Die Altliberalen in der Regentschaftsperiode der ‚Neuen Ära‘, in: U. Engelhardt u. a. (Hg.), Soziale Bewegung u. politische Verfassung. Beiträge zur Geschichte der modernen Welt. Fs. W. Conze, Stuttgart 1976, S. 154–97; hier zit. Ms. S. 29.
54 Messerschmidt, Armee, S. 100.

fassungskonflikt der erfolgreichste Exponent der monarchisch-militärischen Partei.[55]

Diese Thesen dürften ebenso Bestand haben wie die Kritik an einer allzu pauschalen Identifikation des Militärs mit einem in seinen gesellschaftlichen Funktionen nicht näher differenzierten Junkertum. Auffällig ist allerdings, wie Messerschmidt (durchaus übereinstimmend mit Canis etwa) die Heeresreform allein zu einem politisch instrumentalen Problem formt und damit die Reform selbst als zeitgemäß und anscheinend gesellschaftlich neutral der politischen Diskussion entzieht. Das mag insofern den zeitgenössischen Sachverhalten entsprochen haben, als die Liberalen außer der dürftigen Verteidigung der Landwehr als Reminiszenz keine alternativen organisatorischen Vorstellungen entwickelten. Ihre Kritik blieb in diesem Punkt formal. Diese Blindstelle läßt sich nicht allein aus der traditionellen Abstinenz in angeblich militärtechnischen Fragen erklären. Die leicht zu erreichende Übereinstimmung in den Grundzügen der Heeresorganisation, die nach 1866/67 nicht mehr umstritten war, legt gemeinsame Interessen und Auffassungen bloß, die in dem zugespitzten Tageskampf häufig übersehen werden, deren politische und soziale Implikationen den Historiker aber interessieren sollten.

Damit sind nicht allein die Thesen gemeint, die Heeresreform und Verfassungskonflikt in die Vorgeschichte der Reichseinigung einbeziehen und auf das verhängnisvolle Übergewicht des Einheits- vor dem Freiheitsgedanken oder auf die gründliche Fehlspekulation der preußischen Liberalen, man könne den preußischen Militärstaat im geeinigten Deutschland liberalisieren, hinweisen.[56] Mit der Entscheidung für ein professionelles Wehrpflichtigenheer (gerade mit dieser scheinbar technischen Frage) fielen Grundsatzentscheidungen, die in ihren Prinzipien, die in Preußen-Deutschland vielfältig durch die adlig-junkerliche Präponderanz durchbrochen und nie voll ausgeformt wurden, weit über die engere preußisch-deutsche Geschichte hinausweisen:

Mit dem Aufbau des Wehrpflichtigenheers war endgültig die Entscheidung gegen die Organisation der Gewalt von unten gefallen, die als revolutionäres Prinzip der Gewaltanwendung immer vorhanden war und vorhanden ist. Das professionelle Wehrpflichtigenheer bediente sich zwar der Massen in nie geahnter Weise bereits 1870/71. Die Kunst und die sehr schnell sichtbaren unüberwindlichen Schwierigkeiten bestanden darin, sie in die

---

55 Das ist mit Messerschmidt, Armee und Canis insbesondere gegen die ältere Literatur hervorzuheben.

56 K. J. Müller, Einheit u. Freiheit im Denken Wilhelm Rüstows, in: Jahrbuch des Instituts f. deutsche Geschichte in Tel Aviv 3. 1974, S. 118 ff.; zu dem Gesamtkomplex dürfte sich eine Kontroverse zwischen H. A. Winkler, Preußischer Liberalismus u. deutscher Nationalstaat. Studien zur Geschichte der deutschen Fortschrittspartei 1861–1866, Tübingen 1964 u. M. Gugel, Industrieller Aufstieg u. bürgerliche Herrschaft. Sozioökonomische Interessen u. politische Ziele des liberalen Bürgertums in Preußen zur Zeit des Verfassungskonflikts 1857–1867, Köln 1975, anbahnen.

Armee zu integrieren. Das Wehrpflichtigenheer war dennoch keine Massenarmee, sondern die Armee des professionellen Offizierskorps.[57] Das professionelle Heer schuf oder perpetuierte (auf Zeit) ähnlich wie die Fabrikorganisation die Ungleichheit der Bürger – lediglich nicht vermittelt durch den Gegensatz von Kapital und Arbeit, sondern durch militärische Mittel: Befehl, Gehorsam, Sanktion. Die gesellschaftliche Gleichheit der Bürger konnte und kann zwar Zugangs- und Aufstiegschancen egalisieren (beides geschah in Deutschland nicht), das ändert aber nichts an der ungleichen Konstruktion des Militärs.[58] Mit der auf nur funktionelle und effiziente Anwendung und Gewalt reduzierten Aufgabe (man beachte in dieser Loslösung und „Verdinglichung" von gesellschaftspolitischen Zielen wieder die Parallele zur industriellen Produktion) der Armee ergibt sich weiter als permanente Gefahr, daß Gewaltanwendung nur technisch maximiert wird. Das ermöglicht u. a. überhaupt erst, Gewalt als funktionsfrei und quasi naturgegeben zu ideologisieren, Gewalt und Gewaltanwendung zu manipulativen Prozessen freizusetzen, wie andererseits den Prozeß der Gewaltanwendung (in den Generalstäben) zu standardisieren.[59] Ebenso sind in diesem System die Friktionen zwischen Notwendigkeiten und Bedürfnissen eines effizienten militärischen Einsatzes (mit dem Extremfall der Verselbständigung der funktional konstruierten Gewaltanwendung, die sich bereits unter Bismarck abzeichnete) und politischen Zielen angelegt.[60] Ferner setzt die professionelle Anwendung von Gewalt die Rationalisierung der Außenpolitik voraus. Sie geht mit Macht- und Realpolitik[61] konform und fußt auf den gleichen Prinzipien wie diese: dem Abbau inhaltlicher Bestimmung (etwa: dynastische Gemeinschaft, oder: internationale

---

57 R. Höhn, Sozialismus u. Heer, 3 Bde., Bad Homburg 1959/69; der Rezension von W. Wette, in: Archiv für Sozialgeschichte 14. 1975, S. 610 ff. ist nichts hinzuzufügen.

58 C. Helfer, Über militärische Einflüsse auf die industrielle Entwicklung Deutschlands, in: Schmollers Jahrbuch 82,2. 1963, S. 597–609; eine ausführliche Längsschnitt-Untersuchung zum Problem der innermilitärischen Disziplinierung fehlt; Hinweise über die Probleme bei K. W. Bird, der näher auf die Revolte der Deck-Offiziere während des Kapp-Putsches eingeht. Von der Revolutionsforschung 1918/19 wurde dieser Aspekt nicht zu Genüge gewürdigt, da sie der Meinung ist, daß es sich hier um scheinbar politisch nicht relevante Fragen handelte; U. Kluge, Soldatenräte u. Revolution. Studien zur Militärpolitik in Deutschland 1918/19, Göttingen 1975; allgemein auch I. Roggen, Soldats – citoyens et citonyennes-miliciennes, in: Res Publica 7. 1965, S. 231–53.

59 Die keineswegs nur preußisch-deutsche Tendenz der Verselbständigung der Planungstechniken des Generalstabes und der gleichzeitige Einfluß sozialdarwinistischer Ideologien müßte unter diesem Aspekt zusammengesehen werden; unter Zusammenfassung der neueren Literatur M. Messerschmidt, Militär u. Politik in der Bismarckzeit u. im Wilhelminischen Deutschland, Darmstadt 1975. G. Ritter, Der Schlieffen Plan, München 1956; ders., Das Problem des Militarismus in Deutschland, in: Historische Zeitschrift 177. 1954, S. 21–48 baut hier auf seine Dichotomie von Militär und Politik auf.

60 E. Kessel, Moltke, Stuttgart 1957; R. Stadelmann, Moltke u. der Staat, Krefeld 1950.

61 L. A. v. Rochau, Grundsätze der Realpolitik, Hg. H.-U. Wehler, Frankfurt 1972; S. Pistone (Hg.), Politica di potenza e imperialismo. L'analisi dell' imperialismo alla luce della dottrina della raggione di Stato, Mailand 1973.

Solidarität) über die Außenpolitik und der stets flexiblen und relativen Einschätzung der außenpolitischen Lage je nach der Zweckmäßigkeit von Machtkombinationen. Die professionelle Heeresorganisation entspricht der steten Möglichkeit eines Krieges und der permanenten Suche nach „Sicherheit".

Damit deuten sich aber auch die beiden entscheidenden Widersprüche dieser Armeekonstruktion an. Sie liegen einmal in dem – inzwischen häufig für das Kaiserreich thematisierten – revolutionären Potential der Gesellschaft, die eine Homogenisierung gesellschaftlicher Zielvorstellungen unmöglich macht. Die professionelle Armee ist denkbar ungeeignet, unter solchen Umständen ihrem Zweck der Gewaltanwendung nachzukommen – und hat als einziges Aushilfsmittel dagegen doch nur Gewalt anzubieten: das bleibende Dilemma der Armeen als sekundärer Institutionen.[62] Der zweite Widerspruch liegt in der Gewaltanwendung selber; denn die nur technische Anwendung von Gewalt, die Maximierung der gestellten Aufgabe, führt unter den Bedingungen der Industrialisierung des Krieges zu einer ständigen Steigerung der Vernichtung, die den konservativen Zielen der Armeekonstruktion zuwiderläuft. Der Rüstungswettlauf war gewissermaßen in der professionellen Logik der Militärs eingebaut, noch ehe er von der (Schwer- und Rüstungs-)Industrie übernommen und den industriellen Verwertungskategorien untergeordnet wurde.[63] Gewaltanwendung löst ferner in dem dynamischen Prozeß der Rüstungseskalation die Distanz von Kriegführung und ziviler Gesellschaft auf und kettet an die Kriegführung das Gespenst der Revolution. Bereits der Schüler Moltkes, Schlieffen, stand vor diesen Dilemmata.[64] Schließlich sind auch Moltkes widersprüchliche Sätze über Krieg und Kriegführung eine deutliche Vorahnung dieser Widersprüche.

Mit diesen Bemerkungen soll angeregt werden, in der Reorganisation des Heeres mehr als den sicherlich für Deutschlands Entwicklung folgenreichen Kampf zwischen monarchisch-adliger Militärfraktion und liberalem Bürgertum zu sehen.[65] Die säkulare Bedeutung der Heeresorganisation und der Einigungskriege lag in der – trotz vielfachen Einschränkungen – erstmaligen Offenlegung der Prinzipien industrialisierter Kriegführung und ihrer Organisation. Die Verlierer des Verfassungs- und Heereskonflikts

---

62 Militär u. Innenpolitik im Weltkrieg 1914–1918, 2 Teile, Bearb. W. Deist, Düsseldorf 1970; ders., Die Armee in Staat u. Gesellschaft 1890–1914, in: Stürmer, Kaiserliches Deutschland, S. 312–39.

63 G. W. F. Hallgarten, Das Wettrüsten. Seine Geschichte bis zur Gegenwart, Frankfurt 1967 (im Gegensatz zu dieser These betont er die ökonomische, teils personifizierte Seite).

64 Im Gegensatz zu den in Anm. 60 genannten Biographien wäre es interessant, die Spannungen, die die Industrialisierung der Kriegführung im Militär erzeugte, in den Arbeiten gerade von Moltke und Schlieffen nachzuweisen.

65 Dieser Strang der Überlegungen wurde zuerst überzeugend von W. Sauer, Das Problem des deutschen Nationalstaates, in: H.-U. Wehler (Hg.), Moderne deutsche Sozialgeschichte, Köln 1973⁴, S. 407–36, dargestellt.

waren nicht einfach die liberale Partei und demokratische Gruppen, sondern vorindustrieller Liberalismus und ultrakonservativer Monarchismus. Preußen wurde jedenfalls mit Heeresreform und Einigungskriegen zu dem „einzige(n) europäische(n) Staat, dessen Machtentfaltung im 19. Jahrhundert mit seiner Industrialisierung zusammenfiel".[66] Der Zusammenbruch des kaiserlichen Deutschlands im Ersten Weltkrieg gewinnt so eine zusätzliche Bedeutung. Er deutet auch die Krise der professionell organisierten Kriegführung in den industrialisierten Staaten an. In der Tat wird man die Strukturkrise der Zwischenkriegszeit nicht einfach in dem Überhang der wilhelminischen Epoche in Staatsapparat und Armee sehen können, sondern auch als eine Suche nach Auswegen aus den Dilemmata industrialisierter Kriegführung. So gesehen lagen die Strukturprobleme der Zwischenkriegszeit (was das Militär angeht) nicht allein in dem spezifisch preußisch-deutschen Weg, sondern in dem Versuch, die Krise professioneller Kriegführung zu überwinden: Die Verhinderung einer neuen Marne-Schlacht und einer neuen Novemberrevolution waren nicht nur die Prioritäten Hitlers.[67]

Für die Friedensgeschichte des Militärs kamen – verstärkt nach 1880, wie es scheinen will – nicht so sehr die Probleme einer professionellen Armee, sondern die einer unvollendeten Professionalisierung zum Tragen; denn das Bündel der Gesetze und Verfügungen zur Reform des Heeres zwischen 1860 und 1870 bestand aus recht unterschiedlichen Elementen: 1. Die Sicherung der Institutionsautonomie gegen das Parlament; 2. Der Ausbau der professionellen Normen- und Verhaltenskodices bei gleichzeitiger Abschirmung der Rekrutierungsbestimmungen zugunsten der adlig-junkerlichen Schicht; 3. Die dilatorische Vertagung des Konfliktes zwischen ultrakonservativen Monarchisten und Bismarck und Moltke als Vertretern des professionell-machtpolitischen Kurses.

Letzteres – die Auseinandersetzung zwischen Monarchisten und „Professionals" wurde, soweit das aus der Literatur bekannt ist, nie offen ausgetragen, bestimmte aber doch die Entwicklung in erheblichem Maß. Einig in der Wahrung und in dem Ausbau der extrakonstitutionellen Stellung des Militärs, blockierten sich beide Gruppen doch ständig. Das spiegelt sich ebenso in der etwa gleichzeitigen Höherstufung des Generalstabs und des Militärkabinetts gegen den Kriegsminister, in der Ausweitung der Immediatstellen auf die kommandierenden Generale als auch in dem gesamten

66 R. Koselleck, Preußen zwischen Reform u. Revolution. Allgemeines Landrecht, Verwaltung u. soziale Bewegung von 1791–1848, Stuttgart 1967, S. 13.
67 K. Lange, Marneschlacht u. deutsche Öffentlichkeit, 1914–1939, Düsseldorf 1974 übersieht diesen Aspekt. Zum Zusammenhang von Kriegsvorbereitung und Novemberrevolution T. W. Mason, Arbeiterklasse u. Volksgemeinschaft. Dokumente u. Materialien zur deutschen Arbeiterpolitik 1936–1939, Opladen 1975; eine genauere Untersuchung zur militärischen Haltung im Zusammenhang mit der propagandistischen Vorbereitung: J. Sywottek, Mobilmachung für den totalen Krieg, Opladen 1976.

Komplex der Staatsstreichpläne und -vorbereitungen wider. Die Konsequenzen waren ein übersteigerter Ressortpartikularismus, sinkende Effizienz und „persönliches Regiment" – weniger des Kaisers als der Vielzahl von semiautonomen Einheiten in der militärischen Führungsspitze.[68] Während man für die Zeit von 1860 bis 1870 noch von einer „Vorwärtsverteidigung" (Gruner) von Junker, Militär und Monarchie in der politischen Leitungssphäre zur Wahrung von Autonomie und Herrschaft sprechen kann, so änderten sich die Verhältnisse mit der großen Depression grundsätzlich. In dem Maß, in dem die gesellschaftliche Krise des Kaiserreichs sich auswuchs, übernahm das Militär vollends und offen *stellvertretende* Funktionen zur Stabilisierung der gesellschaftlichen Herrschaftsverhältnisse. Die kaiserliche Armee wurde zur Friedensarmee par excellence – in der oben angedeuteten ungewöhnlichen Form. Was neuerdings unter dem Begriff des Militarismus des Kaiserreichs zusammengefaßt wird, hat nur sehr bedingt etwas mit dem Militär als Gewaltorganisation zu tun, resultiert aber aus der Amalgamierung von Militär, Adel und starkem zivilem Staat mit dem politischen Ziel, die gesellschaftliche Krise des Kaiserreichs entweder manipulativ oder mit staatlichen Zwangsmitteln und als letzte Aushilfe mit militärischer Gewalt zu unterdrücken. In diesem Sinne lassen sich wohl am ehesten die drei Elemente des wilhelminischen Militarismus, die Übernahme militärischer Normen durch die zivile Gesellschaft und die Betonung des Prestigewerts des Militärs durch die Gesellschaft, der Autonomieanspruch des Militärs als Teil der sozialen Schicht des Adels und der kleinbürgerliche Gesinnungsmilitarismus erklären.[69]
Diese zivilen Rollen des Militärs konnten nur in ständiger Friktion mit der Aufgabe der Gewaltandrohung und -anwendung nach außen in Einklang gebracht werden, die unter dem sozialmilitaristischen Druck und den Widersprüchlichkeiten und Überlastungen des Militärs und der Herrschaftsstruktur des Kaiserreichs ihre konkrete Ausformung in Präventivkriegsplänen gewann.[70] Herausragendes Beispiel für die Unvereinbarkeit dieser beiden Rollen des Militärs und der daraus resultierenden Kriegsbereitschaft waren die Pläne für eine Heereserweiterung, die einmal im Gesamtzusammenhang mit der personellen und materiellen Heeresrüstung vor dem Krieg untersucht werden sollten. Welche Möglichkeiten eine solche

---

68 Deist, Armee.
69 Das Problem des zivilen Militarismus gehörte während der letzten Jahre zu den wichtigsten, wenn auch noch keineswegs ausgeschöpften Forschungsgebieten. Übersichten bei K. Böhme, Der preußische Militarismus in der Historiographie der Bundesrepublik u. der DDR, in: Mitteilungen der Gesellschaft der Freunde der Universität Mannheim 23. 1974, S. 32–47; Messerschmidt, Militär u. Politik, passim; erstaunlicherweise wurde die vierte Komponente, die direkte militärische Repression und der Einsatz des Militärs im Innern zwar verschiedentlich angedeutet, aber bisher noch nicht detailliert untersucht.
70 Stark zugespitzt auf diesen einen Punkt D. Groh, Negative Integration u. revolutionärer Attentismus. Die deutsche Sozialdemokratie am Vorabend des Ersten Weltkrieges, Frankfurt 1973.

Analyse eröffnet, hat die Darstellung der multifunktionalen Planung der Marine gezeigt, die versuchte, die unterschiedlichen Zielwerte in einer umfassenden Krisenstrategie, dem Tirpitz-Plan, zu integrieren und damit außen- und innenpolitisch scheiterte. Berghahns These von der herrschaftsstabilisierenden Funktion des Flottenbaus nach innen und nach außen wird ihren Wert insbesondere gegen die technizistische Normalisierung der Flottenrüstung im Rahmen von Sachzwangargumenten bewahren, wenn auch wahrscheinlich die Elemente der vorausschauenden Gesellschafts- und Militärplanung durch Tirpitz überschätzt wurden. Die Fraktionierung des Planungsprozesses aufgrund der widersprüchlichen Imperative der Herrschaftssicherung scheinen ein sehr viel wesentlicheres Kennzeichen des Flottenbaus gewesen zu sein als der „grand design" von Tirpitz.[71]

Wie sehr die innermilitärischen Verhältnisse durch die Fusion von Junker und Militär gekennzeichnet waren, haben inzwischen Kitchen, Messerschmidt, Rumschöttel und Herwig gezeigt.[72] Trotzdem ist das Schlagwort der „Feudalisierung" des Offizierkorps, dem Kitchen am stärksten verfiel, sehr irreführend; denn man könnte argumentieren, daß gerade nicht die Feudalisierung,[73] sondern die Eingliederung in eine bürgerlich-industrielle Gesellschaft in entscheidendem Maß das militärische Verhalten prägte.

So hat Messerschmidt den Ehrbegriff des Offizierkorps untersucht, der unter dem Druck liberaler und sozialistischer Forderungen zu einem Korsett der Monarchie und zu einem Hort „feudaler" Ideologie entwickelt wurde. Dabei vollzog sich aber ein substantieller Wandel des Ehrbegriffs, der sich immer weniger aus der Funktionszuteilung kraft königlicher Huld (so die ultrakonservative monarchische Position) und immer mehr aus der Legitimation der militärischen „Dienstleistung" gegenüber der Gesellschaft – im Sinne von Sicherheit und Aggression – ergab.[74] Die Umformung der könig

71 V. R. Berghahn, Der Tirpitz-Plan. Genesis u. Verfall einer innenpolitischen Krisenstrategie unter Wilhelm II., Düsseldorf 1971; ders., Rüstung u. Machtpolitik. Zur Anatomie des ‚kalten Krieges' vor 1914, Düsseldorf 1973; der technizistische Ansatz bei J. Rohwer, Kriegsschiffbau u. Flottengesetze um die Jahrhundertwende, in: H. Schottelius u. W. Deist (Hg.), Marine u. Marinepolitik, Düsseldorf 1972. Dieselbe Tendenz vor allem auch bei M. Salewski, Die deutsche Seekriegsleitung, 1935–1945, 3 Bde., Frankfurt 1970 ff. Kritische Einschränkungen etwa G. Eley, Sammlungspolitik, Social Imperialism and the Navy Law of 1898, in: MGM 15. 1974, S. 29–64.

72 M. Kitchen, The German Officer Corps 1890–1914, Oxford 1973; Rumschöttel, Bayerisches Offizierkorps; ders., Bildung u. Herkunft der bayerischen Offiziere, 1866–1914, in: MGM 8. 1970, S. 81–132; Messerschmidt, Offiziere; H. H. Herwig, The German Naval Officer Corps. A Social and Political History, Oxfort 1973.

73 Der Rückgriff auf die atavistische Mentalität Schumpeters ist ganz unverkennbar, aber ebenso wie in der Imperialismus-Diskussion unzureichend: J. A. Schumpeter, Zur Soziologie der Imperialismen, in: ders., Aufsätze zur Soziologie, Tübingen 1953, S. 147–213.

74 Die kleinbürgerlichen Wehrvereine kolportierten diesen Trend sehr viel stärker als das Heer, und die Marine gründete ihre Propagandakampagne ganz auf dieser ‚bürgerlichen' Grundlage. D. Fricke, Zur Rolle des Militarismus nach Innen in Deutschland vor dem Ersten Weltkrieg, in: Zeitschrift für Geschichtswissenschaft 7. 1960, S. 1579 – 603; K. Saul, Zur innenpolitischen Funktion eines ‚nationalen' Verbandes im kaiserlichen Deutschland,

lichen Huld zu einer quasi-naturgesetzlichen Gewalttätigkeit, die gleichzeitig Substitution der königlichen Legitimation durch sozialdarwinistische Ideen, verweisen auf den Grad der Verbürgerlichung der zentralen Maximen des wilhelminischen Offizierkorps.

Einen ganz ähnlichen Wandel macht das Korps der Offiziere durch. Die Gemeinschaft der Offiziere wurde bereits im Kaiserreich – vollends in der Zwischenkriegszeit – aufgespalten in einen karriereorientierten Beruf und ein nur noch privat und der Gesellschaft gegenüber funktionierendes Korps. Dieses wurde zur sozialen Außenseite eines – zumindest in seinem Kernbereich, dem Generalstab – nach Leistung und Effizienz messenden Verbandes.[75]

Rumschöttel und Herwig beobachten ähnliches, wenn auch bei Herwig traditionelle Sehweisen und Methoden dominieren. Rumschöttel stellt für das bayerische Heer langfristig eine Verbürgerlichung und eine Differenzierung der Herkunft der Offiziere fest, wobei sich allerdings parallel dazu eine Abkapselung nach unten beobachten läßt. Herwig verweist auf das bürgerliche Rekrutierungspotential und auf die zunehmende funktionale Aufgabensplitterung im Offizierkorps der Marine in Deck- und Maschinen (Ingenieur)-Offiziere.[76] Beides führte nicht zu einer irgendwie gearteten Verbürgerlichung der Offiziere im Sinne einer besseren Einfügung in die zivile Gesellschaft, sondern umgekehrt zu einer schärferen Herausbildung einer geschlossenen militärischen Gesellschaft und zu einer umfassenderen Abgrenzung vom zivilen Leben. Ausdruck dieser Tendenz war die Wahrung und der teils brutale, teils lächerliche Ausbau von Privilegien, vor allem aber die strikte und immer mehr ausgeweitete Formalisierung der Außenbeziehungen des Korps.[77] Das Offizierkorps, das sich gerade nicht mehr durch gemeinsame Herkunft und durch gemeinsame Arbeit konstituierte, konnte seine Einheit auch nicht mehr aus Herkunft oder Arbeit gewinnen.[78] In einer bürgerlichen Gesellschaft konnten Privilegien nicht mehr aus einer feststehenden und weitgehend stabilen Herrschaftsstruktur abge-

in: MGM 6. 1969, S. 95–159; ders., Der Kampf um die Jugend zwischen Volksschule u. Kaserne, in: MGM 9. 1971, S. 97–143; W. Deist, Reichsmarineamt u. Flottenvereine 1903–1906, in: Schottelius u. Deist, S. 116–45.

75 Untersuchungen zur Geschichte des Offizierkorps. Anciennität u. Beförderung nach Leistung, Stuttgart 1962.

76 Ferner: W. Brächow, Die Geschichte des deutschen Marine-Ingenieur-Offizierkorps, Oldenburg 1974; W. Drascher, Zur Soziologie des deutschen Seeoffizierkorps, in: Wehrwissenschaftliche Rundschau 12. 1962, S. 555–69; F. Forstmeier, Probleme der Erziehung u. Ausbildung in der kaiserlichen Marine in Abhängigkeit von geistiger Situation u. sozialer Struktur, in: Marine-Rundschau 63. 1966/67, S. 189–98; H. H. Herwig, Soziale Herkunft u. wissenschaftliche Vorbildung des Seeoffiziers der kaiserlichen Marine vor 1914, in: MGM 10. 1971, S. 81–111.

77 Allgemein S. Andreski, Military Organization and Society, London 1954.

78 Messerschmidt, Offiziere; man vergleiche etwa die Analyse der Verhältnisse bei O. Büsch, Militärsystem u. Sozialleben im alten Preußen 1713–1807. Die Anfänge der sozialen Militarisierung der preußisch-deutschen Gesellschaft, Berlin 1962.

leitet werden wie im alten Preußen, sondern mußten erst durch Regelungen geschaffen und durch Disziplinierung erhalten, sie mußten durch Verfahren gebildet, durch Erziehung eingehämmert und durch Sanktionen nach außen und innen gesichert werden. Die gesteigerte Empfindlichkeit des Militärs gegenüber Angriffen, der verstärkte Rückgriff auf die „preußischen" Formen des Charakters und der Persönlichkeit auch in Bayern reflektieren nicht nur eine allgemeine Zunahme politischer und sozialer Spannungen, sondern auch die nicht mehr durch soziale und berufliche Homogenität gewonnene Einheit des Korps.[79] Die Ideologisierung des Verbands in neoromantischen Rittervorstellungen und die gewandelte Bedeutung des Sozialprestiges, das sich in Uniformen und Luxus niederschlug, weisen darauf hin, daß zwar der Adel das ausschlaggebende Element im Offizierkorps war, daß aber die Außenbeziehungen nicht nach traditionellen, feudalen Mustern abliefen, sondern im Ritual der Absonderung des Korps die kapitalistische Struktur des industrialisierten Kaiserreichs reflektierte.

Denselben Vorgang stellt Herwig bezeichnenderweise auch im innermilitärischen Bereich fest, wenn er die „feudale" Abschottung der kommandierenden Seeoffiziere nicht nur von der Außenwelt, sondern auch in der militärischen Organisation gegenüber den Ingenieuroffizieren und den Deckoffizieren beobachtet. Hier böte sich noch ein weites Untersuchungsfeld für die soziale und organisatorische Umsetzung industriellen Wandels in der wilhelminischen Gesellschaft; denn allein die Segmentierung dieser Gesellschaft in hochgradig parzellierte Einzelbereiche und insulare, in sich geschlossene Gruppen, (im Fall der Armee und der Marine durch die strikte Formalisierung der internen und externen Außenbeziehungen – Garde usw. –, im Fall des junkerlichen Adels durch ein umfassend angelegtes Protektionssystem) ermöglichte einen Zustand der Gesellschaft, in dem die Innenbeziehungen des Verbands nach traditionellen Mustern ablaufen konnten und in dem die Stellung des gesamten Verbands sich nicht nach wirtschaftlichen und gesellschaftlichen Konjunkturen, sondern durch außerökonomisch umschriebene und durch staatliche Gewalt erhaltene Machtstrukturen bestimmte. Die Normen und Sanktionen – wiewohl auf eine bürgerlich-industrielle Gesellschaft gerichtet – funktionierten als Schirme gegen die rapiden Veränderungen einer solchen Gesellschaft. In diesem Punkt ist die Militärgeschichte auf die allgemeine Sozialgeschichte angewiesen, die die Ursachen und die politischen und gesellschaftlichen Formierungen der Gewaltverhältnisse untersucht.

Im Ersten Weltkrieg zerbrach dieses System der Segmentierung und Parzellierung gesellschaftlicher Gruppen.[80] Im Militär kam es zu offenen

79 Feld, Military Self-Image.
80 Frontideologie und Frontverhältnisse sind bisher kaum studiert. Zur Ideologie K. Prümm, Die Literatur des soldatischen Nationalismus der 20er Jahre (1918–1933), Kronberg 1974; zur Praxis A. E. Ashworth, The Sociology of Trench Warfare 1914–1918, in: British Journal of Sociology 19. 1968, S. 407–23.

Spannungen zwischen einer „feudalen" Gruppe, der überwiegend an der Stabilisierung adlig-schwerindustrieller Präponderanz in Militär und Gesellschaft gelegen war, und einer an Macht und Einfluß gewinnenden professionellen Richtung, die die Interessen der militärischen Kriegführung, der militärisch-industriellen Kriegsproduktion und deren Steigerung um jeden Preis – auch der Auflösung der sozialen Pyramide des Kaiserreichs – vertrat. Groeners manche Historiker verwirrender Kurs demonstriert vielleicht am deutlichsten die Verschiebung des militärischen Interesses von der militärisch sekundären (Aufrechterhaltung des gesellschaftlichen Status quo der wilhelminischen Gesellschaft) zu einer genuin militärischen Intervention[81] zur Sicherung optimaler Kriegführung, Rüstungsproduktion und Legitimation militärischen Vorgehens (militärisch-nationale, „vaterländische" Propaganda).

Bei der Einschätzung dieses Kurses rächt sich das angelsächsische Vorurteil über die angebliche Neutralität professioneller Armeen, die in ihrer Effizienz und ihrem Utilitarismus verträglicher für eine Demokratie seien als andere Heerestypen; denn dieser Durchbruch zu einer professionellen Armee, der in der Weimarer Republik zumindest in der gesamten Führungsspitze – nicht aber bei den Truppenoffizieren[82] – vollendet wurde, geschah zu einem Zeitpunkt, als die fortgeschrittene Industrialisierung der Kriegführung die Grundlagen der professionellen Heereskonstruktion (arbeitsteilige Organisation von militärischer Gewalt und ziviler Gesellschaft) in zunehmendem Maß aufhob.

Die elitäre professionelle Armee wurde zu einer – qualitativ neuen – Gefahr für eine demokratische und pluralistische Ordnung; denn nicht mehr die stellvertretende Funktion des Militärs bei der Herrschaftssicherung einer zivilen Gesellschaft, sondern das genuin professionelle Interesse an einer stabilen, harmonischen *und* nach den Bedürfnissen der expandierenden Kriegführung ausgerichteten Gesellschaft (die eo ipso keine zivile mehr ist), war das entscheidende Problem des neuen Militarismus nach 1914.[83]

81 F. Zunkel, Industrie u. Staatssozialismus. Der Kampf um die Wirtschaftsordnung in Deutschland 1914–1918, Düsseldorf 1974.

82 Eine Sozialgeschichte der Reichswehr (und sie ist nur zu schreiben als Geschichte der ganzen Armee, nicht allein des Offizierkorps) und weitgehend auch der Wehrmacht existiert in nur kümmerlichen Anfängen. Man ist auf einzelne Anmerkungen in einer wesentlich politischen Geschichte angewiesen. Einen guten Einstieg vermittelten die gedruckten und vor allem die ungedruckten Erinnerungen, ferner P. Bucher, Der Reichswehrprozeß. Der Hochverrat der Ulmer Reichswehroffiziere 1929/30, Boppard 1967. Eine solche Sozialgeschichte hätte sich unter anderem auch mit solchen Fragen zu beschäftigen, warum Oberst J. v. Stülpnagel, immerhin ein potentieller Chef der Heeresleitung, mit Genugtuung in Uniform und auf einem Fahrrad zur Kaserne fuhr (vor ihr allerdings abstieg), während es sich General a. D. Groener nicht leisten konnte, einen Kinderwagen auf der Straße zu schieben.

83 Das hat Vagts (Militarism) in seiner ansonsten vorzüglichen Arbeit nicht gesehen; A. Hillgruber, Militarismus am Ende der Weimarer Republik u. im Dritten Reich, in: ders., Großmachtpolitik u. Militarismus im 20. Jahrhundert, Düsseldorf 1974, S. 37–52. Hill-

Wenn Feldman von einer Vermittlerrolle des Militärs zwischen den Klassenfronten des Ersten Weltkriegs spricht, so kann man dieses Argument nicht einfach beiseite schieben, muß aber hinzufügen, daß diese Vermittlungstätigkeit der gesteigerten Effizienz und Produktion im Sinne der Gesamtrüstung diente.[84] Die extremen Vertreter des Militärs machten sich aus gerade diesen militärisch-utilitaristischen Gründen die Leitungsfunktion über die zivile Gesellschaft und über die Industrie (das war das Problem des General Thomas und des Wehrwirtschaftsstabs) anheischig. Hier liegt die neue Kontinuität der Militärgeschichte, die von Ludendorff, Oberst Bauer bis zu Schleicher und seinem Ministeramt, Reichenau und Keitel reichte.[85] Diese Offiziere versuchten die politisch-militärische Leitungsfunktion in ganz verschiedener Weise auszufüllen. Gemeinsam ist ihnen aber allen, daß sie an der Notwendigkeit der Ausrichtung der Gesamtgesellschaft nach militärischen Effizienzkriterien festhielten und ihre Politik an diesem Ziel ausrichteten.[86]

Der Kasernenstaat war eine Erfindung der Zwischenkriegszeit. Seine Gefahr bestand darin, daß nicht mehr nur das aus dem zivilen Verkehr ausgesonderte Militär, sondern die gesamte Gesellschaft in eine Befehlskette von oben nach unten eingerichtet werden sollte.[87]

Es liegt auf der Hand, daß sich diese neue militärische Rolle nicht gegen die gesellschaftliche Entwicklung in den fortgeschrittenen industriekapitalistischen Staaten ausformte, sondern parallel zu der zunehmenden Vermachtung der Industrie. In dieser Vermachtung der Gesellschaft und damit in der Verweigerung der gesellschaftlichen Selbstorganisation lagen die entscheidenden gemeinsamen Interessen zwischen organisiertem monopolistischem Kapitalismus und Militär. Allerdings bestand auch ein gewichtiger Differenzpunkt: Das Militär war und blieb außerökonomische Gewalt. In der Organisierung von Gesellschaft und Industrie richtete es sich nicht nach

gruber handelt dieses Problem auf der Ebene von Ideen und Konzeptionen ab und verfolgt nicht die Realität des Militarismus im Militärapparat selber.

84 G. Feldman, Army, Industry, and Labor in Germany 1914–1918, Princeton 1966; Deutschland im Ersten Weltkrieg, 3 Bde., Hg. F. Klein, Berlin 1968 ff.

85 Die Schwierigkeiten bei der Einschätzung dieser Gruppe von Offizieren (zu denen auch v. Blomberg gerechnet werden kann) besteht gerade darin, daß dieser entscheidende Aspekt vernachlässigt wurde. Völlig unzureichend trotz mehr als 1000 Seiten deshalb J. R. Nowak, Kurt v. Schleicher – Soldat zwischen den Fronten, phil. Diss. Würzburg 1969; zu Schleicher immer noch T. Vogelsang, Reichswehr, Staat u. NSDAP, Stuttgart 1962, die nach wie vor bestrecherchierte und durchdachte Arbeit zur Reichswehr.

86 G. Post, The Military Fabric of Weimar Foreign Policy, Princeton 1973 hebt zwar endgültig den Gegensatz zwischen Militär und Zivil auf, übersieht aber gerade diese spezielle Form der Aufhebung.

87 Von dieser Seite her kann man auch das Verhältnis von „Militarismus" und „Faschismus" angehen, das neuerdings auch von militärgeschichtlicher Seite her thematisiert wurde: J. Petzold, Über das Verhältnis von Faschismus u. Militarismus, in: Militärgeschichte 14. 1975, S. 448–54; A. K. Miglotajew, Einige Aspekte der weiteren Erforschung des modernen Militarismus, in: ebd., S. 440–47.

Verwertungsinteressen, sondern nach militärischen Effizienzgründen.[88] Hier lag stets ein Element von Zerwürfnissen, die sich auf einer eigenen Skala abspielten. Auf deren einer Seite stand die offene oder versteckte Militärdiktatur, auf der anderen Seite die Ökonomisierung militärischer Interessen. Den Normalfall bildete aber jeweils ein umstrittener und labiler Kompromiß. Die Rüstungsentscheidungen im Dritten Reich geben dazu genügend Anschauungsunterricht.

In dem Maß, in dem Gewaltanwendung gesamtgesellschaftliche, -wirtschaftliche und politische Organisation erforderte, setzte sich nicht allein der Prozeß der Differenzierung des Militärs zu einer komplexen Großorganisation der Gesellschaft fort, sondern die Unterscheidung zwischen ‚‚Militär‘‘ und ‚‚Zivil‘‘ entlang institutioneller Linien war funktional überhaupt nicht mehr zu erreichen: Sie wurde zur Macht- und Einflußfrage, wie sie sich etwa in den Auseinandersetzungen um eine Wehrwirtschaft oder die Reichsverteidigung niederschlug.[89] Will man die Dimensionen dieses Problems darstellen, so kann man nicht erst 1933 oder 1937 beginnen, sondern muß spätestens im Ersten Weltkrieg ansetzen. Bei dem Machtkampf um die politisch-militärische Leitungsfunktion im Dritten Reich handelt es sich nicht um ein Akzidenz nationalsozialistischer Herrschaft, sondern um eine Grundsatzfrage der entwickelten industrialisierten Kriegführung überhaupt, die bis in die Gegenwart nicht an Brisanz verloren hat.[90]

Die Militärgeschichtsschreibung der Zwischenkriegszeit[91] im engeren Sinne hat diese Grundspannungen, in der das Militär stand, nur ansatzweise berücksichtigt. Hierbei stand ohne Zweifel die historische Situation der Geschichtsschreibung Pate; denn wie in kaum einem anderen Fall hing die historiographische und publizistische Bewältigung der Probleme von Reichswehr und Wehrmacht – ob bewußt oder unbewußt – mit dem Neuaufbau und der Entwicklung der Bundeswehr zusammen. Historische und politische Argumentation waren auf das engste miteinander verknüpft, zumal die Nürnberger Kriegsverbrecherprozesse einer derartigen Vorgehensweise offiziell Vorschub leisteten.[92] G. Ritters Versuch der Ehrenrettung der vorindustriell-preußischen Armee, Wheeler-Bennetts Eintreten für ein professionelles und unpolitisches Heer (man betrachte die Rolle, die

88 Der neuere Diskussionsstand in F. Forstmeier u. H.-E. Volkmann (Hg.), Wirtschaft u. Rüstung am Vorabend des Zweiten Weltkrieges, Düsseldorf 1975.
89 B. A. Carroll, Design für Total War. Arms and Economics in the Third Reich, Den Haag 1968; G. Meinck, Der Reichsverteidigungsrat, in: Wehrwissenschaftliche Rundschau 6. 1956, S. 411 ff.
90 So wäre einmal zu untersuchen, warum die ideal konzipierte Arbeitsteilung im Bereich der Wirtschaftsführung, militärisch-politischer Spitzengliederung und der Führung der Gesellschaft (denn gegen die ältere Literatur muß man feststellen, daß es solche Konzepte gab) nicht funktionierte. Auch die beiden besten Arbeiten der letzten Jahre K. J. Müller, Das Heer u. Hitler. Armee u. nationalsozialistisches Regime 1933–1939, Stuttgart 1969 u. M. Messerschmidt, Die Wehrmacht im NS-Staat. Zeit der Indoktrination, Hamburg 1969 stellten sich diese Frage nicht präzise genug.

er Seeckt zusprach), Sauers und Carstens Kritik der preußischen Tradition in Militär und Gesellschaft und ihre Warnung vor dem Beharrungsvermögen dieser Gruppen und einem möglichen militärischen Primat, Ruges, Görlitz' und Erfurths Verteidigung dieses Primats, Meier-Welckers Eulogie auf die professionelle Armee, Seeckt und den demokratischen Charakter des fachlich-organisierten Heeres und schließlich Müllers und Messerschmidts Verdacht (1969, d. h. nach der ersten nationalistischen Welle in der Bundesrepublik), daß die Militärs sehr viel anfälliger für rechtsradikale und nationalsozialistische Strömungen waren als gemeinhin angenommen:[93] Alle diese Thesen sind direkt verankert in der Gegenwart, ohne daß dies die wissenschaftliche Qualität in irgendeiner Weise eingeschränkt hätte.

Das Kennzeichen der Militärgeschichtsschreibung für die gesamte Zwischenkriegszeit ist so auch im Unterschied zu derjenigen des Kaiserreichs ihre hochgradige historiographische Diskontinuität und Zersplitterung. Die Diskussion über militärische Relevanz hatte für die Militärgeschichtsschreibung der Zwischenkriegszeit eine immer recht klare und konkrete, wenn auch oftmals uneingestandene (in ihrer Wirkung allerdings kaum abzuschätzende) Dimension.

Dieser Beitrag zur Forschungslage soll auch nicht mit der Hoffnung auf mehr Unabhängigkeit von der politischen Situation enden: Eher umgekehrt ist die hier ansatzweise versuchte Neubewertung der historischen Entwicklung der militärischen Profession überhaupt nur auf dem Hintergrund der gegenwärtigen offenen Fundamentalkrise des Militärs in den beiden ältesten Demokratien, den USA und Großbritanniens, und der wachsenden Zahl von militärischen Konflikten und Bürgerkriegen zu verstehen, die nicht wirkungslos an Westdeutschland vorbeiziehen. In diesem engen Nebeneinander von Politik und Geschichtsschreibung liegt die Gefahr aber auch die Chance der Militärgeschichtsschreibung der Zwischenkriegszeit.

91 Zusammenfassend für die Weimarer Republik M. Geyer, Die Wehrmacht der Deutschen Republik ist die Reichswehr. Bemerkungen zur neueren Literatur, in: MGM 14. 1973, S. 151–99; für die Wehrmacht V. R. Berghahn, Wehrmacht u. Nationalsozialismus, in: Neue Politische Literatur 15. 1970, S. 44–52.

92 Gerade um die bereits wuchernden Legendenbildungen zu verhindern, wäre dringend eine historiographische Arbeit erforderlich, die die einzelnen veröffentlichten und vor allem die unveröffentlichten Diskussionsstränge seit 1939, besonders aber nach 1945 kritisch verfolgt. Angesichts der massiven Prägung der Forschung durch diese informelle Diskussion ist G. Breit, Das Staats- u. Gesellschaftsbild deutscher Generale beider Weltkriege im Spiegel ihrer Memoiren, Boppard 1974 praktisch wertlos; denn er übersieht diesen wichtigsten Aspekt völlig.

93 Alle genannten Autoren wurden bereits weiter oben zitiert.

Arbeitsbücher zur modernen Geschichte

Herausgegeben von Hans-Ulrich Wehler

Hans-Ulrich Wehler
Modernisierungstheorie und Geschichte
1975. 85 Seiten, kartoniert. (Kleine Vandenhoeck-Reihe 1407)

Vandenhoeck & Ruprecht in Göttingen und Zürich

Geschichte und Gesellschaft

Zeitschrift für Historische Sozialwissenschaft

SONDERHEFTE

3. Theorien in der Praxis des Historikers

Forschungsbeispiele und ihre Diskussion. Herausgegeben von Jürgen Kocka. 1977. 225 Seiten, kartoniert
Jürgen Kocka, Einleitende Fragestellungen / Michael Mitterauer, Probleme der Stratifikation in mittelalterlichen Gesellschaftssystemen - Diskussion / Winfried Schulze, Theoretische Probleme bei der Untersuchung vorrevolutionärer Gesellschaften - Diskussion / Horst Matzerath und Heinrich Volkmann, Modernisierungstheorie und Nationalsozialismus - Diskussion / Peter Hüttenberger, Vorüberlegungen zum „Widerstandsbegriff" - Diskussion / Knut Borchardt, Der „Property Rights Ansatz" in der Wirtschaftsgeschichte — Zeichen für eine systematische Neuorientierung des Faches? — Diskussion / Schlußdiskussion / Jürgen Kocka, Gegenstandsbezogene Theorien in der Geschichtswissenschaft: Schwierigkeiten und Ergebnisse der Diskussion — Anhang: Reinhard Spree, Zur Theoriebedürftigkeit quantitativer Wirtschaftsgeschichte (am Beispiel der historischen Konjunkturforschung und ihrer Validitätsprobleme) / Helmut Berding, Selbstreflexion und Theoriengebrauch in der Geschichtswissenschaft.

2. 200 Jahre amerikanische Revolution und moderne Revolutionsforschung

Mit Beiträgen von Jürgen Bergmann, Horst Dippel, Elisabeth Fehrenbach, Heide Gerstenberger, Dirk Hoerder, Georg P. Meyer, Heinz Schilling, Hans-Christoph Schröder, Hermann Wellenreuther. Herausgegeben von Hans-Ulrich Wehler. 1976. 288 Seiten, kartoniert

1. Der Deutsche Bauernkrieg 1524—1526

Mit Beiträgen von Jürgen Bücking, Helmut Buszello, Rudolf Endres, Franklin Kopitzsch, Rainer Postel, Otthein Rammstedt, Heinz Schilling, Winfried Schulze, Thomas S. Sea, John Stalnaker, Rainer Wohlfeil, Heide Wunder. Herausgegeben von Hans-Ulrich Wehler. 1975. 357 Seiten, kartoniert

Für Abonnenten der Zeitschrift gilt ein ermäßigter Preis.

Vandenhoeck & Ruprecht   in Göttingen und Zürich

From Toronto Public Library
WITHDRAWN